D1666309

100 PRÜFUNGS- VORTRÄGE

**100 ausgewählte
Mustervorträge
für die mündliche
Steuerberaterprüfung**

Von
Professor Dr. Johannes Georg Bischoff,
vereid. Buchprüfer und Steuerberater,
Dipl.-Kfm. Dr. Walther Kieffer,
Wirtschaftsprüfer und Steuerberater,
Dipl.-Kfm. Dr. Martin Lenz,
Wirtschaftsprüfer und Steuerberater,
Dipl.-Kfm. Heinrich Montag

11. Auflage

2007

efv ERICH FLEISCHER VERLAG

Bibliografische Information Der Deutschen Bibliothek

Die Deutsche Bibliothek verzeichnet diese Publikation in der Deutschen Nationalbibliografie; detaillierte bibliografische Daten sind im Internet über http://dnb.ddb.de abrufbar.

ISBN 10: 3-8168-5211-4

ISBN 13: 978-3-8168-5211-7

© 2007 Erich Fleischer Verlag, Achim bei Bremen

Gesamtherstellung: H. M. Hauschild GmbH, Bremen

Vorwort zur 1. Auflage

Jede mündliche Steuerberaterprüfung beginnt mit einem Kurzvortrag. Obwohl dieser Teil der Prüfung vom zeitlichen Umfang her von untergeordneter Bedeutung ist, stellt er vielfach die entscheidenden Weichen für den weiteren Prüfungsverlauf. Die Verfasser konnten bei ihrer eigenen Vorbereitung feststellen, dass trotz dieser großen Bedeutung bislang noch keine Mustervorträge für häufig wiederkehrende Themen publiziert worden sind und die Informationen über den Kurzvortrag selbst für Teilnehmer von „Vorbereitungskursen" häufig unzureichend sind. Diese Lücke soll durch die vorliegende Broschüre geschlossen werden. Anhand der vom Inhalt und Umfang her prüfungsgerecht ausformulierten Mustervorträge kann der Prüfungskandidat ein unverzichtbares „Vortragstraining" absolvieren und gleichzeitig seinen Wissensstand kontrollieren bzw. erweitern. Darüber hinaus wird ihm eine Liste von Themen aus Prüfungen der letzten Zeit zur weiteren Information und Prüfungsvorbereitung geboten. Wichtige Informationen über die mündliche Steuerberaterprüfung und Tipps für ihre Vorbereitung sind den Prüfungsvorträgen vorangestellt.

Die Verfasser hoffen, dass diese Broschüre dem Prüfungskandidaten eine brauchbare Hilfe bei der Vorbereitung auf die mündliche Steuerberaterprüfung ist. Anregungen und Kritik nehmen die Verfasser jederzeit gern entgegen. Insbesondere gilt dieses natürlich für Mitteilungen über Erfahrungen bei der mündlichen Prüfung und vor allem über die Themen der mündlichen Vorträge. Auf diese Weise könnte sichergestellt werden, dass durch eine entsprechend angereicherte Folgeauflage auch spätere „Prüfungsgeplagte" eine aktuelle Hilfe zur Hand bekommen. Die Verfasser danken insoweit schon im Voraus und wünschen viel Erfolg bei der Prüfung!

> Johannes Georg Bischoff
> Walther Kieffer
> Martin Lenz
> Heinrich Montag

Köln, im Dezember 1982

Vorwort zur 11. Auflage

Die Prüfungsvorträge sind bei vielen Prüfungskandidaten zu einem festen Bestandteil ihrer Vorbereitung für die mündliche Steuerberater-Prüfung geworden. Inzwischen kennen auch viele Prüfungskommissionen diese Vorbereitungshilfe. Manche Prüfer haben sich mit dieser Vorbereitungshilfe auch selbst auf die Steuerberater-Prüfung vorbereitet. Sie sollten deshalb nicht damit rechnen, ein Thema unserer ausgearbeiteten Mustervorträge unverändert zu erhalten. Die Wahrscheinlichkeit hierfür ist gering. Die Themen der Prüfungsvorträge werden von den Kommissionen in der Regel zumindest so variiert, dass Sie nicht nur Auswendiggelerntes „abladen" können.

Unsere Ausarbeitungen können und sollen also nur Muster für das unverzichtbare Vortragstraining sein. Besondere Bedeutung kommt deshalb auch den rd. 300 Themen zur Selbstausarbeitung zu, die wir auch in dieser Auflage wieder aktualisiert haben.

Auch in der 11. Auflage wurde das Erfolgskonzept der Prüfungsvorträge unverändert beibehalten. Jeweils auf zwei Druckseiten werden Musterthemen dargestellt in Form, Inhalt und Länge den Anforderungen des mündlichen Vortrags entsprechend.

Wie in jeder Auflage wurden auch bei der 11. Auflage die Vorträge wieder den aktuellen Rechtsänderungen angepasst, einige Vorträge neu aufgenommen und einige völlig neu bearbeitet. Dabei haben wir die Rechtslage zum Zeitpunkt der Drucklegung berücksichtigt. Die „Hektik" der laufenden Steuergesetzgebungsverfahren lässt erwarten, dass sich die Rechtslage in einigen Bereichen bis zur Anwendung Ihres Wissens in der Prüfung verändert haben dürfte. Dies gilt momentan besonders für Fragen des Umwandlungssteuerrechtes. Im „Ernstfall" muss daher selbstverständlich geprüft werden, wie sich die Rechtslage zwischenzeitlich weiter entwickelt hat.

Wie immer, möchten wir es an dieser Stelle nicht versäumen, unseren Lesern für die zahlreichen Anregungen und dem Verlag für die entgegenkommende Betreuung zu danken. Wir hoffen, dass wir wieder für „Prüfungsgeplagte" eine aktuelle und brauchbare Hilfe geliefert haben.

Johannes Georg Bischoff
Walther Kieffer
Martin Lenz
Heinrich Montag

Köln, im Oktober 2006

Inhalt

A. Die mündliche Prüfung

B. 100 Prüfungsvorträge

9

VII. Privatrecht

VIII. Querschnittsthemen und sonstige Themen

C. Themen zur Selbstausarbeitung

A. Die mündliche Prüfung

I. Die mündliche Prüfung als Gegenstand des Steuerberaterexamens

Nach erfolgreicher Ablegung der schriftlichen Arbeiten bildet die mündliche Prüfung den zweiten Teil des Steuerberaterexamens. Zugelassen werden die Bewerber, die in der schriftlichen Prüfung mindestens die Gesamtnote von 4,5 erreicht haben (§ 25 Abs. 2 DVStB). Sie müssen nach § 26 DVStB spätestens zwei Wochen vor der mündlichen Prüfung geladen werden. Erfahrungsgemäß erfolgt die Ladung zwei bis drei Wochen vor dem ersten Prüfungstermin. Da sich die Prüfungstermine in der Regel über einen Zeitraum von vier bis sechs Wochen erstrecken, bleibt somit für die Bewerber nach der Ladung noch eine Frist von zwei bis acht Wochen.

Die mündliche Prüfung wird vor einem sechsköpfigen Prüfungsausschuss abgelegt, dem drei Vertreter der Finanzverwaltung, davon einer als Vorsitzender, ein Vertreter der Wirtschaft und zwei Steuerberater angehören. Die Prüfungsgebiete entsprechen denen der schriftlichen Steuerberaterprüfung, im Wesentlichen also das allgemeine und besondere Steuerrecht, Berufsrecht, Wirtschaftsrecht, Betriebswirtschaft und Volkswirtschaft (§ 37 a Abs. 3 StbG u. § 26 Abs. 3 DVStB).

Die Prüfung besteht aus einem Vortrag von bis zu zehn Minuten Dauer und sechs Prüfungsabschnitten, in denen Fragen aus den Prüfungsgebieten gestellt werden. Das Gesetz (§ 26 Abs. 3 DVStB) besagt zwar, dass „Prüfungsabschnitt ... jeweils die gesamte Prüfungstätigkeit eines Mitglieds des Prüfungsausschusses während der mündlichen Prüfung" ist. In der Regel aber wird so verfahren, dass jeweils ein einzelner Prüfer einen Prüfungsabschnitt „bestreitet" und dieser dann auch jeweils gewertet wird. Die gesamte Prüfungszeit soll pro Kandidat neunzig Minuten nicht übersteigen.

Eine halbe Stunde vor Beginn der Prüfung werden dem Bewerber drei Vortragsthemen zur Auswahl gestellt, von denen er eins zu bearbeiten hat.

Jeder Prüfungsabschnitt und der Vortrag werden gesondert gewertet. Hieraus wird eine Gesamtnote der mündlichen Prüfung gebildet, die jedoch nicht öffentlich mitgeteilt wird. Der Bewerber, der aus dem Schnitt der Gesamtnote von mündlicher und schriftlicher Prüfung mindestens die Note 4,15 erreicht, hat das Steuerberaterexamen bestanden.

II. Die Vorbereitungsphase bis zum Tag der mündlichen Prüfung

Die Vorbereitung auf die mündliche Prüfung sollte unverzüglich nach Abschluss der schriftlichen Aufsichtsarbeiten beginnen. Dies gilt insbesondere auch für solche Kandidaten, die sich nicht sicher sind, ob sie den erforderlichen Notendurchschnitt von 4,5 für die Zulassung zur mündlichen Prüfung erreicht haben. Sofern sie erst das Ergebnis der schriftlichen Prüfung abwarten wollen, verbleiben, falls sie doch wider Erwarten zur mündlichen Prüfung zugelassen sind, im ungünstigsten Fall noch zwei Wochen Vorbereitungszeit. Diese Zeit reicht aber kaum aus, sich erfolgreich auf die mündliche Prüfung vorzubereiten. Insbesondere schwache Kandidaten benötigen eine fundierte Vorbereitung, da sie erfahrungsgemäß besonders intensiv geprüft werden.

Zu Beginn der Vorbereitungsphase sollte der Bewerber sich einen Zeitplan aufstellen, in dem er sich die Vorbereitung auf den Vortrag und die Fragen entsprechend seiner ihm zur Verfügung stehenden Zeit einteilt. Sinnvollerweise wird unter dem Aspekt der Vorsicht als Prüfungstag der früheste Prüfungstermin gewählt. Falls der Bewerber später geprüft wird, verbleibt ihm dann immer noch Zeit zur Wiederholung oder Vorbereitung noch offener Probleme.

Die Einhaltung des Zeitplanes gewährleistet, dass der Bewerber nicht noch kurz vor der Prüfung in Hektik und Aufregung verfällt, weil er meint, bestimmte Gebiete noch nicht zu beherrschen. Im Zeitplan sollte als oberstes Gebot berücksichtigt werden, dass der Prüfling ruhig und ausgeruht in die mündliche Prüfung gehen kann. Nur derjenige, der auch körperlich fit ist, ist in der Lage, konzentriert an der Prüfung teilzunehmen und auf die Fragen der Prüfer entsprechend zu reagieren. Es ist daher sinnvoller, bestimmte Prüfungsgebiete nur oberflächlich zu behandeln, als sich kurz vorher noch mit Prüfungswissen vollzustopfen, aber dann unausgeschlafen und unkonzentriert an der Prüfung teilzunehmen.

Während der Vorbereitung zur mündlichen Prüfung sollte das Studium der aktuellen Fachliteratur und Finanzgerichtsrechtsprechung nicht vergessen werden. Erfahrungsgemäß lesen Prüfer zur Stoffsammlung für die mündliche Prüfung gerne die Fachzeitschriften und die Rechtsprechung des letzten halben Jahres. Die Kenntnis der im letzten halben Jahr veröffentlichten BMF-Schreiben und Urteile des BFH sowie EuGH ist daher unerlässlich.

Ab einem bestimmten (vorher unumstößlich festgelegten) Zeitpunkt am Vortage der mündlichen Prüfung (allerspätestens 17.00 Uhr) sollte jegliche Befassung mit einem Prüfungsfach unterbleiben. Die Devise sollte sein: Was ich bis jetzt nicht weiß, lerne ich ohnehin nicht mehr, und etwas Glück braucht jeder ohnehin!

Im Zeitplan sollte auf die Vorbereitung des Vortrages der Schwerpunkt gelegt werden. Obwohl er objektiv nur mit $1/7$ in die Bewertung der mündlichen Prüfung eingeht, beeinflusst er doch subjektiv den weiteren Verlauf der Prüfung. Er vermittelt den Prüfern einen ersten Eindruck über den Kandidaten und zeigt ihnen, inwiefern er in der Lage ist, innerhalb von zehn Minuten das Wesentliche eines vorgegebenen Themas in knapper Form vorzutragen, Standpunkte zu vertreten und die berechtigten Interessen eines Mandanten zu wahren. Der Prüfungskandidat kann somit durch einen guten Vortrag den Prüfungsausschuss auch für den weiteren Verlauf der Prüfung positiv beeinflussen. Außerdem wird durch die Vorbereitung auf den mündlichen Vortrag der übrige Prüfungsstoff zum größten Teil mit durchgearbeitet, sodass hierdurch auch eine gute Vorbereitung für die zu erwartenden Fragen gewährleistet ist.

Die Vorbereitung auf den Vortrag sollte drei Aspekte berücksichtigen:

1. Durcharbeiten des Stoffes der potenziellen Vortragsthemen

2. Fertigstellung des Redemanuskriptes innerhalb von dreißig Minuten

3. Redeübung

Im Teil B und C sind die potenziellen Vortragsthemen aufgeführt, die erfahrungsgemäß in der Bundesrepublik Deutschland gestellt werden. Diese Liste kann aber nur als Anhaltspunkt dienen, da sich in den einzelnen Bundesländern nach Inhalt und Umfang Unterschiede ergeben können. Der durchzu-arbeitende Stoff ist zum größten Teil bereits aufgrund der Vorbereitung zum schriftlichen Examen bekannt, teilweise verlangt er aber auch das Lernen neuer Fakten, wie z. B. insbesondere im Bereich des bürgerlichen Rechts, des Handelsrechts und der Betriebswirtschaftslehre. Da im Regelfall nicht alle The-men bis zur mündlichen Prüfung bearbeitet werden, sollte der Examenskandi-dat zumindest eine Auswahl treffen, die ihn mit hoher Wahrscheinlichkeit be-fähigt, aus den drei gestellten Vortragsthemen eines mit Sicherheit zu beherr-schen. Dieses Buch bietet eine solche Auswahl in bearbeiteter Form, die aller-dings vom Examenskandidaten entsprechend seiner individuellen Fähigkeiten noch zu variieren ist.

Neben der Beherrschung des Stoffes sollte der potenzielle Kandidat üben, ein Thema aus den drei möglichen Vorbereitungsthemen auszuwählen und es innerhalb von dreißig Minuten zu einem Vortrag aufzubereiten. Anschließend muss das laute Sprechen des Vortrages vor einem anderen Zuhörer geübt wer-den. Hierdurch erhält der Kandidat die notwendige rhetorische Sicherheit und außerdem ein Gefühl für das richtige „Timing" des Vortrags. Hierbei sollte darauf geachtet werden, dass die Redezeit von 10 Minuten eingehalten wird, da einige Prüfungskommissionen danach den Vortrag abrupt abbrechen. Um möglichst viele Prüfungssituationen zu simulieren, sollten die Vorträge im Stehen und Sitzen geübt werden und die Zuhörer nach Möglichkeit öfter gewechselt werden. In jedem Fall sollte der Prüfungskandidat versuchen, Zuhörer zu gewinnen, die die Thematik beherrschen und dem Vortrag kritisch gegenüberstehen können. Es ist daher sinnvoll, zu diesem Zweck Arbeits-gemeinschaften mit anderen Kollegen zu bilden. Auch wenn es manchem Examenskandidaten lächerlich oder überflüssig erscheint, zu Hause einen Vortrag laut zu sprechen, so kann doch nicht eindringlich genug empfohlen werden, das Sprechen des Vortrages zu einem wichtigen Bestandteil der Vorbereitung zu machen. Der Vortrag bereitet oft deshalb so vielen Rednern Schwierigkeiten, weil während des Vortrages ein Gedanke in Sprache umge-setzt wird, während des Sprechens aber der nächste Gedanke gefasst werden muss. Dieser Denk-Sprech-Vorgang verlangt ein großes Maß an Routine, die nur durch Übung und Erfahrung erreicht werden kann. Wer glaubt, diese Übungen nicht nötig zu haben, wird in der angespannten Atmosphäre einer Prüfungssituation nicht die notwendige Selbstsicherheit haben, die einen Vor-trag erst zuhörenswert macht. Es ist sinnlos, den Stoff zu beherrschen, wenn man ihn den Prüfern aus Mangel an rhetorischer Routine nicht vermitteln kann.

Durch die Vorbereitung auf den Vortrag wird auch ein großer Teil des Stoffes abgedeckt, der für die Prüfungsfragen relevant ist. Dennoch sollte sich der Prüfling auch auf diese gezielt vorbereiten. Hierbei ist insbesondere der Stoff zu lernen, der durch die Vorbereitung auf das schriftliche Examen und den Vor-trag noch nicht ausreichend erfasst ist (z. B. das Berufsrecht). Ebenso wichtig ist es aber auch, sich psychologisch auf die Prüfungssituation und wenn mög-lich auf die Prüfer einzustellen. Hierzu können besonders Prüfungsprotokolle ehemaliger Kandidaten dienen, die häufig von Repetitoren angeboten werden. Ferner besteht ggfs. die Möglichkeit, sich mit ehemaligen Prüfungskandidaten in Verbindung zu setzen. Dennoch sollten sowohl die Protokolle als auch andere Aussagen von ehemaligen Bewerbern mit einer gewissen kritischen Distanz betrachtet werden. Jeder Kandidat erlebt die Prüfung in einem anderen Licht, abhängig von seiner eigenen Prüfungsbelastbarkeit, seinem Erfolg bzw. Misserfolg während der Prüfung, dem Verhalten der Mitbewerber und der augenblicklichen persönlichen Verfassung der Prüfer. Die Auskünfte sind daher häufig sehr subjektiv gefärbt, und es ist mitunter schwierig, sie für die eigene Prüfungssituation zu objektivieren. Objektive Auskünfte beziehen sich vornehmlich auf den Ablauf der Prüfung. Dieser ist von Bundesland zu Bundesland unterschiedlich, und der Bewerber sollte sich unbedingt mit ihm vertraut machen. Ist ihm die äußere Prüfungssituation bekannt – z. B. Anzahl der Prüfer und Geprüften, Zeitumfang der einzelnen Prüfungen, Reihenfolge der Prüfungen –, so kann er sich unbelastet von äußeren Merkmalen auf das Wesentliche konzentrieren.

In den meisten Bundesländern werden die Namen der Mitglieder der Prüfungskommission nicht mehr mit der Ladung zur mündlichen Prüfung bekannt gegeben. Die Vorbereitung anhand von Prüfungsprotokollen ist daher nur noch dann sinnvoll, wenn dem Examenskandidat die Prüfungskommission bekannt ist (z. B. Bremen, Hamburg, Niedersachsen, Saarland). In diesen Fällen kann versucht werden, anhand von Prüfungsprotokollen häufig auftretende Fragen herauszufiltern oder beliebte, bei bestimmten Prüfern immer wieder auftretende Sachgebiete zu erkennen und intensiv durchzuarbeiten. Erfahrungsgemäß halten Prüfer nur bestimmte Sachgebiete unter didaktischen Gesichtspunkten für prüfungstechnisch geeignet, die sich dann mit einer hohen Wahrscheinlichkeit häufig wiederholen.

Auskünfte über das persönliche Verhalten des Prüfers (z. B. „versucht, einen ‚reinzulegen' ", „wohlwollend") sollten mit der größten Zurückhaltung aufgenommen werden. Sie sind nur dann sinnvolle Informationen, wenn sie sich in unterschiedlichen Auskünften häufig wiederholen. Der Prüfling hat dann die Möglichkeit, sich auf das Verhalten des Prüfers entsprechend einzustellen.

III. Der Prüfungstag

1. Die Vorbereitung auf den mündlichen Vortrag

Der Prüfungstag beginnt mit der Vorbereitung auf den mündlichen Vortrag, der dreißig Minuten beträgt. Der Kandidat erhält drei Vortragsthemen, von denen er eins zu bearbeiten hat. Gesetzestexte stehen in der Regel zur Verbreitung zur Verfügung, Richtlinien und Erlasse hingegen nur in einzelnen Bundesländern. Insoweit sollten vorher rechtzeitig Erkundigungen eingeholt werden. Auch die Zuweisung der Themen ist in den einzelnen Bundesländern unterschiedlich geregelt. Der Kandidat sollte sich daher vorher über den Ablauf informieren.

Sobald die drei Themen ausgegeben worden sind, sollte der Examenskandidat seine Entscheidung, welches Thema er wählt, schnell, aber gründlich treffen. Nach dieser Entscheidung müssen die beiden nicht gewählten Themen vollkommen vergessen werden. Häufig meinen die Kandidaten während der Vorbereitung, doch besser ein anderes Thema gewählt zu haben. Inzwischen ist aber so viel Zeit vergangen, dass das Thema nicht mehr sinnvoll bearbeitet werden kann. Außerdem verursacht das Springen auf ein anderes Thema so viel Aufregung und innere Hektik, dass klare Gedanken nicht mehr gefasst werden können.

Die Entscheidung für ein Thema ergibt sich natürlich zunächst unmittelbar aus der Frage, wie der Stoff beherrscht wird. Soweit man den Stoff für ein Thema weitaus besser beherrscht als den der anderen beiden Themen, ist die Entscheidung einfach. Häufig ergibt sich aber auch die Situation, dass man zu allen drei Themen etwas weiß, aber kein Thema 100%ig beherrscht. In diesem Fall sollte man sich als Entscheidungshilfe überlegen, wie die einzelnen Vortragsthemen bei dem Prüfungsgremium als Ganzes wirken. Es sollte daher ein Thema gewählt werden, das nicht speziell ist, sondern übergreifenden Charakter hat, z. B. mehrere Steuerarten tangiert. In diesem Fall wird das gesamte Prüfungsgremium angesprochen und hat später bei der Beurteilung die Möglichkeit, sich zu äußern. Da man in zehn Minuten nicht den gesamten Stoff bis ins kleinste Detail darstellen kann, reicht es dann aus, wenn man zeigt, dass man den Stoff beherrscht und die wichtigsten Probleme anspricht. Es kann bei der Beurteilung des Vortrages dann auch nicht negativ beurteilt werden, wenn bestimmte Detailprobleme ausgelassen werden. Wird hingegen ein spezielles Thema gewählt, so ist ein viel tieferes Detailwissen notwendig. Dies kann dazu führen, dass ein Spezialist im Prüfungsgremium wesentlich genauer zuhört als die anderen Prüfer, die nicht dieses Spezialwissen haben. Der Spezialist wird dann aber bei der Beurteilung wesentlich kritischer sein, wenn bestimmte Detailkenntnisse nicht dargelegt werden.

Da zur Vorbereitung die Gesetzestexte vorliegen, werden Spezialthemen, die sich an einer Gesetzesvorschrift orientieren, i. d. R. schlechter bewertet als übergreifende Themen. Das Prüfungsgremium kann nämlich den Eindruck gewinnen, dass der Vortrag lediglich aus dem Gesetz abgeschrieben wurde.

Es empfiehlt sich auch ein Thema zu wählen, das zu der eigenen Ausbildung passt. Hat z. B. ein Betriebswirt die Wahl zwischen einem juristischen und einem betriebswirtschaftlichen Thema, sollte er immer das betriebswirtschaftliche Thema wählen. Selbst wenn er glaubt, das juristische Thema zu beherrschen, so ist er doch den in der Prüfungskommission vertretenen Juristen stark unterlegen.

Schließlich ist die Situation denkbar, dass der Bewerber meint, keines der drei Themen zu beherrschen. Meistens handelt es sich hierbei aber nur um den Ausdruck übertriebener Nervosität. Nach der Vorbereitung auf das schriftliche Examen und der anschließenden Vorbereitung auf das mündliche Examen sollte so viel Grundlagenwissen vorhanden sein, dass zumindest ein Thema, wenn auch nicht mit Auszeichnung, so doch mit einer befriedigenden Leistung vorgetragen werden kann. Wenn man genug Themen während der Vorbereitungsphase durchgearbeitet hat, ergeben sich immer Möglichkeiten von Querverbindungen. In dieser Situation ist es häufig hilfreich, dreimal tief durchzuatmen und sich in Ruhe auf seine erworbenen Fähigkeiten zu besinnen. Es sollte aber beachtet werden, dass das Thema im Auge bleibt. Peinlich wird es dann, wenn durch detaillierte Erörterung von absoluten Randbereichen der Eindruck der mangelnden Beherrschung des Hauptthemas verschleiert werden soll. Hinreichend bekannt dürfte das Negativ-Beispiel der Themenverfehlung sein, in dem der Prüfungskandidat einer Zoologie-Prüfung den Übergang von dem unbequemen Elefanten-Thema zu dem erhofften Würmer-Thema mit der Übergangszeile einleitet: Der Elefant hat einen wurmförmigen Rüssel, die Würmer ...

Hat der Examenskandidat sich für ein Thema entschieden, sollte er ungefähr zwanzig Minuten darauf verwenden, das Redemanuskript anzufertigen und in der verbleibenden Zeit in einer stummen Sprechprobe den Vortrag vor seinem geistigen Auge ablaufen lassen.

Bei der Anfertigung des Redemanuskriptes ist es empfehlenswert, den ersten und letzten Satz wörtlich niederzuschreiben und sich im Übrigen nur Stichworte zu notieren. Der Einleitungssatz ist von besonderer Wichtigkeit, da er zum Thema hinführen und das Interesse des Prüfungsgremiums wecken soll. Außerdem handelt es sich hierbei um die ersten Worte des Prüflings, die, wenn sie gut formuliert sind, sehr dazu beitragen, das Prüfungsgremium für sich zu gewinnen. Die folgenden Ausführungen sollten nur in Stichworten niederge-schrieben werden. Sie dienen dazu, Gedanken zu entwickeln, Schwerpunkte zu setzen und die Gedanken in eine systematische Reihenfolge zu bringen. Wortfindung und Satzfindung vollziehen sich erst vor dem Zuhörerkreis. Bewährt hat sich die Vorgehensweise, zunächst den Gedankengang in Haupt-stichworten in möglichst großem Abstand niederzuschreiben und anschließend etwas eingerückt zu den Hauptstichworten Nebenstichworte zu ergänzen. Die Stichworte sollten möglichst groß geschrieben werden, damit der Vortragende sie während des Vortrages auch lesen kann. Bei der Aufstellung der Stichworte sollte eine zu tief gehende Gliederung vermieden werden, da es schwer ist, diese den Zuhörern darzulegen. Es kommt vielmehr darauf an, in einfachen und klar verständlichen Worten den Gedankengang zu erläutern. Häufig kann hierbei ein Beispiel helfen, das die Zuhörer leichter anspricht als kompliziert vorgetragene Zusammenhänge. Aber auch hier sollte auf Klarheit und Ein-fachheit Rücksicht genommen werden, wobei der Vortragende ruhig erläutern kann, dass auf Details zugunsten einer transparenteren Analyse verzichtet wird.

Der letzte Satz ist ebenso wie der Einleitungssatz von besonderer Bedeutung, da er, wenn er gut formuliert ist, in der Erinnerung der Prüfungskommission besonders haften bleibt. Hier kann z. B. ein Ausblick gegeben werden, auf Bereiche hingewiesen werden, die in der Kürze der Zeit nicht behandelt wer-den können, oder aber wichtige Gedanken können noch einmal herausgestellt werden. Der Vortragende sollte erkennen lassen, dass er zum Schluss kommt, z. B. durch die Worte: „Abschließend möchte ich noch einmal darauf hinwei-sen, dass …", „zum Abschluss meiner Ausführung möchte ich noch einmal betonen, dass …". Sehr gut ist es natürlich, wenn im Schlusssatz ein logischer Bogen zum Einleitungssatz hergestellt werden kann, doch sollte man sich hierüber wegen der nur begrenzt zur Verfügung stehenden Zeit nicht allzu lange Gedanken machen. Auf keinen Fall dürfen aber die Gedanken abrupt abgebrochen und dann mit einer lapidaren Bemerkung wie z. B.: „Das war's" beendet werden.

Der Hinweis, dass nur ein Teil der Probleme angesprochen worden ist und dass noch eine Fülle von Problemen und Einzelaspekten hätte ausgebreitet werden können, wenn mehr Zeit zur Verfügung gestanden hätte, sollte tunlichst unter-bleiben. Wenn dem wirklich so ist, weiß das die Prüfungskommission ohnehin. Im anderen Fall wird sich die Kommission mit Recht fragen, warum denn der Kandidat nicht in der Lage war, durch andere Gewichtung diese Probleme dar-zustellen.

2. Die Prüfung

Die Prüfung beginnt mit dem Vortrag, der meistens in alphabetischer Reihenfolge der Namen der Kandidaten oder in der Reihenfolge der Vornoten gehalten wird. Er sollte als eine Möglichkeit aufgefasst werden, das erworbene Wissen möglichst gut darzulegen, und es sollte in ihm die Chance gesehen werden, seine aus dem schriftlichen Examen erworbene Ausgangsposition zu verbessern bzw. das Erreichte zu bewahren. Eine positive Einstellung zur Prüfungssituation verbessert das Selbstbewusstsein und vermeidet rhetorische Hemmnisse.

In der Regel wird den Prüfungskandidaten freigestellt, ob sie den Vortrag im Stehen oder im Sitzen halten wollen. Nahezu alle Kandidaten entscheiden sich für den stehenden Vortrag. Das Vortragen im Stehen sollte auch keine Probleme bereiten, wenn es vorher geübt wurde und einige Grundregeln beachtet werden. Hierzu gehört ein aufrechter ruhiger Stand. Die Hände sollten das Manuskript mit leicht abgesenkten Ellbogen halten. Auf keinen Fall sollte man die Hände in die Tasche stecken (Zeichen von Arroganz), die Arme vor der Brust verschränken (typische Abwehrhaltung) oder sich zu stark auf einen Stuhl, Tisch bzw. ein Rednerpult aufstützen (Zeichen von Unsicherheit). Nicht ratsam ist es auch, die Arme gerade herunterhängen zu lassen, da hierdurch der Denk-Sprech-Vorgang belastet wird.

Entscheidet man sich – was nicht zwingend notwendig ist – für eine Anrede der Prüfungskommission, so reicht die Formulierung – „sehr geehrte (evtl. Damen und) Herren" vollkommen aus. Auf keinen Fall sollte der Zusatz „**Meine** sehr ..." gebraucht werden. Auch eine gesonderte Anrede des Vorsitzenden wie „Sehr geehrter Herr Vorsitzender, sehr geehrte ..." ist keinesfalls gebräuchlich und kann entfallen.

Es ist empfehlenswert, zunächst in zwei bis drei Sätzen das Thema zu nennen und den Aufbau des Vortrages zu erläutern. Das zeigt der Prüfungskommission bereits, ob die wesentlichen Punkte angesprochen werden. Hat man das Thema gut aufgebaut, sollte man dieses der Kommission gegenüber auch zeigen, die dann häufig viel wohlwollender die folgenden Ausführungen beurteilt. Außerdem wird hierdurch ein einfacher Einstieg gewählt, sodass eine anfängliche Unsicherheit leicht abgebaut werden kann. Der Einleitungssatz, den man sich wörtlich aufgeschrieben hat, und die anschließenden Ausführungen zum Thema sollten in möglichst freier Rede gehalten werden. Ein rhetorisches Meisterwerk wird von der Prüfungskommission nicht erwartet, aber dennoch können bestimmte rhetorische Hilfsmittel die Prüfungskommission positiv beeinflussen. Der Vortragende sollte daher folgende Regeln beherzigen:

1. Die Gedanken in einfachen, klaren und verständlichen Sätzen äußern! Lange Schachtelsätze sind zu vermeiden. Sie bewirken, dass der Zuhörer sich beim Zuhören anstrengen muss, unaufmerksam wird und eine ablehnende Haltung aufbaut.

2. Nicht versuchen, mehrere Gedanken gleichzeitig zu formulieren! Immer nur einen Gedanken formen und aussprechen und so einen Gedanken an den anderen reihen. So wird vermieden, dass man den Faden verliert.

3. Ruhig und gelassen sprechen! Nach Beendigung eines Gedankens evtl. kleine Pausen einlegen. Schnelles Sprechen lässt die Zuhörer erlahmen.

4. Die Zuhörer ansehen und den Blick durch die Reihe auf und ab gehen lassen! Dabei vermeiden, bei Spezialthemen den vermeintlichen Spezialisten in der Prüfungskommission durch einen ausschließlich zu diesem bestehenden Blickkontakt zu „hofieren".

5. Übermäßiges Gestikulieren vermeiden!

6. Weder zu leise noch zu laut sprechen! In mittlerer Stimmlage ruhig und sachlich, aber überzeugend und mit Nachdruck reden.

7. Die oben angegebenen Verhaltensregeln sollen nur dazu dienen, die eigene Persönlichkeit positiv zu unterstützen. Sie dürfen nicht dazu führen, dass die Individualität aufgegeben wird und der Vortrag übermäßig gekünstelt wirkt.

Während des Vortrages sollten die anderen Bewerber versuchen, aufmerksam zuzuhören, da in den anschließenden Fragen ein Prüfer evtl. auf einen der Vorträge zurückkommen kann. Dies ist sicher dann nicht ganz einfach, wenn man selbst den Vortrag noch zu halten hat. Es fällt aber dann leichter, wenn man während der Vorbereitung in einer Arbeitsgemeinschaft auch das kritische Zuhören entsprechend geübt hat.

Der vorstehende Absatz gilt natürlich nur für die Bundesländer, in denen alle Kandidaten eines Durchgangs zugegen sind. In einzelnen Ländern werden die Vorträge nacheinander „solo" gehalten, ohne dass die anderen Kandidaten anwesend sind. Auch hierfür sollten unbedingt vor Prüfungsbeginn Erkundigungen eingeholt werden.

Im Anschluss an die Vorträge erfolgt meist eine zehnminütige Pause. Dann beginnt der Prüfungsteil mit den mündlichen Fragen. Wichtig ist es nun, dass man, auch wenn der Vortrag nicht so gut gelungen ist, die Vortragsphase völlig vergisst und sich nur auf die Prüfungsfragen konzentriert. Jeder Prüfer prüft ca. dreißig bis fünfundvierzig Minuten (bei fünf Prüflingen), wobei in der Regel Kandidaten mit schwachen Vornoten, aber auch solche, die im Vortrag einen schlechten Eindruck hinterlassen haben, häufiger geprüft werden. Obwohl die Gesetzestexte auf dem Tisch stehen, dürfen sie in der Regel nicht als Hilfsmittel herangezogen werden. Eine rechtliche Begründung in der Prüfungsordnung findet sich hierfür nicht. Allerdings sind die Fragen häufig so breit angelegt und an der Oberfläche, dass sich ein Blick ins Gesetz erübrigt. Das Suchen von Fundstellen vermindert daher häufig nur die Konzentration beim Zuhören. Soweit schwierige Fragen nicht sofort beantwortet werden können, genügt häufig zunächst der Hinweis, wo die Lösung im Gesetz zu finden ist und wo man aufschlagen müsste. Das Gesetz sollte man aber nur dann benutzen, wenn man hierzu vom Prüfer aufgefordert wird oder wenn von vornherein feststeht, dass die Prüfungskommission dies zulässt.

Ebenso wie beim Vortrag sollten auch die Fragen mit dem notwendigen Selbstbewusstsein beantwortet werden. Dazu gehört aber auch der Mut, eindeutige Fehler einzugestehen. Kann man die Fragen nicht 100%ig beantworten, sollte man versuchen, sich an die Antwort heranzutasten. Dem Prüfer wird so die Möglichkeit gegeben, durch Nachfragen den Kandidaten auf die richtige Antwort zu bringen. Schweigt der Kandidat sich aus, so hat der Prüfer diese Möglichkeit nicht, der Kandidat wird nervös und erzeugt innerlich eine Abwehrhaltung beim Prüfer. Das Herantasten an die Antwort bedeutet aber nicht, dass man als Prüfungskandidat ein Stichwort aufgreift und dann loslegt, ohne auf die Prüfungsfragen einzugehen. Das Abschweifen vom Thema zeigt genauso viel Unsicherheit wie das Schweigen.

Auch die Prüfer irren gelegentlich. Greift der Vorsitzende nicht ein, sollte auf jeden Fall vermieden werden, ein Gefühl des Trotzes oder Beleidigtseins zu zeigen. Auf keinen Fall sollte man sich zum Diskussionsstil verleiten lassen und den Prüfer rechthaberisch befragen: „Wie würden Sie dann aber ...!" Es gilt die Regel, dass die Prüfungsausschussmitglieder fragen, der Kandidat hingegen nur zu antworten hat, und zwar nur dann, wenn er gefragt wurde.

Bewerber, die nicht gefragt sind, sollten aufmerksam zuhören, da die Fragen weitergegeben werden könnten oder die nächste Frage auf der alten aufbauen kann. Die Aufmerksamkeit darf aber nicht dazu verleiten, durch übertriebene Mimik oder Gesten anzuzeigen, dass man die Fragen beantworten könnte, oder sogar dazwischenzurufen. Diese Verhaltensweise macht nicht nur einen schlechten Eindruck bei der Prüfungskommission, deren Mitglieder ja selbst auch einmal geprüft wurden, sondern ist auch in höchstem Maße unkollegial. Es kann daher sogar unter berufsständischen Aspekten negativ beurteilt werden, ist doch die Kollegialität ein wichtiges Prinzip des Berufsrechtes der Steuerberater.

Wird die Frage an den Kandidaten weitergegeben, nachdem eine völlig falsche Aussage von einem „Mitstreiter" zur Diskussion gestellt wird, so sollte man jede persönliche Wertung umgehen. Statt „Das war absolut falsch" macht es einen wesentlich besseren Eindruck, wenn man sich ausschließlich auf die Sachaussagen beschränkt.

Die Feststellung, dass die Prüfung erst mit der letzten Frage endet, ist allgemein bekannt. Damit soll nur noch einmal herausgestellt werden, dass ein Kandidat sich niemals vorzeitig aufgeben sollte. Genauso schädlich wie überdeutlich zur Schau gestellte Unbekümmertheit ist das vorzeitige Verfallen in Resignation und Apathie. Jeder Prüfungsausschuss honoriert, wenn bis zum Schluss „gefightet" wird.

Dass es letztlich zu einer derartigen Unsicherheit gar nicht erst kommt, dazu sollten auch diese einleitenden Ausführungen dienen.

(Dr. Kieffer)

B. 100 Prüfungsvorträge

Wichtiger Hinweis für den Leser

Die Mustervorträge sind keine umfassenden Materialsammlungen und Darstellungen. Sie sollen lediglich ein Muster dafür sein, wie ein Vortrag in der gegebenen Zeit gehalten werden könnte. Dies impliziert, dass insbesondere bei umfassenden Themen, wie z. B. Umwandlung, Gewinnermittlungsmethoden oder Investitionsrechnung, die Ausführungen nur einige wesentliche Aspekte beinhalten können. Die Vorträge behandeln also zwangsläufig viele Themen nicht erschöpfend. Es wird das Problem und die Aufgabe des Prüfungskandidaten sein, bei umfassenden Themen einige wesentliche Aspekte logisch zu verknüpfen und in ansprechender Form darzustellen. Die Autoren bemühten sich, dafür 100 brauchbare Muster zu liefern.

Der Kandidat möge nicht der Täuschung unterliegen, ein so ausformuliertes Manuskript in der Vorbereitungszeit erstellen zu können. Es sei hier nochmals darauf hingewiesen, dass in der gegebenen Vorbereitungszeit nur Stichworte notiert werden können. In welchem Umfang das geschieht, ist von der Schreibgeschwindigkeit und dem individuellen Vortragsstil abhängig. Wie bereits in Abschnitt A ausgeführt, sollte nicht vergessen werden, sich einen Anfangssatz ausformuliert aufzuschreiben!

Manchmal bietet sich auch ein etwas themenübergreifender Schlusssatz an.

Beispielhaft ist nachstehend ein „Manuskript" zum Thema „Die Abgrenzung der freiberuflichen von der gewerblichen Tätigkeit" erstellt. (Den ausführlichen Mustervortrag finden Sie auf S. 22.) Dies ist ein typisches Thema, in dem lediglich Fakten „abgeladen" werden können und natürlich möglichst viele Einzelheiten in komprimierter und geordneter Form vorgetragen werden sollten.

Bei anderen Themen, wie z. B. bei Querschnittsthemen, kommt es mehr auf die kritische Durchdringung der Thematik an. So ist z. B. bei dem Thema „Investitionsrechnung" der Hinweis auf die unsicheren Erwartungen und damit auf die begrenzte Aussagefähigkeit dieser Rechnungen in der Paxis wichtig.

Sehr zweckmäßig ist es, wenn Sie sich beim Durcharbeiten der „Mustervorträge" immer solche Manuskripte erstellen und anschließend den Vortrag laut referieren.

Manuskript-Muster zum Thema:

Die Abgrenzung der freiberuflichen von der gewerblichen Tätigkeit.

Sehr geehrte Damen und Herren,

das Thema meines Vortrages lautet: „Die Abgrenzung der freiberuflichen von der gewerblichen Tätigkeit".

Ich habe meine Ausführungen wie folgt gegliedert:
– Gliederung skizzieren –

Grundlegung: Bedeutung

1. Bedeutung der Abgrenzung/Grundlegung (kurz!!!)
⇨ § 2 I EStG
Gewinn-/Überschusseinkünfte
Bedeutung:
- „Eigengesetzlichkeiten"
- Freigrenzen

- § 141 AO nicht für Freiberufler
- Gewerbesteuer

2. Begriffsbestimmungen

2.1 Gewerbliche Tätigkeit § 15 II EStG
- Selbständigkeit
- Nachhaltigkeit der Betätigung
- Gewinnerzielungsabsicht
- Beteiligung am allgemeinen und wirtschaftlichen Verkehr

2.2 Freiberufliche Tätigkeiten § 18 EStG
  a) Einordnung in § 18 EStG
  b) Kriterien für freiberufliche Tätigkeit
- Leitend
- Eigenverantwortlich
- Zuordnung zu
  – selbständig ausgeübte wissenschaftliche, künstlerische, schriftstelle-rische, unterrichtende oder erzieherische Tätigkeit
  – Katalogberufe (z. B. Ärzte, Rechtsanwälte, Steuerberater und alle weiteren abschließend aufgezählten Berufsgruppen) und ähnliche Berufe
- Abgrenzungsproblem ähnliche Berufe (z. B. EDV-Berater)

3. Personenzusammenschlüsse

- Personengesellschaften
  – bleibt freiberuflich
  – Ausnahme: Beteiligung eines Berufsfremden
- GmbH
  – stets gewerblich

4. „Gemischte" Tätigkeiten

z. B. Augenarzt verkauft Kontaktlinsen, Zahnarzt verkauft Zahnbürsten etc.
Wenn getrennt (z. B. FiBu) ⇨ Aufteilung.
Bei Gesellschaften immer die Gesellschaft, insgesamt gewerblich (§ 15 III EStG „Infektionstheorie").

5. Anrechnung der Gewerbesteuer

- § 35 EStG bei Einzelunternehmen und bei Personengesellschaften. Gewerbesteuer anrechnen 1,8fache des Gewerbesteuer-Messbetrages.
- Nimmt steuerliche Brisanz.
- In Einzelfällen sogar Gewerblichkeit günstiger.

Sehr geehrte Damen und Herren,
ich danke für Ihre Aufmerksamkeit
(etwas forscher: Ich danke Ihnen für Ihr Interesse).

(Prof. Dr. Bischoff)

1. Abgrenzung der freiberuflichen von der gewerblichen Tätigkeit

I. Bedeutung der Abgrenzung

Das Einkommensteuergesetz zählt in § 2 Abs. 1 EStG sieben Einkunftsarten auf, die der Einkommensteuer unterliegen.

Dabei sind zwei Gruppen von Einkünften zu unterscheiden:

- Gewinneinkünfte (Einkünfte aus Land- und Forstwirtschaft; aus Gewerbebetrieb und aus selbständiger Arbeit, einschließlich freiberuflicher Tätigkeit)
- Überschusseinkünfte (Einkünfte aus nichtselbständiger Arbeit, aus Kapitalvermögen, aus Vermietung und Verpachtung und sonstige Einkünfte)

Die Abgrenzung zwischen den Einkunftsarten ist von besonderer Bedeutung, da einzelne Einkunftsarten wesentliche Eigengesetzlichkeiten aufweisen, wodurch der Umfang der Steuerpflicht weitgehend beeinflusst wird. Weiterhin sind für einzelne Einkünfte Freibeträge und Freigrenzen zu beachten. Darüber hinaus können sich aufgrund der Zuordnung bestimmte Nebenfolgen ergeben, z. B. Gewerbe-, Umsatz- bzw. Lohnsteuerpflicht.

Die Abgrenzung der freiberuflichen Einkünfte von den Einkünften aus Gewerbebetrieb ist vor allem aus zwei Gründen von steuerlicher Bedeutung:

- Für Freiberufler gelten nicht die Buchführungspflichtgrenzen nach § 141 AO. Unabhängig von der Höhe des Umsatzes und des Gewinns kann der Gewinn durch Überschussrechnung nach § 4 Abs. 3 EStG ermittelt werden,
- Nur die Einkünfte aus Gewerbebetrieb unterliegen der Gewerbesteuer.

II. Begriffsbestimmungen

Gewerbliche Tätigkeit

Nach § 15 Abs. 2 EStG liegt unter folgenden Voraussetzungen ein Gewerbebetrieb vor:

- Selbständigkeit
- Nachhaltigkeit der Betätigung
- Gewinnerzielungsabsicht
- Beteiligung am allgemeinen wirtschaftlichen Verkehr

Freiberufliche Tätigkeit

Die für den Gewerbebetrieb geltenden Merkmale sind auch für die freiberufliche Tätigkeit maßgebend. Die Abgrenzung ergibt sich daraus, ob die ausgeführte Tätigkeit unter § 18 EStG (Einkünfte aus selbständiger Arbeit) fällt.

Zu den Einkünften aus selbständiger Arbeit gehören:

- Einkünfte aus freiberuflicher Tätigkeit
- Einkünfte der Einnehmer einer staatlichen Lotterie
- Einkünfte aus sonstiger selbständiger Arbeit (z. B. Aufsichtsratsvergütung)

Die wichtigste Gruppe der Einkünfte aus selbständiger Arbeit ist die der Einkünfte aus freiberuflicher Tätigkeit.

Es müssen folgende Kriterien bei einer freiberuflichen Tätigkeit erfüllt sein:

- Leitende und eigenverantwortliche Tätigkeit aufgrund eigener Fachkenntnisse
- Zuordnung zu einer der folgenden Gruppen:
  - selbständig ausgeübte wissenschaftliche, künstlerische, schriftstellerische, unterrichtende oder erzieherische Tätigkeit

o Katalogberufe (z. B. Ärzte, Rechtsanwälte, Steuerberater und alle weiteren abschließend aufgezählten Berufsgruppen) und ähnliche Berufe

III. Personenzusammenschlüsse

Personengesellschaften

Bei Zusammenschlüssen von Freiberuflern zu einer Personengesellschaft erzielen die Gesellschafter nur dann Einkünfte aus freiberuflicher Tätigkeit, wenn alle Gesellschafter die Merkmale eines freien Berufs erfüllen. Die Beteiligung auch nur einer berufsfremden Person führt dazu, dass die Einkünfte der Gesellschaft insgesamt als solche aus Gewerbebetrieb zu qualifizieren sind.

Kapitalgesellschaften

Bei einer Kapitalgesellschaft, deren Gegenstand eine freiberufliche Tätigkeit ist, die unter § 18 EStG aufgeführt ist (z. B. Steuerberatungsgesellschaften), gelten sämtliche Einkünfte nach § 2 Abs. 2 GewStG als Einkünfte aus Gewerbebetrieb (Gewerbebetrieb kraft Rechtsform).

IV. Gemischte Tätigkeit

Gelegentlich trifft eine selbständige Arbeit mit gewerblicher Tätigkeit zusammen (gemischte Tätigkeit z. B. bei Verkauf von Kontaktlinsen durch Augenärzte oder Mundhygieneartikel durch Zahnärzte). In der Regel ist nur die gewerbliche Tätigkeit als Gewerbebetrieb anzusehen. Die beiden Tätigkeiten sind grundsätzlich getrennt zu behandeln, wenn eine Trennung (z. B. getrennte Buchführung) ohne besondere Schwierigkeiten möglich ist (H 136 EStH).

Übt eine Personengesellschaft eine gemischte Tätigkeit aus, so ist die Tätigkeit der Gesellschaft in vollem Umfang als gewerblich anzusehen (§ 15 Abs. 3 Nr. 1 EStG). Eine noch so geringe gewerbliche Tätigkeit infiziert die gesamte Mitunternehmerschaft („Infektionstheorie").

Jedoch bei einem äußerst geringen Anteil gewerblicher Einkünfte an den Gesamtumsätzen einer freiberuflichen Personengesellschaft greift diese Abfärberegelung nicht. Der BFH hat dies in seinem Urteil vom 11. 8. 1999 für den Fall entschieden, bei dem der Anteil der gewerblichen Umsätze an den Gesamtumsätzen bei lediglich 1,25 % lag.

Zur Vermeidung der Infektionsgefahr sollte der gewerbliche Tätigkeitsbereich von einer zweiten Gesellschaft aufgenommen werden. Erforderlich ist eine eindeutige Abgrenzung von der freiberuflichen Gesellschaft (getrennte Buch- und Kassenführung, Trennung der Betriebsvermögen).

V. Anrechnung der Gewerbesteuer

Nach § 35 EStG wird seit 2001 bei Einzelunternehmen und bei Personengesellschaften die Gewerbesteuer nach einem pauschalierten Verfahren auf die Einkommensteuer angerechnet. Dabei wird das 1,8fache des Gewerbesteuer-Messbetrages von der Einkommensteuer abgezogen. Durch dieses Anrechnungsverfahren wird der gewerblichen Infektion die steuerliche Brisanz genommen. Außerdem ist die Gewerbesteuer abzugsfähige Betriebsausgabe. In bestimmten Fällen (abhängig von Gewerbesteuer-Hebesatz und persönlichem Einkommensteuersatz) kann durch diese Regelung eine vollständige Entlastung von der Gewerbesteuer erreicht werden. Ein geringer Hebesatz kann sogar dazu führen, dass es zu einer Überkompensation der Gewerbesteuerbelastung durch den Ermäßigungsbetrag kommt.

(Prof. Dr. Bischoff)

2. Einkommensteuerliche Folgen der Ehescheidung

I. Zugewinnausgleich

Der Zugewinnausgleich erfolgt bei der Scheidung von Ehen im gesetzlichen Güterstand. Zugewinn ist der Betrag, um den das Endvermögen das Anfangsvermögen eines Ehegatten übersteigt. Der Ehegatte mit dem geringeren Zugewinn hat einen Zugewinnausgleichsanspruch. Bei dem Zugewinnausgleich handelt es sich um einen privaten Vorgang auf der Vermögensebene, der grundsätzlich einkommensteuerlich irrelevant ist. Daher sind Schuldzinsen für ein zum Zwecke des Zugewinnausgleichs aufgenommenes Darlehen nicht als WK abziehbar (BFH-Urteil vom 8. 12. 1992, BStBl 1993 II S. 434).

Bei der **Übertragung von Wirtschaftsgütern** im Rahmen des Zugewinnausgleichs liegt ein Vorgang vor, der i. d. R. zur Gewinnrealisierung führt. Überträgt z. B. ein Einzelunternehmer ein zum Betriebsvermögen gehöriges Wirtschaftsgut der geschiedenen Ehefrau zum Zwecke des Zugewinnausgleichs, so gilt das Grundstück zuerst als entnommen (Folge: Aufdeckung der stillen Reserven) und wird erst dann gegen Aufgabe des Zugewinnausgleichsanspruchs übertragen; infolgedessen kann eine Rücklage gem. § 6 b EStG, die einen Veräußerungsvorgang voraussetzt, nicht gebildet werden (BFH-Urteil vom 23. 6. 1981, BStBl 1982 II S. 18). Die Ehefrau erwirbt das Grundstück entgeltlich. Sie hat Anschaffungskosten in Höhe des Werts des Zugewinnausgleichs, d. h. in Höhe des Teilwerts des Grundstücks.

Wird der **Zugewinnausgleich verrentet,** so kann entweder eine private Zuwendungsrente (die gem. § 12 Nr. 2 EStG nicht abzugsfähig ist) oder eine Versorgungsrente (die gem. § 10 Abs. 1 Nr. 1 a EStG als Sonderabgabe abzugsfähig ist, aber beim Empfänger gem. § 22 Nr. 1 EStG zu versteuern ist) vorliegen. Von einer Versorgungsrente spricht man, wenn der Zugewinnausgleichsanspruch mindestens die Hälfte des Barwerts der Rente beträgt (BMF vom 23. 12. 1996, BStBl 1996 I S. 1508, Tz. 18). Andernfalls handelt es sich um eine Zuwendungsrente. Die Versorgungsrente ist beim Leistenden in Höhe des Ertragsanteils abzugsfähig bzw. beim Empfänger im Rahmen der sonstigen Einkünfte zu versteuern. Grundsätzlich könnte durch einen in der Ausgleichsvereinbarung enthaltenen Hinweis auf die Abänderungsmöglichkeit gem. § 323 ZPO die Zahlungsverpflichtung den Charakter einer dauernden Last erhalten. Allerdings wäre dann ein Sonderausgabenabzug insoweit ausgeschlossen, als der Wert der wiederkehrenden Leistungen durch den Wert der Gegenleistung (Zugewinnausgleichsanspruch) abgedeckt wird (vgl. BFH-Urteil vom 13. 8. 1985, BStBl 1985 II S. 709).

II. Versorgungsausgleich

Der Versorgungsausgleich dient der gleichmäßigen Aufteilung der während der Ehe erworbenen Versorgungsanrechte. Er ist bei allen Ehen, die unter Anwendung des neuen Ehescheidungsrechts geschieden werden, relevant, soweit nicht ausdrücklich ein Ausschluss erfolgte.

Zunächst ist zu unterscheiden zwischen dem öffentlich-rechtlichen und dem schuldrechtlichen Versorgungsausgleich. Beim **öffentlich-rechtlichen** Versorgungsausgleich kommt es zu einer Übertragung bzw. Begründung von Rentenanwartschaften beim Ausgleichsberechtigten. Bei der Begründung der Anwartschaften handelt es sich um einkommensteuerlich irrelevante Vorgänge auf der Vermögensebene. Relevant ist aber die Wiederauffüllung der Anwartschaften des Verpflichteten, wobei sich die steuerliche Beurteilung danach richtet, ob der Versorgungsausgleich als Rentensplitting, als Quasi-Rentensplitting oder mit Begründung von Anwartschaften in der gesetzlichen Rentenversicherung erfolgte.

Hatte der Verpflichtete Anwartschaften in der gesetzlichen Rentenversicherung erworben, die zum Teil auf das Konto des Berechtigten übertragen wurden **(Rentensplitting)**, so sind die zur Wiederauffüllung geleisteten Beträge keine Werbungskosten, sondern im Rahmen der Höchstbeträge abzugsfähige Vorsorgeaufwendungen. Hat der Verpflichtete beamtenrechtliche oder beamtenähnliche Versorgungsansprüche **(Quasi-Rentensplitting)** und wendet er zur Vermeidung einer Pensionskürzung Zahlungen auf, so handelt es sich um Werbungskosten, denn die Beiträge stehen im Zusammenhang mit den später zufließenden Pensionseinnahmen, also mit Einnahmen aus nichtselbständiger Arbeit (BFH-Urteile vom 8. 3. 2006, BStBl 2006 II S. 446). Begründet der Verpflichtete eine **Anwartschaft durch Beitragsentrichtung**, z. B. weil die Anwartschaften aufgrund betrieblicher Altersversorgung oder privater Versicherungsverträge bestehen, so liegen weder Werbungskosten noch Sonderausgaben vor. Zahlungen zwecks Versorgungsausgleich können auch nicht als außergewöhnliche Belastungen zum Abzug gebracht werden (BFH-Urteil vom 21. 10. 1983, BStBl 1984 II S. 106).

Unabhängig davon, wie der Verpflichtete die Versorgungszahlungen zu versteuern hat (z. B. ein Beamter gem. § 19 Abs. 1 Nr. 2 EStG), hat der Berechtigte die Versorgungszahlungen gem. § 22 Nr. 1 a EStG mit dem Ertragsanteil zu versteuern. Auf die darin bestehende Ungleichheit hat auch das Bundesverfassungsgericht im Beschluss vom 26. 3. 1980 (BStBl 1980 II S. 545) hingewiesen.

Wird der **schuldrechtliche** Versorgungsausgleich durch Zahlung einer Geldrente bewirkt, so können die Zahlungen wegen der Abänderbarkeit (§ 1587 g Abs. 3 BGB) nach § 10 Abs. 1 Nr. 1 a EStG als dauernde Last in voller Höhe abgezogen werden; der Ausgleichsberechtigte hat die Zahlungen als wiederkehrende Bezüge zu versteuern. Entsprechendes gilt, wenn der Berechtigte statt Rentenzahlung die Abtretung von Versorgungsansprüchen verlangt (die zunächst beim Verpflichteten steuerlich in voller Höhe zu erfassen sind). Erfolgt der Ausgleich durch Abfindungszahlung (an eine gesetzliche Renten- oder private Lebensversicherung), so können diese Zahlungen steuerlich nicht geltend gemacht werden (vgl. BMF-Schreiben vom 20. 7. 1981, BStBl I S. 567). Allerdings können Schuldzinsen zur Kreditfinanzierung eines vereinbarten Versorgungsausgleichs als vorab entstandene Werbungskosten bei den Einkünften i. S. des § 22 Nr. 1 EStG geltend gemacht werden (BFH-Urteil vom 5. 5. 1993, BStBl 1993 II S. 867).

III. Unterhaltsleistungen

Unterhaltsansprüche können entweder durch eine Abfindung oder durch laufende Unterhaltsleistungen abgegolten werden. Erhält der Berechtigte Wirtschaftsgüter oder eine Einmalzahlung, handelt es sich bei dem Verpflichteten um einen einkommensteuerlich unbeachtlichen Vorgang auf der Vermögensebene.

Laufende Unterhaltszahlungen können infolge des Abzugsverbots des § 12 Nr. 2 EStG **nicht** gem. § 10 Abs. 1 Nr. 1 a EStG abgezogen werden, sondern nur entweder als außergewöhnliche Belastungen (§ 33 a Abs. 1 EStG) oder im Rahmen des Realsplittings (§ 10 Abs. 1 Nr. 1 EStG). Nach der ersten Vorschrift können Unterhaltsleistungen bis zu 7.680 Euro im Kalenderjahr vom Gesamtbetrag der Einkünfte abgezogen werden, wobei sich dieser Betrag um die Einkünfte des Unterhaltsempfängers mindert, die 624 Euro im Jahr übersteigen. Eine Versteuerung beim Empfänger erfolgt nicht. Auf Antrag und mit Zustimmung des Empfängers kann der Unterhaltzahlende Leistungen bis insgesamt 13.805 Euro jährlich gem. § 10 Abs. 1 Nr. 1 EStG als Sonderausgaben abziehen, wobei der Empfänger die Leistungen als sonstige Einkünfte gem. § 22 Nr. 1 a EStG zu versteuern hat.

(Dr. Lenz)

3. Beschränkte und unbeschränkte Einkommensteuerpflicht

I. Einführung

Die deutsche Einkommensteuer ist eine subjektorientierte Personensteuer, die das Einkommen einer Person erfasst. Die Erfassung von Einkünften richtet sich dabei nach dem Wohnsitzstaats-, dem Universalitäts- und dem Territorialitätsprinzip.

II. Unbeschränkte Steuerpflicht

Unbeschränkt einkommensteuerpflichtig sind natürliche Personen, die im Inland einen Wohnsitz oder ihren gewöhnlichen Aufenthalt haben. „Einen Wohnsitz hat jemand dort, wo er eine Wohnung unter Umständen innehat, die darauf schließen lassen, dass er die Wohnung beibehalten und benutzen wird" (§ 8 AO). Den gewöhnlichen Aufenthalt hat jemand dort, wo er sich unter Umständen aufhält, die erkennen lassen, dass er an diesem Ort oder in diesem Gebiet nicht nur vorübergehend verweilt. Bei einem Aufenthalt von mehr als sechs Monaten tritt stets die unbeschränkte Steuerpflicht ein. Dies gilt aber nicht bei Besuchs- oder Kuraufenthalten, die nicht länger als ein Jahr dauern (§ 9 AO). Von der unbeschränkten Einkommensteuerpflicht werden alle Einkünfte, unabhängig von ihrer Herkunft, also das gesamte Welteinkommen, erfasst. Auf Antrag werden sog. Grenzpendler, deren Einkünfte im KJ mindestens zu 90 v. H. der deutschen ESt unterliegen, als unbeschränkt einkommensteuerpflichtig behandelt (§§ 1 Abs. 3, 1 a EStG).

III. Erweiterte unbeschränkte Steuerpflicht

Der erweitert unbeschränkten Steuerpflicht unterliegen natürliche Personen ohne Wohnsitz und gewöhnlichen Aufenthalt im Inland, die im Rahmen eines öffentlich-rechtlichen Dienstverhältnisses Arbeitslohn aus einer inländischen öffentlichen Kasse beziehen. Darunter fallen insbesondere die Angehörigen des auswärtigen Dienstes (§ 1 Abs. 2 EStG).

IV. Beschränkte Steuerpflicht

Ist eine Person nicht unbeschränkt steuerpflichtig, bezieht sie aber inländische Einkünfte, so stellt die beschränkte Steuerpflicht die Erfassung des inländischen Steuerguts sicher. Bei Zuzug oder Wegzug kann ein Steuerpflichtiger in einem Kalenderjahr der unbeschränkten als auch der beschränkten Steuerpflicht unterliegen. In diesem Fall sind die während der beschränkten Steuerpflicht erzielten inländischen Einkünfte in eine Veranlagung zur unbeschränkten Einkommensteuerpflicht einzubeziehen (§ 2 Abs. 7 Satz 3 EStG).

Die Besonderheit der an sachliche Merkmale anknüpfenden beschränkten Steuerpflicht ist, dass nur bestimmte in dem Katalog des § 49 Abs. 1 EStG aufgeführte Einkünfte der Besteuerung unterliegen. Die Qualifizierung der Einkünfte richtet sich nach der isolierenden Betrachtungsweise, nach der im Ausland vorliegende Besteuerungsmerkmale dann außer Betracht bleiben, wenn bei ihrer Berücksichtigung inländische Einkünfte nicht angenommen werden können (§ 49 Abs. 2 EStG). Gehört z. B. einer ausländischen Kapitalgesellschaft ein inländisches Mietwohngrundstück, so wären die Einkünfte bei nicht isolierender Betrachtungsweise als solche aus Gewerbebetrieb zu qualifizieren. Dieses hätte zur Folge, dass mangels Vorliegens einer Betriebsstätte Steuerfreiheit gegeben wäre. Bei isolierender Betrachtungsweise handelt es sich jedoch um steuerpflichtige Vermietungseinkünfte. **Betriebsausgaben** und **Werbungskosten** sind nur zu berücksichtigen, wenn sie mit inländischen Einkünften in wirtschaftlichem Zusammenhang stehen. Zahlreiche, insbesondere persönliche Steuervergünstigungen werden bei beschränkter Steuerpflicht – mit gewissen Erleichterungen für Einkünfte aus nichtselbständiger

Arbeit (§ 50 Abs. 1 Satz 5 EStG) – nicht gewährt. Auch ist ein Verlustausgleich mit Einkünften, die dem Steuerabzug unterliegen, nicht zulässig (§ 50 Abs. 2 EStG). Die Steuer wird entweder durch Veranlagung oder durch den Steuerabzug erhoben. Für Arbeitnehmer wird grundsätzlich ein Lohnsteuerabzug vorgenommen, der Abgeltungswirkung hat. Allerdings können beschränkt steuerpflichtige EU-Arbeitnehmer Veranlagung zur Einkommensteuer beantragen.

Der Steuerabzug gilt u. a. für kapitalertragsteuerpflichtige Einkünfte und für andere in § 50 a EStG genannte Einkünfte (Aufsichtsratsvergütungen, Künstler, Sportler, Journalisten). Der Steuerabzug beträgt ab 2003 grundsätzlich 20 v. H. der Einnahmen (§ 50 a Abs. 4 Satz 4). Die Aufsichtsratsteuer beträgt 30 v. H. der Aufsichtsratsvergütung (§ 50 a Abs. 2). Bei im Inland ausgeübten künstlerischen, sportlichen, artistischen oder ähnlichen Darbietungen beträgt der Steuerabzug erst bei Einnahmen von über 1.000 Euro 20 v. H., bei geringeren Einnahmen ist der Steuerabzug niedriger (Staffelsätze gem. § 50 a Abs. 4 Satz 5 EStG). Dem Steuersatz unterliegt der volle Betrag der Einnahmen.

V. Erweitert beschränkte Steuerpflicht

Die erweitert beschränkte Steuerpflicht greift ein, wenn ein Steuerpflichtiger deutscher Staatsangehörigkeit durch Wegzug aus der unbeschränkten Steuerpflicht ausscheidet und bestimmte persönliche und sachliche Voraussetzungen erfüllt sind (§ 2 AStG). Sie ist auf zehn Jahre nach dem Wegzug begrenzt. Die wegziehende natürliche Person muss in den letzten zehn Jahren vor dem Ende der unbeschränkten Steuerpflicht mindestens fünf Jahre unbeschränkt einkommensteuerpflichtig gewesen sein, im Ausland einer niedrigen Besteuerung unterliegen und wesentliche inländische wirtschaftliche Interessen haben.

Eine Niedrigbesteuerung liegt vor, wenn die ausländische Steuer bei einem abstrakten Belastungsvergleich um mehr als ein Drittel niedriger liegt als die entsprechende deutsche Einkommensteuer; die Niedrigbesteuerung kann auch bei Gewährung einer Vorzugsbesteuerung gegeben sein, die aber durch einen konkreten Belastungsvergleich widerlegt werden kann (§ 2 Abs. 2 AStG). Wesentliche wirtschaftliche Interessen liegen alternativ in folgenden Fällen vor: Die wegziehende Person ist persönlich haftender Mitunternehmer oder wesentlich an einer Kommandit- oder Kapitalgesellschaft beteiligt; die nicht ausländischen Einkünfte bei unbeschränkter Steuerpflicht betragen mehr als 30 v. H. der gesamten Einkünfte oder übersteigen 62.000 Euro; das Vermögen, dessen Erträge bei unbeschränkter Einkommensteuerpflicht nicht ausländische Einkünfte wären, beträgt mehr als 30 v. H. des Gesamtvermögens oder übersteigt 154.000 Euro (§ 2 Abs. 3 AStG).

Aus der erweitert beschränkten Steuerpflicht ergibt sich die Rechtsfolge, dass alle nicht ausländischen Einkünfte des Steuerpflichtigen der deutschen Besteuerung zugrunde gelegt werden und dass auch für die Einkünfte, die bei beschränkter Steuerpflicht nur dem Steuerabzug unterliegen würden, der Steuersatz zur Anwendung kommt, der sich für sämtliche Einkünfte der Person ergibt (§ 2 Abs. 5 AStG). Die sich bei erweitert beschränkter Steuerpflicht ergebende Steuerschuld darf aber die Steuer nicht übersteigen, die sich bei unbeschränkter Steuerpflicht ergeben würde (§ 2 Abs. 6 AStG).

VI. Bedeutung von Doppelbesteuerungsabkommen (DBA)

Die Art der Steuerpflicht wird grundsätzlich durch Doppelbesteuerungsabkommen nicht berührt. Auswirkungen ergeben sich nur insoweit, wie der Ansatz bestimmter Einkünfte bei der inländischen Besteuerung eingeschränkt wird. Dies kann dazu führen, dass nach einem DBA Einkünfte überhaupt nicht in Deutschland besteuert werden dürfen oder aber dass der deutsche Steueranspruch für bestimmte Einkünfte (z. B. bei Dividenden) der Höhe nach begrenzt ist. (Dr. Lenz)

4. Kinder im Einkommensteuerrecht

I. Voraussetzungen für die Gewährung kinderbezogener Steuervergünstigungen

Der **Begriff der Kinder,** ihre Berücksichtigungsfähigkeit sowie ggf. ihre Zuordnung ist in § 32 Abs. 1 bis 6 EStG geregelt. Einkommensteuerrechtlich besteht ein Kindschaftsverhältnis dann, wenn ein Kind im ersten Grad mit dem Steuerpflichtigen verwandt oder ein Pflegekind ist. Im ersten Grad mit dem Steuerpflichtigen verwandt sind alle leiblichen Kinder sowie Adoptivkinder. Pflegekinder werden nur berücksichtigt, wenn sie aus dem natürlichen Obhuts- und Pflegeverhältnis zu ihren Eltern ausgeschieden sind und der Steuerpflichtige das Kind mindestens zu einem nicht unwesentlichen Teil auf seine Kosten unterhält.

Kinder müssen zudem **berücksichtigungsfähig** sein. Ein Kind wird in dem Kalendermonat, in dem es lebend geboren wurde, und in jedem folgenden Kalendermonat, zu dessen Beginn es das 18. Lebensjahr noch nicht vollendet hat, berücksichtigt (§ 32 Abs. 3 EStG). Es werden auch Kinder berücksichtigt, die nicht unbeschränkt einkommensteuerpflichtig sind. Hat das Kind diese Altersgrenze überschritten, so wird es dennoch in einer Reihe von Fällen berücksichtigt, z. B. bis zur Vollendung des 21. Lebensjahres, wenn es arbeitslos ist, und bis zur Vollendung des 27. Lebensjahres (ab 2007 Änderung auf 25. Lebensjahr geplant), wenn es sich in der Berufsausbildung befindet, mangels Ausbildungsplatz arbeitslos ist oder im Rahmen der Unterbrechung einer Berufsausbildung Grundwehr- oder Zivildienst leistet und die Einkünfte des Kindes 7.680 Euro im Kalenderjahr nicht übersteigen. Der Begriff der Berufsausbildung i. S. des Kindergeldrechts umfasst u. a. Vorbereitungen auf ein Berufsziel auch ohne Studienordnung, z. B. Sprachaufenthalte im Ausland im Rahmen von Aupair-Verhältnissen (BFH-Urteil vom 9. 6. 1999, DStR 1999 S. 1482). Kinder, die wegen dauernder Behinderung erwerbsunfähig sind, werden ohne Einschränkungen berücksichtigt.

Zahlreiche kinderbezogene Steuervergünstigungen setzen voraus, dass ein Steuerpflichtiger infolge der Berücksichtigung eines Kindes in den Genuss des Kinderfreibetrags oder von Kindergeld kommt. Dies gilt für die Gewährung des **Ausbildungsfreibetrags** (§ 33 a Abs. 2 EStG), des **Körperbehindertenfreibetrags** (§ 33 b Abs. 5 EStG) und für die **Ermittlung der zumutbaren Belastung** gem. § 33 Abs. 3 EStG.

II. Kinderbezogene Steuervergünstigungen

Als zentrale kindbezogene Vergünstigung ist die Gewährung von Kindergeld (§§ 62–78 EStG) bzw. des Freibetrags nach § 32 Abs. 6 EStG zu nennen. Anspruch auf Kindergeld haben Steuerpflichtige, soweit sie ihren Wohnsitz oder gewöhnlichen Aufenthalt im Inland haben oder unbeschränkt steuerpflichtig sind, Ausländer nur, wenn sie im Besitz einer Aufenthaltsberechtigung sind. Die Zahlung erfolgt monatlich in Höhe von 154 Euro für das 1. bis 3. Kind und 179 Euro für jedes weitere Kind. Für jedes Kind wird Kindergeld nur an einen Berechtigten ausgezahlt. Bei mehreren Berechtigten wird es an denjenigen ausgezahlt, der das Kind in seinem Haushalt aufgenommen hat. Der Freibetrag nach § 32 Abs. 6 EStG in Höhe von 1.824 Euro Kinderfreibetrag zzgl. 1.080 Euro Betreuungsfreibetrag für jedes zu berücksichtigende Kind (bei Zusammenveranlagung 3.648 Euro bzw. 2.160 Euro) wird bei der Veranlagung zur Einkommensteuer berücksichtigt, aber nur angesetzt, wenn dessen steuerliche Auswirkung höher ist als das im Kalenderjahr gezahlte Kindergeld. Der Freibetrag kann für minderjährige Kinder nicht nur auf den anderen Elternteil, sondern auch auf einen Stiefelternteil oder Großeltern übertragen werden, wenn sie das Kind in ihrem Haushalt aufgenommen haben. Der Freibetrag ist außerdem für die Berechnung des SolZ sowie der Kirchensteuer maßgeblich.

Für Kinder, für die weder der Steuerpflichtige noch eine andere Person Anspruch auf einen Freibetrag nach § 32 Abs. 6 EStG oder Kindergeld hat, können Aufwendungen für den Unterhalt oder eine Berufsausbildung nach den in § 33 a Abs. 1 EStG genannten Grundsätzen als agB abgezogen werden.

Ab 2006 können für Kinder unter 14 Jahren oder behinderte Kinder gem. § 4 f EStG erwerbsbedingte Kinderbetreuungskosten bis zur Höhe von zwei Drittel der Aufwendungen, höchstens 4.000 Euro je Kind bei der Ermittlung der Einkünfte als Betriebsausgaben bzw. Werbungskosten berücksichtigt werden. Befindet sich der Steuerpflichtige in Ausbildung oder ist wegen Krankheit an der Kinderbetreuung gehindert, so können die Aufwendungen in gleicher Höhe als Sonderausgaben (§ 10 Abs. 1 Nr. 8 EStG) geltend gemacht werden. Aufwendungen für die Betreuung eines Kindes zwischen dem dritten und sechsten Lebensjahr können ohne Nachweis von Hinderungsgründen ebenfalls bis zu 4.000 Euro als Sonderausgaben geltend gemacht werden (§ 10 Abs. 1 Nr. 5 EStG). Voraussetzung für den Abzug der Betreuungskosten ist jeweils, dass der Steuerpflichtige die Aufwendungen durch Vorlage einer Rechnung und Zahlung auf das Konto des Erbringers der Leistung nachweist.

Für Betreuungsaufwendungen, die nicht unter die o. g. Regelungen fallen, können ggf. die Steuerermäßigungen gem. § 35 a EStG für haushaltsnahe Beschäftigungsverhältnisse und Dienstleistungen in Anspruch genommen werden.

Eine weitere kinderbezogene Steuervergünstigung ist die Gewährung des Ausbildungsfreibetrags gem. § 33 a Abs. 2 EStG. Voraussetzung dafür ist, dass der Steuerpflichtige Aufwendungen für die Berufsausbildung eines Kindes, für das er Anspruch auf einen Kinderfreibetrag oder Kindergeld hat, aufwendet. Für Kinder, die den gesetzlichen Grundwehrdienst oder Zivildienst geleistet haben, verlängert sich der Vergünstigungszeitraum um die Dauer dieser Tätigkeiten. Der Ausbildungsfreibetrag wird für volljährige Kinder, die auswärtig untergebracht sind, gewährt und beträgt 924 Euro. Der Ausbildungsfreibetrag mindert sich um eigene Einkünfte und Bezüge des Kindes, soweit diese 1.848 Euro im Kalenderjahr übersteigen. Erfüllt das Elternpaar nicht die Voraussetzungen der Zusammenveranlagung, so steht jedem Elternteil die Hälfte des Ausbildungsfreibetrags zu. Eine andere Aufteilung kann von den Eltern beantragt werden.

Die im Rahmen von § 33 b EStG gewährten **Pauschbeträge für Körperbehinderte** oder für Hinterbliebene, auf die ein Kind des Steuerpflichtigen, für das er einen Freibetrag nach § 32 Abs. 6 EStG oder Kindergeld erhält, Anspruch hat, können gem. § 33 b Abs. 5 EStG auf Antrag auf den Steuerpflichtigen übertragen werden, wenn das Kind den Pauschbetrag nicht in Anspruch nimmt. Erhalten mehrere Steuerpflichtige einen Freibetrag nach § 32 Abs. 6 EStG oder Kindergeld für das Kind, so erfolgt eine Aufteilung des Pauschbetrags wie bei den Ausbildungsfreibeträgen.

(Dr. Lenz)

5. § 17 EStG unter Berücksichtigung des Außensteuerrechts

I. Die Stellung des § 17 EStG im Einkommensteuergesetz

Abweichend von der allgemeinen Systematik des Einkommensteuerrechts erfassen die §§ 17, 23 EStG Wertsteigerungen bei Gegenständen des Privatvermögens. Nach § 17 EStG sind Einkünfte aus der Veräußerung von Beteiligungen an Kapitalgesellschaften als gewerbliche Einkünfte, die aber nicht der Gewerbesteuer unterliegen, steuerpflichtig. Die verdeckte Einlage von Anteilen an einer Kapitalgesellschaft in eine Kapitalgesellschaft steht der Veräußerung der Anteile gleich (§ 17 Abs. 1 Satz 2 EStG). § 17 EStG kommt subsidiär im Verhältnis zu den §§ 15, 23 EStG zur Anwendung; somit erfasst § 17 EStG nur private Veräußerungsvorgänge, bei denen nicht die Voraussetzungen eines Spekulationsgeschäftes vorliegen. Gleichfalls nicht unter § 17 EStG, sondern unter § 16 EStG, fällt die Veräußerung einbringungsgeborener Anteile an Kapitalgesellschaften. Solche Anteile entstehen regelmäßig bei der Einbringung eines Betriebs gegen Gesellschaftsrechte in eine unbeschränkt körperschaftsteuerpflichtige Kapitalgesellschaft. (Hinweis: Änderungen durch SEStEG ab 2007 zu erwarten!)

II. Voraussetzungen des § 17 EStG

Die Beteiligung muss an einer Kapitalgesellschaft bestehen und der Steuerpflichtige muss an der Kapitalgesellschaft unmittelbar oder mittelbar zu mindestens 1 v. H. beteiligt sein. Es genügt, dass die Zusammenrechnung der unmittelbaren und mittelbaren Beteiligungen rein rechnerisch eine kapitalmäßige Beteiligung von 1 v. H. ergibt. Dabei werden Anteile im Betriebs- und Privatvermögen zusammengerechnet. Eine Beherrschung anderer Gesellschaften, die Anteile vermitteln, ist nicht erforderlich. Hält die Kapitalgesellschaft eigene Anteile, so ist bei der Berechnung der Beteiligungsquote von dem um die eigenen Anteile verminderten Nennkapital auszugehen.

§ 17 EStG greift auch dann ein, wenn der Steuerpflichtige innerhalb der letzten fünf Jahre vor der Veräußerung an der Gesellschaft zu mindestens 1 v. H. beteiligt war; unmaßgeblich ist es, ob der Steuerpflichtige im Zeitpunkt der Veräußerung noch eine 1%ige Beteiligung hält. Veräußerung ist die entgeltliche Übertragung des rechtlichen oder zumindest des wirtschaftlichen Eigentums. Im Falle des unentgeltlichen Erwerbs wird die Besitzzeit des Rechtsvorgängers mit berücksichtigt; veräußert also ein Erbe, der nicht zu mindestens 1 v. H. an einer Kapitalgesellschaft seit vier Jahren beteiligt ist, die Beteiligung und war aber der Rechtsvorgänger (Erblasser) zu mindestens 1 v. H. beteiligt, so ist der Vorgang steuerpflichtig (BFH-Urteil vom 18. 1. 1999, BStBl 1999 II S. 486). Als Veräußerungsvorgänge kommen sowohl der Verkauf wie auch der Tausch infrage. Eine Besonderheit gilt im Fall der gemischten Schenkung, die dadurch gekennzeichnet ist, dass das vereinbarte Entgelt erheblich geringer ist als der Wert der erworbenen Beteiligung. In einem solchen Fall liegt ein teilweise entgeltliches Geschäft vor. Dies hat zur Folge, dass die unentgeltlich erworbenen Anteile mindestens noch fünf Jahre der Besteuerung gem. § 17 EStG unterliegen können und dass bei dem entgeltlichen Teil des Vorgangs der volle Veräußerungsgewinn zur Besteuerung herangezogen wird.

III. Ermittlung des Veräußerungsgewinns

Der Veräußerungsgewinn ist nach dem Sollprinzip zu ermitteln, d. h., er entsteht im Zeitpunkt der Veräußerung. Es gilt also nicht das Zuflussprinzip. Veräußerungsgewinn ist der Veräußerungspreis nach Abzug der Anschaffungs- und Veräußerungskosten. Der Veräußerungspreis entspricht bei Barzahlung dem Barbetrag. Wird eine Ratenzahlung ohne Verzinsung über längere Dauer vereinbart, so entspricht der Veräußerungspreis dem abgezinsten Betrag (bei dem Zinsanteil handelt es sich um Einnahmen aus Kapitalvermögen). Besteht die Gegenleistung in einer Rente, so handelt es sich bei ihr um eine betriebliche Veräußerungsrente, für die der Veräußerer entweder die Sofortbesteuerung mit dem Rentenbarwert oder eine Sukzessivversteuerung wählen kann; bei Letzterer liegen Einkünfte i. S. des § 17 EStG erst dann vor, wenn die Rentenzahlungen die Anschaffungskosten und die Veräußerungskosten des Veräußerers übersteigen.

Ein Veräußerungsverlust ist nicht zu berücksichtigen, soweit er auf Anteile entfällt, die der Steuerpflichtige innerhalb der letzten fünf Jahre unentgeltlich erworben hatte. Dies gilt nicht, soweit der Rechtsvorgänger den Veräußerungsverlust hätte geltend machen können. Bei entgeltlichem Erwerb wird der Verlust nicht berücksichtigt, wenn die Anteile nicht innerhalb der gesamten letzten fünf Jahre zu einer Beteiligung des Steuerpflichtigen gehört haben. Dies gilt nicht für innerhalb der letzten fünf Jahre erworbene Anteile, deren Erwerb zur Begründung einer Beteiligung des Steuerpflichtigen geführt hat oder die danach erworben worden sind. Bei kleineren Veräußerungsgewinnen wird ein Freibetrag von maximal 9.060 Euro gewährt, jedoch nur zu dem Teil, der dem veräußerten Anteil an der Kapitalgesellschaft entspricht (§ 17 Abs. 3 EStG). Der Veräußerungsgewinn wird nach dem Halbeinkünfteverfahren besteuert, d. h. sowohl der Veräußerungspreis als auch die Anschaffungs- und Veräußerungskosten sind zur Hälfte steuerfrei bzw. berücksichtigungsfähig (§§ 3 Nr. 40 c, 3 c Abs. 2 EStG).

IV. Einzelfragen

Die Vorschriften über die Besteuerung von Veräußerungsgewinnen sind entsprechend in den Fällen anzuwenden, in denen eine Kapitalgesellschaft aufgelöst oder ihr Kapital herabgesetzt und zurückgezahlt wird oder wenn Beträge aus dem steuerlichen Einlagekonto i. S. des § 27 KStG ausgeschüttet oder zurückgezahlt werden. Dies gilt jedoch nicht, soweit Bezüge zu den Einnahmen aus Kapitalvermögen gehören. Veräußerungsgewinne gem. § 17 EStG, die bei der Veräußerung von Anteilen an einer Kapitalgesellschaft entstehen, die ihre Geschäftsleitung oder ihren Sitz im Inland hat, unterliegen der beschränkten Steuerpflicht.

V. Die Wegzugsbesteuerung gem. § 6 AStG

Die Besteuerung gem. § 17 EStG greift ein, ohne dass zuvor eine Veräußerung stattgefunden hat, wenn eine natürliche Person, die längere Zeit unbeschränkt steuerpflichtig war, durch Wegzug aus der unbeschränkten Steuerpflicht ausscheidet. Nicht erforderlich ist, dass der Steuerpflichtige in ein niedrig besteuertes Land oder in einen DBA-Staat mit Freistellungsmethode wegzieht. Um Steuerumgehungen zu vermeiden, wird dieser Grundtatbestand durch mehrere Ersatztatbestände ergänzt. Als Veräußerungsgewinn gilt die Differenz zwischen dem gemeinen Wert der Anteile im Zeitpunkt des Wegzugs und den Anschaffungskosten; die entstehende Steuerschuld kann auf Antrag in fünf Jahresraten entrichtet werden. Bei Wegzug in EU/EWR-Fällen wird – im Vorgriff auf eine gesetzliche Neuregelung – die Steuer unter Vorbehalt des Widerrufs zinslos von Amts wegen gestundet (BMF-Schreiben vom 8. Juni 2005, BStBl 2005 I S. 714). Steht im Falle der späteren Veräußerung der Bundesrepublik das Besteuerungsrecht im Rahmen der beschränkten Steuerpflicht zu, so wird der Veräußerungsgewinn um den bereits besteuerten Vermögenszuwachs gekürzt. Bleibt der Steuerpflichtige nur vorübergehend im Ausland und wurden die Anteile in diesem Zeitraum nicht veräußert, so entfällt rückwirkend der Steueranspruch. (Dr. Lenz)

6. Die Erbauseinandersetzung im Einkommensteuerrecht

I. Zivilrechtliche Grundlagen

Die Erbauseinandersetzung ist eine Aufteilung des Nachlasses unter den Miterben. Ein Miterbe kann jederzeit die Auseinandersetzung verlangen, soweit sie nicht durch Anordnung des Erblassers eine bestimmte Zeit ausgeschlossen ist und sich die Erben nicht durch einstimmigen Beschluss darüber hinwegsetzen. Der Nachlass steht den Erben zur gesamten Hand zu. Dies gilt auch im Falle einer Teilungsanordnung, also wenn der Erblasser die Aufteilung des Nachlasses auf einzelne Miterben bestimmt hat. Zivilrechtlich sind nur Miterben Gesamtrechtsnachfolger; sowohl Vermächtnisnehmer als auch Pflichtteilsberechtigte haben lediglich schuldrechtliche Ansprüche.

II. BFH-Rechtsprechung zur Erbauseinandersetzung

Mit Beschluss vom 5. 7. 1990 (BStBl 1990 II S. 837) hat der Große Senat des BFH entschieden, dass die Erbauseinandersetzung nicht nur zivilrechtlich, sondern auch einkommensteuerrechtlich dem Erbfall als selbständiger Rechtsvorgang nachfolgt und mit diesem keine rechtliche Einheit bildet. Eine Erbengemeinschaft unterliegt damit, soweit zum Nachlass BV gehört, dem Recht der gewerblich tätigen Personengesellschaft. Die Miterben beziehen vom Erbfall an bis zum Vollzug der Auseinandersetzung laufende Einkünfte aus der betreffenden Einkunftsart. Soweit zum Nachlass ein Gewerbebetrieb gehört, werden die Miterben mit dem Erbfall Mitunternehmer, weil der Gewerbebetrieb im Wege der Gesamtrechtsnachfolge auf die Erbengemeinschaft als Unternehmensträger übergeht und auf Rechnung und Gefahr sowie Initiative der Miterben geführt wird. Die laufenden Einkünfte aus der Erbengemeinschaft sind entsprechend der Einkunftsart zu ermitteln und den Miterben einkommensteuerlich nach Maßgabe ihrer Erbquoten zuzurechnen (vgl. BMF-Schreiben vom 14. 3. 2006, BStBl 2006 I S. 253).

III. Erbauseinandersetzung über Betriebsvermögen

Wird ein Nachlass, zu dem ein Gewerbebetrieb gehört, in der Weise auseinandergesetzt, dass alle Miterben bis auf einen aus der Erbengemeinschaft gegen eine Abfindung in Geld ausscheiden und der verbleibende Miterbe den Gewerbebetrieb allein fortführt, so hat dies einkommensteuerrechtlich die gleichen Folgen wie das Ausscheiden von Gesellschaftern bei einer gewerblich tätigen Personengesellschaft. Die weichenden Miterben veräußern entgeltlich ihren Mitunternehmeranteil und erzielen begünstigte Veräußerungsgewinne gem. § 16 Abs. 1 Nr. 2 EStG. Der übernehmende Miterbe hat Anschaffungskosten in Höhe der Abfindung, etwaige Kreditzinsen zur Finanzierung der Abfindung sind als BA abzugsfähig. Dies gilt auch, soweit die Abfindungszahlung durch den Wert des Anteils des zahlenden Miterben am Restnachlass gedeckt ist. Soweit der Miterbe den Gewerbebetrieb ohne Abfindung an Miterben übernimmt, erwirbt er unentgeltlich. Der Miterbe kann AfA in gleicher Höhe wie der Erblasser geltend machen (§ 6 Abs. 3 EStG).

Setzen sich die Erben im Wege der Realteilung auseinander (Auflösung des Gewerbebetriebs und Verteilung der WG gleichmäßig nach Erbquoten), so finden die Grundsätze zur Realteilung von gewerblichen Personengesellschaften Anwendung. Grundsätzlich führt die Realteilung zur Gewinnrealisierung. Sofern aber die Besteuerung der stillen Reserven sichergestellt ist, hat die Realteilung zu Buchwerten zu erfolgen; rückwirkend ist allerdings der gemeine Wert anzusetzen, wenn Gegenstand der Realteilung einzelne Wirtschaftsgüter des Anlagevermögens waren, die dann innerhalb einer Sperrfrist nach der Übertragung veräußert oder entnommen werden (§ 16 Abs. 3 Satz 3 EStG). Die Sperrfrist endet drei Jahre nach Abgabe der Steuererklärung der MU für den VZ der Realteilung. Werden im Rahmen der Realteilung Ausgleichszahlungen geleistet, so führt die Zahlung beim weichenden Miterben zu einem Erlös aus der entgeltlichen Veräußerung eines Mitunternehmeranteils und beim übernehmenden Miterben zu Anschaffungskosten. Werden im Zuge der Auseinandersetzung einzelne WG aus dem BV der Erbengemeinschaft ins PV eines Miterben übertragen, so entsteht ein Entnahmegewinn, der grundsätzlich allen Miterben anteilig zuzurechnen ist (BMF-Schreiben vom 28. 2. 2006, BStBl 2006 I S. 228).

Eine Rückbeziehung der Auseinandersetzung ist einkommensteuerrechtlich i. d. R. unbeachtlich. Vom Erbfall bis zum Vollzug der Auseinandersetzung sind die Miterben Mitunternehmer und erzielen gemeinsam laufende Einkünfte aus Gewerbebetrieb. Dies gilt auch nach dem Beschluss vom 5. 7. 1990 jedoch nur, soweit die Miterben durch einfache oder qualifizierte Nachfolgeklausel im Gesellschaftsvertrag sowie durch letztwillige Verfügung des Erblassers qualifizierte Miterben sind (vgl. BMF-Schreiben vom 14. 3. 2006, Tz. 72–74). Die anderen Miterben werden zivilrechtlich nicht Gesellschafter, erlangen keinen Abfindungsanspruch gegen die Gesellschaft, sondern nur einen schuldrechtlichen Anspruch gegen die Nachfolge-Miterben. Folglich liegt keine entgeltliche Veräußerung und kein Anschaffungsvorgang vor. Allerdings sind die Ausgleichsschulden ähnlich wie Pflichtteilsschulden geborene, erfolgsneutral einzubuchende betriebliche Schulden.

Haben die Gesellschafter einer Mitunternehmerschaft im Gesellschaftsvertrag vereinbart, dass im Falle des Todes eines Gesellschafters die Gesellschaft unter den Verbleibenden fortgeführt wird (Fortsetzungsklausel), so wird mit dem Tod eines Gesellschafters ein Veräußerungsvorgang vollzogen. Den Mitgesellschaftern wächst der Anteil des Verstorbenen an, wobei diese jedoch verpflichtet sind, die Erben abzufinden. Es liegt damit ein durch den Tod bedingtes Veräußerungsgeschäft (§§ 16, 34 EStG) vor (BFH-Urteil vom 27. 11. 1997, BStBl 1998 II S. 290), sodass der Abfindungsanspruch bereits in der Person des Gesellschafters entsteht (BFH-Urteil vom 26. 3. 1981, BStBl 1981 II S. 614).

IV. Erbauseinandersetzung über Privatvermögen

Wird ein Nachlass, der nur aus PV (z. B. Immobilien, Wertpapiere) besteht, real geteilt, d. h. jeder Miterbe erhält WG im Gesamtwert seiner Erbquote, so liegt kein Tauschvorgang vor. Die Miterben erwerben unentgeltlich (keine Veräußerungsvorgänge, keine Anschaffungskosten). Soweit Besitzzeiten von Bedeutung sind, z. B. bei den §§ 17, 23 EStG, wird die Besitzzeit des Erblassers zugerechnet. Der Erbe kann AfA in gleicher Höhe wie der Erblasser geltend machen (§ 11 d EStDV). Soweit jedoch ein Miterbe an den oder die anderen Ausgleich zahlen muss, weil der Wert der ihm zugeteilten WG höher ist als seine Erbquote, liegt eine entgeltliche Veräußerung und Anschaffung vor. Der zahlende Miterbe erwirbt die übernommenen WG im Verhältnis der Ausgleichszahlung zum Wert dieser WG entgeltlich, ansonsten unentgeltlich. Für den Empfänger des Ausgleichs ist die Veräußerung nur bei Erfüllung eines entsprechenden Tatbestands (§§ 17, 23 EStG, § 21 UmwStG) einkommensteuerpflichtig. Sofern ein Miterbe Nachlassverbindlichkeiten übernimmt, liegt kein entgeltlicher Vorgang vor. Dies gilt auch, soweit ein Miterbe einen seine Erbquote übersteigenden Anteil an den Schulden übernimmt. Entscheidend ist, dass der Miterbe nicht mehr Nettovermögen erhält als seiner Erbquote entspricht (BMF-Schreiben vom 30. 3. 2006, BStBl 2006 I S. 306). Die zuvor genannten Grundsätze (III, IV) sind bei der Auseinandersetzung über Mischnachlässe entsprechend anzuwenden.　　　　(Dr. Lenz)

7. Arbeitsverträge zwischen Ehegatten und deren steuerliche Beurteilung

I. Rechtliche Grundlagen

Zivilrechtlich ergeben sich für Arbeitsverträge zwischen Ehegatten keine Besonderheiten. Sie bedürfen wie andere Verträge im Allgemeinen auch nicht der Schriftform, müssen aber arbeitsrechtlich notwendige Vereinbarungen über die Tätigkeit, die Arbeitszeit und die Höhe des Arbeitsentgelts enthalten. Sozialversicherungsrechtlich ergeben sich gleichfalls keine Besonderheiten.

II. Gründe für die Vereinbarung von Ehegattenarbeitsverträgen

Ehegattenarbeitsverträge führen zu Steuervorteilen im Bereich der Einkommen- und Gewerbesteuer. Unterstellt man, dass die Ehegatten zusammen veranlagt werden, so ergeben sich einkommensteuerliche Vorteile daraus, dass der Lohn beziehende Ehegatte den Arbeitnehmer-Pauschbetrag in Anspruch nehmen kann; weitere Vorteile ergeben sich bei Leistungen nach dem VermBG und der Vereinbarung von Direktversicherungen. Bezieht der Unternehmer-Ehegatte Einkünfte aus Gewerbebetrieb, so vermindert sich der Gewerbeertrag um die im Rahmen des Anstellungsvertrages geleisteten Lohnaufwendungen.

III. Voraussetzungen für die steuerliche Anerkennung von Ehegattenarbeitsverträgen

Ehegattenarbeitsverhältnisse müssen ernsthaft vereinbart sein und tatsächlich durchgeführt werden (R 4.8 Abs. 1 EStR). Eine eindeutige Vereinbarung bedarf nicht notwendigerweise der Schriftform. Der Arbeitsvertrag kann auch mündlich oder stillschweigend vereinbart werden, wenn nur klare eindeutige Vereinbarungen vorliegen und deren tatsächliche Durchführung gewährleistet ist. Die vertragliche Gestaltung und ihre Durchführung muss auch unter Dritten üblich sein. Wechselseitige Arbeitsverträge können nur für Teilzeitarbeiten anerkannt werden (H 4.8 EStR). Bei rückwirkend abgeschlossenen Verträgen kann die Rückwirkung steuerlich nicht anerkannt werden. Dennoch können Abfindungsverträge zwischen Ehegatten, wonach nachträglich Vergütungen gewährt werden, steuerlich beachtlich sein, wenn die betriebliche Veranlassung zu bejahen ist.

In tatsächlicher Hinsicht ist es erforderlich, dass der Arbeitnehmer-Ehegatte tatsächlich mitarbeitet, eine fremde Arbeitskraft ersetzt und sämtliche Arbeiten verrichtet, die sonst einer fremden Hilfe aufgetragen werden. Die Lohnsteuer sowie die Sozialversicherungsbeiträge sind einzubehalten und abzuführen.

Die Vereinbarung der Höhe des Arbeitslohns ist eine notwendige Bedingung für die steuerliche Anerkennung. Ebenso spricht es vorbehaltlich besonderer Umstände gegen die tatsächliche Durchführung, wenn der Arbeitnehmer-Ehegatte seinen Arbeitslohn nicht laufend wie eine fremde Arbeitskraft erhält. Dabei muss der Arbeitslohn aus der Sphäre des Arbeitgeber-Ehegatten in die Vermögenssphäre des Arbeitnehmer-Ehegatten fließen. Dies erfordert zum einen eine klare Trennung der sich aus der Ehe ergebenden Wirtschaftsgemeinschaft und der sich durch den Arbeitsvertrag ergebenden Rechtsbeziehungen. Ein Arbeitsverhältnis kann nicht anerkannt werden, wenn die Bezüge des mitarbeitenden Ehegatten auf ein privates Konto oder Unterkonto des Kapitalkontos des Arbeitgeber-Ehegatten gutgeschrieben werden, über das dem Arbeitnehmer-Ehegatten nur ein Mitverfügungsrecht zusteht. Gleiches gilt, wenn der Lohn auf ein Konto des Arbeitgeber-

Ehegatten, über das der Arbeitnehmer-Ehegatte lediglich Verfügungsvollmacht hat, gezahlt wird. Zahlungen des Arbeitsentgelts auf ein „Oder-Konto" sind jedoch unschädlich (BVerfG vom 7. 11. 1995, BStBl 1996 II S. 34). Ist der Arbeitslohn dem Arbeitnehmer-Ehegatten in dieser Weise zugeflossen, so ist es durchaus zulässig, wenn dieser daraus dem Arbeitgeber-Ehegatten ein Darlehen gewährt. Dieses muss jedoch ordnungsgemäß verbucht und bilanziert werden, des Weiteren sind eindeutige Vereinbarungen über eine angemessene Verzinsung und über die Rückzahlung des Darlehens zu treffen.

IV. Leistungen im Rahmen von Ehegatten-Arbeitsverträgen

Ist das Arbeitsverhältnis dem Grunde nach anzuerkennen, so kann die Vergütung für die Arbeitsleistung des Arbeitnehmer-Ehegatten nur in der Höhe als Arbeitslohn behandelt werden, in der sie angemessen ist. Die Angemessenheitsprüfung ist auf der Basis des Fremdvergleichs durchzuführen: Maßgeblich ist der Arbeitslohn, den ein fremder Arbeitnehmer für eine gleichartige Tätigkeit erhalten hätte. Aus der Maßgeblichkeit des Fremdvergleichs folgt, dass andere Sozialleistungen, wie z. B. Aufwendungen für die Zukunftssicherung oder die Gewährung freier Unterkunft und Verpflegung, nur dann angemessen sind, wenn solche Zuwendungen in dem Betrieb des Unternehmers üblich sind.

Pensionszusagen zwischen Ehegatten im Rahmen von Arbeitsverträgen berechtigen grundsätzlich zur Bildung von Pensionsrückstellungen (H 6 a Abs. 9 EStR). An den Nachweis der Ernsthaftigkeit sind jedoch strenge Anforderungen zu stellen. Neben den genannten Voraussetzungen muss der Arbeitgeber-Ehegatte auch tatsächlich mit der Inanspruchnahme aus der gegebenen Pensionszusage rechnen. Daher ist die Bildung einer Pensionsrückstellung bei Pensionszusagen zwischen Ehegatten in Einzelunternehmen nur bei Zusagen auf Alters-, Invaliden- und Waisenrenten zulässig. Mit einer tatsächlichen Inanspruchnahme kann bei Zusagen auf Witwen- bzw. Witwer-Versorgungen nicht gerechnet werden, da bei Eintritt des Versorgungsfalls Anspruch und Verpflichtung in einer Person zusammentreffen würden.

V. Einzelfragen

Die zu Ehegatten entwickelten Grundsätze können auf Verträge mit Verwandten nur bei wirtschaftlicher Interessengleichheit übertragen werden. Die genannten Grundsätze finden gleichfalls Anwendung, wenn der andere Ehegatte beherrschender Mitunternehmer ist, also wenn eine Beteiligung zu mehr als 50 v. H. besteht. In diesem Fall ist jedoch die Mitunternehmergemeinschaft berechtigt, Pensionsrückstellungen für eine Witwen- bzw. Waisenrente zu bilden. Hat der Mitunternehmer-Ehegatte keine beherrschende Stellung, so ist dessen Arbeitnehmer-Ehegatte in gleicher Weise zu beurteilen wie ein fremder Arbeitnehmer. An die Anerkennung eines Arbeitsverhältnisses werden daher keine besonderen Anforderungen gestellt.

Die gemachten Ausführungen setzen voraus, dass die Eheleute nicht beide Mitunternehmer des infrage stehenden Gewerbebetriebes sind. Dies ist aber der Fall, wenn im Güterstand der Gütergemeinschaft der Gewerbebetrieb zum Gesamtgut der Eheleute gehört. Ein evtl. ausgezahlter Arbeitslohn gehört dann zu den Vergütungen i. S. des § 15 Abs. 1 Nr. 2 EStG.

(Dr. Lenz)

8. Die Betriebsaufspaltung im Steuerrecht

I. Begriffliche Abgrenzung

Die Betriebsaufspaltung (Basp) ist eine Unternehmensform, bei der die Funktion eines Betriebes auf zwei verschiedene Unternehmen aufgeteilt wird. Wird ein bereits bestehender Betrieb in dieser Weise aufgespalten, so spricht man von einer „echten" oder „eigentlichen" Basp. Erfolgt die Aufspaltung bei Gründung der Unternehmung, so handelt es sich um eine „unechte" oder „uneigentliche" Basp. In der steuerlichen Behandlung besteht zwischen diesen Formen der Basp kein Unterschied. Bei der typischen Basp wird eine Aufspaltung in eine Betriebs-Kapitalgesellschaft und eine Besitz-Personengesellschaft vorgenommen. Ist die Besitzgesellschaft (BesG) eine Kapitalgesellschaft und die Betriebsgesellschaft (BetG) eine Personengesellschaft, so liegt eine „umgekehrte" Basp vor. Ist sowohl die Besitz- als auch die Betriebsgesellschaft eine Personengesellschaft, so handelt es sich um eine mitunternehmerische Basp. Bei der mitunternehmerischen Basp haben die Rechtsgrundsätze der Basp Vorrang vor der Anwendung des § 15 Abs. 1 Satz 1 Nr. 2 Satz 1 HS 2 EStG (Folge: kein SBV der mietenden Gesellschaft bei sog. Schwester-Personengesellschaften), BMF vom 28. 4. 1998, BStBl 1998 I S. 583.

II. Voraussetzungen der Betriebsaufspaltung

Personelle Voraussetzung für das Vorliegen einer Basp ist, dass die hinter beiden Unternehmen stehenden Personen einen einheitlichen geschäftlichen Betätigungswillen haben (H 15.7 Abs. 6 EStR). Dies liegt vor im Falle der Beteiligungsidentität oder der Beherrschungsidentität. Letztere ist gegeben, wenn die Personen, die die BesG tatsächlich beherrschen, in der Lage sind, auch in der BetG ihren Willen durchzusetzen. Gesellschafter mit gleichgerichteten Interessen werden als geschlossene Personengruppe behandelt. Über die für fremde Dritte geltenden Grundsätze hinaus dürfen die Anteile von Ehegatten nur bei Vorliegen besonderer Umstände zusammengerechnet werden (planmäßige, gemeinsame Gestaltung der wirtschaftlichen Verhältnisse; Abschluss von sog. Stimmrechtsbindungsverträgen; vgl. BMF-Schreiben vom 18. 11. 1986, BStBl I S. 537). Ob durch Vereinbarung des Einstimmigkeitsprinzips die personelle Verflechtung durchbrochen wird, ist anhand der Gesamtumstände zu beurteilen. Umfasst das Einstimmigkeitsprinzip nicht nur außergewöhnliche Geschäfte, sondern auch die laufende Verwaltung der vermieteten WG, so ist keine Beherrschungsidentität auf gesellschaftsrechtlicher Grundlage gegeben. Aufgrund besonderer Umstände (z. B. Möglichkeit, wirtschaftlich Druck auszuüben) kann dennoch Beherrschungsidentität auf faktischer Grundlage vorliegen (BMF-Schreiben vom 7. 10. 2002, BStBl I S. 1028). Die sachliche Voraussetzung der Basp ist erfüllt, wenn der BetG Wirtschaftsgüter verpachtet werden, die für diese eine wesentliche Betriebsgrundlage sind (H 15.5 Abs. 5 EStR).

III. Besonderheiten bei der laufenden Besteuerung

Die BesG beteiligt sich über die BetG am allgemeinen wirtschaftlichen Verkehr. Infolgedessen handelt es sich bei den Pachteinnahmen um gewerbliche Einkünfte. Geschäftsführergehälter sind bei der BetG als Betriebsausgaben abzugsfähig, woraus sich gewerbesteuerliche Vorteile gegenüber der GmbH & Co. KG ergeben. Hierin und in der Möglichkeit der Bildung von Pensionsrückstellungen für den Gesellschafter-Geschäftsführer liegen die eigentlichen steuerlichen Vorteile der Basp. Die Anteile an der BetG gehören grundsätzlich zum notwendigen Betriebsvermögen der BesG. Gleiches gilt für Darlehen eines Gesellschafters, die dazu dienen, die Vermögens- und Ertragslage der BetG zu verbessern.

Kennzeichnend für eine Basp ist die Verpachtung von Wirtschaftsgütern des Anlagevermögens an die BetG. In aller Regel wird die BetG im Verpachtungsvertrag verpflichtet, die gepachteten Wirtschaftsgüter instand zu halten und zu erneuern. Der damit eingegangenen Verpflichtung wird in der Bilanz durch Bildung einer Rückstellung für die Abnutzung der gepachteten Wirtschaftsgüter auf Basis der Wiederbeschaffungskosten Rechnung getragen. Da die Rückstellung für die Erneuerungsverpflichtung auf Basis der Wiederbeschaffungskosten in der Regel höher ist als der Wertverzehr auf Basis der Anschaffungskosten, ergäbe sich bei der BetG eine höhere Gewinnminderung als bei der BesG infolge der AfA. Nach den allgemeinen Bilanzierungsgrundsätzen hätte die BesG in dieser Höhe einen Substanzerhaltungsanspruch zu aktivieren. Nach ständiger Rechtsprechung jedoch rechtfertigt das Vorliegen eines einheitlichen und geschäftlichen Betätigungswillens zwischen beiden Gesellschaften eine Durchbrechung der allgemeinen Bilanzierungsgrundsätze; der Anspruch der BesG und die Rückstellung der BetG müssen demzufolge in gleicher Höhe bilanziert werden (korrespondierende Bilanzierung). Gleiches gilt, wenn anlässlich der Betriebsverpachtung Umlaufvermögen mittels eines Sachdarlehens der BetG zur Verfügung gestellt werden. Der Sachleistungsanspruch des Verpächters ist in der Höhe zu bilanzieren, in der eine Rückstellung für die Rückgabeverpflichtung beim Pächter angesetzt wird.

Steuerliche Probleme können insbesondere auch dann entstehen, wenn der Pachtzins unangemessen ist. Ist der Pachtzins, den eine BetG an die BesG zahlt, überhöht, so liegt eine verdeckte Gewinnausschüttung vor. Der überhöhte Betrag wird dem Einkommen der BetG wieder hinzugerechnet. Ein unangemessen niedriger Pachtzins führt zumindest dann zu einer verdeckten Einlage bei der BesG, wenn diese nachhaltig Verluste erzielt. Grundsätzlich stellen aber unentgeltliche Nutzungsüberlassungen steuerrechtlich kein einlagefähiges Wirtschaftsgut dar (BFH-Beschluss vom 26. 10. 1987, BStBl 1988 II S. 348). Die Festsetzung eines angemessenen Pachtzinses ist mithin in der Praxis ebenso bedeutsam wie schwierig. In jedem Fall muss die BetG in der Lage sein, einen Gewinn zu erzielen, der der Verzinsung des Eigenkapitals zuzüglich eines Risikozuschlags entspricht.

Gewerbesteuerlich ist weiterhin von Bedeutung, dass bei der typischen Basp die Kürzungsvorschrift des § 9 Nr. 1 Satz 2 GewStG keine Anwendung findet. Schüttet die BetG an die BesG Gewinnanteile aus, so greift ggf. das Schachtelprivileg gem. § 9 Nr. 2 a GewStG ein.

Ein Organschaftsverhältnis wird bei der Betriebsaufspaltung grundsätzlich nicht begründet, da die BesG und die BetG durch ein Nebenordnungs-, nicht jedoch durch ein Unterordnungsverhältnis gekennzeichnet sind. Das Besitzunternehmen ist jedoch dann Organträger, wenn es über die gewerbliche Verpachtung hinaus noch eine eigene Tätigkeit, z. B. als geschäftsleitende Holdinggesellschaft, entfaltet.

IV. Gewinnrealisierung bei der Betriebsaufspaltung

Die Einbringung von Vermögen aus der BesG führt zur Gewinnrealisierung (§ 6 Abs. 4, Abs. 6 Satz 2 EStG). Die Beendigung der Basp bei Wegfall entweder der persönlichen oder der sachlichen Voraussetzungen führt gleichfalls zur Gewinnrealisierung (Ausnahme: Billigkeitsregelung R 16 Abs. 2 Satz 4 EStR bei Eintritt minderjähriger Kinder in die Volljährigkeit). Veränderungen bei den persönlichen Voraussetzungen können insbesondere im Falle der Erbfolge oder bei einer Ehescheidung eintreten. Die sachliche Voraussetzung entfällt z. B. bei Ende des Pachtvertrages.

Wird aber die Basp so durchgeführt, dass nicht nur eine, sondern **die** wesentlichen Betriebsgrundlagen verpachtet werden, so steht der BesG bei dem Wegfall der persönlichen Voraussetzungen das sog. Verpächterwahlrecht zwischen Betriebsaufgabe und Betriebsfortführung offen (R 16 Abs. 5 EStR). (Dr. Lenz)

9. Die Abgrenzung von Herstellungs- und Erhaltungsaufwand bei Gebäuden

Bei der Instandsetzung und Modernisierung von Gebäuden, die betrieblich oder im Rahmen der Einkünfte aus Vermietung und Verpachtung genutzt werden, stellt sich die Frage, ob und inwieweit sofort abzugsfähiger Erhaltungsaufwand oder über die AfA zu verteilender Herstellungsaufwand vorliegt. Wie diese Frage zu beantworten ist, hängt davon ab, ob die allgemeinen Grundsätze des § 255 Abs. 2 HGB oder die besonderen Regeln des § 6 Abs. 1 Nr. 1 a EStG zur Anwendung kommen, der auch für die Überschusseinkünfte gilt (§ 9 Abs. 5 Satz 2 EStG).

I. Allgemeine Grundsätze

1. Abgrenzung von Herstellungskosten nach § 255 Abs. 2 HGB

Nach der Definition der Herstellungskosten in § 255 Abs. 2 Satz 1 HGB, die sowohl für die Gewinn- als auch für die Überschusseinkünfte heranzuziehen ist, sind nach Rechtsprechung und Verwaltungsauffassung als Herstellungskosten die Aufwendungen anzusehen, die für die Herstellung, die Erweiterung oder für die über den ursprünglichen Zustand hinausgehende wesentliche Verbesserung eines Gebäudes entstehen (insb. BFH-Urteile vom 9. 5. 1995, BStBl 1996 II S. 628, 630; S. 632, 637; vom 12. 9. 2001, BStBl 2003 II, 569, 574; vom 15. 9. 2004, BStBl 2005 II, 868; BMF-Schreiben vom 18. 7. 2003, BStBl 2003 I, 386).

a) Herstellung

Herstellungskosten entstehen primär bei den Herstellungsmaßnahmen zur ursprünglichen Errichtung eines Gebäudes.

Über diese ursprünglichen Herstellungsmaßnahmen hinaus können jedoch auch bei der Instandsetzung und Modernisierung von Gebäuden Herstellungsmaßnahmen anzunehmen sein. Grundsätzlich kommen zwei Fälle in Betracht, die als **Herstellungsmaßnahmen** zu qualifizieren sind:

- Aufwendungen für die Herstellung sind dann gegeben, wenn das Gebäude so sehr abgenutzt ist, dass es unbrauchbar geworden, also ein **Vollverschleiß** gegeben ist, und durch die Instandsetzungsarbeiten unter Verwendung der übrigen noch nutzbaren Teile ein neues Gebäude hergestellt wird.

- Aufwendungen für die Herstellung liegen außerdem auch dann vor, wenn ein bestehendes Gebäude durch Instandsetzungs- und Modernisierungsarbeiten so umgestaltet wird, dass es eine **Funktions- oder Zweckänderung** erfährt.

b) Erweiterung

Instandsetzungs- und Modernisierungsaufwendungen sind auch dann Herstellungskosten, wenn sie durch eine Erweiterung des Gebäudes entstehen, d. h. das Gebäude aufgestockt oder ein Anbau errichtet wird, die nutzbare Fläche vergrößert oder das Gebäude durch Zusatzausstattungen (z. B. zusätzliche Treppen oder Trennwände) in seiner Substanz vermehrt wird, ohne die Fläche zu vergrößern.

c) Über den ursprünglichen Zustand hinausgehende wesentliche Verbesserungen

Instandsetzungs- oder Modernisierungsaufwendungen sind schließlich auch dann als Aufwendungen für die Herstellung eines Gebäudes anzusehen, wenn sie zu einer über den ursprünglichen Zustand hinausgehenden wesentlichen Verbesserung führen.

Als ursprünglicher Zustand i. S. v. § 255 Abs. 2 Satz 1 HGB ist dabei grundsätzlich der Zustand des Gebäudes im Zeitpunkt der Herstellung oder Anschaffung durch den Steuerpflichtigen oder – im Falle des unentgeltlichen Erwerbs – durch seinen Rechtsvorgänger anzusehen. Eine wesentliche Verbesserung ist dann gegeben, wenn die Maßnahmen zur Instandsetzung und Modernisierung des Gebäudes in ihrer Gesamtheit über eine zeitgemäße substanzerhaltende Erneuerung hinausgehen, den Gebrauchswert des Gebäudes insgesamt deutlich erhöhen und damit für die Zukunft eine erweiterte Nutzungsmöglichkeit geschaffen wird. Der Gebrauchswert eines Gebäudes wird maßgebend durch vier zentrale Ausstattungsbereiche bestimmt, nämlich die Heizungs-, Sanitär- und Elektroinstallationen und die Fenster. Eine deutliche Erhöhung des Gebrauchswertes tritt insbesondere dann ein, wenn bei mindestens drei der zentralen Ausstattungsmerkmale infolge von Instandsetzungs- und Modernisierungsmaßnahmen eine wesentliche Verbesserung eintritt und damit ein sog. Standardsprung vollzogen wird (BMF vom 18. 7. 2003, a. a. O., Tz. 28).

2. Abgrenzungskonkurrenzen

Soweit im Rahmen einer umfassenden Instandsetzungs- und Modernisierungsmaßnahme sowohl Herstellungs- als auch Erhaltungsaufwand vorliegt, sind die entsprechenden Aufwendungen grundsätzlich – ggf. im Wege der Schätzung – aufzuteilen, wenn sie einheitlich in Rechnung gestellt worden sind.

Aufwendungen, die sachlich mit beiden Aufwendungsarten im Zusammenhang stehen, sind entsprechend dem Verhältnis von Herstellungs- und Erhaltungsaufwendungen aufzuteilen.

Aufwendungen für ein Bündel von Einzelmaßnahmen, die bei isolierter Betrachtung teilweise Herstellungs-, teilweise Erhaltungsaufwendungen darstellen, sind insgesamt als Herstellungskosten zu beurteilen, wenn die Arbeiten in engem sachlichem Zusammenhang stehen. Dies ist dann der Fall, wenn die einzelnen Baumaßnahmen bautechnisch ineinander greifen, weil die Erhaltungsarbeiten Voraussetzung für die Herstellungsarbeiten oder durch bestimmte Herstellungsarbeiten verursacht sind oder auch dann, wenn über Jahre hinweg planmäßig eine „Sanierung auf Raten" erfolgt.

II. Besonderheiten nach § 6 Abs. 1 Nr. 1 a EStG für anschaffungsnahe Herstellungkosten

Abweichend von den allgemeinen Grundsätzen des § 255 Abs. 2 HGB gehören Aufwendungen für Instandsetzungs- und Modernisierungsmaßnahmen, die innerhalb von drei Jahren nach der Anschaffung des Gebäudes durchgeführt werden, als sog. anschaffungsnahe Herstellungskosten zu den Herstellungskosten, wenn die Aufwendungen ohne Umsatzsteuer 15 % der Anschaffungskosten übersteigen. Innerhalb des Zeitraums von drei Jahren, der taggenau zu berechnen ist, ist damit entgegen der o. g. Rechtsprechung des BFH auch eindeutiger Erhaltungsaufwand als Herstellungskosten zu behandeln. Nach Ablauf von drei Jahren gelten die allgemeinen Grundsätze wieder.

(Montag)

10. Das abweichende Wirtschaftsjahr bei der Einkommensteuer und der Gewerbesteuer

I. Einkommensteuerliche Behandlung

Die Einkommensteuer ist eine Jahressteuer, die regelmäßig für ein Kalenderjahr, den sogenannten **Veranlagungszeitraum,** zu ermitteln und festzusetzen ist (§§ 2 Abs. 7, 25 Abs. 1 EStG). Das bedeutet allerdings nicht, dass der Veranlagungszeitraum zwangsläufig auch der Zeitraum ist, für den die Einkünfte zu ermitteln sind. Da Land- und Forstwirte sowie Gewerbetreibende ihre Einkünfte nicht nach dem Veranlagungszeitraum, sondern gem. § 4 a Abs. 1 EStG nach dem Wirtschaftsjahr zu ermitteln haben, können sich vielmehr Abweichungen ergeben. Wo diese Abweichungen zwischen Wirtschaftsjahr und Veranlagungszeitraum liegen und welche Folgen sich daraus ergeben, soll im Folgenden dargestellt werden.

1. Abweichungen zwischen Wirtschaftsjahr und Veranlagungszeitraum

Abweichungen zwischen Wirtschaftsjahr und Veranlagungszeitraum können sich sowohl aus der unterschiedlichen Dauer als auch aus dem unterschiedlichen Verlauf des Wirtschaftsjahres gegenüber dem Veranlagungszeitraum ergeben.

a) Dauer des Wirtschaftsjahres

Das Wirtschaftsjahr umfasst gem. § 8 b EStDV grundsätzlich einen Zeitraum von zwölf Monaten.

Bei der Eröffnung, dem Erwerb, der Aufgabe oder der Veräußerung ist jedoch auch ein kürzerer Zeitraum möglich (§ 8 b EStDV). In diesen Fällen entsteht ein so genanntes Rumpfwirtschaftsjahr. Ein **Rumpfwirtschaftsjahr** entsteht auch bei der Umstellung des Wirtschaftsjahres.

b) Verlauf des Wirtschaftsjahres

Bei **Land- und Forstwirten** verläuft das Wirtschaftsjahr grundsätzlich in der Zeit vom 1. Juli bis zum 30. Juni (§ 4 a Abs. 1 Nr. 1 EStG). Bestimmte Betriebe können jedoch auch einen anderen Zeitraum als Wirtschaftsjahr bestimmen:

– Betriebe mit einem Futterbauanteil von 80 v. H. und mehr der Fläche der landwirtschaftlichen Nutzung den Zeitraum vom 1. Mai bis 30. April,

– Betriebe mit reiner Forstwirtschaft den Zeitraum vom 1. Oktober bis 30. September,

– Betriebe mit reinem Weinbau den Zeitraum vom 1. September bis 31. August.

Gartenbaubetriebe, Obstbaubetriebe, Baumschulbetriebe und reine Forstbetriebe können auch das Kalenderjahr als Wirtschaftsjahr bestimmen (§ 8 c Abs. 2 EStDV).

Bei **Gewerbetreibenden,** deren Firma im Handelsregister eingetragen ist, ist das Wirtschaftsjahr der Zeitraum, für den regelmäßig Abschlüsse gemacht werden (§ 4 a Abs. 1 Nr. 2 EStG). Das bedeutet, dass als Abschlusszeitpunkt jeder Zeitpunkt des Kalenderjahres zulässig ist.

Bei Gewerbetreibenden, deren Firma nicht im Handelsregister eingetragen ist, stimmen Wirtschaftsjahr und Veranlagungszeitraum regelmäßig überein (§ 4 a Abs. 1 Nr. 3 EStG). Liegt gleichzeitig Land- und Forstwirtschaft vor, kommt mit Zustimmung des Finanzamts auch die Wahl des für Land- und Forstwirte geltenden Wirtschaftsjahres in Betracht.

c) Umstellung des Wirtschaftsjahres

Bei Gewerbetreibenden, deren Firma im Handelsregister eingetragen ist, darf die Umstellung des Wirtschaftsjahres auf einen vom Kalenderjahr abweichenden Zeitraum nur mit **Zustimmung** des Finanzamts vorgenommen werden (§ 4 a Abs. 1 Nr. 2 EStG). Die Zustimmung wird nur dann erteilt, wenn der Steuerpflichtige gewichtige, in der Organisation des Betriebs liegende Gründe für die Umstellung anführen kann. Solche Gründe sind z. B. dann anzunehmen, wenn Inventurschwierigkeiten angeführt werden oder wenn ein Pächter sein Wirtschaftsjahr auf das vom Kalenderjahr abweichende Pachtjahr umstellen will, weil das Pachtjahr für die Abrechnung mit dem Verpächter maßgebend ist.

2. Folgen eines abweichenden Wirtschaftsjahres

Weicht das Wirtschaftsjahr vom Veranlagungszeitraum ab, so gelten für die Erfassung der innerhalb des Wirtschaftsjahres erzielten Einkünfte die folgenden Grundsätze:

Bei **Land- und Forstwirten** ist der Gewinn bei der Einkommensermittlung zeitanteilig auf die Kalenderjahre zu verteilen, auf die sich das Wirtschaftsjahr erstreckt (§ 4 a Abs. 2 EStG). Veräußerungsgewinne nach § 14 EStG sind jedoch dem Kalenderjahr zuzuordnen, in dem sie entstanden sind.

Bei **Gewerbetreibenden** ist der Gewinn in dem Kalenderjahr zu erfassen, in dem das Wirtschaftsjahr endet (§ 4 a Abs. 2 EStG).

Welche Folgen sich daraus ergeben, zeigt das folgende Beispiel für einen Gewerbetreibenden, der regelmäßig zum 31. 5. Abschlüsse macht und sein Wirtschaftsjahr im Jahr 06 auf das Kalenderjahr umstellt. Der Gewerbetreibende hat im Jahr 06 zum einen den Gewinn für das Wirtschaftsjahr 1. 6. 05 bis 31. 5. 06 zu erfassen. Darüber hinaus muss er im Veranlagungszeitraum 06 aber auch den Gewinn versteuern, der im Rumpfwirtschaftsjahr 1. 6. 06 bis 31. 12. 06 anfällt. Dadurch kommt es im Jahr 06 zu einer Zusammenballung von Einkünften und möglicherweise zu erheblichen Progressionsnachteilen. Andererseits kann z. B. ein Gewerbetreibender, der seinen Betrieb am 1. 2. 01 eröffnet und zum 31. 1. 02 seinen ersten Abschluss macht, eine erhebliche Steuerpause erreichen.

II. Gewerbesteuerliche Behandlung

Bei der Gewerbesteuer wird der Steuermessbetrag nach Ablauf des Erhebungszeitraumes festgesetzt. Erhebungszeitraum ist nach § 14 Satz 2 GewStG grundsätzlich das Kalenderjahr. Besteht die Gewerbesteuerpflicht nicht während eines ganzen Kalenderjahres, so tritt an die Stelle des Kalenderjahres als so genannter abgekürzter Erhebungszeitraum der Zeitraum der Steuerpflicht.

Nach dem Wegfall der Umrechnungsvorschriften ist ein Gewerbebetrieb gem. § 10 GewStG mit dem **Gewerbeertrag** gewerbesteuerpflichtig, den er im Erhebungszeitraum bezogen hat. Weicht das Wirtschaftsjahr vom Kalenderjahr ab, so gilt der Gewerbeertrag bei einem Unternehmen, das nach den handelsrechtlichen Vorschriften zur Buchführung verpflichtet ist, als in dem Erhebungszeitraum bezogen, in dem das Wirtschaftsjahr endet. Bei einer Betriebseröffnung im Laufe des Kalenderjahres fällt daher im ersten Erhebungszeitraum nur dann Gewerbeertragsteuer an, wenn das Wirtschaftsjahr als Rumpfwirtschaftsjahr zum Ende des Kalenderjahres endet. Wird das abweichende Wirtschaftsjahr beibehalten, fällt im ersten Erhebungszeitraum keine Gewerbeertragsteuer an, weil das Wirtschaftsjahr in diesem Fall erst im zweiten Erhebungszeitraum endet.

(Montag)

11. Verlustausgleich und Verlustabzug bei der Einkommen- und Gewerbesteuer

I. Einkommensteuer

Nach dem Leistungsfähigkeitsprinzip und seiner Konkretisierung durch das objektive Nettoprinzip sind Verluste, die innerhalb der sieben Einkunftsarten anfallen, also nicht aus Liebhaberei resultieren, einkommensteuerlich grundsätzlich mit positiven Einkünften zu verrechnen. Findet diese Verrechnung in einem Veranlagungszeitraum statt, spricht man von einem **Verlustausgleich.** Erfolgt die Verrechnung über mehrere Perioden, liegt ein sog. **Verlustabzug** vor.

1. Verlustausgleich

Grundlage der Einkommensermittlung ist die getrennte Ermittlung der Einkünfte, die für jede Einkunftsart gesondert aus der Zusammenfassung der einzelnen Einkunftsquellen resultieren. Soweit sich bei einzelnen Einkunftsquellen negative Ergebnisse ergeben, erfolgt bei der Zusammenfassung innerhalb der einzelnen Einkunftsarten grundsätzlich eine Verrechnung mit positiven Ergebnissen (sog. **interner** oder **horizontaler Verlustausgleich**).

Soweit nach dem horizontalen Verlustausgleich innerhalb einer Einkunftsart negative Einkünfte verbleiben, sind diese Verluste **grundsätzlich** im Rahmen eines sog. **externen** oder **vertikalen Verlustausgleiches** bei der Ermittlung des Gesamtbetrages der Einkünfte zu verrechnen. Einschränkungen ergeben sich jedoch insb. aus § 2 Abs. 3 Satz 2 ff. EStG. Danach ist die Summe der positiven Einkünfte grundsätzlich nur bis zur Höhe von 51.500 Euro (bei Zusammenveranlagung 103.000 Euro) durch negative Einkünfte zu mindern. Höhere Verluste führen nur bis zur Höhe von 50 % der verbleibenden positiven Einkünfte zu einer Minderung positiver Einkünfte, wobei zur Ermittlung des Minderungsbetrages insb. bei Zusammenveranlagung eine Vielzahl hochkomplexer, interdependenter und nahezu unüberschaubarer Detailregelungen zu berücksichtigen sind.

Weitere Einschränkungen für den Verlustausgleich ergeben sich aus §§ 2 a, 15 Abs. 4, §§ 15 a, 15 b, 18 Abs. 4, § 20 Abs. 1 Nr. 4 Satz 2, § 22 Nr. 2, § 23 Abs. 3 Satz 6, § 22 Nr. 3, § 50 Abs. 2 EStG.

2. Verlustabzug

Soweit nach Durchführung des Verlustausgleichs negative Einkünfte verbleiben, ist nach § 10 d EStG grundsätzlich ein **Verlustabzug,** d. h. eine **interperiodische Verlustrechnung,** durchzuführen. Dem Leistungsfähigkeitsprinzip entsprechend sollen dadurch die Härten gemildert werden, die sich durch das einkommensteuerliche Prinzip der Abschnittsbesteuerung (Periodizitätsprinzip) ergeben können.

Der Verlustabzug ist grundsätzlich bei allen Steuerpflichtigen durchzuführen, bei denen auch nach der Ermittlung des Gesamtbetrags der Einkünfte noch Verluste verbleiben. Bei beschränkt Steuerpflichtigen ist § 10 d EStG nur dann anzuwenden, wenn Verluste in wirtschaftlichem Zusammenhang mit inländischen Einkünften stehen und die Verluste sich aus Unterlagen ergeben, die im Inland aufbewahrt werden (§ 50 Abs. 2 Satz 1 EStG).

Nach § 10 d Abs. 1 EStG ist ein nicht ausgeglichener Verlust ab Veranlagungszeitraum 2001 nur noch bis zu einem Betrag von 511.500 Euro vom Gesamtbetrag der Einkünfte des unmittelbar vorangegangenen Veranlagungszeitraums vorrangig vor Sonderausgaben, außergewöhnlichen Belastungen und sonstigen Abzugsbeträgen abzuziehen (sog. **Verlustrücktrag**). Dabei sind die negativen Einkünfte zunächst jeweils von den positiven Einkünften derselben Einkunftsart abzuziehen, die nach der Anwendung des § 2 Abs. 3 EStG verbleiben. Soweit kein Ausgleich mit den Einkünften der entsprechenden Einkunftsart möglich ist, mindern die verbleibenden Verluste die positiven Einkünfte aus anderen Einkunftsarten bis zu einem Betrag von 51.500 Euro. Darüber hinausgehende Verluste sind lediglich zur Hälfte verrechenbar, wobei beim Verlustausgleich komplexe Verrechnungsregelungen bei Zusammenveranlagung bestehen.

Soweit ein **Verlustrücktrag** nicht möglich ist, sind nicht ausgeglichene negative Einkünfte in dem folgenden Veranlagungszeitraum im Rahmen eines sog. **Verlustvortrags** vom Gesamtbetrag der Einkünfte vorrangig vor Sonderausgaben, außergewöhnlichen Belastungen und sonstigen Abzugsbeträgen abzuziehen (§ 10 d Abs. 3 EStG). Dabei ist wie beim Verlustrücktrag vorrangig eine Verrechnung mit positiven Einkünften derselben Einkunftsart vorzunehmen. Beträge über 51.500 Euro sind wie beim Verlustvortrag nur eingeschränkt zu verrechnen.

3. Würdigung

Im Ergebnis werden der Verlustausgleich und der Verlustabzug nach dem Steuerentlastungsgesetz inzwischen mit einer Vielzahl hochkomplexer und interdependenter Regelungen massiv eingeschränkt. Damit stellt insb. dann, wenn die nach der Protokollerklärung der Bundesregierung zur Vermittlungsempfehlung zum Steuervergünstigungsabbaugesetz angestellten Überlegungen zur Neugestaltung des Verlustverrechnungssystems umgesetzt werden sollten, sich nicht nur vom Leistungsfähigkeitsprinzip her die Frage nach der Verfassungsmäßigkeit (Gleichheitssatz nach Art. 3 Abs. 1 Grundgesetz). Problematisch sind vor allem auch die weitgehende Unbestimmtheit der Regelungen, die einen Verstoß gegen das Rechtsstaatsgebot (Art. 20 Abs. 3 Grundgesetz) indizieren.

II. Gewerbesteuer

Anders als bei der Einkommensteuer ist bei der Gewerbesteuer gem. § 10 a GewStG kein Verlustrücktrag, sondern nur ein Verlustvortrag möglich. Der maßgebende Gewerbeertrag kann um die Fehlbeträge gekürzt werden, die sich für die vorangegangenen Erhebungszeiträume ergeben haben und die bei der Ermittlung des Gewerbeertrages für die vorangegangenen Erhebungszeiträume noch nicht berücksichtigt wurden.

Bei Einzelgewerbetreibenden und Mitunternehmerschaften setzt die Berücksichtigung eines Gewerbeverlustes **Unternehmensgleichheit** voraus. Bei Kapitalgesellschaften bestimmt § 10 a Satz 4 GewStG, dass § 8 Abs. 4 KStG beim gewerbesteuerlichen Verlustvortrag entsprechend anzuwenden ist. Voraussetzung für den Verlustabzug ist danach, dass die Körperschaft, die den Verlustabzug geltend macht, nicht nur rechtlich, sondern auch wirtschaftlich mit der Körperschaft identisch ist, die den Verlust erlitten hat. Diese wirtschaftliche Identität liegt insbesondere dann nicht vor, wenn mehr als die Hälfte der Anteile an einer Kapitalgesellschaft übertragen werden und die Gesellschaft danach ihren Geschäftsbetrieb mit überwiegend neuem Betriebsvermögen fortführt oder wieder aufnimmt.

Nach Auffassung des BFH setzt die Verlustverrechnung nach § 10 a GewStG auch **Unternehmergleichheit** voraus. Das bedeutet, dass nur die Person den Gewerbeverlust geltend machen kann, die den Verlust erlitten hat. Die Unternehmergleichheit ist daher z. B. dann nicht gegeben, wenn ein Einzelunternehmen nach dem Tod des Inhabers von den Erben weitergeführt wird. Bei Personengesellschaften führt das Prinzip der Unternehmergleichheit nach Auffassung von Rechtsprechung und Finanzverwaltung (Abschn. 68 Abs. 3 GewStR) dazu, dass die Verlustverrechnung beim Ausscheiden eines Gesellschafters in Höhe des Anteils dieses Gesellschafters ausgeschlossen ist.

(Montag)

12. § 15 a EStG

I. Zweck und Bedeutung des § 15 a EStG

Obwohl ein Kommanditist im Außenverhältnis nur insoweit haftet, als die im Handelsregister eingetragene Einlage noch nicht geleistet ist (§§ 171 Abs. 1, 172 Abs. 1 HGB), und obwohl ein Kommanditist gem. § 167 Abs. 3 HGB grundsätzlich nur in Höhe seines Kapitalanteils und seiner noch rückständigen Einlage am Verlust der Gesellschaft teilnimmt, sind die laufenden Verlustanteile nach Auffassung des BGH in der Handelsbilanz auch dann mit dem Kapitalkonto zu verrechnen, wenn das Kapitalkonto durch die Verrechnung negativ wird. Dieses negative Kapitalkonto begründet jedoch grundsätzlich keine Nachschusspflicht, sondern lediglich die Verpflichtung, zukünftige Gewinnanteile zur Auffüllung des negativen Kapitalkontos zu verwenden, sodass nach der Begründung zu § 15 a EStG für den Kommanditisten im Verlustentstehungsjahr im Regelfall weder rechtlich noch wirtschaftlich eine Belastung eintritt. § 15 a EStG sollte dementsprechend – vor allem auch um die Tätigkeit der so genannten Verlustzuweisungsgesellschaften einzuschränken – sicherstellen, dass Verluste bei beschränkter Haftung lediglich mit späteren Gewinnen aus derselben Tätigkeit verrechnet werden können.

Ob und inwieweit dies gelingt, ist nach wie vor nicht abschließend geklärt, weil die Vorschrift eine Reihe von Wertungswidersprüchen enthält. Diese Wertungswidersprüche reichen nach Auffassung des BFH zwar grundsätzlich nicht aus, um ernstliche Zweifel an der Verfassungsmäßigkeit der Vorschrift zu begründen (BFH, BStBl 1996 II S. 474). Sie haben jedoch zu einer Vielzahl von Streitfragen geführt, die nicht nur die praktische Handhabung der Vorschrift erheblich belasten, sondern berechtigterweise auch die Frage nach der Abschaffung des § 15 a EStG aufwerfen, zumal mit § 2 Abs. 3 Satz 2 ff. und § 15 b EStG, der dem § 15 a EStG vorgeht (§ 15 b Abs. 1 Satz 3 EStG), zusätzliche Verlustausgleichsbeschränkungen eingeführt wurden und die Gewinnerzielungsabsicht zunehmend restriktiver beurteilt wird (BFH vom 21. 8. 1990, BStBl 1991 II S. 564; vom 10. 9. 1991, BStBl 1992 II S. 328).

II. Grundsätzliche Voraussetzungen und Rechtsfolgen

Subjektiv ist § 15 a EStG unmittelbar nur bei Kommanditisten anwendbar, die Einkünfte aus Gewerbebetrieb beziehen. **Sachlich** setzt § 15 a EStG voraus, dass Gewinnerzielungsabsicht besteht und dem Kommanditisten aufgrund seiner Mitunternehmerstellung Verluste zugerechnet werden, durch die sich bei ihm ein negatives Kapitalkonto ergibt oder erhöht. Wie das maßgebliche Kapitalkonto zu ermitteln ist, war lange strittig. Der Bundesfinanzhof hat jedoch klargestellt, dass nicht auf die steuerliche Gesamtbilanz der Gesellschaft, sondern allein auf die Steuerbilanz abzustellen ist, in der lediglich das Gesellschaftsvermögen ausgewiesen wird (BFH vom 14. 5. 1991, BStBl 1992 II S. 167) und zusätzlich das Mehr- oder Minderkapital aus der für einen Gesellschafter geführten Ergänzungsbilanz zu erfassen ist. Dieser Beurteilung hat sich die Finanzverwaltung angeschlossen (BMF vom 30. 5. 1997, BStBl 1997 I S. 627). Dass zu den Gewinnen, mit denen die nicht ausgleichsfähigen Verluste i. S. des § 15 a Abs. 1 EStG verrechnet werden können, nicht auch die Gewinne aus dem Sonderbetriebsvermögen, insb. Tätigkeitsvergütungen, gehören, hat der BFH inzwischen ebenfalls klargestellt (Urteil vom 13. 10. 1998, BStBl 1998 II S. 163).

Sind die Voraussetzungen des § 15 a EStG erfüllt, können die Verluste, die zur Entstehung oder Erhöhung eines negativen Kapitalkontos führen, weder mit anderen Einkünften aus Gewerbebetrieb noch mit Einkünften aus anderen Einkunftsarten ausgeglichen werden. Auch ein Verlustabzug nach § 10 d EStG ist nicht möglich. Die entsprechenden Verluste mindern vielmehr die Gewinne, die dem

Kommanditisten in späteren Wirtschaftsjahren aus seiner Beteiligung an der Kommanditgesellschaft zuzurechnen sind (§ 15 a Abs. 2 EStG).

III. Einzelheiten

Aufgrund von **Verweisungsvorschriften** gilt § 15 a über seinen grundsätzlichen Anwendungsbereich hinaus subjektiv gem. § 15 a Abs. 5 EStG nicht nur für Kommanditisten, sondern auch für andere Unternehmer, soweit deren Haftung der eines Kommanditisten vergleichbar ist.

Sachlich gilt § 15 a EStG nicht nur für gewerbliche Einkünfte, sondern sinngemäß auch für andere Einkünfte (§§ 13 Abs. 5 EStG, 18 Abs. 4 EStG, 20 Abs. 1 Nr. 4 EStG, 21 Abs. 1 EStG).

Abweichend von der Grundregel des § 15 a Abs. 1 Satz 1 EStG können Verluste **bei überschießender Außenhaftung** bis zur Höhe des Betrages, um den die im Handelsregister eingetragene Einlage des Kommanditisten seine geleistete Einlage übersteigt, auch insoweit ausgeglichen oder abgezogen werden, als durch den Verlust ein negatives Kapitalkonto entsteht oder sich erhöht. Voraussetzung ist allerdings, dass am Bilanzstichtag eine Außenhaftung nach § 171 Abs. 1 HGB besteht, derjenige, dem der Verlustanteil einkommensteuerrechtlich zuzurechnen ist, in das Handelsregister eingetragen ist, die bestehende Haftung nachgewiesen wird und eine Vermögensminderung aufgrund der Haftung nicht durch Vertrag ausgeschlossen oder nach Art und Weise des Geschäftsbetriebs unwahrscheinlich ist.

Nach der Rechtsprechung des Bundesfinanzhofs (BFH vom 14. 5. 1991, BStBl 1992 II S. 164) ist eine Vermögensminderung für den Kommanditisten dabei nur dann unwahrscheinlich, wenn die finanzielle Ausstattung der KG und deren gegenwärtige sowie zu erwartende Liquidität im Verhältnis zu dem vertraglich festgelegten Gesellschaftszweck und dessen Umfang so außergewöhnlich günstig ist, dass die finanzielle Inanspruchnahme des zu beurteilenden Kommanditisten unter Berücksichtigung der voraussichtlichen zukünftigen Entwicklung des Unternehmens nicht zu erwarten ist (BStBl 1994 I S. 355; EStR H 138 d).

Das Verlustausgleichspotenzial kann zwar durch höhere Einlagen oder eine Erweiterung der Außenhaftung im Verlustentstehungsjahr erhöht werden. Innerhalb von elf Jahren führen spätere Minderungen der Haftung oder der Einlage jedoch einerseits zu einer entsprechenden Erhöhung des laufenden Gewinns und andererseits zu einem verrechenbaren Verlust in gleicher Höhe (§ 15 a Abs. 3 EStG). Soweit nachträglich eine Erhöhung der Einlage bzw. Haftung erfolgt, nachdem lediglich verrechenbare Verluste entstanden sind, wird der für den früheren Veranlagungszeitraum festgestellte verrechenbare Verlust nach Auffassung des BFH (Urteil vom 13. 12. 1995, BStBl 1996 II S. 226) nicht ausgleichsfähig. § 15 a Abs. 3 EStG ist insoweit nicht im Sinne einer verfassungskonformen Auslegung zu verstehen und auch ein Verstoß gegen den Gleichheitssatz ist zu verneinen (BFH/NV 1998, 1078).

Soweit bei einer Veräußerung oder Betriebsaufgabe der Veräußerungspreis i. S. v. § 16 Abs. 2 EStG in der Übernahme eines negativen Kapitalkontos besteht, entsteht grundsätzlich ein Veräußerungsgewinn, der nach §§ 16, 34 EStG zu versteuern ist. Der Veräußerungsgewinn vermindert sich jedoch gem. § 15 a Abs. 2 EStG insofern, als noch verrechenbare Verluste vorhanden sind.

Steht bereits vor der Veräußerung des Anteils oder der Betriebsaufgabe fest, dass ein Ausgleich des negativen Kapitalkontos mit Gewinnanteilen nicht mehr möglich ist, weil keine hinreichenden Gewinnanteile anfallen werden, entsteht zu diesem Zeitpunkt insoweit ein nicht begünstigter laufender Gewinn, als tatsächlich ein Verlustausgleich/-abzug erfolgt ist (vgl. BFH, BStBl 1984 II S. 751, 770).　　　　(Montag)

13. Die ertragsteuerliche Behandlung von Familienkommanditgesellschaften

I. Grundlegung

Familienpersonengesellschaften – insbesondere in der Rechtsform der KG – sind in der Praxis sehr häufig vorzufinden. Sie entstehen oft in der Weise, dass der Vater sein Einzelunternehmen in eine Kommanditgesellschaft einbringt, an der seine oft noch minderjährigen Kinder als Kommanditisten beteiligt werden. Bei diesen Gesellschaften fehlt im Unterschied zu Zusammenschlüssen von einander fremden Personen der natürliche Interessengegensatz. Deshalb werden von der Rechtsprechung und Finanzverwaltung an die steuerliche Anerkennung gesellschaftsvertraglicher Vereinbarungen besonders strenge Maßstäbe angelegt, die in R 138 a EStR zusammengefasst sind.

II. Die steuerliche Anerkennung der Familien-KG als solche

Zum Ersten gilt es dabei zu prüfen, ob eine Familien-KG als Mitunternehmerschaft anerkannt wird. Dies ist für die Betroffenen oft von weit reichender Bedeutung. Die Anerkennung führt nämlich regelmäßig dazu, dass die einzelnen Gesellschafter als Mitunternehmer anzusehen sind und damit Einkünfte aus Gewerbebetrieb gem. § 15 Abs. 1 Nr. 2 EStG haben.

Die Bedeutung der Anerkennung der Gesellschaft als solcher soll an einem Beispiel verdeutlicht werden:

Ein Familienvater mit sehr hohem Einkommen beteiligt seine beiden Söhne, die bisher noch keine eigenen Einkünfte erzielten. Ihr anteiliger Gewinn im Jahr 2005 soll jeweils 5.000 Euro betragen. Werden die Söhne steuerlich als Mitunternehmer anerkannt, so haben sie jeweils 5.000 Euro Einkünfte aus Gewerbebetrieb.

Einkommensteuer wäre aufgrund des Grundfreibetrages (2005: 7.664 Euro) hierauf für beide Kinder nicht zu entrichten. Würde dagegen diese Beteiligung nicht anerkannt, so würden diese 10.000 Euro als Gewinn des Vaters erfasst. Bei seinem hohen Einkommen ergäbe sich hierauf eine Steuerbelastung im Jahr 2005 von 2 × 2.425 Euro = 4.850 Euro (Einkommensteuer ohne Berücksichtigung von Solidaritätszuschlag, Kirchensteuer bzw. Gewerbesteueranrechnung).

Die Anerkennung einer Familien-KG setzt voraus, dass eine Mitunternehmerschaft vorliegt (vgl. hierzu R 138 EStR), dass der Gesellschaftsvertrag zivilrechtlich wirksam ist und auch verwirklicht wird und die tatsächliche Gestaltung mit den Bestimmungen im Gesellschaftsvertrag übereinstimmt, wobei insbesondere darauf geachtet wird, dass die aufgenommenen Familienangehörigen auch volle Gesellschaftsrechte ausüben. In praxi ist dabei von besonderer Bedeutung, dass bürgerlich-rechtliche Formvorschriften beachtet werden und der Vertragsinhalt keine Vereinbarungen enthält, die unter Dritten unüblich sind. Der Gesellschaftsvertrag einer Personengesellschaft bedarf grundsätzlich keiner Form. Auf ihn finden in Ermangelung besonderer Vorschriften die allgemeinen Bestimmungen über das Zustandekommen eines Vertrages Anwendung. Er kann also mündlich abgeschlossen werden oder auf schlüssigem (konkludentem) Verhalten beruhen. Gleichwohl kann er nach seinem besonderen Inhalt den Formvorschriften unterliegen, wenn er Vereinbarungen enthält, die nach anderen als gesellschaftsrechtlichen Vorschriften formbedürftig sind. Zum Beispiel ist eine notarielle Beurkundung des Gesellschaftsvertrages erforderlich, wenn eine Partei ihr ganzes Vermögen (§ 311 BGB), ein Grundstück (§ 313 BGB) oder einen Anteil an einer GmbH einbringt.

Häufig werden Kommanditanteile an die Familienangehörigen geschenkt. Eine notarielle Beurkundung des Schenkungsversprechens ist hier – im Gegensatz zur Schenkung von Anteilen an Kapitalgesellschaften – nicht erforderlich, weil die Schenkung durch die „Anwachsung" des Anteils am Gesellschaftsvermögen zivilrechtlich wirksam vollzogen wurde. Formerfordernisse können sich jedoch bei der Annahme der Schenkung ergeben: Schenkt beispielsweise ein Vater seinem sechzehnjährigen Sohn einen Kommanditanteil, so bedarf es zur Annahme der Schenkung einer entsprechenden Willenserklärung eines Ergänzungspflegers (§ 1909 BGB). Wegen des Verbots des Selbstkontrahierens (§ 181 BGB) fällt nämlich der Vater als Vertreter seines Sohnes aus; auch die Mutter kann nicht vertreten, da die Eltern nur gemeinsam den Sohn vertreten können. Neben dem Pfleger ist eine vormundschaftsgerichtliche Genehmigung des Gesellschaftsbeitritts nach §§ 1643, 1822 Nr. 3 BGB erforderlich.

Eine weitere wichtige Voraussetzung für die steuerliche Anerkennung der Familienpersonengesellschaft ist, dass der Gesellschaftsvertrag nur Vereinbarungen enthält, wie sie auch mit fremden Dritten üblich sind. Diese Voraussetzung ist nicht gegeben, wenn die Familienangehörigen nur in eingeschränktem Umfang über die Gewinnanteile verfügen dürfen. Ein Beispiel hierfür wäre, dass das Kind über Gewinne nur in dem von den Eltern gebilligten Umfange verfügen darf. Ein unüblicher und damit zur Nichtanerkennung führender Vertrag ist auch gegeben, wenn die Kinder nur befristet als Kommanditisten eingesetzt werden oder wenn den Eltern einseitig ein jederzeitiges Kündigungsrecht eingeräumt wird. Eine Familienpersonengesellschaft wird weiterhin nicht als Mitunternehmerschaft anerkannt, wenn Kinder nicht an den stillen Reserven beteiligt werden oder keinerlei Mitspracherecht erhalten.

III. Anerkennung der Gewinnverteilung von Familienkommanditgesellschaften

Ist nach den skizzierten Grundsätzen die Beteiligung als solche anzuerkennen, so ist als Zweites die Angemessenheit der Gewinnverteilung zu prüfen. Von der Rechtsprechung wurden dazu Grundsätze aufgestellt, die in R 138 a Abs. 3 EStR teilweise wiedergegeben sind.

Bei geschenkten Kommanditanteilen an nicht im Betrieb mitarbeitende nahe Familienangehörige wird eine durchschnittliche Rendite von bis zu 15 v. H. des realen Wertes der Beteiligung anerkannt. Als realer Wert einschließlich Geschäftswert wird dabei nicht das Kapitalkonto, sondern der Anteil des Kommanditisten am geschätzten Gesamtwert der Unternehmung angesehen. Wie dieser Gesamtwert zu ermitteln ist, ist streitig. Es wurde in der Literatur sowohl das Stuttgarter Verfahren als auch beispielsweise eine überschlägige Addition der Netto-Teilwerte der Wirtschaftsgüter abzüglich der Schulden vorgeschlagen. Die Berechnung soll an einem Beispiel verdeutlicht werden:

Ein Unternehmen erzielte in den letzten Jahren einen durchschnittlichen Gewinn von 150.000 Euro. Ein Familienangehöriger bekam einen Kommanditanteil mit einem wahren Wert von 10.000 Euro geschenkt. 15 v. H. Rendite darauf wären 1.500 Euro pro Jahr, d. h. eine Gewinnbeteiligung von bis zu 1 v. H. wäre angemessen.

Gewinnanteile, die die Grenze übersteigen, sind den anderen Gesellschaftern zuzurechnen, sofern nicht auch bei ihnen Grenzen zu beachten sind.

Die Rendite darf allerdings nach der Rechtsprechung auch über 15 v. H. liegen, wenn das Familienmitglied an entscheidender Stelle mitarbeitet.

(Prof. Dr. Bischoff)

14. Gewinnverwirklichung durch Steuerentstrickung

I. Grundlegung

In einer Steuerbilanz sind regelmäßig stille Reserven durch die Unterbewertung von Aktiva bzw. Überbewertung von Passiva enthalten. Sie sind Ausfluss der handels- und steuerrechtlichen Ansatz- und Bewertungsvorschriften (Imparitätsprinzip). Stille Reserven werden grundsätzlich erst bei der Veräußerung, Entnahme oder Betriebsaufgabe der betreffenden Wirtschaftsgüter steuerlich erfasst. Unter der Gewinnverwirklichung durch Steuerentstrickung versteht man die Versteuerung stiller Reserven ohne Vorliegen eines Umsatzgeschäftes, wenn die Steuerverhaftung eines Gegenstandes endet. Die Besteuerung der stillen Reserven findet lediglich bei Gewinneinkünften (§ 13, § 15 und § 18 EStG) statt.

II. Die Entstrickungstatbestände

Im EStG ist kein allgemeiner Entstrickungsgrundsatz normiert. Allerdings finden sich in den steuerrechtlichen Vorschriften (Ersatz-)Tatbestände, die im Folgenden besprochen werden sollen.

1. Entnahme

Die Entnahme (§ 4 Abs. 1 EStG) führt grundsätzlich zur Aufdeckung von stillen Reserven, da die Entnahme nach § 6 Abs. 1 Nr. 4 EStG grundsätzlich mit dem Teilwert anzusetzen ist. Eine Ausnahme von dieser Regelung ergibt sich für den Fall, dass Wirtschaftsgüter unmittelbar nach ihrer Entnahme einer nach § 5 Abs. 1 Nr. 9 KStG steuerbefreiten Körperschaft unentgeltlich für steuerbegünstigte Zwecke überlassen werden. Hierbei kann die Entnahme mit dem Buchwert angesetzt werden. Beim Übergang eines Wirtschaftsgutes von einem Betriebsvermögen in ein anderes Betriebsvermögen desselben Steuerpflichtigen ist nach § 6 Abs. 5 Satz 1 EStG eine Buchwertfortführung möglich. Es tritt dann keine Gewinnrealisierung ein, wenn die spätere steuerrechtliche Erfassung der stillen Reserven gewährleistet ist.

2. Fingierte Veräußerung bei Wegzug ins Ausland

Gibt eine Person, die insgesamt mindestens zehn Jahre unbeschränkt steuerpflichtig war, ihren Wohnsitz oder gewöhnlichen Aufenthalt im Inland auf, so wird gem. § 6 AußenStG eine Veräußerung der Anteile an Kapitalgesellschaften mit wesentlicher Beteiligung des Wegziehenden fingiert. An die Stelle des Veräußerungspreises i. S. des § 17 Abs. 2 EStG tritt der gemeine Wert der Anteile im Zeitpunkt des Wegzuges.

3. Betriebsaufgabe

Zu einer Steuerentstrickung kommt es nach § 16 Abs. 3 EStG bei der Aufgabe des Gewerbebetriebes sowie eines Anteils i. S. des § 16 Abs. 1 Nr. 2 oder 3 EStG. Die Aufgabe gilt als Veräußerung. Soweit die dem Betrieb gewidmeten Wirtschaftsgüter nicht veräußert werden, gilt als Veräußerungspreis der gemeine Wert. Dabei sind Freibeträge gem. § 16 Abs. 4 EStG und der ermäßigte Steuersatz nach § 34 Abs. 1 EStG („Fünftel-Regelung") oder § 34 Abs. 3 EStG („halber durchschnittlicher Steuersatz") zu beachten.

4. Entstrickungstatbestände des UmwStG

An die Umwandlung und die Verschmelzung von Betrieben knüpft das UmwStG folgende Steuerentstrickungstatbestände:

Bei der Verschmelzung zweier Kapitalgesellschaften kann die übernehmende Kapitalgesellschaft die übernommenen Wirtschaftsgüter mit dem Teilwert, dem Buchwert oder einem Zwischenwert ansetzen. Dabei gilt für die übergehende

Kapitalgesellschaft der Einbringungswert als der Veräußerungswert, der dem Buchwert gegenüberzusetzen ist, um den Übertragungsgewinn zu ermitteln. Dieser unterliegt sowohl der Körperschaftsteuer als auch der Gewerbesteuer. Bei der Einbringung eines Betriebes oder Teilbetriebes hat die Kapitalgesellschaft die Möglichkeit, das übernommene Betriebsvermögen mit seinem Teilwert, seinem Buchwert beim Einbringenden oder einem Zwischenwert zu bilanzieren. Da für den Einbringenden als fiktiver Veräußerungspreis gem. § 20 Abs. 4 UmwStG der Wert gilt, mit dem die Kapitalgesellschaft das eingebrachte Betriebsvermögen ansetzt, ergibt sich für ihn eine Aufdeckung stiller Reserven beim Ansatz über dem Buchwert. Soweit der Ansatz der Kapitalgesellschaft unter dem Teilwert liegt, handelt es sich bei den neuen Anteilen, die der Einbringende als Gegenleistung für seinen (Teil-)Betrieb erhält, um so genannte „einbringungsgeborene" Anteile. Auf Antrag des Einbringenden, beim Ende seiner unbeschränkten Einkommen- oder Körperschaftsteuerpflicht oder bei Auflösung der Kapitalgesellschaft sieht der Entstrickungstatbestand des § 21 Abs. 2 UmwStG die Versteuerung der stillen Reserven der Anteile nach den Grundsätzen des § 16 EStG vor. Als fiktiver Veräußerungspreis gilt der gemeine Wert der Anteile zum Entstrickungszeitpunkt, als fiktive Anschaffungskosten der Wert, mit dem die Kapitalgesellschaft das eingebrachte Betriebsvermögen bilanziert hat, abzüglich des Wertes der nicht in Anteilen bestehenden Gegenleistung (z. B. Geldzahlungen).

5. Sonstige Steuerentstrickungstatbestände

Weitere Entstrickungstatbestände ergeben sich bei der Liquidation einer Kapitalgesellschaft (§ 17 Abs. 4 EStG) und bei Beendigung der unbeschränkten Körperschaftsteuerpflicht wegen Verlegung der Geschäftsleitung oder des Sitzes ins Ausland oder Beginn einer Steuerbefreiung (§§ 11 ff. KStG).

6. Mitunternehmer

In den Jahren 1999 und 2000 musste bei der Übertragung einzelner Wirtschaftsgüter zwischen Mitunternehmern und Mitunternehmerschaften ein steuerpflichtiges Veräußerungsgeschäft unterstellt werden mit der Konsequenz der Aufdeckung der stillen Reserven. Ab 2001 sind Übertragungen unter dem „Dach" einer Mitunternehmerschaft wieder steuerneutral möglich (§ 6 Abs. 5 Satz 2 und 3 EStG).

7. Tausch von Wirtschaftsgütern

Wird ein einzelnes Wirtschaftsgut im Wege des Tausches übertragen, bemessen sich die Anschaffungskosten nach § 6 Abs. 6 EStG nach dem gemeinen Wert des hingegebenen Wirtschaftsgutes. Erfolgt die Übertragung im Wege der verdeckten Einlage, erhöhen sich die Anschaffungskosten der Beteiligung an der Kapitalgesellschaft um den Teilwert des eingelegten Wirtschaftsguts.

III. Erweiterung der Steuerentstrickungstatbestände durch die Rechtsprechung

Da ein allgemeiner Entstrickungsgrundsatz im EStG nicht normiert ist, sind etwaige Fälle, in denen die stillen Reserven eines Gegenstandes zum Zeitpunkt des Endes der Steuerverhaftung nicht durch ein Umsatzgeschäft oder Ersatztatbestände erfasst werden, nicht der Besteuerung zu unterwerfen. Dies ergibt sich aus dem Verbot der steuerbegründenden Analogie.

Problematisch erscheint deshalb insbesondere die Rechtsprechung zur Überführung von Gegenständen in eine in einem „DBA-Staat" gelegene Betriebsstätte. Hier argumentiert der BFH, dass in solchen Fällen die Entnahme zu fingieren sei, da ansonsten dem Fiskus die Besteuerung der stillen Reserven endgültig entzogen würde. Zu Recht kritisiert die Literatur diese Vermischung von Steuertatbestand und Steuerwirkungen. (Prof. Dr. Bischoff)

15. Die einkommensteuerlichen Folgen der unentgeltlichen und verbilligten Überlassung von Wohnraum

I. Grundlagen

Von einer unentgeltlichen Nutzung von Wohnraum soll gesprochen werden, wenn einer Person Wohnraum ohne Gegenleistung überlassen wird oder die Gegenleistung lediglich eine „Anerkennung" darstellt. Kein Entgelt, sondern eine bloße „Anerkennung" wird in der Literatur bei einem Entgelt bis zu 10 v. H. der ortsüblichen Miete angenommen.

Von einer verbilligten Überlassung wird ausgegangen, wenn die Gegenleistung (Miete) mehr als 10 v. H. und weniger als 56 v. H. der ortsüblichen Miete beträgt. Diese 56 v. H.-Grenze ergibt sich aus § 21 Abs. 2 EStG. Beträgt die Miete mindestens 56 v. H. bis 75 v. H. der ortsüblichen Miete, ist die Einkunftserzielungsabsicht anhand einer Überschussprognose zu prüfen. Ist diese negativ, so ist die Vermietung teilentgeltlich. Die Werbungskosten, die auf den unentgeltlichen Teil entfallen, können nicht abgezogen werden.

II. Die einkommensteuerlichen Folgen der unentgeltlichen Überlassung

Bei der unentgeltlichen Überlassung von Wohnraum erzielt der Eigentümer keine Einnahmen aus diesem Wohnraum. Dies impliziert andererseits, dass der Eigentümer auch keine Werbungskosten geltend machen darf.

III. Die einkommensteuerlichen Folgen der verbilligten Überlassung

Beträgt die Miete mindestens 75 v. H. der ortsüblichen Miete, so ist die Wohnungsüberlassung eine vollentgeltliche mit der Folge, dass der Vermieter den vollen Werbungskostenabzug hat. Das gleiche Ergebnis tritt ein, wenn die Überschussprognose positiv ausfällt (bei einer Miete von mehr als 56 v. H. bis 75 v. H. der ortsüblichen Miete).

Beträgt die Miete weniger als 56 v. H. der ortsüblichen Miete, ist die Wohnungsüberlassung durch das nicht marktgerechte Verhalten des Steuerpflichtigen in einen entgeltlichen und einen unentgeltlichen Teil aufzuteilen. Der Wohnungseigentümer hat das tatsächlich erhaltene Nutzungsentgelt bei Zufluss als Einnahme aus Vermietung und Verpachtung zu erfassen. Jedoch sind nur die Werbungskosten, die auf den entgeltlichen Teil entfallen, abzugsfähig. Für den anteiligen Abzug ist das Verhältnis von gezahltem Entgelt zur ortsüblichen Miete maßgeblich.

Nach R 162 EStR handelt es sich bei der ortsüblichen Miete um die Kaltmiete zuzüglich gezahlter Umlagen. Dabei ist bei dem Tatbestandsmerkmal „ortsüblich" von Wohnungen vergleichbarer Art, Lage und Ausstattung auszugehen.

IV. Wohnungsvermietung an Angehörige

Mietverträge können grundsätzlich auch zwischen nahen Angehörigen abgeschlossen werden.

Wird eine Wohnung an Angehörige überlassen (z. B. von den Eltern an Kinder, von Kindern an bedürftige Eltern oder Ehegatten untereinander), besteht die Möglichkeit, diese Überlassung entweder als entgeltlich oder unentgeltlich zu gestalten.

Aufgrund eines fehlenden Interessengegensatzes zwischen (nahen) Angehörigen werden Mietverträge grundsätzlich nur dann anerkannt, wenn sie bürgerlich-rechtlich wirksam abgeschlossen sind und sowohl die Gestaltung als auch die Durchführung des Vertragsinhalts einem Fremdvergleich standhalten. Fremdvergleich im steuerlichen Sinne bedeutet, dass auch ein fremder Dritter unter gleichen Umständen diesen Vertrag abgeschlossen hätte.

Kriterien für die steuerliche Anerkennung der Mietverträge unter Angehörigen sind:

- die Ernsthaftigkeit,
- die Eindeutigkeit des Inhalts (klare Vereinbarungen im Vorhinein, Schriftform),
- die tatsächliche Durchführung (tatsächliche, nachgewiesene Bezahlung in das Vermögen des Vermieters),
- Fremdvergleich (Form, Inhalt, Durchführung).

Zur Vermietung an Angehörige ist eine umfangreiche Rechtsprechung entwickelt worden.

So ist es z. B. bei der Vermietung an Kinder nicht mehr erforderlich (Änderungen gegenüber früherer Rechtsprechung), dass das Kind über eigene Einkünfte verfügt, aus denen es die Miete bestreiten kann. Es wird daher nicht mehr als missbräuchlich angesehen, wenn das Kind die Miete aus dem Barunterhalt der Eltern zahlt oder die Beträge miteinander verrechnet werden. Gleichwohl bestehen wenig Zweifel, dass diese Rechtsprechung auch für die verbilligte Vermietung anzuwenden ist.

V. Fazit

Die unentgeltliche oder verbilligte Wohnraumüberlassung stellt von jeher einen Bereich dar, in dem versucht wird, positive Einkünfte auf Unterhaltsberechtigte ohne eigene Einkünfte zu transferieren.

Durch die vom Gesetzgeber eingeführte 56 v. H.-Grenze des § 21 Abs. 2 EStG wurde hierfür für den Steuerpflichtigen ein Gestaltungsrahmen geschaffen.

Es ist zu empfehlen, den Gestaltungsspielraum nicht voll auszuschöpfen, sondern die Miethöhe etwas über 56 v. H. zu vereinbaren, um bei den gegebenen Unsicherheiten der Schätzung der Marktmiete nicht unbeabsichtigt unter die noch geltende 56 v. H.-Grenze zu rutschen. Zusätzlich ist bei einer Miete von bis zu 75 v. H. darauf zu achten, dass innerhalb des Prognosezeitraums von 30 Jahren ein Totalüberschuss erreicht wird.

Auch besteht die Gefahr, dass das Mietverhältnis bei nahen Angehörigen steuerlich nicht anerkannt wird, trotz Einhaltung der 56 v. H.-Grenze. Der Vertrag und die Durchführung sollten einem Fremdvergleich standhalten.

(Prof. Dr. Bischoff)

16. Der Spendenabzug im Ertragsteuerrecht

I. Neuordnung des Spendenrechts ab 2000

Der Bundesfinanzhof hat mit Urteilen im Jahr 1993 und 1997 die Verfassungsmäßigkeit des Spendenrechts infrage gestellt und Zweifel an der Rechtmäßigkeit des Durchlaufspendenverfahrens geäußert. Mit Wirkung zum 1. 1. 2000 hat der Gesetzgeber daher das Spendenrecht auf eine verfassungsrechtlich sichere Grundlage gestellt. Die wesentlichen Regelungen zum Spendenabzug in den Einkommensteuerrichtlinien – insbesondere die Bestimmung der besonderen förderungswürdigen gemeinnützigen Zwecke – wurden in die Einkommensteuer-Durchführungsverordnung übernommen und das Durchlaufspendenverfahren abgeschafft.

Mit der Neuordnung des Spendenrechts wurde gleichzeitig die Möglichkeit für Zuwendungen an Stiftungen erheblich erweitert.

II. Behandlung der Spenden nach dem EStG und KStG

Nach § 10 b EStG bzw. § 9 Abs. 1 Nr. 2 KStG unterscheidet das Steuerrecht grundsätzlich drei Gruppen, die im Folgenden dargestellt werden.

1. Spenden zur Verfolgung mildtätiger, kirchlicher, religiöser und wissenschaftlicher Zwecke und der als besonders förderungswürdig anerkannten gemeinnützigen Zwecke

Spenden, die unter diese Gruppe fallen, sind abzugsfähig, wenn sie die Begriffsbestimmungen der §§ 51 bis 68 AO erfüllen. Bei gemeinnützigen Zwecken ist zusätzlich die Anerkennung als besonders förderungswürdig erforderlich. Diese Anerkennung ergibt sich aus § 48 EStDV. § 48 EStDV unterscheidet danach, ob nur Spenden oder auch Mitgliedsbeiträge abgezogen werden können. Abschnitt A, Anlage 1, der sowohl Mitgliedsbeiträge als auch Spenden zum Abzug zulässt, ist auf solche Institutionen beschränkt, bei denen altruistische Zielsetzungen im Vordergrund stehen, während Abschnitt B Vereine aufführt, bei denen die Förderung der Mitglieder im Vordergrund steht (Förderung des Sports, Förderung kultureller Betätigung, Förderung der Heimatpflege und Heimatkunde, Förderung der nach § 52 Abs. 2 Nr. 4 AO gemeinnützigen Zwecke).

Der Spendenabzug ist bis zu einem Höchstbetrag von 5 v. H. des Gesamtbetrages der Einkünfte bzw. des körperschaftsteuerpflichtigen Einkommens zulässig. Für wissenschaftliche, mildtätige und als besonders förderungwürdig anerkannte kulturelle Zwecke sind weitere 5 v. H. zugelassen. Statt der bezeichneten Vomhundertsätze können auch bis zu 2 v. H. der gesamten Umsätze und der im Kalenderjahr aufgewendeten Löhne und Gehälter abgezogen werden. Sofern Einzelspenden über 25.565 Euro nicht in voller Höhe abzugsfähig sind, kann der übersteigende Betrag im vorangegangenen bzw. in den fünf folgenden Veranlagungszeiträumen abgezogen werden.

2. Zuwendungen an Stiftungen

Durch die Gesetzesänderung ab 1. 1. 2000 können Zuwendungen an Stiftungen des öffentlichen Rechts und an nach dem KStG steuerbefreite Stiftungen des privaten Rechts bis zur Höhe von 20.450 Euro abgezogen werden, wenn diese Stiftungen steuerbegünstigte Zwecke i. S. der §§ 52–54 mit Ausnahme des § 52 Abs. 2 Nr. 4 AO erfüllen. Das Gesetz knüpft somit bei den gemeinnützigen Zwecken nicht an die Anerkennung als förderungswürdig i. S. des § 48 EStDV an.

Begünstigt sind somit alle Zuwendungen zur Förderung mildtätiger, kirchlicher, religiöser, wissenschaftlicher und aller übrigen gemeinnützigen Zwecke im Sinne der AO mit Ausnahme der Zwecke i. S. des § 52 Abs. 2 Nr. 4 AO (z. B. Förderung der Tierzucht, Pflanzenzucht, Kleingärtnerei).

Der Höchstbetrag von 20.450 Euro wird neben den o. g. Höchstbeträgen gewährt, sodass je nach Zuwendung unterschiedliche Gesamthöchstbeträge möglich sind (z. B. 20.450 Euro zzgl. 10 v. H. der Einkünfte bei Stiftungen an wissenschaftliche Einrichtungen; nur 20.450 Euro bei Stiftungen an gemeinnützige Zwecke, die aber nicht als besonders förderungswürdig nach § 48 EStDV anerkannt sind).

Neben Spenden können ab 1. 1. 2000 Zuwendungen in den Vermögensstock einer Stiftung bis zu einem Betrag von 307.000 Euro als Sonderausgaben abgezogen werden. Voraussetzung ist, dass die Zuwendung anlässlich der Gründung der Stiftung erfolgte. Der Betrag von 307.000 Euro kann wahlweise auf den Veranlagungszeitraum und die folgenden neun Veranlagungszeiträume verteilt werden. Diese Abzugsmöglichkeit gilt nur für natürliche Personen und Personengesellschaften, da im KStG eine entsprechende Regelung fehlt.

3. Spenden an politische Parteien

Abzugsfähig nach § 10 b EStG, jedoch nicht nach dem KStG, sind Spenden und Mitgliedsbeiträge an politische Parteien.

Spenden und Mitgliedsbeiträge an politische Parteien mindern zunächst nach § 34 g EStG in Höhe von 50 v. H. der Aufwendungen die tarifliche Einkommensteuer. Die Ermäßigung ist auf 825 Euro bei Einzelveranlagung bzw. 1.650 Euro bei Zusammenveranlagung begrenzt. Diese Höchstgrenzen übersteigende Beträge können entsprechend § 10 b Abs. 2 EStG abgezogen werden (maximal bis 1.650 Euro/3.300 Euro).

III. Sachspenden

Sachspenden sind grundsätzlich mit dem gemeinen Wert der Sachzuwendung zu berücksichtigen. Sachspenden, die aus dem Betriebsvermögen entnommen werden, dürfen nur mit dem Entnahmewert angesetzt werden; dieser Entnahmewert kann auch der Buchwert des Wirtschaftsgutes sein (§ 6 Abs. 1 Nr. 4 Satz 4 EStG).

IV. Nachweis der Spende

Der Spender hat grundsätzlich nachzuweisen, dass die Voraussetzungen des § 10 EStG bzw. § 9 KStG erfüllt sind. Dies erfolgt durch eine Zuwendungsbestätigung des Spendenempfängers nach amtlich vorgeschriebenem verbindlichem Vordruck. Bei kleinen Spenden unter 100 DM und Zuwendungen in Katastrophenfällen gelten Sonderregelungen. Der Empfänger des Spendennachweises darf auf die Richtigkeit der Zuwendungsbestätigung vertrauen. Korrespondierend haftet derjenige, der vorsätzlich oder grob fahrlässig eine unrichtige Spendenbescheinigung ausstellt, in Höhe von 40 v. H. des Spendenbetrages für die entgangene Steuer (§ 10 b Abs. 4 EStG).

V. Spendenabzug bei Gewerbeertragsteuer

Mit Ausnahme der Spenden an politische Parteien sind die Spenden auch gewerbesteuerlich abzugsfähig (vgl. § 8 Nr. 9 und § 9 Nr. 5 GewStG).

(Dr. Kieffer)

17. Die Besteuerung von Land- und Forstwirten

Einleitung

Die Besteuerung der Land- und Forstwirte nimmt in allen wichtigen Steuergesetzen eine besondere Stellung ein. So existiert z. B. im Einkommensteuerrecht eine eigene Einkunftsart, im Bewertungsrecht wird die Ermittlung der Einheitswerte besonders geregelt, und nach dem Umsatzsteuergesetz unterliegen die Land- und Forstwirte einer besonderen Besteuerung. Diese Besonderheiten sind so vielfältig, dass im Rahmen dieser Ausführungen nur die wichtigsten Aspekte im Überblick behandelt werden können.

I. Einkommensteuer

1. Personen, die unter die Einkunftsart Land- und Forstwirtschaft fallen

Land- und Forstwirtschaft (LaFoWi) kann entweder im Rahmen eines land- und forstwirtschaftlichen Betriebes oder als Gewerbebetrieb ausgeübt werden. Daher führt sie entweder zu Einkünften nach §§ 13 bis 14 a EStG oder nach § 15 EStG. Die folgenden Ausführungen beziehen sich nur auf §§ 13 bis 14 a EStG.

2. Umfang der Einkünfte

Die unter LaFoWi fallenden Einkünfte sind in § 13 Abs. 1 EStG aufgeführt. Es handelt sich hierbei hauptsächlich um Erträge aus Feldwirtschaft, Tierhaltung und Forstwirtschaft. Ebenso zählen hierzu Nebenbetriebe, die dem Hauptbetrieb dienen, wie z. B. Kiesgruben.

Von besonderer Bedeutung ist die Abgrenzung der Einkünfte aus LaFoWi zu Einkünften anderer Einkunftsarten, insbesondere aus Gewerbebetrieb und zur Liebhaberei.

Einkünfte aus Gewerbebetrieb liegen dann vor, wenn der LaFoWi-Betrieb unter § 2 GewStG fällt. Dies ist gegeben bei Gewerbebetrieben kraft Rechtsform und bei Einzelunternehmen und Personengesellschaften, wenn neben dem LaFoWi-Betrieb ein Gewerbe betrieben wird und die gesamte Tätigkeit als gewerblich angesehen werden muss.

Liebhaberei liegt vor, wenn die Land- und Forstwirtschaft nicht aus wirtschaftlichen, mit Gewinnerzielungsabsicht verbundenen, sondern aus persönlichen Gründen erfolgt. Sie wird angenommen, wenn voraussichtlich zwischen Gründung (Erwerb) und Beendigung des Betriebes kein Totalgewinn erzielt werden kann. Die Qualifizierung der LaFoWi als Liebhaberei führt dazu, dass Verluste nicht mit anderen positiven Einkünften ausgeglichen werden können.

3. Gewinnermittlung

Es kommen im Wesentlichen folgende Gewinnermittlungsmethoden in Betracht:
- § 4 Abs. 1 EStG: für Landwirte, die zur Führung von Büchern verpflichtet sind, da sie die Grenzen des § 141 AO überschreiten.
- § 13 a EStG: Ermittlung nach Durchschnittssätzen für kleinere Land- und Forstwirte, auch wenn sie freiwillig Bücher führen (auf Antrag nach §§ 4 Abs. 1 oder 4 Abs. 3 EStG möglich).
- § 4 Abs. 1 EStG: für Landwirte, die nicht unter § 13 a EStG fallen und freiwillig Bücher führen.
- § 4 Abs. 3 EStG: für Landwirte, die nicht unter § 13 a EStG fallen und die nicht freiwillig Bücher führen.

Sofern der Gewinn nach § 4 Abs. 1 oder § 4 Abs. 3 EStG ermittelt wird, sind folgende Besonderheiten zu beachten:

Es gilt grundsätzlich ein abweichendes Wirtschaftsjahr vom 1. Juli bis 30. Juni.

Bei der Gewinnermittlung nach § 4 Abs. 1 EStG ist gewillkürtes Betriebsvermögen möglich.

Die überwiegende Anzahl der LaFoWi-Betriebe, insbesondere Klein- und Nebenbetriebe, unterliegt der Ermittlung des Gewinns nach Durchschnittssätzen gem. § 13 a EStG. Es handelt sich hierbei um eine pauschalierte Methode, die sich nach dem Hektarwert der selbst bewirtschafteten Fläche richtet. Sie ist vorzunehmen, wenn

1. der Steuerpflichtige nicht zur Führung von Büchern verpflichtet ist,
2. die selbst bewirtschaftete Fläche der landwirtschaftlichen Nutzung ohne Sonderkulturen nicht 20 Hektar überschreitet,
3. die Tierbestände insgesamt 50 Vieheinheiten nicht übersteigen,
4. der Wert der selbst bewirtschafteten Sondernutzungen nicht mehr als 2.000 DM je Sondernutzung beträgt.

4. Veräußerung

Für die Veräußerung von land- und forstwirtschaftlichen Betrieben gelten grundsätzlich die Regelungen des § 16 EStG. Für kleine Betriebe wird in § 14 a EStG die ermäßigte Besteuerung von Gewinnen erweitert. Außerdem sind in dieser Vorschrift Abfindungen für weichende Erben enthalten.

II. Erbschaftsteuer

Im Rahmen der Erbschaftsteuer ist insbesondere die Ermittlung des Einheitswertes, der in die Bemessungsgrundlagen eingeht, zu beachten.

Die Einheitsbewertung erfolgt nach §§ 140–144 BewG. Danach umfasst der Betrieb für Land- und Forstwirtschaft den Betriebsteil, die Betriebswohnungen und den Wohnteil.

Der Betriebsteil wird nach § 142 BewG mit dem 18,6fachen des Reinertrages (Wertverhältnisse 1. 1. 1996) bewertet. Die Betriebswohnungen – hierbei handelt es sich um Wohnungen, die der Land- und Forstwirtschaft dienen, aber nicht zum Wohnteil des Betriebsinhabers oder seiner Familie gehören – und der Wohnteil werden wie Grundvermögen nach §§ 146–150 BewG bewertet.

In den neuen Bundesländern wird statt des Einheitswertes ein Ersatzwirtschaftswert festgestellt (§ 125 BewG). Es handelt sich hierbei um ein normiertes Verfahren, bei denen die landwirtschaftlichen Nutzflächen mit einem Ertragswert pro ha multipliziert werden.

Bei Erbschaft oder Schenkung von Land- und forstwirtschaftlichem Vermögen ist der Freibetrag nach § 13 a ErbStG anzusetzen. Dieser beträgt 225.000 € und für das darüber hinausgehende Vermögen 35 %.

III. Umsatzsteuer

Nach § 24 UStG unterliegen die land- und forstwirtschaftlichen Betriebe einer Besteuerung nach Durchschnittssätzen. Der Steuersatz beträgt in der Regel 9 %. Die Vorsteuern werden so pauschaliert, dass eine Zahllast für den land- und forstwirtschaftlichen Betrieb nicht entsteht. Eine Option zur Regelbesteuerung ist möglich.

IV. Schluss

Wie zu Beginn der Ausführung erwähnt, konnte die Besteuerung der Land- und Forstwirte nur im Überblick behandelt werden. Zahlreiche Einzelaspekte mussten unberücksichtigt bleiben, so z. B. die Besteuerung bei Betriebsverpachtung und die Nießbrauchbesteuerung. (Dr. Kieffer)

18. Die einkommensteuerliche Behandlung des Nießbrauchs an Privatgrundstücken

I. Grundlegung

Unter Nießbrauch versteht man das nicht übertragbare, unvererbliche und dingliche Recht, umfassende Nutzungen aus einem Gegenstand zu ziehen. Der Nießbrauch kann zum einen vom Eigentümer zugunsten der Berechtigten bestellt werden. Dies wird als Zuwendungsnießbrauch bezeichnet. Zum anderen kann der Nießbrauch bei Substanzübertragung des Grundstücks vom bisherigen Eigentümer „zurückbehalten" werden. In diesem Fall spricht man von Vorbehaltsnießbrauch. Die steuerliche Anerkennung des Nießbrauchs setzt die zivilrechtlich wirksame Bestellung sowie die tatsächliche Durchführung der getroffenen Vereinbarungen voraus.

Zu den ertragsteuerlichen Folgen des Nießbrauchs an Privatgrundstücken nimmt die Verwaltung im BMF-Schreiben vom 24. 7. 1998 (sog. Nießbraucherlass) umfassend Stellung.

II. Der Zuwendungsnießbrauch

Nach dem Nießbraucherlass kann der Zuwendungsnießbrauch entgeltlich, teilweise entgeltlich oder unentgeltlich sein. Ein entgeltlicher Zuwendungsnießbrauch liegt vor, wenn der Wert der Nutzungsüberlassung dem Wert der Gegenleistung entspricht. Bei Verträgen zwischen fremden Dritten ist nach dem Erlass grundsätzlich von Entgeltlichkeit auszugehen, sofern Leistungen und Gegenleistungen nicht in einem deutlichen Missverhältnis stehen. Bei nahen Angehörigen sind die jeweils zu erbringenden Leistungen gegenüberzustellen. Sind die Leistungen nicht nach wirtschaftlichen Gesichtspunkten abgewogen, ist von einem teilweise entgeltlich bestellten Nießbrauch auszugehen. Wenn der Wert der Leistung weniger als 10 v. H. des Wertes des Nießbrauchs beträgt, kann regelmäßig nicht mehr von einer Gegenleistung ausgegangen werden. In diesem Fall liegt ein unentgeltlicher Nießbrauch vor.

1. Der entgeltliche Zuwendungsnießbrauch

Ein **Nießbraucher,** der aufgrund des Nießbrauchs ein Haus oder eine Wohnung ausschließlich selbst nutzt, hat wie jeder „normale" selbst nutzende Eigentümer seit dem Wegfall der Nutzungswertbesteuerung keine Einkünfte aus Vermietung und Verpachtung und folglich keine Werbungskosten aus diesem Objekt. Auch ein Sonderausgabenabzug nach § 10 e EStG bzw. eine Zulage nach dem Eigenheimzulagengesetz kommt nicht in Betracht, da der Nießbraucher nicht Eigentümer des Hauses oder der Wohnung ist.

Vermietet er den Wohnraum, so hat er Einnahmen aus Vermietung und Verpachtung und kann die ihm im Zusammenhang mit der Vermietung entstehenden Aufwendungen als Werbungskosten geltend machen. Hierzu zählen auch die Aufwendungen für den Erwerb des Nießbrauchs, die im Wege der AfA nach § 7 Abs. 1 EStG auf die voraussichtliche Nutzungsdauer zu verteilen sind.

Beim **Eigentümer** ist das für die Bestellung des Nießbrauchs gezahlte Entgelt im Jahr des Zuflusses als Einnahme aus Vermietung und Verpachtung zu erfassen. Erhält der Eigentümer Einnahmen für den Nießbrauch von mehr als fünf Jahren im Voraus, so kann er sie auf Antrag insgesamt gleichmäßig auf den Zeitraum verteilen, für den die Vorauszahlung geleistet wird. Andererseits kann er seine Aufwendungen für das Grundstück und die AfA auf das Gebäude als Werbungskosten geltend machen.

2. Der unentgeltliche Zuwendungsnießbrauch

Bei der Vermietung des Objekts hat der **Nießbraucher** bei unentgeltlichem Zuwendungsnießbrauch Einkünfte aus Vermietung und Verpachtung.

Nach dem Nießbraucherlass (Tz. 21) kann der Nießbraucher als Werbungskosten nur Aufwendungen abziehen, soweit er nach den vertraglichen Regelungen die Lasten zu tragen hat. Nicht als Werbungskosten abzugsfähig sind beim Nießbraucher insbesondere die AfA auf das Gebäude und die AfA auf das Nutzungsrecht.

Dem **Eigentümer** sind keine Einnahmen aus dem nießbrauchbelasteten Grundstück zuzurechnen. Dies hat zur Folge, dass die von ihm getragenen Grundstücksaufwendungen und die Gebäude-AfA nicht als Werbungskosten berücksichtigt werden können. Im Ergebnis lässt sich somit feststellen, dass beim unentgeltlichen Nießbrauch ein Teil der Aufwendungen und die AfA auf das Gebäude weder beim Nießbraucher noch beim Eigentümer einkommensteuerlich berücksichtigt werden können.

Dem Eigentümer kann bei Selbstnutzung durch den Nießbraucher die Eigenheimzulage gewährt werden, wenn der Nießbraucher naher Angehöriger nach § 15 AO des Eigentümers ist.

III. Vorbehaltsnießbrauch

Beim Vorbehaltsnießbrauch kann im Gegensatz zum Zuwendungsnießbrauch die Frage nach entgeltlicher oder unentgeltlicher Bestellung nicht auftreten, da die Bestellung des Vorbehaltsnießbrauchs keine Gegenleistung des neuen Eigentümers (Erwerbers) ist, unabhängig davon, ob das Grundstück veräußert oder unentgeltlich übertragen wird.

Wie beim unentgeltlichen Zuwendungsnießbrauch hat der **Vorbehaltsnießbraucher** bei Fremdvermietung Einnahmen aus Vermietung und Verpachtung. Als Werbungskosten kann er die AfA auf das Gebäude geltend machen. Darüber hinaus kann er die von ihm getragenen Aufwendungen als Werbungskosten berücksichtigen, soweit er dazu vertraglich verpflichtet ist. Nicht berücksichtigungsfähig ist dagegen die AfA auf das Nutzungsrecht.

Nutzt der Vorbehaltsnießbraucher das Grundstück zu eigenen Wohnzwecken, ist die Gewährung der Eigenheimzulage regelmäßig ausgeschlossen.

Dem **Eigentümer** sind beim Vorbehaltsnießbrauch keine Einnahmen aus Vermietung und Verpachtung zuzurechnen. Folglich kann er auch keine Aufwendungen auf das Grundstück und keine AfA auf das Gebäude als Werbungskosten berücksichtigen.

Ist der Nießbrauch erloschen, so kann der Eigentümer (bei Fremdvermietung) AfA geltend machen. Wurde das Privatgrundstück unentgeltlich unter Vorbehalt des Nießbrauchs übertragen, bemessen sich die AfA nach den Anschaffungskosten des Eigentümers, wobei das AfA-Volumen um die auf den Zeitraum zwischen Anschaffung des Grundstücks und dem Erlöschen des Nießbrauchs entfallenden AfA-Beträge zu kürzen ist.

Im Gegensatz dazu ist bei einer unentgeltlichen Übertragung des Grundstücks unter Vorbehalt des Nießbrauchs nach dem Erlöschen des Nießbrauchs die AfA-Bemessungsgrundlage nach § 11 d EStDV zu ermitteln, wobei das AfA-Volumen um die AfA zu kürzen ist, die der Vorbehaltsnießbraucher während des Bestehens des Vorbehaltsnießbrauchs in Anspruch genommen hat.

(Prof. Dr. Bischoff)

19. Hinzurechnungen und Kürzungen bei der Ermittlung des Gewerbeertrags

I. Grundlagen

Ausgangsgröße für die Ermittlung des Gewerbeertrags ist der nach den Vorschriften des EStG oder KStG ermittelte Gewinn aus Gewerbebetrieb. Der Gewerbesteuer unterliegt jedoch nur der bestehende Gewerbebetrieb. Als Objektsteuer soll die Gewerbesteuer die Ertragskraft des Gewerbebetriebs unabhängig davon erfassen, ob mit eigenen oder fremden Mitteln oder Wirtschaftsgütern gewirtschaftet wird. Um nun diesen Anforderungen gerecht zu werden, sehen die §§ 8, 9 GewStG sowohl Hinzurechnungen als auch Kürzungen vor, nach deren Berücksichtigung sich der Gewerbeertrag ergibt.

II. Hinzurechnungen

Die wichtigste Hinzurechnungsvorschrift betrifft die **Entgelte für Dauerschulden,** die mit 50 v. H. hinzuzurechnen sind, sofern sie den Gewinn aus Gewerbebetrieb gemindert haben (§ 8 Nr. 1 GewStG). Dauerschulden i. S. dieser Vorschrift sind solche Schulden, die wirtschaftlich mit der Gründung oder dem Erwerb des Betriebs oder eines Anteils am Betrieb oder einer Erweiterung oder Verbesserung des Betriebs zusammenhängen oder die nicht nur der vorübergehenden Verstärkung des Betriebs dienen. Dazu zählen grundsätzlich alle Schulden mit einer Laufzeit von mehr als einem Jahr. Allerdings können auch kurzfristige Schulden, die mit der Begründung des Betriebs in Zusammenhang stehen, Dauerschulden sein, wohingegen auch länger als ein Jahr laufende Schulden zur Finanzierung eines Ausfuhrgeschäfts keine Dauerschulden sein müssen (vgl. Abschn. 45 Abs. 3, 6 GewStR). Hinzugerechnet werden nach § 8 Nr. 1 GewStG sämtliche Entgelte für Dauerschulden. Damit werden neben Zinsen auch gewinnabhängige Vergütungen für die Gewährung eines partiarischen Darlehens sowie Disagios hinzugerechnet.

Auch **Renten und dauernde Lasten,** die wirtschaftlich mit der Gründung oder dem Erwerb des Betriebs bzw. Teilbetriebs oder eines Anteils am Betrieb zusammenhängen, sind hinzuzurechnen. Im Gegensatz zu den Dauerschuldzinsen gilt die Vorschrift allerdings nicht für Renten und dauernde Lasten, die erst nach der Gründung oder dem Erwerb, nämlich bei der Erweiterung des Betriebs, entstehen. Außerdem ist die Hinzurechnung auf solche Fälle beschränkt, in denen die Renten beim Empfänger nicht zur Gewerbeertragsteuer heranzuziehen sind.

Gem. § 8 Nr. 3 GewStG sind die **Gewinnanteile des stillen Gesellschafters** der Ausgangsgröße hinzuzurechnen, wenn sie nicht bereits beim Empfänger der Gewerbeertragsteuer unterliegen. Erfasst werden somit lediglich die Gewinnanteile des typischen stillen Gesellschafters. Ebenso sind auch die **Gewinnanteile persönlich haftender Gesellschafter einer KGaA** hinzuzurechnen, die nicht auf das Grundkapital gemachte Einlagen betreffen. Sie erhöhen die Ausgangsgröße, da nach § 9 Abs. 1 Nr. 1 KStG der auf den Komplementär entfallende Gewinnanteil bzw. die Tantieme das körperschaftsteuerliche Einkommen gemindert haben.

Die Hinzurechnung der Hälfte der **Miet- und Pachtzinsen** (§ 8 Nr. 7 GewStG) erfolgt, um eine Gleichstellung mit eigenen Wirtschaftsgütern des Mieters bzw. Pächters zu erreichen, bei denen Aufwendungen für AfA und Instandhaltung anfallen würden.

Zur Vermeidung einer doppelten Erfassung von Verlusten sind gem. § 8 Nr. 8 GewStG die **Verlustanteile aus der Beteiligung an einer Personengesellschaft** wieder hinzuzurechnen, soweit sie bei der Ermittlung des Gewinns des Gesellschafters in Abzug gebracht worden sind. Bei den der Körperschaftsteuer unterliegenden Gewerbebetrieben sind die gem. § 9 Abs. 1 Nr. 2 KStG in Abzug gebrachten Spenden wieder hinzuzurechnen. Ausschüttungsbedingte Teilwertabschreibungen sowie Veräußerungs- bzw. Liquidationsverluste, denen schachtelbegünstigte Gewinnausschüttungen oder organschaftliche Gewinnabführungen vorausgegangen sind, werden dem Gewerbeertrag hinzugerechnet. Ausländische Steuern, die bei der Ermittlung der Einkünfte abgezogen wurden, werden hinzugerechnet, soweit sie auf freigestellte Gewinne entfallen.

III. Kürzungen

Die Kürzungsvorschriften sind nur zum Teil durch den Objektcharakter der Gewerbesteuer begründet. Häufig verkörpern sie Befreiungsvorschriften, da bestimmte Teile des Gewerbeertrags nicht doppelt bzw. gar nicht erfasst werden sollen.

In § 9 Nr. 1 GewStG ist eine Kürzung für den zum Betriebsvermögen gehörenden eigenen **Grundbesitz** vorgesehen, um eine Doppelbelastung sowohl mit Grund- als auch mit Gewerbesteuer zu vermeiden. Grundsätzlich beläuft sich die Kürzung auf 1,2 v. H. des – gem. § 121 a BewG um 40 v. H. erhöhten – Einheitswerts der Betriebsgrundstücke (§ 9 Nr. 1 Satz 1 GewStG). Daneben ist die erweiterte Kürzung für Wohnungsverwaltungsunternehmen vorgesehen. Diese umfasst den Teil des Gewerbeertrags, der auf die Verwaltung und Nutzung des eigenen Grundbesitzes entfällt (§ 9 Nr. 1 Satz 2 GewStG). Diese Vergünstigung ist ausgeschlossen, wenn der Grundbesitz ganz oder zum Teil dem Gewerbebetrieb eines Gesellschafters oder dem Gewerbebetrieb einer Personengesellschaft, an der der Gesellschafter beteiligt ist, dient. Weiterhin sind die im Gewinn aus Gewerbebetrieb enthaltenen **Anteile am Gewinn aus der Beteiligung an einer Personengesellschaft** abzuziehen (§ 9 Nr. 2 GewStG). Diese Vorschrift korrespondiert mit der Hinzurechnungsvorschrift des § 8 Nr. 8 GewStG. Gleiches gilt auch, wenn zum Gewerbebetrieb Anteile an einer deutschen Kapitalgesellschaft gehören. § 9 Nr. 2 a GewStG sieht die Kürzung von **Gewinnen aus der Beteiligung an einer inländischen nicht steuerbefreiten Kapitalgesellschaft** vor, an der das Unternehmen seit Beginn des Erhebungszeitraums mindestens zu einem Zehntel am Grund- oder Stammkapital beteiligt ist. **Gewinne aus Anteilen an ausländischen Kapitalgesellschaften** sind unter den gleichen Voraussetzungen zu kürzen, wenn die ausländische Kapitalgesellschaft ihre Bruttoerträge ausschließlich oder fast ausschließlich aus unter § 8 Abs. 1 Nr. 1 bis 6 AStG fallenden Tätigkeiten oder aus Beteiligungen an Gesellschaften, an deren Nennkapital sie seit mindestens zwölf Monaten zu mindestens einem Viertel unmittelbar beteiligt ist. Die nach § 8 Nr. 4 GewStG hinzugerechneten Tantiemen u. a. werden gekürzt, wenn sie bei der Ermittlung des Gewinns angesetzt worden sind (z. B. bei Beteiligung im Betriebsvermögen).

Der Gewerbebetrieb soll nur insoweit der Gewerbesteuer unterliegen, als er im Inland belegen ist. Daher ist nach § 9 Nr. 3 GewStG der Teil des gesamten Gewerbeertrags, der auf **nicht im Inland belegene Betriebsstätten** entfällt, von der Ausgangsgröße zu kürzen. Besonderheiten gelten für den Betrieb von Handelsschiffen im internationalen Verkehr. Gemäß § 8 Nr. 4 GewStG sind analog zu den Hinzurechnungsvorschriften **Miet- und Pachtzinsen** für die Überlassung nicht in Grundbesitz bestehender Wirtschaftsgüter des Anlagevermögens zu kürzen, die beim Mieter oder Pächter nach § 8 Nr. 7 GewStG hinzuzurechnen sind. § 9 Nr. 5 GewStG sieht die Kürzung von **Spenden** vor.

(Dr. Lenz)

20. Gewinnausschüttung von Kapitalgesellschaften nach dem Halbeinkünfteverfahren

I. Einleitung

Durch das Steuersenkungsgesetz wurde das körperschaftsteuerliche Vollanrechnungsverfahren ab den Jahren 2001/2002 durch das sog. Halbeinkünfteverfahren ersetzt. Durch diesen Systemwechsel wurde eine strikte Trennung der Besteuerung auf Ebene der Gesellschaft und des Gesellschafters geschaffen.

II. Steuerliche Konsequenzen auf Ebene der Gesellschaft

Auf Ebene der Gesellschaft beträgt der Körperschaftsteuersatz definitiv 25 v. H. (§ 23 Abs. 1 KStG). Dies gilt unabhängig davon, ob der Gewinn thesauriert oder ausgeschüttet wird.

Im Zeitpunkt des Systemwechsels war bei einer Vielzahl von Unternehmen positives verwendbares Eigenkapital mit entsprechenden Körperschaftsteuerguthaben vorhanden. Um sicherzustellen, dass das Körperschaftsteuerguthaben nicht verloren geht, wurden in einer Übergangsregelung die Töpfe des verwendbaren Eigenkapitals im Anrechnungsverfahren bereinigt und in ein Körperschaftsteuerguthaben umgerechnet. Dieses Körperschaftsteuerguthaben wird jährlich einheitlich und gesondert festgestellt und kann bis zum 31. 12. 2019 realisiert werden (Übergangsfrist). Die Körperschaftsteuerminderung ist allerdings für jedes Jahr auf den Betrag begrenzt, der sich ergibt, wenn das jeweils auf den Schluss des vorangegangenen Wirtschaftsjahres festgestellte Körperschaftsteuer-Guthaben gleichmäßig bis zum 31. 12. 2019 verteilt wird. Nach dem 31. 12. 2019 vorhandene Körperschaftsteuer-Guthaben verfallen.

Mit dem Körperschaftsteuerguthaben werden außerdem festgestellt:

– Der Bestand, der dem früheren EK 02 entsprach. Da dieser Bestand nicht mit Körperschaftsteuer vorbelastet ist, wird bei Ausschüttung aus diesem Bestand die Körperschaftsteuer um $3/7$ erhöht (§ 38 KStG).

– Das steuerliche Einlagenkonto. Hierauf werden Einlagen der Gesellschafter in die Kapitalgesellschaft erfasst, soweit sie nicht Nennkapital darstellen.

III. Steuerliche Konsequenzen auf Ebene der Gesellschafter

1. Beteiligung im Privatvermögen

Gewinnausschüttungen von Kapitalgesellschaften werden beim Gesellschafter, der seine Beteiligung im Privatvermögen hält, als Einkünfte aus Kapitalvermögen nach § 20 Abs. 1 Nr. 1 EStG versteuert. Da die ausgeschütteten Gewinne bereits bei der Kapitalgesellschaft mit Körperschaftsteuer vorbelastet sind, werden sie pauschal nach § 3 Nr. 40 EStG zur Hälfte von der Einkommensteuer freigestellt.

Das Halbeinkünfteverfahren gilt nicht nur für offene, sondern auch für verdeckte Gewinnausschüttungen. Problematisch ist hierbei die fehlende verfahrensrechtliche Verknüpfung zwischen der Ebene der Gesellschaft und des Gesellschafters. So kann beispielsweise eine überhöhte Leistungsvergütung zu einer Gewinnerhöhung auf Ebene der Gesellschaft führen. Die Umqualifizierung auf Ebene des Gesellschafters in eine nur zur Hälfte zu besteuernden Gewinnausschüttung ist jedoch nur dann möglich, wenn der Steuerbescheid des Gesellschafters noch geändert werden kann.

Da Dividendenerträge nur zur Hälfte versteuert werden, ist der Gesetzgeber der Auffassung, dass auch die mit Dividendenerträgen im Zusammenhang stehenden Werbungskosten nur zur Hälfte zum Abzug zugelassen werden können (§ 3 c Abs. 2 EStG).

2. Beteiligung im Betriebsvermögen von Einzelunternehmen und Personengesellschaften

Nach dem Systemwechsel zum Halbeinkünfteverfahren werden die Dividenden, die zu den Betriebseinnahmen aus Gewerbebetrieb, selbständiger Arbeit oder Land- und Forstwirtschaft gehören, nur zur Hälfte im Rahmen der Gewinnermittlung angesetzt (§ 3 Nr. 40 Satz 2 i. V. m. § 20 Abs. 3 EStG n. F.).

Die Rückzahlung aus dem Einlagenkonto führt zu einer Verringerung des Buchwerts der Beteiligung.

Ist die Einlagenrückgewähr höher als der Buchwert, unterliegt der übersteigende Betrag der Halbeinkünftebesteuerung (§ 3 Nr. 40 a EStG).

3. Beteiligung im Betriebsvermögen einer Kapitalgesellschaft

Dividendenerträge sind ohne weitere Voraussetzungen steuerfrei (§ 8 b Abs. 1 KStG n. F.). Dies gilt unabhängig davon, ob die vereinnahmte Dividende von einer inländischen oder ausländischen Kapitalgesellschaft stammt, sowie unabhängig von einer bestimmten Mindestbeteiligungsdauer. Gleichfalls ist es unerheblich, ob es sich bei der Dividende auf der Ebene der Gesellschaft um eine offene oder verdeckte Gewinnausschüttung handelt. Die Dividendenfreistellung gilt auch für die Gewerbesteuer (§ 7 GewStG).

Aufwendungen der Gesellschafterin, die in Verbindung mit den Dividendenzahlungen stehen, können grundsätzlich als Betriebsausgaben abgezogen werden. Allerdings werden nach § 8 b Abs. 5 KStG 5 % der Gewinnausschüttung nicht als abzugsfähige Betriebsausgaben zugelassen. Im Ergebnis werden daher lediglich 95 % steuerfrei gestellt. Bei mehrstufigen Konzernen gilt diese Beschränkung auf jeder Stufe, sodass sich die Wirkung kumuliert (Kaskadeneffekt).

IV. Zusammenfassung

Der Gesetzgeber hat mit der Einführung des Halbeinkünfteverfahrens die Vollanrechnung der Körperschaftsteuer beim Anteilseigner abgeschafft. Die Vorbelastung der Körperschaftsteuer wird beim Anteilseigner pauschal durch die hälftige Dividendenfreistellung berücksichtigt. Durch die Senkung des Körperschaftsteuersatzes auf 25 v. H. wird die Thesaurierung von Gewinnen in der Kapitalgesellschaft deutlich begünstigt. Eine rechtsformunabhängige Besteuerung wurde nicht erreicht. Vielmehr steht der Berater vor der Aufgabe, die Wahl der Rechtsform zwischen Personengesellschaften und Kapitalgesellschaften neu zu überdenken. Maßgebende Entscheidungskriterien sind insbesondere das Ausschüttungsverhalten und die persönlichen Steuersätze der Anteilseigner.

(Dr. Kieffer)

21. Die Abzugsbesteuerung bei Bauleistungen

I. Grundzüge der Regelung

Mit dem in 2001 verkündeten „Gesetz zur Eindämmung illegaler Betätigung im Baugewerbe" wurde in den §§ 48–48 d in das Einkommensteuergesetz eine Quellensteuer für Bauleistungen eingeführt. Zweck des Gesetzes ist es, Schwarzarbeit und illegale Ausländerbeschäftigung im Baugewerbe einzudämmen sowie einen weiteren Steuerabzug einzuführen. Verbunden mit dem Steuerabzug (§§ 48, 48 a–48 d EStG) werden ein neues Anmeldeverfahren, ein Freistellungsverfahren sowie ein Anrechnungsverfahren eingeführt (vgl. BMF-Schreiben vom 27. 12. 2002, BStBl I 2002 S. 1399).

§ 48 EStG sieht eine Verpflichtung zur Einbehaltung von 15 v. H. der Gegenleistung für Rechnung des Leistenden bei Erbringung von Bauleistungen durch den Auftraggeber vor. Gegenleistung i. S. des § 48 EStG ist das Entgelt zzgl. Umsatzsteuer. Dabei unterliegen auch Abschlagszahlungen auf die vereinbarte Gegenleistung dem Abzugsverfahren. Der Begriff der Bauleistung knüpft an die Definition der Bauleistung in § 211 Abs. 1 SGB III an und umfasst alle Leistungen, die der Herstellung, Instandsetzung, Instandhaltung, Änderung oder Beseitigung von Bauwerken dienen. In das Abzugsverfahren sind Empfänger von im Inland erbrachten Bauleistungen einbezogen, die Unternehmer i. S. des § 2 UStG oder eine juristische Person des öffentlichen Rechts sind. Es kommt nicht darauf an, ob der Erbringer der Bauleistung im Inland oder im Ausland ansässig ist. Durch die Bezugnahme auf den Unternehmerbegriff i. S. des § 2 UStG werden auch Wohnungsvermieter, die lediglich Einkünfte aus Vermietung und Verpachtung erzielen, mehr als zwei Wohnungen vermieten und nach § 4 Nr. 12 UStG steuerfreie Umsätze tätigen, zur Vornahme des Steuerabzugs verpflichtet. Aus Vereinfachungsgründen muss der Steuerabzug nicht vorgenommen werden, wenn der Leistende dem Leistungsempfänger eine im Zeitpunkt der Gegenleistung gültige Freistellungsbescheinigung i. S. des § 48 b EStG vorlegt oder die Bagatellgrenzen des § 48 Abs. 2 EStG von 15.000 Euro (wenn der Leistungsempfänger ausschließlich steuerfreie Umsätze aus Grundstücksvermietung tätigt) bzw. 5.000 Euro in den übrigen Fällen im laufenden Kalenderjahr voraussichtlich nicht überschritten werden. Bei der Ermittlung der Bagatellgrenzen sind die für denselben Leistungsempfänger erbrachten und voraussichtlich zu erbringenden Bauleistungen zusammenzurechnen.

II. Auswirkungen für den Leistungsempfänger

Dem Leistungsempfänger, der seiner Verpflichtung zum Steuerabzug in Höhe von 15 v. H. nachkommt, wird steuerlich Rechtssicherheit gewährt, indem z. B. der Betriebsausgabenabzug gewährleistet wird. § 160 Abs. 1 Satz 1 AO ist insoweit nicht anwendbar. Falls die erbrachte Leistung als Arbeitnehmerüberlassung gewertet wird, sind die Haftungen des Leistungsempfängers als Entleiher (§ 42 d Abs. 6 und 8 EStG) und die Anwendung des Entleiher-Sicherungsverfahrens (§ 50 a Abs. 7 EStG) insoweit ebenfalls ausgeschlossen.

§ 48 a regelt das Verfahren zur Anmeldung und Abführung des Steuerabzugs durch den Leistungsempfänger. Der Abzugsbetrag ist am zehnten Tag nach Ablauf des Anmeldezeitraums fällig und an das für den Leistenden zuständige Finanzamt für Rechnung des Leistenden abzuführen. Die Anmeldung ist nach amtlich vorgeschriebenem Vordruck abzugeben, in dem der Leistungsempfänger den Steuerabzug selbst zu berechnen hat. Die Abzugspflicht gilt für Vergütungen für im Inland ausgeführte Bauleistungen, die ab dem 1. 1. 2002 gezahlt werden.

Zur Abführung der Abzugsteuer muss somit zunächst das für den Leistenden zuständige Finanzamt ermittelt werden. Bei ausländischen Unternehmern richtet sich die Zuständigkeit des Finanzamts nach §§ 20 a Abs. 1, 21 AO sowie nach § 1 Abs. 1 Umsatzsteuer-Zuständigkeitsverordnung, sodass für ausländische Auftragnehmer einer Nationalität immer dasselbe Finanzamt zuständig ist. Für die im Inland ansässigen Leistenden gelten die allgemeinen Zuständigkeitsvorschriften (§§ 19, 20 und 21 Abs. 1 Satz 1 AO).

Bei Verletzung der Abzugspflicht haftet der Leistungsempfänger gem. § 48 a Abs. 3 EStG. Die Haftung entfällt bei Vorliegen einer Freistellungsbescheinigung, auf deren Rechtmäßigkeit der Leistungsempfänger vertrauen konnte. Dies liegt nicht vor, wenn die Freistellungsbescheinigung durch falsche Angaben oder unlautere Mittel erworben wurde und dies dem Leistungsempfänger bekannt oder infolge grober Fahrlässigkeit nicht bekannt war. Ein Verstoß gegen die Einbehaltungs- und Abzugspflicht kann zudem mit einer Geldbuße bis zu 25.000 Euro geahndet werden (§ 380 Abs. 2 AO).

III. Auswirkungen für den Leistenden

Als Leistender (Auftragnehmer) gilt derjenige, der im Inland eine Bauleistung erbringt. Um nicht eine um 15 v. H. reduzierte Vergütung zu erhalten, ist der Auftragnehmer – außerhalb der Bagatellregelungen – gezwungen, eine Freistellungsbescheinigung zu beantragen. Diese Bescheinigung wird gem. § 48 b Abs. 1 EStG auf Antrag durch das für den Auftragnehmer zuständige Finanzamt erteilt, wenn der zu sichernde Steueranspruch nicht gefährdet erscheint und ein inländischer Empfangsbevollmächtigter bestellt ist. Maßgeblich ist, ob nach der Einschätzung des Finanzamts der Leistende seine steuerlichen Pflichten zuverlässig erfüllt und Sicherungsmaßnahmen deshalb überflüssig sind. Die Freistellungsbescheinigung kann auf eine bestimmte Dauer für Bauleistungen des Antragstellers gewährt oder unter Angabe des Leistungsempfängers auf bestimmte Leistungen beschränkt werden. Die Aufhebung einer Freistellungsbescheinigung, die nur für bestimmte Bauleistungen gilt, ist dem Leistungsempfänger bekannt zu geben. Dieser ist damit nicht mehr schutzwürdig i. S. des § 48 a Abs. 3 EStG.

Die Anrechnung des Steuerabzugs (§ 48 c EStG) beim Leistenden kommt nur in Betracht, wenn der Leistungsempfänger den Abzugsbetrag angemeldet hat. Bei fehlender Abführung des Abzugsbetrags kann das Finanzamt die Anrechnung ablehnen. § 48 c Abs. 1 EStG bestimmt die Reihenfolge der Anrechnung: auf die angemeldete und einbehaltene Lohnsteuer für Arbeitnehmer, auf die Einkommen- bzw. Körperschaftsteuervorauszahlungen, auf die festgesetzte Einkommensteuer bzw. Körperschaftsteuer für den VZ, in dem die Bauleistung erbracht wurde, und auf vom Leistenden selbst abzuführende Abzugsbeträge (z. B. als Generalunternehmer für Subunternehmer). Bei negativer Zahllast ergibt sich grundsätzlich ein Erstattungsanspruch; dies gilt nicht bei der Anrechnung von Vorauszahlungen.

Für den Fall, dass der Leistende im Inland keine steuerlichen Pflichten zu erfüllen hat, kann er die Erstattung des Abzugsbetrags nach § 37 Abs. 2 AO beantragen. Die Frist für den Erstattungsantrag beträgt zwei Jahre, es sei denn, dass in einem Doppelbesteuerungsabkommen eine längere Frist festgelegt ist. Wird der Antrag nicht fristgerecht gestellt, entfällt der Erstattungsanspruch.

In § 48 d EStG wird das Verhältnis der Abzugsbesteuerung zur abkommensrechtlichen Steuerfreistellung geregelt. Die Verpflichtung zum Steuerabzug besteht unabhängig von einem Anspruch auf Steuerbefreiung nach einem Doppelbesteuerungsabkommen. Der Leistende muss eine Freistellungsbescheinigung beantragen oder später die Erstattung des Abzugsbetrags verlangen. (Dr. Lenz)

22. Körperschaftsteuerliche Behandlung der Gesellschafter-Fremdfinanzierung (§ 8 a KStG)

I. Vorbemerkungen

Mit der Einfügung des § 8 a KStG soll die Gesellschafter-Fremdfinanzierung begrenzt werden, um eine Einmalbesteuerung der durch eine Kapitalgesellschaft erzielten Gewinne sicherzustellen. Die frühere Fassung des § 8 a KStG verstieß gegen die Niederlassungsfreiheit (Art. 43 EGV). Ab 2004 wurde der Anwendungsbereich der Vorschrift auf sämtliche Kapitalgesellschaften ausgeweitet.

II. Konzeption des § 8 a KStG

Voraussetzung für die Anwendung des § 8 a KStG ist, dass die Fremdfinanzierung durch wesentlich beteiligte Anteilseigner oder diesen nahestehende Personen oder einer auf diesen Personenkreis rückgriffsberechtigten Dritten erfolgt. Die Fremdfinanzierung muss einer beschränkt oder unbeschränkt steuerpflichtigen Kapitalgesellschaft oder einer nachgeschalteten Personengesellschaft zur Verfügung gestellt werden. Vergütungen für Fremdkapital werden nur dann umqualifiziert, wenn und soweit das Verhältnis zwischen anteiligem Eigenkapital des Gesellschafters und dem von diesem Gesellschafter hingegebenen Fremdkapital bestimmte Relationen überschreitet. § 8 a Abs. 1 KStG differenziert zum einen gewinn-/umsatzabhängige Vergütungen (z. B. bei stillen Beteiligungen, Genussrechten, partiarischen Darlehen) und „in einem Bruchteil des Kapitals bemessene Vergütungen". Für gewinn-/umsatzabhängige Vergütungen räumt das Gesetz keinen „Safe Haven" (Nicht-Aufgriffsgrenze) ein. Die Vergütungen gelten mithin als vGA. Bei in einem Bruchteil des Kapitals bemessenen Vergütungen besteht eine Nicht-Aufgriffsgrenze von 1,5 : 1, d. h. die Rechtsfolgen greifen nur dann und insoweit ein, als das Fremdkapital zu einem Zeitpunkt des Wirtschaftsjahrs das Eineinhalbfache des anteiligen Eigenkapitals des Anteilseigners übersteigt. Nach § 8 a Abs. 1 KStG wird für Vergütungen eine Freigrenze von 250.000 Euro gewährt.

Umqualifizierte Vergütungen für Fremdkapital gelten als vGA an den Gesellschafter. Die umqualifizierten Vergütungen lösen als vGA Kapitalertragsteuer aus. Unberührt von § 8 a KStG bleiben die allgemeinen Grundsätze der vGA (§ 8 Abs. 3 KStG). Werden z. B. unangemessen hohe Zinsen für ein Gesellschafterdarlehen vereinbart, so ist der unangemessene Teil der Zinsen zunächst nach den allgemeinen Regeln als vGA zu behandeln. Erst die insoweit korrigierten Vergütungen unterliegen der Anwendung des § 8 a KStG.

III. Einzelfragen

1. Gesellschafter-Fremdkapital

§ 8 a enthält keine gesetzliche Definition des Gesellschafter-Fremdkapitals. Es ist ausschließlich auf **langfristiges Fremdkapital** des Gesellschafters abzustellen. Kurzfristiges Fremdkapital, wie z. B. Waren- und Lieferantenkredite, soll nicht darunter fallen. Fremdkapital i. S. des § 8 a KStG liegt nicht nur dann vor, wenn der Gesellschafter oder eine ihm nahestehende Person das Fremdkapital gewährt, sondern auch, wenn das Kapital von einem Dritten zur Verfügung gestellt wird, der auf den Anteilseigner oder eine diesem nahestehende Person **zurückgreifen** kann (§ 8 a Abs. 1 Satz 2 KStG).

2. Maßgebendes Eigenkapital

Für die Umqualifizierung der Vergütungen ist eine gesellschafterbezogene Betrachtung maßgeblich (gewährtes Fremdkapital im Verhältnis zum anteiligen, auf den Gesellschafter entfallenden Eigenkapital am Schluss des vorangegangenen Wirtschaftsjahrs). § 8 a Abs. 2 KStG definiert das **Eigenkapital** der Gesellschaft in Anlehnung an das Handelsrecht (§§ 266 Abs. 3, 272 HGB). Maßgeblich ist das buchmäßige Eigenkapital zum Schluss des vorausgegangenen Wirtschaftsjahrs; Sonderposten mit Rücklageanteil (§ 273 HGB) werden zur Hälfte dem Eigenkapital hinzugerechnet. Eine vorübergehende Minderung des Eigenkapitals durch einen Jahresfehlbetrag ist unbeachtlich, wenn bis zum Ablauf des dritten auf das Wirtschaftsjahr des Verlustes folgenden Wirtschaftsjahrs das ursprüngliche Eigenkapital durch Gewinnrücklagen oder Einlagen wieder hergestellt wird. Bei der Ermittlung des buchmäßigen Eigenkapitals ist der **Buchwert von Beteiligungen zu kürzen,** soweit nicht die Sonderregelung des § 8 a Abs. 4 KStG eingreift.

3. Drittvergleich

Die Höhe des steuerlich zulässigen Fremdkapitals wird durch eine Kombination einer „Safe Haven"-Regelung und eines Drittvergleichs bestimmt. Eine Umqualifizierung erfolgt nur, soweit der „Safe Haven" überschritten ist **und** der Gesellschaft der Nachweis nicht gelingt, sie hätte dieses Fremdkapital bei sonst **gleichen Umständen** auch von einem **fremden Dritten** erhalten können oder es handelt sich um Mittelaufnahmen zur Finanzierung **banküblicher Geschäfte.**

4. Holdinggesellschaften

Bei Holdinggesellschaften besteht aufgrund des sog. „Kaskadeneffekts" die Möglichkeit, bei den Untergesellschaften das Fremdfinanzierungsvolumen im Konzern zu vervielfachen. Um dies zu verhindern, wird grundsätzlich das Eigenkapital der Obergesellschaft um den Buchwert der Beteiligungen an nachgeordneten Gesellschaften gekürzt (§ 8 a Abs. 4 Satz 3 KStG). Ein „Safe Haven" kann nur auf den Teil des Eigenkapitals bezogen werden, der den Buchwert von Beteiligungen übersteigt. § 8 a Abs. 4 KStG sieht eine Sonderregelung für Holdinggesellschaften vor, nach der bei einer Kapitalgesellschaft, deren Haupttätigkeit darin besteht, Beteiligungen an Kapitalgesellschaften zu halten und diese zu finanzieren, oder deren Vermögen zu mehr als 75 v. H. ihrer Bilanzsumme aus Beteiligungen an Kapitalgesellschaften besteht, keine Kürzung der Eigenkapitalbasis um Beteiligungsbuchwerte erfolgt. Kommt die Holdingregelung zur Anwendung, so verlieren die nachgeordneten Beteiligungsgesellschaften ihren „Safe Haven", ihnen steht lediglich der Drittvergleich sowie ein besonderer „safe haven" für Darlehen der Holdinggesellschaft sowie dieser nachgeordneten Gesellschaften gem. Tz. 45 des BMF-Schreibens vom 15. Juli 2004 (BStBl 2004 I S. 593) zur Verfügung.

5. Missbrauchsbestimmungen

§ 8 a Abs. 5 KStG sieht die entsprechende Anwendung der Absätze 1–4 vor, wenn das Fremdkapital einer nachgeschalteten Personengesellschaft überlassen wird. § 8 a Abs. 6 KStG enthält eine Missbrauchsbestimmung, nach der Vergütungen für Fremdkapital zum Zwecke des Erwerbs einer Beteiligung an einer Kapitalgesellschaft stets vGA sind, wenn es sich um eine konzerninterne Transaktion handelt und das Fremdkapital vom AE, dem AE nahestehenden Personen oder rückgriffsberechtigten Dritten zur Verfügung gestellt wird.

(Dr. Lenz)

23. Die verdeckte Gewinnausschüttung im Körperschaftsteuerrecht

I. Begriff

Gemäß § 8 Abs. 3 Satz 2 KStG mindern verdeckte Gewinnausschüttungen (vGA) das Einkommen nicht. Da im Gesetz nicht geregelt ist, was eine vGA ist, war es Aufgabe der Rechtsprechung, hierzu Grundsätze herauszuarbeiten. Eine vGA ist bei einer Kapitalgesellschaft eine Vermögensminderung oder verhinderte Vermögensmehrung, die durch das Gesellschaftsverhältnis veranlasst ist, sich auf den Unterschiedsbetrag nach § 4 Abs. 1 Satz 1 EStG auswirkt und nicht auf einem den gesellschaftsrechtlichen Vorschriften entsprechenden Gewinnverteilungsbeschluss beruht (R 36 Abs. 1 KStR). Eine Veranlassung durch das Gesellschaftsverhältnis liegt dann vor, wenn ein ordentlicher und gewissenhafter Geschäftsleiter die Vermögensminderung oder Vermögensmehrung gegenüber einer Person, die nicht Gesellschafter ist, unter sonst gleichen Umständen nicht hingenommen hätte (H 36 III KStR). Das Verhalten eines ordentlichen und gewissenhaften Geschäftsleiters ist nicht Maßstab, wenn ein Rechtsgeschäft zu beurteilen ist, das nur mit Gesellschaftern abgeschlossen werden kann. Bei Rechtsverhältnissen, die im Rahmen der Erstausstattung einer Kapitalgesellschaft zustande gekommen sind, liegt eine vGA vor, wenn die Gestaltung darauf abstellt, den Gewinn nicht über eine Verzinsung des eingezahlten Kapitals zu steigern (H 36 V KStR).

II. Tatbestandsmerkmale der verdeckten Gewinnausschüttung

Die Vermögensminderung muss durch einen Gesellschafter (bei anderen Körperschaften z. B. ein Genosse oder Mitglied) oder eine Person, die diesem nahesteht, ausgelöst werden. Zuwendungen an nahestehende Personen sind dem Gesellschafter zuzurechnen; dies gilt auch, wenn der Gesellschafter selbst aus der Zuwendung keinen Vorteil hat (BFH-Urteil vom 18. 12. 1996, BStBl 1997 II S. 301; BMF vom 20. 5. 1999, BStBl 1999 I S. 514). Als nahestehend gelten solche Personen, zu denen der Gesellschafter in verwandtschaftlichen Beziehungen steht oder in anderer Art und Weise persönlich oder geschäftlich besonders verbunden ist. Auch juristische Personen können nahestehende Personen sein, so z. B. sog. Schwestergesellschaften, also Gesellschaften, an denen dieselben Gesellschafter beteiligt sind.

Der gewährte Vorteil muss zu einer Minderung des Einkommens der Kapitalgesellschaft führen. Eine vGA ist nicht nur in Höhe des Betrags anzunehmen, der dem Gesellschafter zufließt; entscheidend ist die Vermögensminderung, die bei der Kapitalgesellschaft eintritt, soweit sie sich auf die Höhe des Einkommens auswirkt. Wird z. B. eine überhöhte Pensionszusage gewährt, so erfolgt ein Zufluss beim Gesellschafter erst bei Eingang der ersten Pensionszahlung, während bei der Gesellschaft schon die Bildung einer entsprechenden Rückstellung zur Einkommensminderung führt.

Grundsätzlich ist Voraussetzung für das Vorliegen einer vGA ein Leistungsungleichgewicht im Rahmen von Kauf-, Darlehens-, Dienst-, Miet- und Pachtverträgen. Die Rechtsprechung nimmt jedoch in einigen Fällen unabhängig davon eine vGA an. Im Verhältnis zwischen Gesellschaft und **beherrschendem** Gesellschafter ist eine Veranlassung durch das Gesellschaftsverhältnis auch anzunehmen, wenn es an einer zivilrechtlich wirksamen, klaren und im Voraus abgeschlossenen Vereinbarung darüber fehlt, ob und in welcher Höhe ein Entgelt für eine Leistung des Gesellschafters zu zahlen ist. Entsprechendes gilt, wenn nicht einer klaren Vereinbarung gemäß verfahren wird (H 36 III. KStR). Dies gilt auch für eine Befreiung vom Wettbewerbsverbot (Abschn. 31 Abs. 8 KStR; BMF-Schreiben vom 4. 2. 1992, BStBl 1992 I S. 137). In diesen Fällen kommt es darauf an, ob der betreffende Gesellschafter im Zeitpunkt der Vereinbarung oder der Zuwendung allein oder im Zusammenwirken mit anderen einen beherrschenden Einfluss auf die Gesellschaft ausüben konnte (H 36 V KStR). Bei einer Beteiligung von mehr als 50 v. H. ist eine Beherrschung stets gegeben. Anteile von Personen, die gleichgerichtete Interessen verfolgen, sind dabei zusammenzurechnen.

Vereinbarungen zwischen dem GF und der von ihm vertretenen GmbH sind außerdem dann steuerlich unbeachtlich, wenn sie gegen das Selbstkontrahierungsverbot (§ 181 BGB) verstoßen. Eine Befreiung vom Selbstkontrahierungsverbot ist nur wirksam, wenn sie in der Satzung geregelt und in das Handelsregister eingetragen ist. Jedoch führt allein die fehlende Handelsregistereintragung nicht zur vGA (BFH-Urteil vom 31. 5. 1995, BStBl 1996 II S. 246). Die Befreiung führt bei wirksamer Beschlussfassung zur nachträglichen Genehmigung von In-sich-Geschäften. Das steuerrechtliche Rückwirkungsverbot steht dem nicht entgegen, sofern dem Geschäft klare und von vornherein abgeschlossene Vereinbarungen zugrunde liegen (BFH-Urteil vom 23. 10. 1996, BStBl 1999 II S. 35).

Eine Vorteilsgewährung führt dann nicht zur Annahme einer vGA, wenn die Voraussetzungen für einen **Vorteilsausgleich** gegeben sind. Vorteile und Gegenvorteile müssen rechtlich miteinander verknüpft und insbesondere bei beherrschenden Gesellschaftern die Gegenvorteile dem Grunde und der Höhe nach durch im Voraus getroffene klare und eindeutige Vereinbarungen abgesichert sein.

Die objektive Beweislast für das Vorliegen von vGA obliegt dem Finanzamt. Die Körperschaft hat aber die objektive Beweislast für die betriebliche Veranlassung geltend gemachter Betriebsausgaben. Sprechen erhebliche Beweisanzeichen für eine Veranlassung durch das Gesellschaftsverhältnis, so sind dem entgegenstehende Umstände von der Körperschaft darzulegen.

III. Rechtsfolgen der verdeckten Gewinnausschüttung

Verdeckte Gewinnausschüttungen sind bei der Ermittlung des Einkommens der Kapitalgesellschaft hinzuzurechnen. Die vGA bewirkt somit eine Einkommenserhöhung. Auf die vGA ist grundsätzlich Kapitalertragsteuer zu erheben. Eine Nacherhebung der Kapitalertragsteuer bei der Gesellschaft ist dann nicht zulässig, wenn die auf die vGA entfallende Einkommensteuer durch Veranlagung des Gesellschafters erhoben werden kann.

IV. Rückgewähr der verdeckten Gewinnausschüttung

Wird eine vGA vom Gesellschafter zurückgewährt, so lassen sich die steuerlichen Folgen auf der Gesellschafts- und auf der Gesellschafterebene auch bei Bestehen von Satzungs- oder Steuerklauseln nicht rückgängig machen, da nach handelsrechtlichen und steuerrechtlichen Bilanzierungsgrundsätzen weder eine Bilanzberichtigung noch eine Bilanzänderung möglich ist. Ausnahmsweise kann die vGA bis zur Aufstellung der Schlussbilanz mit Wirkung für die Vergangenheit beseitigt werden. Bei den zurückgewährten Beträgen handelt es sich demzufolge um Einlagen, die dem Einlagekonto (§ 27 KStG), jedoch erst im Zeitpunkt der Erfüllung (BFH-Urteil vom 29. 5. 1996, BStBl 1997 II S. 92), zuzuordnen sind und beim Gesellschafter zusätzliche Anschaffungskosten der Anteile darstellen (H 37 KStR).

(Dr. Lenz)

24. Der Verlustabzug im Körperschaftsteuerrecht

I. Allgemeines zum Verlustabzug bei Körperschaften

Der in § 10 d EStG geregelte Verlustabzug ist auch bei der Ermittlung des körperschaftsteuerlichen Einkommens gem. § 8 Abs. 1 KStG zu berücksichtigen. § 10 d Abs. 1 Satz 1 EStG gewährt die Möglichkeit, bis zu einem Betrag von 511.500 Euro Verluste vom Gesamtbetrag der Einkünfte des unmittelbar vorangegangenen VZ abzuziehen. Die Durchführung des Verlustabzuges macht eine Berichtigung der Veranlagung des Verlustabzugsjahres erforderlich (§ 10 d Abs. 1 Satz 2 EStG). Nicht im Rahmen des Verlustabzugs ausgeglichene Beträge können – ab VZ 2004 begrenzt durch die Mindestbesteuerung nach Maßgabe des § 10 d Abs. 2 EStG – auf die dem Verlustentstehungsjahr folgenden VZ vorgetragen und vom Gesamtbetrag der Einkünfte abgezogen werden. Die Ermittlung des abzugsfähigen Verlustes richtet sich nach den Vorschriften des EStG und des KStG. Danach bleiben Gewinnausschüttungen, Einlagen, steuerfreie Einkünfte sowie nichtabziehbare Ausgaben gem. § 10 KStG unberücksichtigt. Nach Abs. 2 können Verluste unbeschränkt nur bis zu einem GdE von 1 Million Euro, darüber hinaus bis zu 60 % des 1 Million Euro übersteigenden GdE vorgetragen werden.

II. Beschränkung des Verlustabzugs gem. § 8 Abs. 4 KStG

Da nach der früheren Rechtsprechung ausschließlich die rechtliche Identität für die Fortführung des Verlustvortrags maßgeblich war, eröffnete sich die Möglichkeit, Verlustvorträge im Wege des Mantelkaufs zu erwerben. § 8 Abs. 4 KStG verfolgt den Zweck, den Handel mit Verlustmänteln durch Beschränkung des Verlustabzugs einzudämmen. Einzelheiten zur Anwendung des § 8 Abs. 4 KStG enthält das BMF-Schreiben vom 16. 4. 1999 (BStBl 1999 I S. 455).

Voraussetzung für den Verlustabzug nach § 10 d EStG ist bei einer Körperschaft danach, dass sie nicht nur rechtlich, sondern auch wirtschaftlich mit der Körperschaft identisch ist, die den Verlust erlitten hat. Der Verlustabzug ist nach § 8 Abs. 4 KStG insbesondere zu versagen, wenn folgende Tatbestandsmerkmale erfüllt sind **(Hauptanwendungsfall):** Es sind mehr als 50 v. H. der Anteile der Kapitalgesellschaft übertragen worden und die Kapitalgesellschaft führt ihren Geschäftsbetrieb mit überwiegend neuem Betriebsvermögen fort oder nimmt ihn wieder auf. Die Zuführung neuen Betriebsvermögens ist unschädlich (Sanierungsfälle), wenn sie allein der Sanierung des Geschäftsbetriebs dient, der den verbleibenden Verlustabzug i. S. des § 10 d Abs. 4 Satz 2 EStG verursacht hat, und die Kapitalgesellschaft den Geschäftsbetrieb in einem nach dem Gesamtbild der wirtschaftlichen Verhältnisse vergleichbaren Umfang in den folgenden fünf Jahren fortführt.

Für die Beurteilung, ob mehr als 50 v. H. der Anteile übertragen wurden, ist grundsätzlich auf das Nennkapital abzustellen. Die Übertragung der Anteile kann entgeltlich oder unentgeltlich erfolgt sein. Erwerber der Anteile können sowohl neue als auch bereits beteiligte Gesellschafter sein. Allerdings muss die Übertragung der Anteile in einem zeitlichen Zusammenhang stehen. Hiervon geht die Finanzverwaltung aus, wenn innerhalb eines Zeitraums von fünf Jahren mehr als 50 v. H. der Anteile an der Kapitalgesellschaft übertragen werden.

Überwiegend neues Betriebsvermögen gilt als zugeführt, wenn das über Einlagen und Fremdmittel finanzierte Aktivvermögen das im Zeitpunkt der Anteilsübertragung vorhandene Aktivvermögen übersteigt (BFH-Urteil vom 13. 8. 1997, BStBl 1997 II S. 829). Bei der Berechnung der Betriebsvermögensquoten sind die Aktiva von Organgesellschaften sowie von Personengesellschaften, an denen die Kapitalgesellschaft beteiligt ist, einzubeziehen. Bei der Bewertung des vorhandenen und des zugeführten Vermögens sind Teilwerte zugrunde zu legen. Auch nicht aktivierungsfähige immaterielle Wirtschaftsgüter (z. B. Geschäftswerte) sind zu berücksichtigen. Als Betriebsvermögenszuführung ist nach Verwaltungsauffassung das innerhalb von fünf Jahren nach der schädlichen Anteilsübertragung zugeführte Betriebsvermögen zu berücksichtigen. Nach dem BFH-Urteil vom 14. 3. 2006 (DB 2006 S. 1349) ist jedoch bei einem Zeitraum von mehr als einem Jahr auf die Gegebenheiten des Einzelfalls abzustellen.

Die Voraussetzungen der sog. Sanierungsklauseln sind restriktiv. So dient die Zuführung neuen Betriebsvermögens allein der Sanierung, wenn die Kapitalgesellschaft sanierungsbedürftig ist und das zugeführte Betriebsvermögen den für das Fortbestehen des Geschäftsbetriebs notwendigen Umfang nicht wesentlich überschreitet. Weiter gehende Betriebsvermögenszuführungen sind mithin schädlich. Ein Abschmelzen des Verlust verursachenden Geschäftsbetriebs bis zum Ablauf des Fünfjahreszeitraums um mehr als die Hälfte seines Umfangs ist gleichfalls schädlich. Als Vergleichsmerkmale für die Fortführung des Verlustbetriebs ist auf Umsatz, Auftragsvolumen, Aktivvermögen sowie die Anzahl der Mitarbeiter zurückzugreifen. Für die Voraussetzungen der Sanierungsklausel trägt der Steuerpflichtige die Feststellungslast.

Für den Untergang des Verlustvortrags ist der Zeitpunkt des Verlustes der wirtschaftlichen Identität maßgeblich. Fallen somit Verluste nach einem Anteilserwerb vor der Zuführung überwiegend neuen Betriebsvermögens an, so geht der Verlustabzug auch für diese Verluste verloren. Der in § 8 Abs. 4 Satz 2 KStG genannte Hauptanwendungsfall regelt den Verlust der wirtschaftlichen Identität nicht abschließend. So ist der Verlustabzug auch in anderen Fällen, die dem Hauptanwendungsfall wirtschaftlich entsprechen, ausgeschlossen (z. B. Gesellschafterwechsel durch Kapitalerhöhungen, Verschmelzungen und Einbringungen). Schädlich kann auch die Übertragung mittelbar (auch über Personengesellschaften) gehaltener Beteiligungen an der Verlustgesellschaft sein. Erfolgsneutrale Umstrukturierungen nach dem UmwStG innerhalb verbundener Unternehmen sind jedoch unschädlich.

III. Beschränkung eines übertragenen Verlustabzugs

In den Fällen der Verschmelzung sowie der Abspaltung kann ein verbleibender Verlustabzug von einer Körperschaft auf eine andere übertragen werden. Im Fall der **Verschmelzung** setzt der Übergang des Verlustabzugs auf die übernehmende Körperschaft nach § 12 Abs. 3 Satz 2 UmwStG voraus, dass der Betrieb oder Betriebsteil, der den Verlust verursacht hat, über den Umwandlungsstichtag hinaus in einem nach dem Gesamtbild der wirtschaftlichen Verhältnisse vergleichbaren Umfang in den folgenden fünf Jahren fortgeführt wird. Nach dem Entwurf des SEStEG ist die Abschaffung des Verlustübergangs im Wege der Verschmelzung sowie der Spaltung (s. unten) vorgesehen.

In Verschmelzungsfällen sind § 8 Abs. 4 KStG sowie § 12 Abs. 3 Satz 2 UmwStG zu prüfen. § 12 Abs. 3 Satz 2 UmwStG schließt den Übergang von nicht verbrauchten Verlusten der übertragenden Körperschaft aus, während § 8 Abs. 4 KStG den Abzug eigener Verluste der Körperschaft beschränkt.

In **Spaltungsfällen** kann ein Verlustabzug nach § 15 Abs. 4 UmwStG (teilweise) der übernehmenden Kapitalgesellschaft zuzuordnen sein. Voraussetzung ist, dass der Verlust verursachende Betriebsteil von der Kapitalgesellschaft in dem erforderlichen Umfang fortgeführt wird, bei der er verbleibt oder auf die er übergeht.

(Dr. Lenz)

25. Die Beteiligung an anderen Körperschaften im Körperschaftsteuerrecht (§ 8 b KStG)

I. Konzeption des § 8 b KStG

Als zentrale Norm des ab VZ 2001 geltenden Körperschaftsteuer-Systems enthält § 8 b KStG die sog. Dividendenfreistellung, die Regelungen zur Steuerbefreiung von Anteilsveräußerungsgewinnen sowie zur grundsätzlichen steuerlichen Irrelevanz von Wertverlusten bei Anteilen an Kapitalgesellschaften. Im Gegensatz zum bereits nach altem Recht geltenden internationalen Schachtelprivileg werden weder bestimmte Beteiligungsquoten gefordert noch bestehen Tätigkeitsvoraussetzungen. Die Anwendung des § 8 b KStG wird im BMF-Schreiben vom 28. 4. 2003, BStBl 2003 I S. 292 ff. erläutert.

II. Freistellung von Beteiligungserträgen

Absatz 1 enthält die allgemeine Regelung, dass Gewinnausschüttungen (auch vGA sowie Sachdividenden), Bezüge aufgrund einer Kapitalherabsetzung oder Auflösung, Vermögensübertragungen von unbeschränkt körperschaftsteuerpflichtigen, die keine Gewinnausschüttungen vornehmen (vgl. § 20 Abs. 1 Nr. 9 EStG), sowie von Betrieben gewerblicher Art mit eigener Rechtspersönlichkeit bei der Ermittlung des Einkommens außer Ansatz bleiben. Den in § 8 b Abs. 1 Satz 1 KStG genannten Bezügen sind auch Einnahmen aus der Veräußerung von Dividendenscheinen und sonstigen Ansprüchen i. S. des § 20 Abs. 2 Satz 1 Nr. 2 Buchstabe a EStG sowie Einnahmen aus der Abtretung von Dividendenansprüchen oder sonstigen Ansprüchen i. S. des § 20 Abs. 2 Satz 2 EStG gleichgestellt. Die Freistellung von Beteiligungserträgen gilt sowohl für Bezüge von inländischen als auch von ausländischen Kapitalgesellschaften. Nicht zu den Bezügen i. S. des § 20 Abs. 1 Nr. 1 EStG gehören Ausschüttungen, die als Zahlung aus dem steuerlichen Einlagekonto i. S. des § 27 KStG gelten. Diese Einlagenrückgewähr unterliegt der Steuerbefreiung nach § 8 b Abs. 2 KStG, soweit sie den Buchwert der Beteiligung übersteigt.

§ 8 b Abs. 5 KStG regelt, dass 5 v. H. der vereinnahmten und nach § 8 b Abs. 1 KStG steuerfreien Dividenden als Ausgaben gelten, die mit den steuerfreien Einnahmen in unmittelbarem wirtschaftlichem Zusammenhang stehen und nicht abzugsfähig sind. Der Kapitalertragsteuerabzug wird durch § 8 b Abs. 1 KStG nicht ausgeschlossen (§ 43 Abs. 1 Satz 3 EStG). Gezahlte Kapitalertragsteuer kann im Rahmen der KSt-Veranlagung in voller Höhe angerechnet werden. Bei beschränkt Steuerpflichtigen ohne inländisches BV hat der Kapitalertragsteuereinbehalt abgeltende Wirkung (§ 32 Abs. 1 Nr. 2 KStG).

III. Steuerfreiheit für Veräußerungsgewinne

Absatz 2 regelt die Steuerbefreiung von Gewinnen aus der Veräußerung von Beteiligungen. Auch bei Veräußerungsgewinnen gelten 5 v. H. als Ausgaben, die nicht als Betriebsausgaben abgezogen werden dürfen (§ 8 b Abs. 3 Sätze 1 und 2 KStG). Den Veräußerungsgewinnen werden Erträge aus der Auflösung von Gesellschaften sowie der Herabsetzung des Nennkapitals und Wertzuschreibungen aufgrund eines wieder erhöhten Teilwerts gleichgestellt. Bei Wertzuschreibungen gilt die Steuerbefreiung nicht, soweit der Anteil in den früheren Jahren steuerwirksam auf den niedrigeren Teilwert abgeschrieben und die Gewinnminderung nicht durch den Ansatz eines höheren Werts ausgeglichen worden ist. Die verdeckte Einlage von Anteilen wird wie eine Veräußerung behandelt (§ 8 b Abs. 2 Satz 5 KStG).

Absatz 4 enthält eine Regelung zur Vermeidung von Missbräuchen. Die Vorschrift enthält zwei Tatbestände, zu denen jedoch in Satz 2 Ausnahmen vorgesehen werden. So gilt die Steuerbefreiung gem. § 8 b Abs. 2 KStG zunächst nicht für **einbringungsgeborene Anteile** an Kapitalgesellschaften gem. § 21 UmwStG (sachliche Sperre). Einbringungsgeborene Anteile entstehen, wenn ein Betrieb, ein Teilbetrieb oder Mitunternehmeranteil unter dem Teilwert gegen Gewährung von Anteilen in eine Kapitalgesellschaft eingelegt wird. In diesen Fällen kann die Veräußerungsgewinnbefreiung erst nach einer Haltefrist von sieben Jahren (zeitliche Rückausnahme) erlangt werden.

Weiterhin führt auch ein Erwerb von Anteilen an einer Kapitalgesellschaft **unter dem Teilwert** durch einen Nicht-Körperschaftsteuerpflichtigen (persönliche Sperre) zur Versagung der Veräußerungsgewinnbefreiung. Mit dieser Regelung sollen Einbringungen z. B. zu Buchwerten durch natürliche Personen erfasst werden. Auch hier gilt die zeitliche Rückausnahme von sieben Jahren.

Satz 2 sieht nun zeitliche und sachliche Rückausnahmen vor. Die Veräußerungsgewinnbefreiung wird gewährt, soweit die Anteile nicht unmittelbar oder mittelbar auf einer Betriebs-, Teilbetriebs- oder Mitunternehmeranteil-Einbringung (§§ 20 Abs. 1 Satz 1, 23 Abs. 1–3 UmwStG) beruhen oder nicht von einer natürlichen Person im Wege der Einbringung einer mehrheitsvermittelnden Beteiligung (§ 20 Abs. 1 Satz 2 UmwStG) in eine Kapitalgesellschaft gegen Gewährung von Anteilen eingebracht wurden (sachliche Rückausnahme). Von der sachlichen Rückausnahme begünstigt ist auch der einbringungsweise Erwerb einer Kapitalbeteiligung von einer Kapitalgesellschaft durch eine andere Kapitalgesellschaft, die als Bestandteil eines eingebrachten Betriebs bzw. Teilbetriebs mit übergeht; die eingebrachte Beteiligung kann somit direkt steuerfrei veräußert werden.

IV. Steuerliche Negierung von Beteiligungsverlusten

Korrespondierend zu den Steuerfreistellungen der Absätze 1 und 2 normiert Absatz 3 ein Abzugsverbot für Gewinnminderungen aus Beteiligungen. Dies umfasst sowohl Teilwertabschreibungen, Veräußerungsverluste als auch Verluste, die aus der Auflösung oder Herabsetzung des Nennkapitals der Gesellschaft entstehen.

V. Besonderheiten

Hält eine Körperschaft Anteile an einer Körperschaft **über eine Personengesellschaft** (Mitunternehmerschaft), so gelten gem. Absatz 6 die in den Absätzen 1 bis 5 genannten Regelungen. Dies gilt sowohl für die Bezüge, Gewinne und Gewinnminderungen, die dem Körperschaftsteuerpflichtigen im Rahmen des Gewinnanteils aus der Mitunternehmerschaft zugerechnet werden, als auch für Gewinne und Verluste, soweit sie bei der Veräußerung oder Aufgabe eines Mitunternehmeranteils auf nach Absatz 2 begünstigte Anteile entfallen.

Für **Kreditinstitute und Finanzdienstleistungsinstitute** sieht Absatz 7 eine Sonderregelung vor (BMF-Schreiben vom 25. 7. 2002, BStBl 2002 I S. 712): Danach sind die Absätze 1–6 nicht auf Anteile anzuwenden, die nach § 1 Abs. 12 des Gesetzes über das Kreditwesen (KWG) dem Handelsbuch zuzurechnen sind. Bei diesen Anteilen sind sowohl Beteiligungserträge, Veräußerungsgewinne als auch Beteiligungsverluste steuerlich wirksam. Gleiches gilt für Anteile, die von Finanzunternehmen im Sinne des KWG im Rahmen des Eigenhandels erworben werden. Die Sonderregelung erstreckt sich auch auf inländische Betriebsstätten von Kreditinstituten, Finanzdienstleistungsinstituten und Finanzunternehmen mit Sitz in einem anderen Mitgliedstaat der EU oder in einem anderen Vertragsstaat des EWR-Abkommens. § 8 b Abs. 8 KStG schließt die Anwendung der Absätze 1–7 bei Lebens- und Krankenversicherungsunternehmen auf Kapitalanlagen aus.   (Dr. Lenz)

26. Die Organschaft im Körperschaftsteuerrecht

I. Begriff, Voraussetzungen und Bedeutung der Organschaft

1. Begriff

Die Organschaft ist ein spezifisch steuerrechtliches Institut, bei dem im Rahmen einer Verbundunternehmung rechtlich selbständige Kapitalgesellschaften unter einheitlicher Leitung stehen.

2. Voraussetzungen

Die körperschaftsteuerliche Organschaft ist in den §§ 14–19 KStG geregelt (R 56 ff. KStR). Während der Organträger (OT), also die leitende Unternehmung, entweder eine Personenunternehmung, die eine gewerbliche Tätigkeit i. S. des § 15 Abs. 1 Nr. 1 EStG ausübt (ab VZ 2003), oder eine Kapitalgesellschaft sein kann, müssen die Organgesellschaften (OG) stets Kapitalgesellschaften sein. OT und OG müssen unbeschränkt steuerpflichtig sein (§ 14 Abs. 1 Nr. 2 KStG). Weiterhin muss die betreffende OG seit Beginn des Wirtschaftsjahrs in die Gesamtunternehmung finanziell eingegliedert sein. Dazu muss der OT aufgrund unmittelbarer oder mittelbarer Beteiligung über die Mehrheit der Stimmrechte verfügen. Mittelbare Beteiligungen sind zu berücksichtigen, wenn die Beteiligung an jeder vermittelnden Gesellschaft die Mehrheit der Stimmrechte gewährt. Anders als bei der umsatzsteuerlichen Organschaft sind weitere Eingliederungsvoraussetzungen, nämlich die wirtschaftliche und die organisatorische Eingliederung, ab Geltung des StSenkG nicht gefordert.

Die weitere zentrale Voraussetzung der körperschaftsteuerlichen Organschaft ist der Abschluss eines Gewinnabführungsvertrags. Dieser muss bis zum Ende des Wirtschaftsjahrs der Begründung der Organschaft auf mindestens fünf Jahre abgeschlossen werden (§ 14 Abs. 1 Nr. 3 KStG). Das Einkommen der OG ist dem OT erstmals für das KJ zuzurechnen, in dem das WJ der OG endet, in dem der Gewinnabführungsvertrag wirksam wird (§ 14 Abs. 1 Nr. 3 Satz 2 KStG i. d. F. des StVergAbG). Für andere Kapitalgesellschaften, z. B. GmbHs, gelten die Organschaftsbestimmungen entsprechend (§ 17 KStG). Der abzuschließende Gewinnabführungsvertrag hat aber aktienrechtlichen Bestimmungen zu entsprechen (Gewinnabführung darf Betrag gem. § 301 AktG nicht überschreiten; Verlustübernahme entsprechend § 302 AktG). Entsprechendes gilt für ausländische Organträger (§ 18 KStG). Nach dem Beschluss des BGH vom 24. 10. 1988 ist ein Gewinnabführungsvertrag zwischen GmbHs nur wirksam, wenn die Gesellschafterversammlungen der beherrschten und der beherrschenden Gesellschaft dem Vertrag zustimmen und sein Bestehen in das Handelsregister der beherrschten Gesellschaft eingetragen wird. Der Zustimmungsbeschluss der Gesellschafterversammlung der beherrschten Gesellschaft bedarf der notariellen Beurkundung. Der Vertrag muss während seiner gesamten Geltungsdauer tatsächlich durchgeführt werden. Eine vorzeitige Beendigung des Vertrags durch Kündigung ist unschädlich, wenn ein wichtiger Grund die Kündigung rechtfertigt. Die Kündigung oder Aufhebung des Gewinnabführungsvertrags auf einen Zeitpunkt während des Wirtschaftsjahrs der Organgesellschaft wirkt auf den Beginn dieses Wirtschaftsjahrs zurück. Die OG darf Beträge aus dem Jahresüberschuss nur insoweit in die Gewinnrücklagen (§ 272 Abs. 3 HGB) mit Ausnahme der gesetzlichen Rücklagen einstellen, als dies bei vernünftiger kaufmännischer Beurteilung wirtschaftlich begründet ist (§ 14 Abs. 1 Nr. 4 KStG). Negatives Einkommen der OG bleibt unberücksichtigt, soweit es in einem ausländischen Staat im Rahmen einer der deutschen Besteuerung des OT entsprechenden Besteuerung berücksichtigt wird (§ 14 Abs. 1 Nr. 5 KStG).

3. Bedeutung

Dem Rechtsinstitut der Organschaft kommt eine große Bedeutung zu, weil mit ihr ein Verlustausgleich bei Kapitalgesellschaften erreicht werden kann. Weiterhin können in mehrstufigen Unternehmen kapitalgesellschaftsspezifische Besteuerungsmerkmale auf Ebene der Organgesellschaft in Anspruch genommen werden bei gleichzeitiger Übertragung des wirtschaftlichen Erfolgs auf die Obergesellschaft.

II. Einkommensermittlung und -zurechnung

Die OG hat ihre Einkünfte selbständig zu ermitteln, wobei nur die Verhältnisse des Organs maßgeblich sind. Die Ausnahmen von diesem Grundsatz sind in § 15 KStG genannt: Der (vorvertragliche) Verlustabzug i. S. des § 10 d EStG ist nicht zulässig. Weiterhin findet für Beteiligungseinkünfte (§ 8 b Abs. 1 bis 6 KStG) sowie für Übernahmegewinne (§ 4 Abs. 7 UmwStG) die Bruttomethode Anwendung, d. h. diese Vorschriften sind bei dem OT anzuwenden, soweit in dem ihm zugerechneten Einkommen entsprechende Bestandteile enthalten sind. Dies gilt auch für Gewinnanteile, die nach einem DBA freizustellen sind. Der an den OT abgeführte Gewinn bleibt bei der Ermittlung des Einkommens der OG unberücksichtigt. Das Einkommen der OG ist dem OT für das Kalenderjahr zuzurechnen, in dem die OG das Einkommen bezogen hat (H 62 KStR). Ausgleichszahlungen an außen stehende Aktionäre sind immer vom Organ zu versteuern, und zwar in Höhe von $^4/_3$ der geleisteten Ausgleichszahlungen. Dies gilt auch dann, wenn der OT die Ausgleichsverpflichtung erfüllt hat (§ 16 KStG). Löst die OG vorvertragliche Gewinn- oder Kapitalrücklagen zugunsten des abzuführenden Gewinns auf, so wird dadurch die Anerkennung der Organschaft nicht berührt; es finden die Vorschriften für Ausschüttungen Anwendung (R 60 Abs. 4 Sätze 4 und 5 KStR).

Bildet die OG aus dem Jahresüberschuss Rücklagen, werden diese als Bestandteil des zuzurechnenden Einkommens beim OT versteuert. Der Wertansatz der Beteiligung an der OG beim OT bleibt unberührt. Um eine im Fall der Veräußerung drohende nochmalige steuerliche Erfassung der gebildeten Rücklagen zu vermeiden, ist in der Steuerbilanz des OT ein aktiver Ausgleichsposten in Höhe des Teils der versteuerten Rücklagen einkommensneutral zu bilden, der dem Verhältnis der Beteiligung des OT am Nennkapital der OG entspricht. Bei Auflösung der Rücklagen in den folgenden Jahren ist der aktive Ausgleichsposten entsprechend einkommensneutral aufzulösen (R 63 Abs. 1 KStR).

Die Vermögensmehrungen des Organs werden bei dem OT wie dessen eigene einkommenswirksam erfasst. Dies gilt auch für die nichtabziehbaren Aufwendungen. Die bei der OG gebildeten Rücklagen werden im Rahmen der Einkommenszurechnung dem OT zugerechnet. Als Folge der Gewinnabführung mindert sich das Eigenkapital der OG. Unter Geltung des KStG i. d. F. des StSenkG verbleibt als wesentlicher, einer besonderen Behandlung unterzogener Eigenkapitalbestandteil das steuerliche Einlagekonto (§ 27 KStG). Nach § 27 Abs. 6 KStG erhöhen Minderabführungen und mindern Mehrabführungen das Einlagekonto einer OG, wenn sie ihre Ursache in organschaftlicher Zeit haben. Dies gilt für aus dem Jahresüberschuss in die Rücklagen eingestellte Beträge einschließlich deren Auflösung sowie für andere Mehrabführungen und Minderabführungen.

(Dr. Lenz)

27. Genossenschaften im Körperschaftsteuerrecht

I. Grundsätzliches zu Genossenschaften

Genossenschaften haben in Deutschland eine über hundertjährige Tradition, und ihnen kommt in der Bundesrepublik vor allem im Handel sowie im Banken- und landwirtschaftlichen Bereich große Bedeutung zu. So sind z. B. die meisten deutschen Kreditinstitute Genossenschaften.

Genossenschaften sind Zusammenschlüsse, die auf die Förderung des Erwerbs oder der Wirtschaft der Genossen gerichtet sind. Sie sind also ein Instrument für eigennützige Ziele ihrer Träger. Dies geschieht jedoch nicht – wie bei erwerbswirtschaftlichen Unternehmen – durch Maximierung von Gewinnen, die später den Gesellschaftern zugute kommen. Vielmehr hat die Genossenschaft im Mitgliedergeschäft keine Gewinnerzielungsabsicht. Sie fördert ihre Mitglieder unmittelbar durch die Abgabe von Leistungen zu günstigen Konditionen. Diese Zielsetzung wurde in § 1 GenG für eingetragene Genossenschaften festgeschrieben. Entgegen einer häufig vorzufindenden Meinung kann diese Zielsetzung aber auch z. B. mit einer GmbH oder AG verfolgt werden.

Umgekehrt gibt es Realgemeinden, die nur namensmäßig als Genossenschaften bezeichnet werden. Als Beispiel sind hier Hauberg-, Wald- und Forstgenossenschaften zu nennen.

II. Körperschaftsteuerpflicht

Erwerbs- und Wirtschaftsgenossenschaften mit Sitz oder Geschäftsleitung im Inland sind (ob rechtsfähig wie die e. G. oder nichtrechtsfähig wie z. B. nichtrechtsfähige Molkerei- oder Konsumgenossenschaften) gem. § 1 Abs. 1 Nr. 2 KStG körperschaftsteuerpflichtig. Nicht körperschaftsteuerpflichtig sind die nur namensmäßig als Genossenschaften bezeichneten o. a. Realgemeinden. Sie werden vielmehr als Personengesellschaften besteuert.

III. Persönliche Körperschaftsteuerbefreiungen

§ 5 Abs. 1 Nr. 14 KStG enthält für bestimmte land- und forstwirtschaftliche Erwerbs- oder Wirtschaftsgenossenschaften eine persönliche Steuerbefreiung. Hierunter fallen beispielsweise Zucht- und Dreschgenossenschaften. Voraussetzung für die Steuerbefreiung ist aber grundsätzlich, dass die Zweckgeschäfte der Genossenschaft im Wesentlichen auf den Kreis ihrer Genossen beschränkt bleiben und der satzungsmäßige Gegenstand der Genossenschaft auf die in § 5 Abs. 1 Nr. 14 KStG genannten Aufgaben beschränkt bleibt. Hierbei müssen mindestens 90 % der Einnahmen der Genossenschaft durch diese Geschäftstätigkeit erzielt werden. Gewinne aus anderen Geschäften sind zu versteuern.

Persönlich steuerbefreit sind darüber hinaus gem. § 5 Abs. 1 Nr. 10 KStG Erwerbs- und Wirtschaftsgenossenschaften, soweit sie Wohnungen herstellen oder erwerben und diese den Mitgliedern aufgrund eines Mietvertrages oder eines genossenschaftlichen Nutzungsvertrages zum Gebrauch überlassen und/oder im Zusammenhang hiermit Gemeinschaftsanlagen oder Folgeeinrichtungen für die Mitglieder erwerben oder herstellen, sofern die daraus erzielten Einnahmen mindestens 90 % der gesamten Einnahmen dieser Genossenschaften betragen.

IV. Besonderheiten bei körperschaftsteuerpflichtigen Genossenschaften

Soweit Genossenschaften i. S. des § 1 Abs. 1 Nr. 2 KStG nicht unter die dargestellten persönlichen Befreiungen fallen – und dies ist der Regelfall –, sind sie unbeschränkt steuerpflichtig. Sie haben wie Kapitalgesellschaften ihr Einkommen gem. §§ 7 ff. KStG i. V. m. § 5 EStG zu ermitteln. Wenn es sich um eingetragene Genossenschaften handelt, sind diese nach den Vorschriften des HGB buchführungspflichtig. Deshalb sind alle ihre Einkünfte gem. § 8 Abs. 2 KStG als Einkünfte aus Gewerbebetrieb zu behandeln. Bei der Ermittlung des Einkommens sind allerdings einige Besonderheiten zu beachten.

1. Rückvergütungen

In Anerkennung der Besonderheit, dass Genossenschaften eine Hilfsfunktion für die gewerbliche Betätigung ihrer Mitglieder ausüben, hat der Gesetzgeber für Erwerbs- und Wirtschaftsgenossenschaften im Sinne des Genossenschaftsgesetzes den § 22 KStG geschaffen. Unter den in § 22 KStG aufgeführten Voraussetzungen sind Rückvergütungen aus dem Mitgliedergeschäft nicht als Gewinnausschüttung, sondern als Betriebsausgaben zu qualifizieren. Maßgeblich für die Höhe der Rückvergütung ist jeweils der Umfang der zwischen Genossenschaft und dem einzelnen Mitglied durchgeführten Geschäfte. Betreibt allerdings eine Genossenschaft auch Nichtmitgliedergeschäfte, so ist nur der Teil der Rückvergütungen als Betriebsausgabe abziehbar, der als Überschuss im Mitgliedergeschäft erwirtschaftet wurde. Die darüber hinausgehenden Vergütungen sind je nach Art der Gewährung offene oder verdeckte Gewinnausschüttungen.

2. Freibetrag

Für unbeschränkt steuerpflichtige Erwerbs- und Wirtschaftsgenossenschaften i. S. des GenG, deren Tätigkeit sich auf den Betrieb der Land- und Forstwirtschaft beschränkt, ergibt sich aus § 25 KStG unter bestimmten Voraussetzungen ein Freibetrag von 13.498 Euro – höchstens jedoch in Höhe ihres Einkommens – für den Veranlagungszeitraum der Gründung und die folgenden neun Veranlagungszeiträume.

3. Halbeinkünfteverfahren

Bei Gewinnausschüttungen gilt das Halbeinkünfteverfahren.
Die ausgeschütteten Gewinnanteile werden nach § 3 Nr. 40 d EStG zur Hälfte angesetzt; umgekehrt können damit zusammenhängende Erwerbsaufwendungen (Betriebsausgaben, Werbungskosten) nach § 3 c Abs. 2 EStG nur noch zur Hälfte abgesetzt werden.

V. Abschließende Würdigung

In der Beratungspraxis stellt sich oft bei der Gründung von Gemeinschaftsunternehmen die Frage, in welcher Rechtsform diese betrieben werden sollen. Die dargelegten körperschaftsteuerlichen Vergünstigungen, insbesondere die Rückvergütungen und der Freibetrag, verdeutlichen, dass die e. G. zu Unrecht in der Beratungspraxis als Rechtsformalternative häufig vernachlässigt wird.

(Prof. Dr. Bischoff)

28. Offene und verdeckte Einlagen im Körperschaftsteuerrecht

I. Grundlagen

Als Einlagen werden nach § 4 Abs. 1 Satz 5 EStG alle Wirtschaftsgüter bezeichnet, die der Steuerpflichtige dem Betrieb zuführt.

Offene Einlagen sind im Wesentlichen Geld- oder Sacheinlagen, die zur Kapitalausstattung anlässlich der Gründung oder einer Kapitalerhöhung aufgrund des Gesellschaftsvertrags geleistet werden.

Eine verdeckte Einlage liegt nach Abschn. 36 Abs. 1 KStR analog vor, wenn:

- ein Gesellschafter oder eine nahestehende Person der Kapitalgesellschaft
- einen einlagefähigen Vermögensvorteil
- ohne Gegenleistung zuwendet
- und diese Zuwendung ihre Ursache im Gesellschaftsverhältnis hat.

Es sind nur solche Vermögensvorteile einlagefähig, die bei der empfangenden Kapitalgesellschaft bilanzierungsfähig sind, d. h. die sich durch Ansatz oder durch die Erhöhung eines Aktivpostens oder durch den Wegfall oder Verminderung eines Passivpostens ergeben. Einlagefähig sind somit Sachen, Rechte, sonstige Gegenstände oder der Verzicht auf Verbindlichkeiten.

Nicht einlagefähig sind dagegen insbesondere die Überlassung des Gebrauchs oder der Nutzung eines Wirtschaftsguts sowie die ganz oder teilweise unentgeltlichen Dienstleistungen.

Beispiel: Der Gesellschafter gewährt seiner GmbH ein zinsloses Darlehen. Der Zinsvorteil ist nicht einlagefähig. Wenn jedoch der Gesellschafter ein verzinsliches Darlehen gewährt und auf bereits angefallene Zinsen verzichtet, so stellt der Verzicht auf das bereits entstandene Nutzungsentgelt eine verdeckte Einlage dar.

II. Auswirkungen der Einlagen bei der Kapitalgesellschaft

Eine offene Einlage bewirkt eine Reinvermögenserhöhung, die aber nach § 4 Abs. 1 EStG den Gewinn nicht erhöht. Bei offenen Einlagen werden Gesellschaftsrechte ausgegeben. Dementsprechend erhöhen sie gemäß ihrem Nominalwert das Stamm- bzw. Nennkapital.

Die verdeckten Einlagen erhöhen das zu einer Ausschüttung verwendbare Vermögen einer Kapitalgesellschaft, da sie kein Nennkapital werden. Handelsrechtlich sind sie als Ertrag zu behandeln. Die verdeckten Einlagen dürfen ebenfalls den steuerlichen Gewinn nicht erhöhen.

Nach dem Wegfall der Gliederungsrechnung für das verwendbare Eigenkapital gibt es ab 2001 das steuerliche Einlagenkonto, unter dem verdeckte Einlagen erfasst werden.

III. Auswirkungen der Einlagen beim Anteilseigner

Die offenen Einlagen führen beim Gesellschafter zu Anschaffungskosten der Beteiligung.

Durch die verdeckte Einlage entstehen aufseiten des Gesellschafters nachträgliche Anschaffungskosten in Höhe des Werts dieser Einlage (§ 6 Abs. 6 EStG). Verdeckte Einlagen führen somit nicht zu einer sofortigen Minderung des Einkommens des Anteilseigners, es liegen insoweit keine Betriebsausgaben oder Werbungskosten vor. Eine steuerliche Wirkung tritt erst bei Veräußerung der Beteiligung ein, wenn diese zum Betriebsvermögen gehört oder bei Privatvermögen unter § 17 EStG fällt. Gemäß § 6 Abs. 6 Satz 2 EStG bildet in der Regel der Teilwert des Einlagegutes den Bewertungsmaßstab für die nachträglichen Anschaffungskosten der Anteile der Kapitalgesellschaft, in welche das Wirtschaftsgut eingelegt wurde. Dabei gelten nach Literaturauffassung (vgl. Schmidt-Kommentar, 23. Auflage 2004, Rz. 440 „Verdeckte Einlagen") § 6 Abs. 6 Satz 2 und 3 EStG nur, wenn sich Einlagegut und Kapitalgesellschaftsanteile in einem Betriebsvermögen befinden; oder wenn sich das Einlagegut zwar im Privatvermögen, aber zumindest die Kapitalgesellschaftsanteile sich im Betriebsvermögen befinden. Denn: Befinden sich die Anteile im Betriebsvermögen, so wird auch das aus dem Privatvermögen stammende Wirtschaftsgut der verdeckten Einlage Betriebsvermögen.

Zu beachten ist weiterhin, dass die Bewertung mit dem Buchwert gem. § 6 Abs. 6 Satz 3 i. V. m. § 6 Abs. 1 Nr. 5 Satz 1 Buchst. a EStG erfolgt, wenn ein Wirtschaftsgut des Betriebsvermögens sich noch innerhalb einer Dreijahresfrist zwischen Zuführung zur Kapitalgesellschaft und Anschaffung bzw. Herstellung im Herkunftsbetriebsvermögen befindet oder innerhalb der Frist in das Herkunftsbetriebsvermögen eingelegt wurde und die Frist bei verdeckter Einlage in die Kapitalgesellschaft noch nicht abgelaufen ist.

Befinden sich Kapitalgesellschaftsanteile und Wirtschaftsgut der verdeckten Einlage im Privatvermögen, wird nur unter den Voraussetzungen des § 23 Abs. 1 Satz 5 Nr. 2 EStG ein Veräußerungsgewinn realisiert.

Ist Gegenstand der verdeckten Einlage eine Beteiligung an einer Kapitalgesellschaft im Sinne des § 17 EStG (wesentliche Beteiligung), so ist diese einer entgeltlichen Veräußerung des Anteils gleichgestellt. Als Veräußerungspreis fungiert hier der gemeine Wert der Anteile im Zeitpunkt der Einlage.

IV. Abgrenzung der verdeckten Einlage gegenüber der verdeckten Gewinnausschüttung

Die verdeckte Gewinnausschüttung und die verdeckte Einlage haben Gemeinsamkeiten, weisen aber auch erhebliche Unterschiede auf.

Gemeinsam ist beiden, dass sie der zutreffenden Abgrenzung der Bereiche von Gesellschaft und Gesellschafter dienen. Die Abgrenzung ist mithilfe des Merkmals der gesellschaftlichen Veranlassung vorzunehmen, die ihrerseits durch einen Fremdvergleich zu bestimmen ist. Die Sphärenabgrenzung hat vor allem Bedeutung für die steuerliche Gewinnermittlung, für die nur betriebliche Vorgänge relevant sind. Gesellschaftlich veranlasste Ausgaben dürfen den steuerlichen Gewinn nicht mindern, gesellschaftlich veranlasste Einnahmen dürfen ihn nicht erhöhen. Trotz ihrer Spiegelbildlichkeit ist die wirtschaftliche Bedeutung entgegengesetzt. Tatsächlich ist die verdeckte Einlage ein erlaubtes gesellschaftliches Finanzierungsinstrument und ein Mittel zur Krisenbeseitigung und Unternehmenssanierung. Die verdeckte Gewinnausschüttung ist im Grunde genommen der Versuch, die (Gewerbe-)Steuerbelastung zu mindern. Sie ist also in der Regel ein zunächst verschleierter (verdeckter) Sachverhalt. Dagegen ist die verdeckte Einlage nur eine besondere Form der Einlage (Abgrenzung zur offenen Einlage), die mit einer Verdeckung nichts zu tun hat.

Abschließend ist noch anzumerken, dass die Rückzahlung einer verdeckten Gewinnausschüttung durch den Gesellschafter steuerrechtlich eine Einlage in die Kapitalgesellschaft darstellt. Entscheidend hierfür ist, dass die Rückzahlung der verdeckten Gewinnausschüttung wie diese selbst ihre Ursache im Gesellschaftsverhältnis hat.

(Prof. Dr. Bischoff)

29. Die ertragsteuerliche Behandlung der Spaltung von Kapitalgesellschaften

I. Einführung

Mit der Reform des Umwandlungs- und Umwandlungssteuerrechts (BGBl I 1994 S. 3210, 3267) hat der Gesetzgeber mit Wirkung zum 1. 1. 1995 über die besonderen Vorschriften zur Spaltung der von der Treuhandanstalt verwalteten Unternehmen (BGBl I 1991 S. 854) hinaus erstmals eine umfassende Neuregelung für die Spaltung von Kapitalgesellschaften geschaffen.

Gesellschaftsrechtlich vollzieht sich die Spaltung danach im Wege der partiellen Gesamtrechtsnachfolge bzw. der Sonderrechtsnachfolge nach § 123 UmwG entweder als Aufspaltung, Abspaltung oder Ausgliederung.

Bei der **Aufspaltung** geht das gesamte Vermögen eines Rechtsträgers unter Auflösung ohne Abwicklung auf mindestens zwei andere bereits bestehende (Aufspaltung durch Aufnahme) oder neu gegründete (Aufspaltung durch Neugründung) Rechtsträger über. Der bisherige Rechtsträger geht unter. Die Altgesellschafter werden an dem oder den übernehmenden Rechtsträgern beteiligt.

Bei der **Abspaltung** geht wie bei der Aufspaltung Vermögen auf bereits bestehende (Abspaltung zur Aufnahme) oder neu gegründete (Abspaltung zur Neugründung) Rechtsträger über. Im Gegensatz zur Aufspaltung geht der bisherige Rechtsträger jedoch nicht unter, sondern bleibt bestehen. Die Gesellschafter der übertragenden Gesellschaft erhalten Anteile an der übernehmenden Gesellschaft.

Auch bei der **Ausgliederung** wird Vermögen auf einen bestehenden oder neuen Rechtsträger übertragen. Die Anteile an der übernehmenden Gesellschaft gehen jedoch nicht auf die Gesellschafter der übertragenden Gesellschaft über, sondern gelangen unmittelbar in das Vermögen der übertragenden Gesellschaft.

Steuerrechtlich ist die Spaltung in Form der Ausgliederung als Einbringung in eine Kapitalgesellschaft (§§ 20 ff. UmwStG) oder als Einbringung in eine Personengesellschaft (§ 24 UmwStG) anzusehen. Die **Spaltung in Form der Aufspaltung** oder der **Abspaltung** wird anknüpfend an die handelsrechtlichen Grundsätze in den §§ 15, 16 UmwStG gesetzlich geregelt, die nach Auffassung der Finanzverwaltung entsprechend Tz. 15 ff. des Umwandlungssteuererlasses (BMF-Schreiben vom 25. 3. 1998, BStBl 1998 I S. 268) anzuwenden sind. Im Falle der Auf- oder Abspaltung auf andere Körperschaften gelten gem. § 15 Abs. 1 UmwStG die §§ 11 bis 13 UmwStG entsprechend, im Falle der Auf- oder Abspaltung auf eine Personengesellschaft, die im Folgenden nicht behandelt wird, gelten die §§ 3 bis 8, 10 und 15 UmwStG entsprechend.

II. Steuerneutrale Spaltung auf eine Körperschaft

Eine Spaltung kann grundsätzlich erfolgsneutral durchgeführt werden, wenn das bisherige unternehmerische Engagement fortgeführt wird und die Besteuerung der stillen Reserven sichergestellt ist. Diese steuerlichen **Grundvoraussetzungen** lassen sich nach § 15 UmwStG i. V. m. §§ 11 ff. UmwStG im Wesentlichen wie folgt konkretisieren:

- Die steuerneutrale Spaltung setzt voraus, dass auf die Übernehmerin ein Teilbetrieb, ein Mitunternehmeranteil oder eine 100%ige Beteiligung an einer Kapitalgesellschaft übergeht (§ 15 Abs. 1 UmwStG).

- Im Falle der Abspaltung muss das der übertragenden Kapitalgesellschaft verbleibende Vermögen ebenfalls ein Teilbetrieb sein (§ 15 Abs. 1 Satz 2 UmwStG).

- Mitunternehmeranteile und 100%ige Beteiligungen sind nicht begünstigt, wenn sie innerhalb eines Zeitraums von drei Jahren vor dem steuerlichen Übertragungsstichtag durch Übertragung von Wirtschaftsgütern erworben oder aufgestockt worden sind, die keinen Teilbetrieb darstellen (§ 15 Abs. 3 Satz 1 UmwStG).

- Eine steuerneutrale Spaltung ist dann nicht möglich, wenn durch die Spaltung die Veräußerung an außenstehende Personen vollzogen wird oder die Voraussetzungen für eine Veräußerung geschaffen werden (§ 15 Abs. 3 Satz 2 und 3 UmwStG). Dies ist dann der Fall, wenn innerhalb von fünf Jahren nach dem steuerlichen Übertragungsstichtag Anteile an einer an der Spaltung beteiligten Körperschaft übertragen werden, die mehr als 20 v. H. der vor Wirksamwerden der Spaltung bestehenden Anteile ausmachen.

- Bei der Trennung von Gesellschafterstämmen setzt die Anwendung von § 11 Abs. 1 Satz 1 voraus, dass die Beteiligungen an der übertragenden Kapitalgesellschaft mindestens fünf Jahre bestanden haben (§ 15 Abs. 3 Satz 5 UmwStG).

- Voraussetzung ist weiterhin, dass die Besteuerung der stillen Reserven sichergestellt bleibt. Diese Voraussetzung ist dann erfüllt, wenn an der Spaltung nur unbeschränkt steuerpflichtige Kapitalgesellschaften beteiligt sind, die übernehmende Kapitalgesellschaft im Rahmen einer Buchwertverknüpfung die Buchwerte fortführt (§ 15 Abs. 1, § 11 Abs. 1 Nr. 1 UmwStG) und die Besteuerung der stillen Reserven auf Gesellschafterebene sichergestellt bleibt (§ 15 Abs. 1, § 13 UmwStG).

- Voraussetzung für eine erfolgsneutrale Spaltung ist schließlich auch, dass eine Gegenleistung nicht gewährt wird oder nur in Gesellschaftsrechten besteht.

Sind die o. g. Voraussetzungen nicht erfüllt, ist eine Buchwertverknüpfung nach § 11 Abs. 1 UmwStG auf Gesellschaftsebene nicht möglich. § 13 UmwStG bleibt anwendbar, sodass eine Gewinnrealisierung auf Gesellschafterebene grundsätzlich nicht eintritt.

Sind die o. g. Voraussetzungen erfüllt, erfolgt die Spaltung sowohl bei der Körperschaftsteuer als auch bei der Gewerbesteuer (§ 18 UmwStG) erfolgsneutral, d. h., eine Gewinnrealisierung tritt weder auf der Gesellschafts- noch auf der Gesellschafterebene ein.

Die übernehmende Gesellschaft tritt grundsätzlich in die steuerliche Rechtsstellung der übertragenden Kapitalgesellschaft ein (§§ 15 Abs. 1, 12 Abs. 3 UmwStG). Steuerliche Besitzzeiten werden angerechnet (§ 15 Abs. 1, § 12 Abs. 4, § 4 Abs. 2 Satz 3 UmwStG).

Die Übertragung von Verlustvorträgen ist sowohl bei der Körperschaftsteuer (§ 15 Abs. 1 und Abs. 4 UmwStG) als auch bei der Gewerbesteuer (§ 19 UmwStG) grundsätzlich möglich. Dabei sind allerdings die Einschränkungen des § 12 Abs. 3 Satz 2 UmwStG zu berücksichtigen. Die Aufteilung erfolgt im Verhältnis der übergehenden Vermögensteile zu dem bei der übertragenden Körperschaft vor der Spaltung bestehenden Vermögen. Dabei ist in der Regel das Umtauschverhältnis im Spaltungs- und Übernahmevertrag oder im Spaltungsplan zugrunde zu legen.

III. Neukonzeption des § 15 UmwStG durch das SEStEG

Im Zuge des sog. SEStEG (Gesetz über steuerliche Begleitmaßnahmen zur Einführung der Europäischen Gesellschaft und zur Änderung weiterer steuerrechtlicher Vorschriften) ist eine Änderung des § 15 UmwStG vorgesehen, die noch in 2006 in Kraft treten und insbesondere auch die steuerliche Behandlung grenzüberschreitender Spaltungen regeln soll.   (Montag)

30. Ertragsteuerliche Behandlung der Umwandlung einer Kapitalgesellschaft in eine Personengesellschaft

I. Einkommen- und körperschaftsteuerliche Folgen der Umwandlung

Unabhängig davon, in welcher Form die Umwandlung einer Kapitalgesellschaft in eine Personengesellschaft handelsrechtlich erfolgt, gelten für die einkommen- und körperschaftsteuerliche Behandlung die §§ 3 bis 10 UmwStG. Die Vorschriften beziehen sich primär auf die Verschmelzung. Sie sind jedoch für den Formwechsel (§ 14 UmwStG) und die Spaltung (§ 16 UmwStG) entsprechend anzuwenden. Bis zu den grundsätzlichen Neuregelungen durch das sog. SEStEG), das noch in 2006 in Kraft treten und insbesondere auch die ertragsteuerliche Behandlung grenzüberschreitender Umwandlungen regeln soll, gilt Folgendes:

1. Grundsätze

Wird das Vermögen der übertragenden Kapitalgesellschaft Betriebsvermögen der übernehmenden Personengesellschaft, hat die **übertragende Kapitalgesellschaft** bei der Aufstellung der Übertragungsbilanz ein **Wertansatzwahlrecht:** Sie kann die zu übertragenden Wirtschaftsgüter entweder mit dem Buchwert, dem Teilwert oder einem Zwischenwert ansetzen:

- Wird der Buchwert angesetzt, werden die stillen Reserven nicht aufgedeckt, sodass ein Übertragungsgewinn nicht entsteht.
- Wird der Teilwert oder ein Zwischenwert angesetzt, werden insoweit die stillen Reserven aufgedeckt. Der dadurch entstehende Übertragungsgewinn unterliegt der Körperschaftsteuer.

Soweit aufgrund des Anrechnungsverfahrens noch ein Körperschaftsteuerguthaben (§ 37 KStG) oder eine Körperschaftsteuerschuld (§ 38 KStG) besteht, vermindert oder erhöht sich die Körperschaftsteuerschuld der übertragenden Körperschaft für den Veranlagungszeitraum der Umwandlung (§ 10 UmwStG).

Die **übernehmende Personengesellschaft** hat die auf sie übergegangenen Wirtschaftsgüter mit dem in der steuerlichen Schlussbilanz der übertragenden Kapitalgesellschaft enthaltenen Wert zu übernehmen (§ 4 Abs. 1 UmwStG). Soweit die Kapitalgesellschaft die Buchwerte ansetzt, gehen die vorhandenen stillen Reserven im Wege der sog. Buchwertverknüpfung auf die Personengesellschaft über. Nach § 4 Abs. 2 UmwStG tritt die übernehmende Personengesellschaft grundsätzlich in die Rechtsstellung der übertragenden Kapitalgesellschaft ein. Das bedeutet insb., dass die Personengesellschaft die Abschreibungen der Kapitalgesellschaft fortführt und steuerlich relevante Besitzzeiten weiterlaufen. Ein Verlustabzug geht nach § 4 Abs. 2 Satz 2 UmwStG nicht auf die Personengesellschaft über.

Aufgrund der Vermögensübertragung ergibt sich gem. § 4 Abs. 4 UmwStG ein Übernahmegewinn oder -verlust in Höhe des Unterschiedsbetrages zwischen dem Wert, mit dem die übergegangenen Wirtschaftsgüter zu übernehmen sind, und dem Buchwert der Anteile an der Körperschaft (§ 4 Abs. 4 UmwStG). Dieser Übernahmegewinn bzw. Übernahmeverlust erhöht sich anteilsabhängig um einen Sperrbetrag i. S. des § 50 c EStG (§ 4 Abs. 5 UmwStG).

Soweit sich ein Übernahmegewinn ergibt, bleibt dieser Übernahmegewinn insoweit steuerfrei, als Körperschaften als Mitunternehmer beteiligt sind (§ 4 Abs. 7 Satz 1 UmwStG). Bei natürlichen Personen ist der Übernahmegewinn jedoch zur Hälfte anzusetzen (§ 4 Abs. 7 Satz 2 UmwStG). Damit unterliegen bei Gründungsgesellschaftern insbesondere die anteiligen offenen Rücklagen dem Halbeinkünfteverfahren, was zu erheblichen Liquiditätsbelastungen führen und einer Umwandlung entgegenstehen kann.

Soweit Übernahmeverluste entstehen, bleiben die Verluste außer Ansatz (§ 4 Abs. 6 UmwStG). Damit entfällt die Möglichkeit, über eine Umwandlung steuerneutral zu einem sog. Step-up zu kommen und dadurch nicht abschreibbare Anschaffungskosten für eine Beteiligung an einer Kapitalgesellschaft in abschreibungsfähige Wirtschaftsgüter zu transformieren.

Da Übernahmeverluste nicht berücksichtigt werden, entfällt schließlich auch die Möglichkeit, die nicht auf die Personengesellschaft übergehenden Verlustvorträge durch Übernahmeverluste und entsprechendes Abschreibungspotenzial steuerlich nutzbar zu machen. Insgesamt wird die Umwandlung von Kapitalgesellschaften in Personengesellschaften damit massiv beeinträchtigt.

2. Besteuerung der Anteilseigner der Kapitalgesellschaft in Sonderfällen

In Sonderfällen gelten für die Besteuerung der Anteilseigner folgende Grundsätze:

- Soweit die Anteile an der übertragenden Kapitalgesellschaft am steuerlichen Übertragungsstichtag als Beteiligung i. S. des § 17 EStG zum Privatvermögen eines Gesellschafters gehören, gelten sie nach § 5 Abs. 2 UmwStG für die Ermittlung des Übernahmegewinns als an diesem Stichtag mit den Anschaffungskosten in das Betriebsvermögen der Personengesellschaft eingelegt.

- Gehören die Anteile am steuerlichen Übertragungsstichtag zum Betriebsvermögen eines Gesellschafters, ist der Übernahmegewinn so zu ermitteln, als seien die Anteile vom Betriebsvermögen des Gesellschafters in das Gesamthandsvermögen der Personengesellschaft überführt worden. Die Anteile sind mit ihrem Buchwert, im Falle der Einlage innerhalb der letzten fünf Jahre mit den Anschaffungskosten, anzusetzen (§ 5 Abs. 3 UmwStG).

- Einbringungsgeborene Anteile i. S. des § 21 UmwStG gelten gem. § 5 Abs. 4 UmwStG am steuerlichen Übertragungsstichtag als mit den Anschaffungskosten in das Betriebsvermögen der Personengesellschaft eingelegt. Dadurch tritt keine Besteuerung nach § 21 UmwStG ein. Die Anteile werden vielmehr bei der Ermittlung des Übernahmegewinns/Übernahmeverlustes berücksichtigt.

- Soweit die Anteile an der Kapitalgesellschaft nicht im Betriebsvermögen liegen und weder unter § 17 EStG noch unter § 21 UmwStG fallen, gelten die Anteile nicht als in das Betriebsvermögen der Personengesellschaft eingelegt. Sie werden dementsprechend nicht bei der Ermittlung des Übernahmegewinns oder Übernahmeverlustes berücksichtigt (§ 4 Abs. 4 Satz 3 UmwStG). Die Besteuerung erfolgt nach § 7 UmwStG unter der Annahme einer Vollausschüttung nach dem Halbeinkünfteverfahren.

II. Gewerbesteuer

Soweit sich bei der **übertragenden Kapitalgesellschaft** ein Übertragungsgewinn i. S. des § 3 UmwStG ergibt, ist dieser Übertragungsgewinn entsprechend § 18 Abs. 1 UmwStG gewerbesteuerlich voll zu erfassen.

Soweit sich bei der **übernehmenden Personengesellschaft** ein Übernahmegewinn nach § 4 UmwStG ergibt, unterliegt dieser Gewinn nach § 18 Abs. 2 UmwStG nicht der Gewerbesteuer.

Ein gewerbesteuerlicher Verlustvortrag nach § 10 a GewStG geht nicht auf die übernehmende Personengesellschaft über (§ 18 Abs. 1 Satz 2 GewStG).

Soweit der Betrieb der Personengesellschaft oder ein Anteil an der Gesellschaft innerhalb von fünf Jahren nach der Umwandlung aufgegeben oder veräußert wird, unterliegt ein Auflösungs- oder Veräußerungsgewinn nach § 18 Abs. 4 Satz 1 UmwStG der Gewerbesteuer. (Montag)

31. Einbringungen nach § 20 UmwStG

I. Anwendungsbereich

Die Einbringung von Betriebsvermögen in eine Kapitalgesellschaft ist aus ertragsteuerlicher Sicht ein veräußerungs- bzw. tauschähnlicher Vorgang, bei dem die übernehmende Kapitalgesellschaft als Gegenleistung für das eingebrachte Betriebsvermögen neue Gesellschaftsanteile gewährt.

Zivilrechtlich kann sich die Einbringung auf unterschiedlichen Wegen vollziehen:

- **Gesamtrechtsnachfolge** liegt vor bei der Verschmelzung von Personenhandelsgesellschaften auf eine bestehende oder neu gegründete Kapitalgesellschaft (§ 2 UmwG), der Aufspaltung und Abspaltung von Vermögensteilen einer Personenhandelsgesellschaft auf eine Kapitalgesellschaft (§ 123 Abs. 1, 2 UmwG) und der Ausgliederung von Vermögensteilen auf eine Kapitalgesellschaft.

- **Einzelrechtsnachfolge** liegt vor bei Sacheinlagen i. S. der §§ 5 Abs. 4 GmbHG bzw. 27 AktG oder einer Sachkapitalerhöhung aus Gesellschaftermitteln (§ 56 GmbHG, §§ 183, 194, 205 AktG).

- Im Wege des **Formwechsels** vollzieht sich die Einbringung bei der Umwandlung einer Personenhandelsgesellschaft in eine Kapitalgesellschaft nach § 190 UmwG, da der Formwechsel steuerlich nach § 25 UmwStG wie ein Rechtsträgerwechsel behandelt wird.

Die Einbringung führt grundsätzlich zu einer Gewinnrealisierung, wobei im Falle der Betriebsveräußerung nach § 16 Abs. 1 Nr. 1 EStG der Freibetrag nach § 16 Abs. 4 EStG und die Steuersatzermäßigung nach § 34 EStG zur Anwendung kommen. Abweichend von diesem Grundsatz ist die Gewinnrealisierung insb. dann zu vermeiden, wenn die Voraussetzungen des § 20 UmwStG vorliegen.

§ 20 UmwStG soll im Zuge des sog. SEStEG, das noch in 2006 in Kraft treten und insbesondere auch grenzüberschreitende Einbringungen ergeben soll, völlig neu konzipiert werden. Nach bisherigem Recht gilt Folgendes:

II. Voraussetzungen des § 20 UmwStG

Grundvoraussetzung für die Anwendung des § 20 UmwStG ist, dass die **Gegenleistung** der übernehmenden Kapitalgesellschaft für das eingebrachte Vermögen **zumindest teilweise in neuen Gesellschaftsrechten** besteht.

Einbringungsgegenstand sind Betriebe, Teilbetriebe und Mitunternehmeranteile. Für Anteile an Kapitalgesellschaften gilt § 20 UmwStG dann, wenn die übernehmende Gesellschaft nach der Einbringung die Mehrheit der Stimmrechte an der Gesellschaft hat, deren Anteile eingebracht werden.

III. Bewertung des eingebrachten Betriebsvermögens und der Gesellschaftsanteile

Sind die Voraussetzungen des § 20 Abs. 1 UmwStG erfüllt, hat die übernehmende Kapitalgesellschaft grundsätzlich ein **Wertansatzwahlrecht**: Sie kann das eingebrachte Betriebsvermögen mit den Buchwerten, Teilwerten oder Zwischenwerten ansetzen (§ 20 Abs. 2 UmwStG).

Das **Wertansatzwahlrecht gilt** dann **nicht**, wenn das Besteuerungsrecht der Bundesrepublik Deutschland hinsichtlich des Gewinns aus einer Veräußerung der gewährten Gesellschaftsanteile im Zeitpunkt der Sacheinlage ausgeschlossen ist. In diesem Fall ist nach § 20 Abs. 3 UmwStG der Teilwert anzusetzen.

Das **Wertansatzwahlrecht** ist nach § 20 Abs. 2 UmwStG **eingeschränkt,** wenn ein negatives Kapitalkonto besteht oder wenn neben den Gesellschaftsrechten auch andere Wirtschaftsgüter als Gegenleistung gewährt werden.

IV. Besteuerung der Anteilseigner

Nach § 20 Abs. 4 UmwStG gilt der Wert, mit dem die Kapitalgesellschaft das eingebrachte Betriebsvermögen angesetzt hat, als Veräußerungspreis und als Anschaffungskosten der Gesellschaftsanteile. Soweit neben den Gesellschaftsanteilen auch andere Wirtschaftsgüter gewährt werden, ist deren gemeiner Wert bei der Bemessung der Anschaffungskosten der Gesellschaftsanteile abzuziehen. In Abhängigkeit davon, ob die Kapitalgesellschaft die Buchwerte, Zwischenwerte oder Teilwerte ansetzt, ergeben sich damit unterschiedliche Besteuerungsfolgen:

*   Wählt die Kapitalgesellschaft die Buchwertfortführung, entsteht für den Einbringenden grundsätzlich kein Veräußerungsgewinn.
*   Bei Ansatz von Zwischenwerten oder Teilwerten ergibt sich in Höhe der Differenz zwischen dem Teilwert bzw. Zwischenwert und dem Buchwert des eingebrachten Betriebsvermögens ein Veräußerungsgewinn, der bei natürlichen Personen nach §§ 16, 34 EStG zu versteuern ist (§ 20 Abs. 5 Satz 1 UmwStG), soweit der Veräußerungsgewinn im Rahmen des Halbeinkünfteverfahrens nicht teilweise steuerbefreit ist. Der Freibetrag nach § 16 Abs. 4 oder § 17 Abs. 3 EStG ist nur beim Teilwertansatz zu gewähren.

Wie die Gesellschaftsanteile behandelt werden, die der Einbringende als Gegenleistung erhält, hängt ebenfalls vom Wertansatz bei der Kapitalgesellschaft ab.

*   Beim Teilwertansatz gelten für die als Gegenleistung gewährten Anteile die allgemeinen Regeln mit der Folge, dass ein späterer Veräußerungsgewinn nur im Rahmen der §§ 17, 22, 23 EStG erfasst wird.
*   Werden die Buchwerte oder Zwischenwerte angesetzt, liegen einbringungsgeborene Anteile i. S. des § 21 UmwStG vor. Unabhängig davon, ob die Voraussetzungen der §§ 17 oder 23 EStG erfüllt sind, werden die stillen Reserven in diesen Anteilen insb. auch dann erfasst, wenn die Anteile veräußert werden, der Anteilseigner dies beantragt, das Besteuerungsrecht der Bundesrepublik Deutschland ausgeschlossen wird oder die Anteile verdeckt in eine Kapitalgesellschaft eingelegt werden (§ 21 Abs. 1 und 2 UmwStG).

V. Besteuerung der übernehmenden Kapitalgesellschaft

Welche Auswirkungen sich bei der übernehmenden Kapitalgesellschaft ergeben, hängt wiederum entscheidend davon ab, wie das Wertansatzwahlrecht ausgeübt wurde:

*   Im Falle des Buchwertansatzes tritt die übernehmende Kapitalgesellschaft hinsichtlich der Dauer der Zugehörigkeit eines Wirtschaftsgutes, der Abschreibung und der Bildung von Rücklagen grundsätzlich in die Rechtsstellung des Einbringenden ein (§ 22 Abs. 1 i. V. m. § 4 Abs. 2, § 12 Abs. 3 UmwStG).
*   Im Falle des Zwischenwertansatzes tritt die übernehmende Kapitalgesellschaft ebenfalls grundsätzlich in die Rechtsstellung des Übertragenden ein. Die AfA-Bemessungsgrundlage wird jedoch um die Differenz zwischen Buchwert und Zwischenwert aufgestockt (§ 22 Abs. 2 UmwStG).
*   Im Falle des Teilwertansatzes gelten die Wirtschaftsgüter bei einer Einbringung mit Einzelrechtsnachfolge als im Zeitpunkt der Einbringung angeschafft. Erfolgt die Einbringung im Wege der Gesamtrechtsnachfolge, gelten die Regelungen für den Zwischenwertansatz entsprechend (§ 22 Abs. 3 UmwStG). (Montag)

32. Umsatzbesteuerung im Binnenmarkt

I. Vorbemerkung

Der Wegfall der Grenzkontrollen in der Europäischen Union (EU) ab 1. 1. 1993 erforderte auch eine Anpassung der Umsatzbesteuerung. Die unterschiedlichen Auffassungen über die Verwirklichung des Bestimmungslandprinzips und Ursprungslandprinzips sowie die verschiedenen Steuersätze ließen die Verwirklichung eines übergreifenden europäischen Umsatzsteuergesetzes nicht zu.

II. Territoriale Begriffe

Neben den bekannten Begriffen „Inland" und „Ausland" gelten folgende territoriale Bezeichnungen: „Gemeinschaftsgebiet", „übriges Gemeinschaftsgebiet" und „Drittlandsgebiet". Das Gemeinschaftsgebiet wird aus den Gebieten der Mitgliedstaaten gebildet, die nach dem Gemeinschaftsrecht als deren Inland gelten. Hiervon verbleibt das „übrige Gemeinschaftsgebiet", wenn man das deutsche Inland abzieht. Das Gebiet, das nicht zum Gemeinschaftsgebiet gehört, bildet das Drittlandsgebiet (z. B. Schweiz, USA u. a.).

III. Innergemeinschaftliche Warenlieferungen

Innergemeinschaftliche Warenlieferungen (§ 4 Nr. 1 b UStG) liegen vor, wenn der Liefergegenstand innerhalb des Gemeinschaftsgebiets befördert oder versendet wird. Die weiteren Voraussetzungen ergeben sich aus § 6 a UStG. Für diese Warenlieferungen sind die bis 1. 1. 1993 notwendigen Grenzkontrollen entfallen.

1. Innergemeinschaftliche Warenlieferungen zwischen Unternehmern

Der Export deutscher Unternehmer an andere Unternehmer in das übrige Gemeinschaftsgebiet ist grundsätzlich umsatzsteuerfrei. Der Import unterliegt beim Empfänger als sog. innergemeinschaftlicher Erwerb der Umsatzsteuer des jeweils nationalen Staates, in Deutschland also 16 v. H. bzw. 7 v. H. Gleichzeitig kann der importierende Unternehmer diese Erwerbsteuer als Vorsteuer geltend machen.

Bei nicht der Regelbesteuerung unterliegenden Empfängern (z. B. Kleinunternehmer), kann sich der Ort der Lieferung in den Importstaat verlagern (§ 3 c UStG). Voraussetzung ist, dass der Lieferant die jeweiligen Lieferschwellen überschreitet.

Der Erwerbsbesteuerung unterliegen auch sog. innergemeinschaftliche Verbringungen innerhalb eines Unternehmens. Transportiert z. B. ein dänischer Unternehmer Ware in sein deutsches Lager, so wird ein innergemeinschaftlicher Erwerb fingiert.

2. Innergemeinschaftliche Lieferungen an Privatpersonen

Das Umsatzsteuerrecht unterscheidet zwischen Abholung und Versandhandel. Holt eine Privatperson die Ware selbst ab oder lässt sie sie abholen, versteuert der liefernde Unternehmer das Geschäft als Inlandslieferung. Die Lieferung einer Ware, die z. B. eine britische Privatperson bei einem deutschen Unternehmer abholt, unterliegt somit dem Umsatzsteuersatz von 16 v. H. bzw. 7 v. H.

Für den Versandhandel bestimmt das Umsatzsteuergesetz, dass der Lieferort der Ort ist, an dem die Versendung oder Beförderung endet (§ 3 c Abs. 1 UStG). Der exportierende deutsche Unternehmer muss folglich in jedem Mitgliedstaat, in den er an Privatkunden versendet, seine Umsatzsteuerpflichten erfüllen, sofern er die Lieferschwellen überschreitet.

Ausnahme: Die Inlandsbesteuerung gilt jedoch dann weiter, wenn die in dem einzelnen Mitgliedsland erzielten Lieferentgelte bestimmte Lieferschwellen nicht überschreiten.

3. Lieferung von neuen Fahrzeugen

Der Erwerb neuer Fahrzeuge ist ausnahmslos in dem Land, in dem der von der Umsatzsteuer zu erfassende Letztverbrauch stattfindet, zu besteuern. Dies bedeutet, dass eine Privatperson, die ihr neues Fahrzeug in einem anderen EG-Mitgliedstaat erworben hat, die Erwerbsteuer im Inland auf das Fahrzeug zu entrichten hat. Sofern umgekehrt eine Privatperson das neue Fahrzeug in das übrige Gemeinschaftsgebiet liefert, gilt sie umsatzsteuerrechtlich als Unternehmer.

4. Innergemeinschaftlicher Lieferverkehr mit Drittländern

Während im Binnenmarkt die bisherige Belastung der Einfuhr mit Einfuhrumsatzsteuer durch den neuen Tatbestand des Erwerbs abgelöst wird, verbleibt es bei Warenbewegungen aus dem Inland in Drittstaaten und von Drittstaaten in das deutsche Zollgebiet bei den bisherigen Tatbeständen der Aus- und Einfuhr. Exporte sind daher in der Regel umsatzsteuerfrei (§ 4 Nr. 1 a UStG), Importe unterliegen der Einfuhrumsatzsteuer.

5. Reihen- und innergemeinschaftliche Dreiecksgeschäfte

Reihen- und innergemeinschaftliche Dreiecksgeschäfte sind grundlegend in § 3 Abs. 6 und 7 UStG geregelt. Für die steuerliche Beurteilung des Reihengeschäftes ist jede Lieferung innerhalb der Reihe in Bezug auf den Ort und auf den Zeitpunkt für sich zu betrachten (§ 3 Abs. 6 Satz 5 UStG). Dabei gilt die „bewegte Lieferung" (Beförderungs- oder Versendungslieferung) dort als ausgeführt, wo die Beförderung oder Versendung an den Abnehmer beginnt. Die „unbewegte Lieferung" (Lieferung, die der Beförderungs- oder Versendungslieferung folgt) gilt hingegen als dort ausgeführt, wo die Beförderung oder Versendung endet.

Unter Umständen muss sich der mittlere Unternehmer (erster Abnehmer) bei einer Reihe im Bestimmungsland registrieren lassen und dort den innergemeinschaftlichen Erwerb und die folgende Lieferung ab dem letzten Abnehmer versteuern. Dieses Ergebnis kann durch die Anwendung der EU-weiten einheitlichen Vereinfachungsregelung des § 25 b UStG unter bestimmten Voraussetzungen durch Übertragung der Steuerschuld auf den letzten Abnehmer vermieden werden. Dann gilt auch der Erwerb des ersten Abnehmers als besteuert (§ 25 b Abs. 3 UStG).

IV. Innergemeinschaftliche sonstige Leistungen

Die Besteuerung der sonstigen Leistungen hat sich durch das Umsatzsteuer-Binnenmarktgesetz grundsätzlich nicht geändert. Es bleibt bei der Bestimmung des Leistungsortes nach § 3 a UStG. Bei Vermittlungsleistungen ist der Ort Leistungsort, an dem der vermittelte Umsatz ausgeführt wird. Verwendet der Leistungsempfänger (Auftraggeber) des Vermittlers jedoch diesem gegenüber seine USt-IdNr. aus einem anderen Mitgliedstaat, gilt die Vermittlung als in diesem Staat ausgeführt.

V. Kontrollsystem und Umsatzsteuer-Identifikationsnummer

Der Wegfall der Zollgrenzen innerhalb der europäischen Gemeinschaft verlagert bestimmte Nachweis-, Aufzeichnungs- und Meldepflichten auf das Unternehmen. Kernpunkt hierfür ist die Umsatzsteuer-Identifikationsnummer (USt-IdNr.), die jedem Unternehmen im Binnenmarkt zusätzlich zur Steuernummer erteilt wird (§ 27 a UStG). Sie dient als Nachweis, dass die Leistungsbeziehungen nach innergemeinschaftlichen Regelungen besteuert werden. In der „zusammenfassenden Meldung", die jeder Unternehmer dem Bundesamt für Finanzen einreicht, wird die eigene USt-IdNr. angegeben und die jedes Kunden, an den steuerfrei geliefert worden ist. (Dr. Kieffer)

33. Steuerbefreiungen bei der Grunderwerbsteuer

I. Einleitung

Gegenstand der Grunderwerbsteuer sind Verkehrsvorgänge (Veräußerungen und sonstige Übertragungen) in Bezug auf inländische Grundstücke. In den §§ 3 bis 7 GrEStG sind verschiedene Steuerbefreiungsvorschriften aufgeführt, die im Wesentlichen dazu dienen, steuerliche Doppelbelastungen zu vermeiden.

II. Allgemeine Befreiungsvorschriften

Nach **§ 3 Nr. 1 GrEStG** ist der Erwerb eines Grundstücks von der Besteuerung ausgenommen, wenn der für die Berechnung maßgebende Wert 2.500 Euro nicht übersteigt. Hiermit sollen Bagatellfälle ausgeschaltet werden, bei denen die Grunderwerbsteuer unter 50 Euro liegt.

§ 3 Nr. 2 GrEStG befreit Grundstückserwerbe von Todes wegen und reine Grundstücksschenkungen unter Lebenden grundsätzlich von der Grunderwerbsteuerpflicht, um eine Doppelbelastung mit ErbSt und GrESt zu vermeiden. Anders verhält es sich bei Schenkungen unter Auflage (die Auflage wird als Gegenleistung behandelt) und gemischten Schenkungen. In diesen Fällen ist eine Aufteilung in einen entgeltlichen und einen unentgeltlichen Teil vorzunehmen.

In Höhe der Auflage liegt ein steuerbarer und steuerpflichtiger Vorgang vor. Der unentgeltliche Teil, der gem. § 3 Nr. 2 Satz 2 GrEStG steuerbefreit ist, unterliegt der Schenkungsteuer. Die Ermittlung des Besteuerungswerts erfolgt nach dem Erlass der obersten Finanzbehörden der Länder vom 9. 11. 1989 (DB 1989, S. 2355).

Nach **§ 3 Nr. 3 GrEStG** ist der Erwerb eines Grundstücks durch einen Miterben zur Teilung des Nachlasses von der Besteuerung ausgenommen. Die Vorschrift erfasst nur den Erwerb durch Miterben, wobei der Erwerb sowohl durch Auseinandersetzungsvertrag als auch durch einen gesonderten Kaufvertrag erfolgen kann. Eine Steuerbefreiung ist ausgeschlossen, wenn die Erben Teile des Nachlasses gemeinsam an einen Dritten veräußern, um einen Miterben mit Geld abzufinden. Pflichtteilsberechtigte oder Vermächtnisnehmer zählen nicht zu den Miterben. Erfolgt eine Übertragung der Miterben auf einen Pflichtteilsberechtigten oder Vermächtnisnehmer, so liegt keine Steuerbefreiung nach § 3 Nr. 3 GrEStG vor, jedoch kommt hier die Befreiungsvorschrift des § 3 Nr. 2 GrEStG zur Anwendung, da es sich um einen Erwerb von Todes wegen handelt, der der Erbschaftsteuer unterliegt. Dasselbe gilt für die erbrechtlichen Ansprüche eines nichtehelichen Kindes, da dieses nur Erbersatzberechtigter und kein Miterbe ist.

§ 3 Nr. 4 GrEStG befreit alle Erwerbsvorgänge durch einen Ehegatten von der Grunderwerbsteuer. Daneben wird die Vorschrift des § 3 Nr. 4 GrEStG bei der Einbringung in eine Personengesellschaft und dem Erwerb von einer Personengesellschaft, an der der Ehegatte beteiligt ist, analog angewendet.

Unter der Voraussetzung, dass die Grundstücksübertragung im Rahmen einer Vermögensauseinandersetzung nach der Scheidung erfolgt, findet die Vergünstigung auch bei geschiedenen Ehegatten Anwendung (**§ 3 Nr. 5 GrEStG**).

Ebenfalls begünstigt ist der Erwerb durch mit dem Veräußerer in gerader Linie verwandte Personen (**§ 3 Nr. 6 GrEStG**). Dies sind nach § 1589 S. 1 BGB Personen, deren eine von der anderen abstammt, also z. B. Eltern, Kinder, Enkelkinder, nicht jedoch Geschwister. Den Verwandten in gerader Linie gleichgestellt sind deren Ehegatten, ebenso nichteheliche Kinder mit Mutter und Vater und Adoptivkinder mit der adoptierenden Person.

§ 3 Nr. 7 GrEStG befreit den Erwerb eines zum Gesamtgut gehörenden Grundstücks durch Teilnehmer an einer fortgesetzten Gütergemeinschaft zur Teilung des Gesamtguts von der GrESt. Den Teilnehmern an der fortgesetzten Gütergemeinschaft stehen deren Ehegatten gleich.

Nach **§ 3 Nr. 8 GrEStG** ist der Rückerwerb eines Grundstücks durch den Treugeber bei Auflösung des Treuhandverhältnisses steuerbefreit, wenn für den Vorgang der treuhänderischen Übertragung Steuer entrichtet wurde.

§ 4 GrEStG enthält mehrere Sondervorschriften. Danach sind bestimmte Grunderwerbe durch Körperschaften des öffentlichen Rechts, durch ausländische Staaten oder durch ausländische Kultureinrichtungen von der Besteuerung ausgenommen. Dies gilt auch für vor dem 1. 1. 1999 im Rahmen des Gesetzes über die Spaltung der von der Treuhandanstalt verwalteten Unternehmen erfolgte Grundstücksübertragungen sowie Erwerbe durch Wohnungsgesellschaften, deren Anteile ausschließlich der das Grundstück übertragenden Kommune gehören.

§ 7 GrEStG begünstigt die Umwandlung von Bruchteils- und Gesamthandseigentum in Flächeneigentum. Die Steuerbefreiung erfolgt jeweils in Höhe der Beteiligungsquote an der Bruchteils- bzw. Gesamthandsgemeinschaft.

III. Grunderwerbsteuerbefreiungen für Gesellschaften bzw. Gesellschafter

Die **§§ 5 und 6 GrEStG** enthalten Vergünstigungen für Grundstücksübertragungen zwischen Gemeinschaften und deren Gemeinschaftern (Miteigentümern).

Geht ein Grundstück von mehreren Miteigentümern oder einem Alleineigentümer **auf eine Gesamthand** über, so wird die Steuer insoweit nicht erhoben, als der Anteil des einzelnen am Vermögen der Gesamthand Beteiligten seinem Bruchteil am Grundstück entspricht bzw. soweit der veräußernde Alleineigentümer am Vermögen der Gesamthand beteiligt ist. Die anteilige Befreiung wird aber insoweit nicht gewährt, als sich der Anteil des Veräußerers am Vermögen der Gesamthand innerhalb von fünf Jahren nach dem Übergang des Grundstücks auf die Gesamthand vermindert (§ 5 Abs. 3 GrEStG). Für die Übertragung von einer Gesamthand auf Allein- oder Miteigentum bzw. auf eine Gesamthand sieht § 6 GrEStG eine entsprechende anteilige Befreiung vor.

Bei Grundstücksübertragungen im Zusammenhang mit der Auflösung einer Gesamthand ist jeweils die Auseinandersetzungsquote maßgebend. Die Steuerbefreiung erfolgt nicht, wenn der Erwerber bzw. sein Rechtsvorgänger seinen Anteil an der Gesamthand innerhalb der letzten fünf Jahre durch Rechtsgeschäft unter Lebenden erworben hat.

IV. Exkurs: Gesellschafterwechsel/Anteilsübertragung

Kapitalgesellschaften sind bürgerlich-rechtlich und grunderwerbsteuerrechtlich rechtsfähig bezüglich eines Grundstücks mit der Folge, dass eine Änderung im Gesellschafterbestand keine Grunderwerbsteuer auslöst, sofern nicht Anteilsvereinigung, d. h. Vereinigung von 95 v. H. der Anteile (§ 1 Abs. 3 GrEStG), vorliegt.

Gesamthandsgemeinschaften in der Hauptform der Personengesellschaften sind bürgerlich-rechtlich nicht rechtsfähig, nach herrschender Meinung aber grunderwerbsteuerlich rechtsfähig mit der Folge, dass auch bei Änderung im Gesellschafterbestand der Personengesellschaft keine Grunderwerbsteuer ausgelöst wird. Allerdings begründet eine Änderung des Gesellschafterbestandes in Höhe von mindestens 95 v. H. der Anteile innerhalb von fünf Jahren die GrESt-Pflicht (§ 1 Abs. 2 a GrEStG).

(Dr. Lenz)

34. Das Vorsteuer-Vergütungsverfahren im Umsatzsteuerrecht

I. Vorbemerkungen

Das Vorsteuer-Vergütungsverfahren ist aufgrund der Ermächtigung des § 18 Abs. 9 UStG in den §§ 59–62 UStDV geregelt. In diesem Verfahren sollen Vergütungen von Vorsteuerbeträgen an im Ausland ansässige Unternehmer abweichend von den §§ 16, 18 UStG vereinfachend durchgeführt werden. Das Vorsteuer-Vergütungsverfahren wird in den Abschn. 240 bis 245 UStR erläutert.

II. Voraussetzungen für die Anwendung des Vorsteuer-Vergütungsverfahrens

Vergütungsberechtigt sind im Ausland ansässige Unternehmer, also Unternehmer, die weder im Inland noch in einem Zollfreigebiet einen Wohnsitz, ihren Sitz, ihre Geschäftsleitung, eine Zweigniederlassung oder eine Organgesellschaft haben (§ 13 b Abs. 4 UStG). Zudem darf der im Ausland ansässige Unternehmer keine steuerbaren Umsätze i. S. des § 1 Abs. 1 Nr. 1 und 5 UStG oder nur steuerfreie Umsätze gem. § 4 Nr. 3 UStG (z. B. grenzüberschreitende Beförderungen) oder nur Umsätze ausgeführt haben, für die der Leistungsempfänger die Steuer schuldet oder die der Beförderungseinzelbesteuerung unterlegen haben (§ 59 Abs. 1 Nr. 1 und 2 UStDV). Unternehmer, die ein im Inland gelegenes Grundstück besitzen und steuerpflichtig oder steuerfrei vermieten, sind als im Inland ansässig zu behandeln. Diese Unternehmer unterliegen nicht dem Vorsteuer-Vergütungsverfahren, sondern dem allgemeinen Besteuerungsverfahren.

An nicht im Gemeinschaftsgebiet ansässige Unternehmer können Vorsteuern nur noch erstattet werden, wenn im Sitzstaat des Unternehmers keine USt oder ähnliche Steuer erhoben wird oder im Fall der Erhebung deutschen Unternehmern vergütet wird (Gegenseitigkeit, § 18 Abs. 9 Satz 6 UStG). Bei fehlender Gegenseitigkeit ist das Vorsteuer-Vergütungsverfahren nur durchzuführen, wenn der nicht im Gemeinschaftsgebiet ansässige Unternehmer nur Umsätze ausgeführt hat, für die der Leistungsempfänger die Steuer schuldet oder die der Beförderungseinzelbesteuerung unterlegen haben oder wenn der Unternehmer nur innergemeinschaftliche Erwerbe und daran anschließende Lieferungen i. S. des § 25 b Abs. 2 UStG durchgeführt hat oder wenn er im Inland als Steuerschuldner nur Umsätze i. S. des § 3 a Abs. 3 a UStG erbracht hat und von dem Wahlrecht nach § 18 Abs. 4 c UStG Gebrauch gemacht hat oder diese Umsätze in einem anderen Mitgliedstaat erklärt sowie die darauf entfallende Steuer entrichtet hat.

III. Verfahrensrechtliche Fragen bei der Vorsteuer-Vergütung

1. Vergütungszeitraum

Der Unternehmer kann den Vergütungszeitraum wählen. Der Vergütungszeitraum muss mindestens drei aufeinander folgende Kalendermonate in einem Kalenderjahr und höchstens ein Kalenderjahr umfassen. Der Vergütungszeitraum kann weniger als drei Monate umfassen, wenn es sich um den restlichen Zeitraum des Kalenderjahres handelt (z. B. Dezember). Es müssen nicht in jedem Monat des gewählten Vergütungszeitraums Vorsteuerbeträge angefallen sein. Die Vergütungszeiträume müssen auf volle Kalendermonate abgegrenzt werden; eine tageweise Abgrenzung kommt nicht in Betracht.

2. Vergütungsantrag

Die Vergütung ist auf einem amtlich vorgeschriebenen Vordruck beim Bundeszentralamt für Steuern, das ggf. die Vergütung durch eine andere Finanzbehörde
durchführen lässt, zu beantragen. Der Vergütungsantrag ist innerhalb von sechs
Monaten nach Ablauf des Kalenderjahres zu stellen, in dem der Vergütungs-
anspruch entstanden ist (§ 18 Abs. 9 Satz 3 UStG). Es handelt sich um eine Aus-
schlussfrist, die nicht verlängert werden kann. Unter den Voraussetzungen des
§ 110 AO ist jedoch Wiedereinsetzung in den vorigen Stand möglich. In dem
Antrag sind die Vorsteuerbeträge, deren Vergütung beantragt wird, im Einzelnen
aufzuführen. Vereinfachend können bestimmte Rechnungen in gesonderten Auf-
stellungen zusammengefasst werden (Abschn. 243 Abs. 2 UStR). Der Antrag ist
eine Steueranmeldung, die nach Zustimmung durch die Finanzbehörde einer
Steuerfestsetzung unter dem Vorbehalt der Nachprüfung gleichsteht (§ 168 AO).
Die Vorsteuerabzugsberechtigung ist durch Nachweis der Originalbelege zu
führen (§ 18 Abs. 9 Satz 4 UStG). Der Unternehmer muss der zuständigen Finanzbehörde nachweisen, dass er als Unternehmer unter einer Steuernummer eingetragen ist (§ 61 Abs. 3 UStDV).

Die Vergütung muss mindestens 200 Euro betragen, es sei denn, dass der Vergütungszeitraum sich auf das ganze Kalenderjahr oder den letzten Zeitraum eines
Kalenderjahres erstreckt; dann aber muss die Vergütung mindestens 25 Euro
betragen (§ 61 Abs. 2 UStDV). Für nicht im Gemeinschaftsgebiet ansässige Unternehmer belaufen sich die Grenzen auf 500 Euro bzw. 250 Euro.

Die Vergütungsanträge sind innerhalb von sechs Monaten nach Eingang von der
Finanzbehörde abschließend zu bearbeiten und die Vergütungsbeträge auszuzah-
len. Die vorgelegten Originalbelege sind zu entwerten. Die Rechtsbehelfsfrist
beträgt, da in aller Regel kein Bescheid mit Rechtsbehelfsbelehrung ergeht, ein
Jahr (§ 356 Abs. 2 AO).

3. Vergütungsverfahren und normales Besteuerungsverfahren

Das Vergütungsverfahren und das normale Besteuerungsverfahren sind beide
innerhalb eines Kalenderjahres durchzuführen, wenn der nicht im Erhebungs-
gebiet ansässige Unternehmer über einen bestimmten Zeitraum die Voraussetzungen des Vergütungsverfahrens und in einem anderen Zeitraum die des
normalen Besteuerungsverfahrens erfüllte. Für einen Voranmeldungszeitraum
schließen sich das normale Besteuerungsverfahren und das Vergütungsverfahren
gegenseitig aus. Ist innerhalb eines Jahres das normale Besteuerungsverfahren
durchzuführen, endet die Zuständigkeit des Bundeszentralamt für Steuern. Dies
gilt auch, wenn der Unternehmer im Laufe des Kalenderjahres erneut die Voraussetzungen des Vorsteuer-Vergütungsverfahrens erfüllt. Nach Ablauf des Kalenderjahres hat der Unternehmer bei dem Finanzamt eine Jahreserklärung abzugeben;
bei der Jahressteuerfestsetzung sind die Vorsteuerbeträge nicht zu berücksichtigen, die bereits im Vergütungsverfahren vergütet worden sind (§ 62 Abs. 1
UStDV).

(Dr. Lenz)

35. Die Aufzeichnungspflichten im UStG

I. Allgemeines

Nach § 22 Abs. 1 UStG sind steuerpflichtige Unternehmer verpflichtet, zur Feststellung der Steuer und der Grundlagen ihrer Berechnung Aufzeichnungen zu machen. Gleiches gilt auch für Nichtunternehmer unter bestimmten Voraussetzungen des innergemeinschaftlichen Erwerbs (letzter Abnehmer innergemeinschaftlicher Dreiecksgeschäfte, Übergang der Steuerschuldnerschaft). Sie müssen so beschaffen sein, dass ein unabhängiger Dritter sich innerhalb angemessener Zeit einen Überblick verschaffen kann über die Umsätze und die abziehbaren Vorsteuern. Die Aufzeichnungspflichten können entweder im Rahmen der Buchführung oder aufgrund besonderer Aufzeichnungen erfüllt werden. Neben § 22 Abs. 1 UStG als Lex specialis sind die allgemeinen Vorschriften der AO, insbesondere §§ 145 ff. AO, zu beachten.

II. Aufzeichnungspflicht bei Regelbesteuerung

1. Aufzeichnungen der Entgelte, Teilentgelte, der Bemessungsgrundlagen und des innergemeinschaftlichen Erwerbs

Aus den Aufzeichnungen müssen nach § 22 Abs. 2 Nr. 1 bis 4 und 7 UStG zu ersehen sein:

a) die vereinbarten bzw. vereinnahmten Entgelte für vom Unternehmer ausgeführte Lieferungen und sonstige Leistungen, getrennt nach steuerpflichtigen/steuerfreien Umsätzen, Steuersätzen und Umsätzen, für die nach § 9 UStG optiert wurde;

b) die vereinnahmten Entgelte/Teilentgelte für noch nicht ausgeführte Lieferungen und sonstige Leistungen, getrennt nach steuerpflichtigen/steuerfreien Umsätzen und nach Steuersätzen;

c) die Bemessungsgrundlage für Umsätze, die den Lieferungen und sonstigen Leistungen gegen Entgelt (§§ 3 Abs. 1 b, 3 Abs. 9 a UStG) gleichgestellt werden (unentgeltliche Wertabgaben, früher: Eigenverbrauch), getrennt nach steuerpflichtigen/steuerfreien Umsätzen und nach Steuersätzen. Da die Steuerbarkeit von unentgeltlichen Wertabgaben von der Vorsteuerbehaftung der eingekauften Leistung abhängt, ist nur die durch einen Vorsteuerabzug entlastete Bemessungsgrundlage aufzuzeichnen;

d) die wegen unberechtigtem Steuerausweis geschuldeten Beträge;

e) die Bemessungsgrundlagen für den innergemeinschaftlichen Erwerb von Gegenständen sowie hierauf entfallende Steuerbeträge.

Nichtunternehmerische Leistungsempfänger, die bei innergemeinschaftlichem Erwerb Steuerschuldner sind, müssen die o. g. Tz. a) und b) beachten (§ 22 Abs. 2 Nr. 8 UStG).

Die Entgelte und Teilentgelte und Bemessungsgrundlagen sind am Schluss des Voranmeldungszeitraums zusammenzurechnen.

2. Aufzeichnungen der Vorsteuern und der Einfuhrumsatzsteuer

Aus den Aufzeichnungen müssen nach § 22 Abs. 2 Nr. 5 und 6 UStG ersichtlich sein:

f) die Entgelte für steuerpflichtige Lieferungen und Leistungen, die an den Unternehmer für sein Unternehmen ausgeführt worden sind;

g) die Bemessungsgrundlagen für die Einfuhr von Gegenständen sowie die entrichtete Einfuhrumsatzsteuer.

Die Aufzeichnungsvorschriften Lit. f) und g) entfallen, wenn der Unternehmer vom Vorsteuerabzug ausgeschlossen ist. Bei teilweisem Vorsteuerabzug muss ersichtlich sein, welche Beträge zum Vorsteuerabzug berechtigen und welche nicht.

Aufgezeichnet werden müssen auch Gegenstände, die der Unternehmer zur vorübergehenden Verwendung in das übrige Gemeinschaftsgebiet verbringt (§ 22 Abs. 4 a UStG) bzw. aus dem Gemeinschaftsgebiet erhält (§ 22 Abs. 4 b UStG).

3. Aufzeichnung nach der Netto- und Bruttomethode

§ 22 UStG geht grundsätzlich von der Nettomethode aus, d. h. der getrennten Darstellung von Entgelt bzw. Bemessungsgrundlage und Steuersatz sowie Entgeltminderung nach § 17 UStG und Steuerminderung. Vereinfachend ist auch die Bruttomethode für alle Unternehmen nach § 63 Abs. 3 bis 5 UStDV möglich. Danach dürfen die Unternehmer die an sie ausgeführten Bruttoumsätze jeweils getrennt nach Steuersätzen aufzeichnen und am Schluss eines Voranmeldungszeitraums insgesamt in Bemessungsgrundlage und Steuer aufteilen.

4. Vereinfachung der Trennung der Entgelte

Grundsätzlich hat der Steuerpflichtige die Entgelte/Teilentgelte nach verschiedenen Steuersätzen zu gliedern. Soweit dem Unternehmer die Trennung nicht möglich ist oder nicht zugemutet werden kann, darf der Unternehmer mit Zustimmung des Finanzamtes bestimmte Erleichterungen in Anspruch nehmen, die im Einzelnen in R 259 UStR geregelt sind.

III. Fiskalvertreter (§§ 22 a – 22 e UStG)

Ausländische Unternehmer, die im Inland steuerfreie Umsätze ausführen und keine Vorsteuerbeträge abziehen, müssen trotz fehlender Umsatzsteuerzahllast Umsatzsteuererklärungen und zusammenfassende Meldungen abgeben. Sie können sich für diese Erklärungen durch einen Fiskalvertreter vertreten lassen.

IV. Aufzeichnung bei Kleinunternehmern

Kleinunternehmer haben statt der Aufzeichnungen nach § 22 Abs. 2 bis 4 folgende Angaben zu machen (§ 65 UStDV):

1. die Werte der erhaltenen Gegenleistungen für die von ihnen ausgeführten Lieferungen und sonstigen Leistungen,
2. die Werte der unentgeltlichen sonstigen Leistung (§ 3 Abs. 9 a Satz 1 Nr. 2 UStG),
3. die unberechtigt ausgewiesene Steuer nach § 14 c Abs. 2 UStG,
4. die Bemessungsgrundlage für den innergemeinschaftlichen Erwerb.

V. Aufzeichnung bei Besteuerung nach Durchschnittssätzen

Soweit ein Unternehmer die Vorsteuern nach § 23 UStG ermittelt, ist er von den Aufzeichnungspflichten des § 22 Abs. 2 Nr. 5 und 6 UStG befreit (§ 66 UStDV). Land- und Forstwirte, die ihre Umsätze nach Durchschnittssätzen besteuern (§ 24 UStG), sind ebenfalls von den Aufzeichnungspflichten des § 22 UStG befreit (§ 67 UStDV).

VI. Schlussbemerkung

Ein Verstoß gegen die Aufzeichnungspflichten hat keine unmittelbaren materiellrechtlichen Folgen. Ein Vorsteuerabzug kann deshalb z. B. nicht versagt werden. Das Fehlen von Aufzeichnungen berechtigt das Finanzamt aber zu Erzwingungsmaßnahmen (§§ 328 ff. AO) und zur Schätzung (§ 162 AO). Ein Verhalten des Steuerpflichtigen, das den gesetzlichen Anforderungen an die Aufzeichnungspflichten nicht genügt, kann daneben bei leichtfertiger Handlungsweise als eine Steuerordnungswidrigkeit (§ 377 AO) oder bei vorsätzlichem Handeln als eine Steuerstraftat (§ 370 AO) geahndet werden.   (Dr. Kieffer)

36. Optionsrechte im Umsatzsteuerrecht

I. Allgemeines

Das Umsatzsteuerrecht gewährt dem Unternehmer zahlreiche Möglichkeiten, durch Wahlrechte die Besteuerung zu beeinflussen. Die Optionsrechte dienen teilweise der Vermeidung von systembedingten Besteuerungshärten, aber auch der Verwaltungsvereinfachung.

II. Verzicht auf Steuerbefreiungen (§ 9 UStG)

Nach § 9 UStG kann der Unternehmer bestimmte steuerfreie Umsätze als steuerpflichtig behandeln, wenn der Umsatz an einen anderen Unternehmer für dessen Unternehmen ausgeführt wird. Dies gilt für die Befreiungen nach § 4 Nr. 8 a bis g, Nr. 9 a, Nr. 12, Nr. 13 und Nr. 19 UStG, also u. a. für Umsätze des Geld- und Kapitalverkehrs, Umsätze, die unter das GrEStG fallen, und Vermietungs- und Verpachtungsumsätze mit Grundstücken. Für Umsätze gem. § 4 Nrn. 9 a, 12 UStG, also insbesondere Vermietungsumsätze bei Grundstücken, kann nur für die Steuerpflicht optiert werden, wenn der Leistungsempfänger das Grundstück ausschließlich für Umsätze verwendet oder zu verwenden beabsichtigt, die den Vorsteuerabzug nicht ausschließen. Der Unternehmer hat die Voraussetzungen nachzuweisen (§ 9 Abs. 2 UStG). Der Verzicht auf die Steuerbefreiung kann auf jeden einzelnen Umsatz angewendet werden (Grundsatz der Einzeloption). Die Option erfolgt frist- und formlos durch Anmeldung der betreffenden Umsätze in der Steuererklärung. Übt der Unternehmer das Optionsrecht aus, so hat er zunächst den jeweiligen Umsatz zu versteuern. Andererseits ist er nunmehr auch zur Rechnungserteilung mit gesondertem Steuerausweis berechtigt; zudem kann er den Vorsteuerabzug für bezogene Leistungen in Anspruch nehmen, die mit diesen Umsätzen in Zusammenhang stehen.

Die Ausübung der Option ist regelmäßig vorteilhaft, wenn der Leistungsempfänger bereit ist, die in Rechnung gestellte Umsatzsteuer zusätzlich zu vergüten (so bei Unternehmern, die zum Vorsteuerabzug berechtigt sind), oder wenn der Vorteil aus der Wahrnehmung des Vorsteuerabzugs größer ist als der Nachteil der Umsatzversteuerung. Letzteres ist z. B. im Allgemeinen der Fall bei der Errichtung und anschließenden Vermietung von Gebäuden. In diesem Zusammenhang ist zu beachten, dass bei Nutzungsänderungen von Grundstücken innerhalb von zehn Jahren (bei anderen Wirtschaftsgütern: fünf Jahre) seit Beginn der Verwendung gem. § 15 a UStG eine Korrektur des Vorsteuerabzugs zu erfolgen hat.

III. Kleinunternehmeroption (§ 19 Abs. 2 UStG)

Bei inländischen Unternehmern, deren Umsatz im vorangegangenen Kalenderjahr 17.500 Euro nicht überschritten hat und im laufenden Jahr voraussichtlich 50.000 Euro nicht übersteigen wird, wird die Umsatzsteuer nicht erhoben. § 19 Abs. 2 UStG gewährt nun das Wahlrecht, die Umsätze der Regelbesteuerung zu unterwerfen. An die Option ist der Unternehmer fünf Kalenderjahre gebunden. Sie kann nur mit Wirkung vom Beginn eines Kalenderjahres an widerrufen werden, und zwar spätestens bis zur Unanfechtbarkeit der Steuerfestsetzung des Kalenderjahres, für das der Widerruf erfolgen soll.

IV. Besteuerung nach vereinnahmten Entgelten (§ 20 UStG)

Im Regelfall hat der Unternehmer die Versteuerung nach vereinbarten Entgelten durchzuführen (Sollversteuerung), er hat also die Steuer ggf. vor Vereinnahmung des Entgelts zu entrichten. Hat der Gesamtumsatz (§ 19 Abs. 3 UStG) im vorangegangenen Kalenderjahr nicht mehr als 250.000 Euro betragen oder ist der Unternehmer nicht buchführungspflichtig oder führt er Umsätze aus einer Tätigkeit als Freiberufler i. S. des § 18 Abs. 1 Nr. 1 EStG aus, so kann das Finanzamt ihm auf Antrag gestatten, seine Steuer nach den vereinnahmten Entgelten zu berechnen (Istversteuerung). Bei der Istversteuerung hat der Unternehmer einen Zinsvorteil, da der Zahlungseingang i. d. R. zeitlich nach der Rechnungserstellung erfolgt.

V. Vorsteuerpauschalierung (§ 23 UStG, §§ 69 f. UStDV)

Auf der Grundlage der Ermächtigung in § 23 UStG sind in der UStDV Vorsteuerpauschalierungen vorgesehen, die der Vereinfachung dienen. §§ 69 f. UStDV gewährt bestimmten nicht buchführungspflichtigen Unternehmern, deren Umsatz im vorangegangenen Kalenderjahr 61.356 Euro nicht überstiegen hat, den Vorsteuerabzug nach allgemeinen Durchschnittssätzen. Die einzelnen Berufs- und Gewerbezweige sowie die Höhe der pauschalen Vorsteuer ergeben sich aus der in § 69 UStDV genannten Anlage.

VI. Durchschnittssätze für Land- und Forstwirte (§ 24 UStG)

Für den Bereich der Land- und Forstwirtschaft erleichtert § 24 UStG die Umsatzbesteuerung durch die Festsetzung von Durchschnittssätzen, und zwar sowohl für die ausgeführten Umsätze als auch für die damit in Zusammenhang stehenden Vorsteuern. Da bei der Durchschnittssatzbesteuerung für die meisten Umsätze die Umsatzsteuer der pauschaliert festgesetzten Vorsteuer der Höhe nach entspricht, entsteht weder eine Zahllast noch ein Vorsteuererstattungsanspruch. Gleichwohl können die nach § 24 UStG besteuerten Unternehmer Rechnungen mit gesondertem Steuerausweis erteilen.

Nach § 24 Abs. 4 UStG kann nun der Land- oder Forstwirt für die Regelbesteuerung optieren. Die Option bindet den Unternehmer fünf Kalenderjahre. Soweit der Land- oder Forstwirt als Kleinunternehmer zu besteuern wäre, kann zusätzlich die Option gem. § 19 Abs. 2 UStG ausgeübt werden.

VII. Differenzbesteuerung (§ 25 a UStG)

Die Differenzbesteuerung ist eine Umsatzbesteuerung mit Vorumsatzabzug. Die Steuer wird aus dem Unterschiedsbetrag zwischen dem Verkaufspreis und dem Einkaufspreis (Marge) herausgerechnet. Die Differenzbesteuerung ist auf alle beweglichen körperlichen Gegenstände anwendbar, ausgenommen Edelsteine und Edelmetalle. Voraussetzung ist, dass der Unternehmer ein Wiederverkäufer ist, der Gegenstand an den Wiederverkäufer im Gemeinschaftsgebiet geliefert wurde und für diese Lieferung die Umsatzsteuer entweder nicht geschuldet oder nicht erhoben wurde (§ 19 Abs. 1 UStG; § 25 a UStG). § 25 a UStG enthält mehrere Optionsrechte: Gemäß Abs. 2 kann für die Differenzbesteuerung bei Kunstgegenständen und Antiquitäten auch dann optiert werden, wenn die Gegenstände grundsätzlich mit Vorsteuerabzugsrecht erworben wurden. Abs. 4 räumt die Option ein, für Gegenstände, deren Einkaufspreis 500 Euro nicht übersteigt, die Bemessungsgrundlage basierend auf einer Gesamtdifferenz zu ermitteln. Schließlich räumt Abs. 8 dem Wiederverkäufer die Möglichkeit ein, bei jeder einzelnen Lieferung auf die Differenzbesteuerung zu verzichten. Der Verzicht auf die Differenzbesteuerung ist nicht möglich, wenn für die Besteuerung nach der Gesamtdifferenz (Abs. 4) optiert wird.

Besonderheiten gelten für den innergemeinschaftlichen Erwerb: Differenzbesteuerung einerseits und die Anwendung der Steuerbefreiung für innergemeinschaftliche Lieferungen andererseits schließen sich aus (vgl. Abs. 7). Die innergemeinschaftliche Lieferung neuer Fahrzeuge ist von der Differenzbesteuerung ausgenommen.

(Dr. Lenz)

37. Die Berichtigung des Vorsteuerabzugs nach § 15 a UStG

I. Einführung

Das Recht auf Vorsteuerabzug entsteht sowohl dem Grunde als auch der Höhe nach im Zeitpunkt des Bezugs der Leistung. Die Verhältnisse dieses Zeitpunkts sind daher dafür maßgebend, ob der Unternehmer den Vorsteuerabzug in voller Höhe oder nur teilweise vornehmen kann bzw. ob er vom Vorsteuerabzug ausgeschlossen ist. Da sich die maßgebenden Verhältnisse ändern können, bildet der § 15 a UStG die notwendige Berichtigungsvorschrift. Durch diese Vorschrift wird der Vorsteuerabzug so berichtigt, dass er den tatsächlichen Verhältnissen bei der Verwendung des Wirtschaftsguts oder der sonstigen Leistung entspricht.

II. Änderung des Vorsteuerabzugs bei Wirtschaftsgütern des Anlagevermögens (§ 15 a Abs. 1 UStG)

Nach § 15 a Abs. 1 UStG ist die Vorsteuer zu berichtigen, wenn sich die Verhältnisse bei Wirtschaftsgütern ändern, die nicht nur einmalig zur Ausführung von Umsätzen verwendet werden. Dies sind in der Regel Wirtschaftsgüter, die ertragsteuerlich Anlagevermögen darstellen. Eine Änderung der Verhältnisse kann insbesondere durch Nutzungsänderungen oder Veräußerungen, die nicht als Geschäftsveräußerungen anzusehen sind, verursacht sein.

Eine Berichtigung des Vorsteuerabzuges findet nur innerhalb des Berichtigungszeitraums statt. Dieser beträgt bei allen Wirtschaftsgütern außer Grundstücken 5 Jahre; bei Grundstücken 10 Jahre. Bei einer kürzeren Verwendungsdauer ist diese maßgebend.

Die Berichtigung wird technisch in der Weise durchgeführt, dass die auf das Investitionsobjekt entfallenden Vorsteuerbeträge auf den Berichtigungszeitraum anteilsmäßig verteilt werden. Bei einer Änderung der Verhältnisse gegenüber dem Erstjahr wird die anteilige Vorsteuer entsprechend der prozentualen Änderung berichtigt. Hierzu ein Beispiel:

Eine Maschine wird im Jahr 01 angeschafft und zu 50 v. H. für steuerpflichtige Zwecke verwendet. Die in Rechnung gestellte Vorsteuer beträgt 10.000 Euro, sodass im Erstjahr 5.000 Euro als Vorsteuer geltend gemacht werden können.

Im zweiten Jahr wird die Maschine zu 80 v. H. für steuerpflichtige Zwecke verwendet. Nun ist im Rahmen der Vorsteuerberichtigung die gesamte in Rechnung gestellte Vorsteuer auf den Berichtigungszeitraum von fünf Jahren zu verteilen, sodass auf jedes Jahr 2.000 Euro entfallen. Da eine Änderung der steuerpflichtigen Verhältnisse um plus 30 v. H. stattgefunden hat, ist die Vorsteuer um 30 v. H. von 2.000 Euro zu berichtigen. Der Steuerpflichtige kann daher 600 Euro als Vorsteuer geltend machen.

Bei Veräußerung wird fingiert, dass das Wirtschaftsgut bis zum Ablauf des Berichtigungszeitraums für das Unternehmen entsprechend den geänderten Verhältnissen verwendet wird (§ 15 a Abs. 8 u. 9 UStG). Wird z. B. ein mit Vorsteuern erworbenes Haus, das bisher steuerpflichtig vermietet war, nach 5 Jahren steuerfrei veräußert, so sind für die Jahre 6–10 jeweils $1/_{10}$ der Vorsteuern in einem Betrag sofort an das Finanzamt zurückzuzahlen.

III. Änderung des Vorsteuerabzugs bei Wirtschaftsgütern des Umlaufvermögens

Nach § 15 a Abs. 2 UStG werden von der Vorsteuerberichtigung auch Wirtschaftsgüter erfasst, die ertragsteuerlich als Umlaufvermögen einzuordnen sind.

In diesem Fall gibt es keinen Berichtigungszeitraum. Die Vorschrift ist insbesondere bei Grundstücken im Umlaufvermögen (z. B. gewerblicher Grundstückshandel) zu beachten. Erwirbt beispielsweise ein Unternehmer ein Grundstück mit Vorsteuer in der Absicht, es steuerpflichtig weiterzuveräußern und veräußert er es 18 Jahre später steuerfrei, so hat er die Vorsteuer nach 18 Jahren zu berichtigen und zurückzuzahlen.

IV. Berichtigung des Vorsteuerabzugs bei eingebauten Wirtschaftsgütern und sonstigen Leistungen an Wirtschaftsgütern (§ 15 a Abs. 3 UStG)

Die Berichtigungsvorschrift des § 15 a UStG gilt auch für alle eingefügten, nicht mehr selbständig nutzbaren Gegenstände, die mit dem Wirtschaftsgut, in das sie eingehen, in einem einheitlichen Nutzungs- und Funktionszusammenhang stehen. Hierunter fallen z. B. größere Modernisierungen an Gebäuden. Für jeden eingebauten Bestandteil gilt ein eigenständiger Berichtigungszeitraum. Dieser bemisst sich grundsätzlich nach der Art des Wirtschaftsguts, in das der betroffene Gegenstand eingefügt wird.

Beispiel: Der Steuerpflichtige kauft am 1. 1. 2006 ein bebautes Grundstück, welches er steuerpflichtig vermietet. Am 1. 1. 2010 werden neue Fenster eingebaut und Vorsteuern von 20.000 Euro abgezogen. Am 1. 1. 2012 werden nur noch 50 % steuerfrei vermietet. Für einen 8-jährigen Berichtigungszeitraum (2012 bis 2019) sind pro Jahr $1/_{10}$ von 10.000 Euro = 1.000 Euro zu berichtigen.

Nach § 15 a UStG gilt die Berichtigungsvorschrift auch für sonstige Leistungen an Wirtschaftsgütern, somit insbesondere für Erhaltungsaufwendungen an Grundstücken.

V. Berichtigung des Vorsteuerabzugs bei nachträglichen Anschaffungs- oder Herstellungskosten (§ 15 a Abs. 6 UStG)

Für nachträgliche Anschaffungs- oder Herstellungskosten gilt die gesonderte Berichtigungsvorschrift nach § 15 a Abs. 6 UStG. Diese Vorschrift verweist hinsichtlich der Berichtigungsmodalitäten auf die Absätze 1–5. Bei nachträglichen Anschaffungs- und Herstellungskosten an Wirtschaftsgütern, die einkommensteuerrechtlich Anlagevermögen darstellen, gilt daher die Berichtigung „pro rata temporis". Bei nachträglichen Anschaffungs- oder Herstellungskosten des Umlaufvermögens ist die Berichtigung des Vorsteuerabzuges für den Besteuerungszeitraum vorzunehmen, in dem das Wirtschaftsgut verwendet wird.

VI. Vereinfachungsregeln

Durch § 44 UStDV sind in Bagatellfällen Vereinfachungen vorgesehen. Nach Abs. 1 erfolgt keine Berichtigung, falls der auf die Anschaffungs- bzw. Herstellungskosten entfallende Vorsteuerbetrag 1.000 Euro nicht übersteigt. Gleiches gilt nach Abs. 2, wenn die Änderung der Nutzungsverhältnisse weniger als 10 v. H. beträgt und der absolute Betrag, um den der Vorsteuerabzug zu berichtigen ist, unter 1.000 Euro liegt. Betragen die auf die Anschaffungs- oder Herstellungskosten entfallenden Vorsteuern weniger als 2.500 Euro, so ist zwar eine Berichtigung vorzunehmen, diese Berichtigung erfolgt jedoch nach Abs. 3 einheitlich am Ende des Berichtigungszeitraums.

(Dr. Kieffer)

38. Rückgabe und Rücklieferung im UStG

I. Rückgabe und Rücklieferung im Rahmen des umsatzsteuerlichen Leistungsaustauschs

Nach § 1 Abs. 1 UStG liegt eine steuerbare Lieferung nur vor, wenn sie gegen Entgelt erfolgt. Dies bedeutet, dass ein Leistungsaustausch vorliegen muss, in dem die Leistung eine (mögliche) Gegenleistung auslöst, sodass schließlich die wechselseitig erbrachten Leistungen miteinander innerlich verbunden sind. Werden Gegenstände von dem Lieferanten zurückgenommen, so ist daher stets zu prüfen, ob die Rücknahme zu einem Leistungsaustausch und damit zu einem umsatzsteuerbaren Vorgang führt.

Eine Rücklieferung liegt immer dann vor, wenn ein Unternehmer einen Gegenstand, den er früher geliefert hat, von dem Abnehmer zurückkauft (auch Rückkauf genannt). In diesem Fall tritt neben die ursprüngliche Lieferung eine weitere selbständige Leistung, sodass zwei umsatzsteuerbare Tatbestände gegeben sind.

Eine Sonderform der Rücklieferung ist der Umtausch; es liegt zwar eine Rücklieferung vor, der Abnehmer erhält jedoch nicht sein Geld zurück, sondern muss einen anderen Gegenstand erwerben.

Eine Rückgabe liegt hingegen vor, wenn die Parteien das Rechtsgeschäft nicht bestehen lassen wollen oder können (auch Rückgängigmachung genannt). Dies ist insbesondere dann der Fall, wenn der Vertrag oder die Lieferung unwirksam ist oder unwirksam wird. In diesem Fall wird der ursprüngliche Leistungsaustausch aufgehoben, sodass kein umsatzsteuerbarer Tatbestand vorliegt. Ist der ursprüngliche Umsatz bereits in einer USt-Voranmeldung oder USt-Erklärung erfasst worden, so ist nach § 17 Abs. 2 Nr. 3 UStG zu berichtigen.

II. Probleme der Abgrenzung

Die Frage, ob eine Rückgabe oder eine Rücklieferung vorliegt, ist im Einzelfall nicht immer einfach zu beantworten. Die Rechtsprechung hat sich daher in mehreren Urteilen mit der Abgrenzung zwischen Rückgabe und Rücklieferung beschäftigen müssen. Während ursprünglich eine innere Verknüpfung zwischen Hin- und Rückgabe des Liefergegenstandes gefordert wurde, beurteilt die jüngere Rechtsprechung die Abgrenzung im Wesentlichen aus der Position des ursprünglichen Lieferungsempfängers. Der BFH stellt damit entscheidend darauf ab, ob der ursprüngliche Lieferungsempfänger eine entgeltliche Leistung an den ursprünglichen Lieferer erbringt (vgl. BFH-Urteil vom 17. 12. 1981, BStBl 1982 II S. 233; BFH vom 27. 6. 1995, BStBl II S. 756).

Die Rückgabe des Gegenstandes kann entweder durch Vereinbarungen im Vertrag oder durch Vertragsstörungen verursacht sein. Enthält der Kaufvertrag ein Wiederkaufsrecht, so löst dessen Ausübung durch den ursprünglichen Verkäufer eine entgeltliche Leistung des Käufers und somit eine Rücklieferung aus. Der ursprüngliche Käufer hat eine schuldrechtliche Verkaufsverpflichtung, die einen umsatzsteuerbaren Tatbestand auslöst.

Bei Vertragsstörungen ist im Regelfall eine Rückgabe anzunehmen. Bei Vertragsverletzungen durch den Verkäufer kann der Käufer im Regelfalle den Vertrag anfechten, vom Vertrag zurücktreten oder Wandlung verlangen. In diesem Fall will der Käufer nicht eine Lieferung gegen Entgelt ausführen, sondern den Gegenstand aufgrund nicht ordnungsgemäßer Erfüllung des Kaufvertrages zurückgeben. Erfolgt die Rückgabe aufgrund von Vertragsverletzungen des Käufers, so liegt ebenfalls keine Rücklieferung vor, da dem Käufer keine Wahlmöglichkeit bleibt, ob er den gelieferten Gegenstand aufgrund einer Rückgängigmachung des ursprünglichen Geschäftes zurückgeben oder den Gegenstand zurückliefern möchte.

III. Einzelfälle

Die Frage, ob eine Rücklieferung oder Rückgabe vorliegt, ist nach Auffassung der Rechtsprechung im Wesentlichen Sache des tatsächlichen Einzelfalls.

Im Folgenden werden daher einige wichtige, von der Rechtsprechung entschiedene Einzelfälle erörtert:

Nichtigkeit eines Kaufvertrages: Die Nichtigkeit des Kaufvertrages führt dazu, dass die Vertragsparteien so zu stellen sind, als ob ein Vertrag nie geschlossen worden wäre. Der Käufer hat den Gegenstand nach den Regeln der ungerechtfertigten Bereicherung (§ 812 BGB) zurückzugeben. Ein Leistungsaustausch hat nicht stattgefunden, sodass kein umsatzsteuerbarer Tatbestand verwirklicht wird.

Eigentumsvorbehalt: Fordert der Verkäufer aufgrund eines Eigentumsvorbehaltes Ware zurück, weil der Verkäufer mit seinen Zahlungen in Verzug gerät, so wird der Kaufvertrag rückgängig gemacht. Es liegt eine Rückgabe und somit kein umsatzsteuerbarer Tatbestand vor (FG Niedersachsen, EFG 1998, 680). Hat der Käufer jedoch bereits teilweise Zahlungen auf den Kaufpreis geleistet, so ist der Kaufvertrag eventuell in einen Mietvertrag umzudeuten. Diese Zahlungen können dann Entgelt für die Nutzungsüberlassung darstellen. Gleiches gilt für die Aussonderung von Waren, die vor Konkurs geliefert wurden (FG Köln, EFG 1998, 155).

Abzahlungsgeschäft: Bei Abzahlungsgeschäften kann der Verkäufer vom Vertrag zurücktreten, wenn der Käufer mit seinen Zahlungen in Verzug ist. Der Verkäufer kann nach § 2 AbzG den Teil der bereits gezahlten Raten behalten, der auf seine Aufwendungen und die Nutzungsüberlassung entfällt. In diesem Fall liegt eine Rückgängigmachung des Kaufvertrages vor. Die einbehaltenen Raten stellen Entgelt für eine Nutzungsüberlassung dar.

Inzahlungnahme: Nimmt ein Kfz-Händler einen zuvor bei ihm gekauften Wagen gegen Verkauf eines neuen Wagens in Zahlung, so kann die Frage, ob Rücklieferung oder Rücknahme vorliegt, nur nach den Umständen des Einzelfalles beurteilt werden.

Von Bedeutung sind der Inhalt der vertraglichen Vereinbarungen, die Zeitspanne zwischen Kauf und Rückgabe und die Höhe der Gutschrift (BFH-Urteil vom 9. 3. 1967, BStBl 1967 III S. 168).

Umtausch mit Baraufgabe: Beim Verkauf von Teppichen verpflichten sich Händler häufig, den Teppich innerhalb von zwei Jahren zum ursprünglichen Preis zurückzunehmen, wenn der Käufer einen neuen Teppich zu einem höheren Preis erwirbt. In diesem Fall ist von den Parteien ein Umtausch mit Baraufgabe gewollt, sodass eine Rücklieferung und damit zwei umsatzsteuerbare Vorgänge vorliegen (FG Bremen vom 7. 6. 1977, EFG 1977, 513).

Garantiefall im Kfz-Gewerbe: Häufig übernehmen Kfz-Händler Garantiereparaturen, die dem Hersteller obliegen. Sie entnehmen hierzu bereits vom Hersteller gelieferte Ersatzteile ihrem Lager. Der Vertrag zwischen Hersteller und Händler sieht dann vor, dass der Liefervertrag bezüglich des Garantieteils aufgehoben wird. In diesem Fall findet ein Ersatzteilkauf unter einer auflösenden Bedingung statt. Die auflösende Bedingung bei Eintritt des Garantiefalls führt deswegen zur Rückgängigmachung der ursprünglichen Ersatzteillieferung und damit zu einem nicht steuerbaren Umsatz (BFH-Urteil vom 8. 2. 1962, BStBl 1962 III S. 168).

Rücklieferung von nicht abgesetzten Erzeugnissen: Im Zusammenhang mit Preissenkungen erklärte sich eine Zigarettenfabrik bereit, altpreisige Ware zum Ursprungspreis gegen niedrigpreisige Ware in Zahlung zu nehmen. Der Bundesfinanzhof sah hierin eine Rücklieferung (BStBl 1995 II S. 756). (Dr. Kieffer)

39. Reihengeschäfte im Umsatzsteuerrecht

I. Vorbemerkungen

Mit Wirkung vom 1. Januar 1997 wurden die Regelungen des UStG über die Behandlung von Reihengeschäften an die gemeinschaftsrechtlichen Vorschriften angepasst. Die zentralen Regelungen sind in den Bestimmungen zum Lieferort (§ 3 Abs. 5 a, 6 und 7 UStG) sowie in § 25 b UStG verankert, mit dem eine besondere Vereinfachungsregelung für innergemeinschaftliche Dreiecksgeschäfte eingeführt wurde (vgl. BMF-Schreiben vom 18. 4. 1997, BStBl 1997 I S. 529).

Wesentliches Merkmal der Neuregelung ist, dass es bei mehreren aufeinander folgenden Lieferungen, die im Rahmen einer Warenbewegung (Beförderung oder Versendung) ausgeführt werden, keine Fiktion eines einheitlichen Lieferorts und Lieferzeitpunkts mehr gibt. Der Lieferzeitpunkt ist für jede einzelne Lieferung zu bestimmen. Für den Lieferort gelten die folgenden Grundsätze: (1) Für jede Lieferung ist der Ort gesondert zu bestimmen; (2) die Warenbewegung kann immer nur einer Lieferung zugeordnet werden (Beförderungs- oder Versendungslieferung); (3) bei allen anderen Lieferungen findet keine Warenbewegung statt (ruhende Lieferungen); der Lieferort liegt entweder am Beginn oder am Ende der Beförderung oder Versendung.

II. Reihengeschäfte

Als Reihengeschäfte werden die in § 3 Abs. 6 Satz 5 UStG beschriebenen Umsatzgeschäfte bezeichnet, die von mehreren Unternehmern über denselben Gegenstand abgeschlossen werden und bei denen dieser Gegenstand im Rahmen einer Beförderung oder Versendung unmittelbar vom ersten Unternehmer (Ort der Lieferung des ersten Unternehmers) an den letzten Abnehmer gelangt. Da die Warenbewegung nur einer Lieferung zugeordnet wird, kommt nur für diese **Beförderungs- oder Versendungslieferung** die Steuerbefreiung für Ausfuhrlieferungen (§ 6 UStG) oder für innergemeinschaftliche Lieferungen (§ 6 a UStG) in Betracht. Alle anderen Lieferungen in der Reihe sind **ruhende Lieferungen.** Sie werden entweder vor oder nach der Warenbewegung ausgeführt. Die Warenbewegung kann durch die Lieferung an den Abnehmer oder einen vom Lieferer oder Abnehmer beauftragten Dritten durchgeführt werden (§ 3 Abs. 6 Satz 1 UStG). Sowohl der Abholfall als auch die Warenbewegung durch beauftragte Dritte (Lohnveredelung) gelten als Beförderungs- oder Versendungsfall.

Im Fall der Beförderungs- oder Versendungslieferung gilt die Lieferung dort als ausgeführt, wo die Beförderung oder Versendung an den Abnehmer oder in dessen Auftrag an einen Dritten **beginnt** (§ 3 Abs. 6 Satz 1 UStG). Die ruhenden Lieferungen, die der Beförderungs- oder Versendungslieferung **vorangehen,** gelten an dem Ort als ausgeführt, an dem die Warenbewegung **beginnt.** Die ruhenden Lieferungen, die der Beförderungs- oder Versendungslieferung **nachfolgen,** gelten an dem Ort als ausgeführt, an dem die Warenbewegung **endet.** Nach der Gesetzeskonzeption kommt der **Zuordnung** der Beförderung oder Versendung zu einer Lieferung oder Versendung des Reihengeschäfts entscheidende Bedeutung zu. Die Warenbewegung kann (1) dem ersten Unternehmer, (2) dem letzten Abnehmer, (3) einem mittleren Unternehmer, jedoch einheitlich für alle Beteiligten, zugeordnet werden. Anhand von Belegen, z. B. der Auftragserteilung an den selbständigen Beauftragten, ist zu beurteilen, wer die Beförderung durchgeführt oder die Versendung veranlasst hat. Wird der Gegenstand der Lieferung durch den ersten Unternehmer in der Reihe befördert oder versendet, ist seiner Lieferung die Beförderung oder Versendung zuzuordnen. Wird der Liefergegenstand durch den **letzten** Abnehmer befördert oder versendet, ist die Beförderung oder Versendung der Lieferung des letzten Lieferers in der Reihe zuzuordnen. Befördert oder versendet ein **mittlerer** Unternehmer in der Reihe den Liefergegenstand, so ist dieser zugleich Abnehmer der Vorlieferung und Lieferer seiner eigenen Lieferung. In diesem Fall ist die Warenbewegung grundsätzlich der Lieferung des vorangehenden Unternehmers zuzuordnen; diese Vermutung kann durch Vorlage von Belegen widerlegt werden, mit denen der mittlere Unternehmer nachweist, dass er den Gegenstand als **Lieferer** befördert oder versendet hat (§ 3 Abs. 6 Satz 6 UStG). Hiervon wird ausgegangen, wenn der Unternehmer unter der USt-IdNr. des Mitgliedstaates auftritt, in dem die Warenbewegung beginnt, und wenn er aufgrund der Lieferbedingungen Gefahr und Kosten der Warenbewegung übernommen hat.

Bei auf das Inland beschränkten Warenbewegungen finden die genannten Grundsätze gleichfalls Anwendung. Ist dabei ein in einem anderen Mitgliedstaat oder im Drittland ansässiger Unternehmer beteiligt, so muss er sich wegen der im Inland steuerpflichtigen Lieferung stets im **Inland** steuerlich **registrieren** lassen. Beginnt bei einem Reihengeschäft die Warenbewegung im Inland und endet sie in einem anderen Mitgliedstaat, so kann mit der Warenbewegung nur **eine** innergemeinschaftliche Lieferung bewirkt werden. Die Steuerbefreiung (§ 4 Nr. 1 b UStG) kommt nur bei der Beförderungs- oder Versendungslieferung zur Anwendung. Entsprechendes gilt für den innergemeinschaftlichen Erwerb (§ 1 a UStG) sowie für die Steuerbefreiung bei Ausfuhrlieferungen im Fall der Warenbewegung in das Drittlandsgebiet. Bei Reihengeschäften mit privaten Endabnehmern zwischen zwei Mitgliedstaaten gilt die Lieferung dort als ausgeführt, wo die Warenbewegung endet. Im Ergebnis wird damit sichergestellt, dass die Lieferung an den Nichtunternehmer in dem Bestimmungsland steuerbar ist.

Das **innergemeinschaftliche Dreiecksgeschäft** ist ein besonderer Fall des Reihengeschäfts. Die in § 25 b Abs. 1 UStG genannten engen Voraussetzungen müssen kumulativ erfüllt sein. Es werden dann verschiedene innergemeinschaftliche Lieferungen fingiert und im Ergebnis wird als Vereinfachung die **Steuerschuld** für die Inlandslieferung unter den Voraussetzungen des § 25 b Abs. 2 UStG von dem ersten Abnehmer auf den letzten Abnehmer **übertragen**. Es gilt dann zugleich auch der innergemeinschaftliche Erwerb des ersten Abnehmers als besteuert (§ 25 b Abs. 3 UStG). Materielle Voraussetzung zur Übertragung der Steuerschuld ist, dass der erste Abnehmer dem letzten Abnehmer eine Rechnung erteilt, in der die Steuer nicht gesondert ausgewiesen ist und in der zusätzliche Angaben über das Vorliegen eines innergemeinschaftlichen Dreiecksgeschäfts gemacht werden. Besondere, in § 25 b Abs. 6 UStG geregelte Aufzeichnungspflichten sind zu beachten.

(Dr. Lenz)

40. Die Übertragung von Betriebsvermögen im Erbschaftsteuerrecht

I. Begriff, Umfang und Bewertung des Betriebsvermögens

Die Übertragung von Betriebsvermögen durch Erbanfall oder durch Schenkung unterliegt grundsätzlich der Erbschaftsteuerpflicht (§ 1 ErbStG). Das Betriebsvermögen umfasst alle Teile eines Gewerbebetriebes i. S. des § 15 Abs. 1 und 2 EStG, die bei der steuerlichen Gewinnermittlung zum Betriebsvermögen gehören (§ 95 BewG). Für dessen Ermittlung ist zum Bewertungsstichtag eine Vermögensaufstellung anzufertigen. Die Anknüpfung an die Grundsätze der steuerlichen Gewinnermittlung in der Vermögensaufstellung führen regelmäßig zu einer Bestandsidentität zwischen der Steuerbilanz und der Vermögensaufstellung. Diese Bestandsidentität wird jedoch durch besondere Vorschriften des Bewertungsgesetzes durchbrochen. So sind z. B. Grundstücke, die zu mehr als der Hälfte ihres Wertes dem Gewerbebetrieb dienen, erbschaftsteuerlich insgesamt Betriebsvermögen (§ 99 Abs. 2 BewG), ertragsteuerlich jedoch nur mit dessen Anteilen. Ist an dem Grundstück eine dritte Person beteiligt, bildet das Grundstück insgesamt Grundvermögen. Steht das Grundstück allerdings im Eigentum einer gewerblichen Personengesellschaft oder Körperschaft, so ist es stets Betriebsvermögen. Schulden sind nur zu berücksichtigen, wenn sie im wirtschaftlichen Zusammenhang mit der Gesamtheit oder einzelnen Teilen des Betriebsvermögens stehen. Die Bewertung erfolgt in der Regel mit den Steuerbilanzwerten (§ 109 BewG). Für Betriebsgrundstücke gilt abweichend der Bedarfswert (§ 138 BewG), notierte Wertpapiere werden mit dem Kurswert und nichtnotierte Anteile an Kapitalgesellschaften mit dem gemeinen Wert bewertet.

II. Begünstigung nach § 13 a ErbStG

1. Begünstigtes Vermögen

Durch den in § 13 a ErbStG festgelegten Freibetrag und Bewertungsabschlag wird der Übergang des Betriebsvermögens begünstigt. Hierzu gehören Gewerbebetriebe, Teilbetriebe, Mitunternehmeranteile einschließlich Sonderbetriebsvermögen und freiberufliche Praxen bzw. Anteile hieran. Begünstigt sind außerdem land- und forstwirtschaftliches Vermögen und Anteile an Kapitalgesellschaften, an denen der Erblasser zu mehr als ¼ beteiligt war.

Nicht begünstigt ist insbesondere die Übertragung einzelner Wirtschaftsgüter, wenn sie Betriebsvermögen bleiben.

2. Höhe der Entlastung

Nach § 13 a Abs. 1 Nr. 1 und 2 ErbStG wird sowohl im Falle der vorweggenommenen Erbfolge (Schenkung) als auch bei Erwerb von Todes wegen ein Freibetrag von 225.000 Euro gewährt. Das nach Abzug des Freibetrages verbleibende begünstigte Vermögen wird mit 65 v. H. angesetzt (§ 13 a Abs. 2 ErbStG). Dies entspricht einem Bewertungsabschlag von 35 v. H.

Wird ein Freibetrag nach § 13 a Abs. 1 Satz 1 Nr. 2 ErbStG gewährt, gilt eine Sperrfrist von 10 Jahren. Für weiteres innerhalb von zehn Jahren nach Erwerb von derselben Person anfallendes Vermögen kann weder vom Bedachten noch von anderen Erwerbern ein Freibetrag in Anspruch genommen werden.

Bei Erwerb von Todes wegen wird immer derjenige von der Erbschaftsteuer entlastet, dem letztlich das begünstigte Vermögen zugewendet wird (§ 13 a Abs. 3 ErbStG). Dies kann z. B. auch der Vermächtnisnehmer sein. Ist der Alleinerbe z. B.

nach dem Willen des Erblassers verpflichtet, das begünstigte Vermögen an einen Vermächtnisnehmer weiterzugeben, geht die volle Vergünstigung auf den Vermächtnisnehmer über und der Alleinerbe kann sie nicht in Anspruch nehmen.

Beim Erwerb durch mehrere Erwerber kann der Erblasser eine Aufteilung des Freibetrages verfügen, nicht jedoch eine Aufteilung des Bewertungsabschlages. Hat der Erblasser keine Aufteilung schriftlich verfügt und sind nur Erben die Erwerber, wird der Freibetrag entsprechend der Erbquote aufgeteilt. Wird aufgrund einer Verfügung des Erblassers der Freibetrag eines Erben nicht vollständig ausgeschöpft, so wird der nicht ausgeschöpfte Teil auf die übrigen Erben nach Köpfen verteilt.

3. Schuldenkappung und Verzicht auf die Anwendung des § 13 a ErbStG

Nach § 10 Abs. 6 ErbStG sind Schulden und Lasten, die mit befreitem land- und forstwirtschaftlichem Vermögen oder mit befreiten Anteilen an Kapitalvermögen im wirtschaftlichen Zusammenhang stehen, nur insoweit zum Abzug zugelassen, als das mit den Schulden belastete Vermögen überhaupt steuerlich erfasst wird. Wird dieses begünstigte Vermögen z. B. aufgrund des Freibetrages und Bewertungsabschlages nur mit 10 v. H. erfasst, sind auch nur 10 v. H. der Schulden abzugsfähig. Dies wirkt sich dann nachteilig aus, wenn die Schulden über den Steuerwert des begünstigten Vermögens hinausgehen; der Schuldenüberhang kann in diesem Fall nicht mit anderen Vermögensgegenständen verrechnet werden. Um diesen Nachteil zu vermeiden, sieht § 13 a Abs. 6 ErbStG für land- und forstwirtschaftliches Vermögen und für Anteile an Kapitalgesellschaften vor, dass der Steuerpflichtige auf die Begünstigung des § 13 a ErbStG verzichten kann.

4. Rückwirkender Wegfall der Steuervergünstigung

Die Steuervergünstigung entfällt rückwirkend, wenn innerhalb von fünf Jahren nach Erwerb das begünstigte Vermögen veräußert bzw. aufgegeben wird. Die Steuervergünstigung fällt auch dann weg, wenn bis zum Ende des letzten in die 5-Jahres-Frist fallenden Wirtschaftsjahres Entnahmen getätigt werden, die die Summe der Einlagen und Gewinne oder Gewinnanteile seit dem Erwerb um 52.000 Euro übersteigen.

III. Steuervergünstigungen für Personen der Steuerklasse II und III

Nach § 19 a ErbStG sollen Betriebsvermögen, land- und forstwirtschaftliches Vermögen und Anteile an Kapitalgesellschaften bei Erwerben von Personen der Steuerklasse II und III stets nach Steuerklasse I besteuert werden. Dies wird steuertechnisch dadurch erreicht, dass die Erbschaftsteuer in diesen Fällen um einen Entlastungsbetrag gemindert wird.

IV. Stundung

Nach § 28 ErbStG kann die Erbschaftsteuer auf Antrag bis zu zehn Jahre gestundet werden, wenn dies zur Erhaltung des Betriebes notwendig ist.

V. Zusammenfassung

Die Vererbung und Schenkung von Unternehmensvermögen wird erbschaftsteuerlich begünstigt. Durch die Schaffung von Betriebsvermögen (z. B. Einlage von Vermögen in gewerbliche Personengesellschaften und anschließende Beteiligungsschenkung) sind erhebliche Steuerersparnisse erzielbar. Die Behaltensfrist und die Entnahmebeschränkung führen jedoch dazu, dass bislang nicht einkommensteuerpflichtige Wertzuwächse von Privatvermögen in Kauf genommen werden müssen. Die erbschaftsteuerliche Begünstigung des Betriebsvermögens wird zzt. durch das Bundesverfassungsgericht überprüft.

(Dr. Kieffer)

41. Stuttgarter Verfahren

I. Überblick

Nach § 11 Abs. 2 Satz 2 BewG sind nichtnotierte Anteile an Kapitalgesellschaften mit dem gemeinen Wert zu bewerten. Soweit dieser sich nicht aus Verkäufen ableiten lässt, muss er unter Berücksichtigung der Vermögens- und Ertragsaussichten nach dem Stuttgarter Verfahren geschätzt werden (R 96–108 ErbStR).

Der Wert, der nach dem Stuttgarter Verfahren ermittelt wird, geht zunächst vom Vermögenswert aus. Zusätzlich werden die Ertragsaussichten berücksichtigt, indem zum Vermögenswert der Teil der durchschnittlichen Erträge addiert wird, der die Verzinsung des Kapitals übersteigt. Bei der Ermittlung der Erträge und der Verzinsung des Kapitals wird von einem Zeitraum von fünf Jahren ausgegangen. Außerdem wird ein Zinssatz von 9 v. H. zugrunde gelegt.

Diese Überlegungen werden in einer Formel ausgedrückt, nach der als gemeiner Wert 68 v. H. der Summe aus Vermögenswert und fünffachem Ertragshundertsatz anzusetzen sind.

II. Der Vermögenswert

Grundlage für den Vermögenswert bildet die Steuerbilanz sowohl hinsichtlich Ansatz als auch Bewertung der Wirtschaftsgüter. Der Firmenwert und firmenwertähnliche Wirtschaftsgüter sind nicht anzusetzen: Grundstücke sind mit dem Bedarfswert zu bewerten, Wertpapiere, Anteile und Genussscheine an der Kapitalgesellschaft sind mit dem gemeinen Wert anzusetzen. Entsteht die Steuer nicht zum Schluss eines Wirtschaftsjahres, kann die Schlussbilanz des dem Besteuerungszeitpunkt vorangegangenen Bilanzstichtages herangezogen werden. Vermögensänderungen zwischen diesen beiden Zeitpunkten (z. B. Gewinne, Verluste, Veräußerung von Anlagevermögen, Gewinnausschüttungen, Einlagen) sind zu korrigieren. Das ggf. korrigierte Vermögen der Steuerbilanz wird mit dem Nennkapital in Beziehung gesetzt. Diese Relation bildet als Prozentsatz ausgedrückt den Vermögenswert.

III. Der Ertragshundertsatz

Bei der Ermittlung des Ertragshundertsatzes kommt es auf den voraussichtlichen künftigen Jahresertrag an. Tatsächlich zugrunde gelegt wird jedoch der in den letzten drei Jahren erzielte gewichtete Durchschnittsertrag. Hierzu wird aus dem um Sonderfaktoren bereinigten körperschaftsteuerlichen Einkommen der letzten drei Jahre ein Betriebsergebnis abgeleitet. Dem körperschaftsteuerlichen Einkommen hinzuzurechnen sind z. B. Sonderabschreibungen, erhöhte Absetzungen, Bewertungsabschläge, Zuführung zu steuerfreien Rücklagen und Teilwertabschreibungen; diese sind durch entsprechende Normalabschreibungen zu ersetzen. Hinzugerechnet werden auch Abschreibungen auf einen derivativen Firmenwert, ein Verlustabzug, einmalige Veräußerungsverluste und steuerfreie Vermögensmehrungen einschl. Dividenden und Anteilsveräußerungen nach § 8 b KStG. Zu bereinigen sind auch Investitionszulagen, soweit auch in Zukunft mit gleichen Beträgen gerechnet werden kann.

Gekürzt wird das körperschaftsteuerliche Einkommen um einmalige Veräußerungsgewinne, nichtabzugsfähige Ausgaben und die Tarifbelastung auf die nichtabziehbaren Ausgaben. Hinzurechnungen und Kürzungen gelten nur, wenn sie das körperschaftsteuerpflichtige Einkommen vorher vermindert bzw. erhöht haben. Dies ist nach dem Steuersenkungsgesetz 2000 nicht uneingeschränkt der Fall (§ 8 b KStG hinsichtlich Veräußerungsgewinn und Teilwertabschreibungen).

Vom Einkommen abgezogen wird auch die Körperschaftsteuer zuzüglich SolZ. Für Wirtschaftsjahre, in denen das KStG a. F. gilt, wird pauschal ein Betrag von 25 v. H. des zu versteuernden Einkommens abgezogen. Bei Wirtschaftsjahren, auf die das KStG n. F. anwendbar ist, wird die Körperschaftsteuer mit dem tatsächlichen Betrag angesetzt, jedoch ohne die Körperschaftsteuererhöhungen und -minderungen auf Altguthaben (§§ 37 und 38 KStG).

Bei Gesellschaften, deren Ertrag ohne Einsatz eines größeren Kapitals ausschließlich und unmittelbar von der Tätigkeit des Gesellschafter-Geschäftsführers abhängig ist, kann vom Betriebsergebnis ein Abschlag von bis zu 30 v. H. vorgenommen werden. Der gewogene Durchschnitt der Betriebsergebnisse wird sodann in der Weise ermittelt, dass das letzte Betriebsergebnis mit dem Faktor 3, das vorletzte mit dem Faktor 2 und das vorvorletzte mit dem Faktor 1 multipliziert wird. Die Summe der vervielfachten Betriebsergebnisse ist durch 6 zu dividieren und ergibt den Durchschnittsertrag. Dieser wird zum Nennkapital in Beziehung gesetzt und bildet den Ertragshundertsatz.

Bei Verlust wird ein Ertragshundertsatz mit 0 angesetzt.

IV. Die Ermittlung des gemeinen Wertes in Normalfällen

Der gemeine Wert kann nun ermittelt werden, indem Vermögenswert und Ertragshundertsatz in die oben erwähnte Formel eingesetzt werden. Bei ertragsschwachen Gesellschaften mit einer Rendite von weniger als 4,5 v. H. werden Abschläge vorgenommen, die sich im Einzelnen aus R 100 Abs. 3 ErbStR ergeben.

V. Ermittlung des gemeinen Wertes in Sonderfällen

In einigen Fällen, die in R 101–108 ErbStR genannt sind, ergeben sich aufgrund der besonderen Verhältnisse der Kapitalgesellschaft Auswirkungen auf die Berechnung des gemeinen Wertes. Zu nennen sind z. B. folgende Sonderfälle:

Bei Anteilen ohne Einfluss auf die Geschäftsführung ist der Anteilswert um 10 v. H. zu kürzen.

Im Falle der Neugründung wird der Anteilswert in den ersten drei Jahren mit 100 v. H. des Nennkapitals angesetzt.

Der gemeine Wert der Anteile einer Holdinggesellschaft entspricht dem Vermögenswert. Hierbei werden die Beteiligungen der Töchter nach dem Stuttgarter Verfahren ermittelt. Die Ertragsaussichten der Holdinggesellschaft bleiben außer Betracht. Die Körperschaftsteuer wird pauschal vom Vermögenswert abgezogen. Gleiches gilt, wenn die Summe der Wirtschaftsgüter der Kapitalgesellschaft zu mehr als 75 v. H. aus Anteilen an Kapitalgesellschaften besteht.

Anteile von Gesellschaften, die sich in Liquidation befinden, und Komplementär-GmbHs werden im Regelfall nur mit dem Vermögenswert bewertet.

Bei gemeinnützigen Kapitalgesellschaften mit Ausnahme von Wohnungsbaugesellschaften wird vom Vermögenswert, der nicht über dem Nennwert liegen darf, ein Abschlag von 30 v. H. vorgenommen.

Für Organgesellschaften, die zur Gewinnabführung verpflichtet sind, gilt die Fiktion, dass das Geschäftsergebnis nicht an den Organträger abgeführt wird. Jedes Organ hat daher sein Geschäftsergebnis zugrunde zu legen, wobei fiktive Ertragsteuerzahlungen nicht abgezogen werden dürfen.

Sonderregelungen bestehen für die Bewertung von Anteilen an Kapitalgesellschaften mit ungleichen Rechten und bei nicht voll eingezahltem Nennkapital.

Im Einzelfall können abweichend von der Typisierung des Stuttgarter Verfahrens auch andere einfache Bewertungsmethoden verwendet werden.   (Dr. Kieffer)

42. Bedarfsbewertung und Einheitsbewertung von Grundvermögen

I. Allgemeines

Nachdem das Bundesverfassungsgericht mit Beschluss vom 22. 6. 1995 die Bewertung des Grundbesitzes auf der Basis der Einheitswerte für Zwecke der Schenkungsteuer für verfassungswidrig erklärt hat, wurden mit dem Jahressteuergesetz 1997 die §§ 138 ff. in das Bewertungsgesetz eingefügt. Hiernach wurde für Zwecke der Erbschaftsteuer ab 1. Januar 1996 und für die Grunderwerbsteuer ab 1. Januar 1997 die Bedarfsbewertung eingeführt. Allerdings wird diese Grundstücksbewertung derzeit wieder durch das Bundesverfassungsgericht überprüft. Für Zwecke der Grundsteuer bleiben weiterhin die Einheitswerte nach §§ 78–94 BewG gültig.

II. Bedarfsbewertung

Bei der Bedarfsbewertung werden in einem typisierten Verfahren Grundbesitze gesondert ermittelt, wenn dies für die Erbschaftsteuer oder die Grunderwerbsteuer erforderlich ist. Hierbei ist von den Wertverhältnissen zum 1. Januar 1996 auszugehen.

1. Unbebaute Grundstücke

Unbebaute Grundstücke werden auf der Grundlage der Bodenrichtwerte bewertet, die von den Gutachterausschüssen der Gemeinden nach den Wertverhältnissen zum 1. 1. 1996 bestimmt werden. Hiervon wird pauschal ein Abschlag von 20 v. H. vorgenommen.

2. Bebaute Grundstücke mit Ausnahme von Industriebauten

Für bebaute Grundstücke wird der Bedarfswert nach § 146 BewG in einem vereinfachten Ertragswertverfahren ermittelt. Der Wert des bebauten Grundstückes beträgt grundsätzlich das 12,5fache der im Durchschnitt der letzten drei Jahre vor dem Besteuerungszeitraum erzielten Jahresmiete. Hiervon abgezogen wird die Alterswertminderung (0,5 v. H. pro Jahr seit Bezugsfertigkeit, höchstens 25 v. H. des Ausgangswertes). Jahresmiete ist das Gesamtentgelt, das der Mieter für die Nutzung der bebauten Grundstücke aufgrund vertraglicher Vereinbarung für den Zeitraum von zwölf Monaten zu zahlen hat (Sollmiete). Betriebskosten sind nicht einzubeziehen. Bei Nichtnutzung, Eigennutzung und unentgeltlicher Überlassung, Überlassung an Angehörige oder Arbeitnehmer tritt an die Stelle der Sollmiete die übliche Miete. Bei Ein- und Zweifamilienhäusern, die ausschließlich Wohnzwecken dienen (häusliches Arbeitszimmer ist der Nutzung zu Wohnzwecken zuzuordnen), ist der Wert um 20 v. H. zu erhöhen. Insgesamt darf der Wert des bebauten Grundstückes nicht niedriger sein als der eines unbebauten Grundstückes.

3. Sonderfälle

Lässt sich die übliche Miete nicht ermitteln, werden Bodenwert und Gebäudewert getrennt ermittelt. Dies gilt insbesondere für Gebäude zur Durchführung bestimmter Fertigungsverfahren, für Spezialnutzungen und zur Aufnahme bestimmter technischer Einrichtungen (Industriebauten § 147 Abs. 1 BewG). In diesem Falle wird der Grund und Boden mit dem Bodenrichtwert und einem Abschlag von 30 % bewertet. Der Wert des Gebäudes entspricht dem Steuerbilanzwert, sofern es zum Betriebsvermögen gehört. Gehört das Gebäude zum Privatvermögen, sind die Anschaffungs- oder Herstellungskosten abzgl. Abschreibungen anzusetzen.

Sofern ein Grundstück mit einem Erbbaurecht belastet ist, ist als Wert des belasteten Grundstücks vom 18,6fachen des im Besteuerungszeitraum zu zahlenden jährlichen Erbbauzinses auszugehen. Als Wert des Erbbaurechtes ist der nach dem Ertragswertverfahren (§ 146 BewG) oder aufgrund der Sonderregelung (§ 147 BewG) ermittelte Grundstückswert um den für das belastete Grundstück ermittelten Wert (18,6fache des jährlichen Erbbauzinses) zu kürzen.

Bei Gebäuden im Zustand der Bebauung werden Gebäudewert und Grundstückswert zunächst getrennt ermittelt. Der Grundstückswert ergibt sich aus dem Wert ohne Berücksichtigung der nicht bezugsfertigen Gebäude. Für den Gebäudewert wird zunächst der Grundstückswert unter Zugrundelegung der üblichen Miete ermittelt, die nach Bezugsfertigkeit des Gebäudes zu erzielen wäre. Von diesem Betrag wird zur Ermittlung des Gebäudewertes zunächst ein Abschlag von 20 v. H. vorgenommen. Der endgültige Gebäudewert ergibt sich dann aus diesem Wert multipliziert mit dem Verhältnis der bis zum Besteuerungszeitpunkt entstandenen Herstellungskosten zu den Gesamtherstellungskosten. Der so ermittelte Gebäudewert wird dem Grundstückswert hinzugerechnet.

III. Einheitsbewertung

Die Einheitswerte werden entweder nach dem Ertragswertverfahren (§§ 78 ff. BewG) oder nach dem Sachwertverfahren (§§ 83 ff. BewG) ermittelt.

1. Ertragswertverfahren

Das Ertragswertverfahren ist das Hauptverfahren der Einheitsbewertung von Grundstücken. Es wird bei der überwiegenden Anzahl bebauter Grundstücke angewandt. Sie werden nur dann nicht nach dem Ertragswertverfahren bewertet, wenn sie so von der üblichen Norm abweichen, dass die wesentlichen Voraussetzungen für eine Anwendung fehlen.

Beim Ertragswertverfahren errechnet sich der Grundstückswert durch Anwendung eines Vervielfältigers auf die Jahresrohmiete (Wertverhältnisse 1. 1. 1964) unter Berücksichtigung von Korrekturen.

Die Vervielfältiger sind in Anlage 3 bis 8 zum BewG aufgeführt. Sie unterscheiden sich je nach Grundstücksart, Baujahr und Gemeindegröße. Bei genauerer Betrachtung stellt man fest, dass sie in vereinfachter Form die Anwendung einer finanzmathematischen Kapitalisierungsmethode unter Berücksichtigung von Zinsen und Abschreibungen beinhalten. Die Korrekturen schließlich dienen dazu, außergewöhnliche, werterhöhende oder wertmindernde Umstände zu berücksichtigen.

2. Sachwertverfahren

Das Sachwertverfahren wird bei allen anderen sonstigen bebauten Grundstücken, die nicht im Ertragswertverfahren bewertet werden, angewandt. Ferner ist es vorgeschrieben bei Ein- oder Zweifamilienhäusern, die sich wegen besonders aufwendiger Gestaltung von den üblichen Bauten dieser Art unterscheiden, sowie bei Bauten, für die eine Jahresrohmiete nicht festgestellt werden kann.

Beim Sachwertverfahren werden Bodenwerte, Gebäudewerte und Werte der Außenanlagen getrennt ermittelt. Der Bodenwert wird aufgrund der Wertverhältnisse vom 1. 1. 1964 so ermittelt, als wenn das Grundstück unbebaut wäre. Für die Ermittlung des Gebäudewertes wird der umbaute Raum mit dem Baupreisindex (1. 1. 1964) multipliziert.

Sodann erfolgt eine Zusammenfassung von Bodenwert, Gebäudewert und Wert der Außenanlagen. Die Angleichung an den gemeinen Wert erfolgt durch Anwendung einer Wertzahl, die in der Verordnung zur Durchführung des § 90 BewG angegeben ist. Hierdurch sollen wertbeeinflussende Umstände, wie z. B. Zweckbestimmung und Gemeindegröße, berücksichtigt werden. (Dr. Kieffer)

43. Der Übergang von Anteilen an Personengesellschaften im Erbschaftsteuerrecht

I. Erwerb von Todes wegen

1. Erwerb durch die Erben

Geht mit dem Tode eines Gesellschafters einer Personengesellschaft (insbesondere OHG, KG, atypische stille Gesellschaft, BGB-Gesellschaft, wenn sie ein Gewerbe betreibt) der Gesellschaftsanteil auf einen Erben über, so führt dies zur Erbschaftsteuerpflicht nach § 3 Abs. 1 Nr. 1 ErbStG. Die Erbschaftsteuer bemisst sich gem. § 12 ErbStG nach dem anteiligen Steuerwert des Betriebsvermögens (§§ 95 ff. BewG) im Zeitpunkt der Entstehung der Steuer. In das Betriebsvermögen einzubeziehen sind entsprechend den ertragsteuerlichen Regelungen auch Wirtschaftsgüter des Sonderbetriebsvermögens und Bilanzansätze der Ergänzungsbilanz (R 155 ErbStR). Zur Aufteilung des Wertes des Betriebsvermögens werden die Wirtschaftsgüter des Sonderbetriebsvermögens, die Kapitalkonten der Gesamthandsbilanz und das Kapitalkonto der Ergänzungsbilanz dem jeweiligen Gesellschafter vorab zugerechnet. Auch Forderungen und Verbindlichkeiten zwischen Gesellschaft und Gesellschafter werden berücksichtigt. Sie wirken in der Regel jedoch nicht erbschaftsteuererhöhend, da sie sich saldieren. Für Anteile an vermögensverwaltenden Personengesellschaften wird der Erwerb der anteiligen Wirtschaftsgüter fingiert (§ 10 Abs. 1 Satz 3 ErbStG). Es gelten hier die Grundsätze der gemischten Schenkung mit der Folge, dass kein Negativwert angesetzt wird, wenn die Schuldposten die Besitzposten übersteigen.

2. Anwachsung

Häufig ist im Gesellschaftsvertrag vereinbart, dass beim Tode eines Gesellschafters die übrigen Gesellschafter die Gesellschaft allein weiterführen. Der Vermögensvorteil, den die Gesellschafter durch diese Anwachsung erhalten, unterliegt dann der Erbschaftsteuer nach § 3 Abs. 1 Nr. 2 ErbStG. Bemessungsgrundlage ist der Wert des Anteils, der den verbliebenen Gesellschaftern zuwächst. Abfindungen an die Erben können als Schuld abgezogen werden.

II. Schenkung unter Lebenden

Die Schenkung eines Gesellschaftsanteils unter Lebenden führt nach § 7 Abs. 1 Nr. 1 ErbStG zur Erbschaftsteuerpflicht. Die Bemessungsgrundlage ergibt sich wiederum wie bei der Erbschaft aus dem anteiligen Wert des Betriebsvermögens.

1. Schenkung mit Buchwertklausel

Ist im Gesellschaftsvertrag bestimmt, dass der beschenkte Gesellschafter bei Auflösung der Gesellschaft oder vorherigem Ausscheiden nur den Buchwert seines Anteils erhält, so unterliegt diese Schenkung ebenfalls der Besteuerung nach § 7 Abs. 1 Nr. 1 ErbStG. § 7 Abs. 5 Satz 1 ErbStG bestimmt, dass bei der Feststellung der Bereicherung die Buchwertklausel nicht berücksichtigt wird. Die Folge: Es ist weiterhin der anteilige Steuerwert des Betriebsvermögens anzusetzen. Durch diese Regelung soll die steuerfreie Übertragung von stillen Reserven auf den Beschenkten ausgeschlossen werden.

Die den Buchwert der Beteiligung übersteigende Bereicherung gilt allerdings nach § 7 Abs. 5 Satz 2 ErbStG als auflösend bedingt erworben. Der auflösend bedingte Erwerb hat zur Folge, dass die stillen Reserven zunächst zwar wie ein unbedingter Erwerb der Erbschaftsteuer unterliegen, dass aber bei Eintritt der Bedingung eine Berichtigung der Veranlagung auf Antrag vorzunehmen ist (§ 5 Abs. 1 BewG).

Der Eintritt der Bedingung ist dann erfüllt, wenn der Beschenkte später tatsächlich zum Buchwert ausscheidet bzw. bei Auflösung der Gesellschaft den Buchwert erhält. Schenkt beispielsweise der Vater seinem Sohn einen Anteil zum Buchwert von 1 Mio. Euro und Steuerwert von 1,3 Mio. Euro, so unterliegt der Betrag von 1,3 Mio. Euro der Schenkungsteuer. Bei Ausscheiden zum Buchwert ist die Schenkungsteuer, die auf 0,3 Mio. Euro entfällt, zu erstatten. Beträgt der Steuerwert im Fall des Ausscheidens lediglich 1,2 Mio. Euro, so wird nur die Steuer berichtigt, die auf 0,2 Mio. Euro entfällt (R 20 ErbStR).

Die Vorschrift des § 7 Abs. 5 ErbStG gilt nur für Schenkungen unter Lebenden. Stirbt im o. a. Fall der Sohn und gehen die Anteile auf die Erben über, so können diese beim Ausscheiden keine Berichtigung verlangen. Eine Berichtigung ist nur dann möglich, wenn der Anteil nicht auf die Erben übergeht, sondern diese von den Gesellschaftern eine Abfindung in Höhe des Buchwertes erhalten.

2. Beteiligung mit Gewinnübermaß

Ist der geschenkte Anteil mit einer Gewinnbeteiligung ausgestattet, die der unter fremden Dritten nicht entspricht, so ist das Übermaß nach § 7 Abs. 6 ErbStG als selbständige Schenkung zu qualifizieren. Es liegen dann zwei Schenkungen vor: die Schenkung der Beteiligung und die Schenkung des Gewinnübermaßes.

Das Gewinnübermaß unterliegt nicht nur dann der Schenkungsteuer, wenn es im Zusammenhang mit einer Schenkung an einer Beteiligung gewährt wird, sondern auch, wenn es bei Gründung einer Gesellschaft oder bei bestehender Gesellschaft einem Gesellschafter nachträglich gewährt wird. Allerdings muss bei der Einräumung eines überhöhten Gewinnanteils ein Bereicherungswille vorhanden sein.

Zur Beurteilung, in welchem Umfang eine überhöhte Gewinnbeteiligung vorliegt, sind die einkommensteuerlichen Grundsätze zu übernehmen (R 21 ErbStR).

Das Gewinnübermaß ist grundsätzlich nach den allgemeinen Vorschriften des BewG (§§ 13 ff. BewG) mit dem Kapitalwert zu bewerten. Soweit keine anderen Anhaltspunkte für die Laufzeit vorliegen, ist von einer unbestimmten Laufzeit auszugehen, sodass der Kapitalwert dem 9,3fachen des Jahreswertes des überhöhten Gewinnanteils entspricht.

3. Anwachsung

Scheidet ein Gesellschafter aus einer Personengesellschaft aus und liegt der Abfindungsanspruch unter dem Wert des Anteils, der den anderen Gesellschaftern zuwächst, so unterliegt dieser Vorgang bei den anderen Gesellschaftern der Schenkungsteuer nach § 7 Abs. 7 ErbStG.

Auf den Willen des ausscheidenden Gesellschafters, die anderen Gesellschafter zu bereichern, kommt es nach Auffassung der Finanzverwaltung nicht an (H 22 ErbStR). Die Bereicherung der verbleibenden Gesellschafter ergibt sich als Saldo zwischen dem Steuerwert des Anteils und der Abfindung des ausscheidenden Gesellschafters.

III. Freibetrag nach § 13 a ErbStG

Die Übertragung eines Mitunternehmeranteils im Wege der Erbschaft oder Schenkung (vorweggenommene Erbfolge) ist nach § 13 a ErbStG begünstigt. Es gilt ein Freibetrag beim Erben/Beschenkten von 225.000 Euro. Bei mehreren Erben/ Beschenkten ist dieser aufzuteilen. Der darüber hinausgehende Betrag wird lediglich mit 60 v. H. besteuert. Einzubeziehen ist grundsätzlich auch Sonderbetriebsvermögen. Unschädlich ist, wenn Sonderbetriebsvermögen ganz oder teilweise vom Schenker zurückbehalten wird, jedoch weiterhin zum Betriebsvermögen derselben Personengesellschaft gehört (R 51 ErbStR). (Dr. Kieffer)

44. Verbindlichkeit von Auskünften und Zusagen der Finanzbehörden

I. Begriffsabgrenzung

Auskünfte und Zusagen der Finanzbehörden geben den Steuerpflichtigen die Möglichkeit, die steuerliche Beurteilung von Sachverhalten und Rechtsfragen durch die Finanzbehörden zu erfahren und zudem ggf. eine Bindungswirkung der Behörde zu erreichen. Die Erteilung von Auskünften und Zusagen belastet die Verwaltung; daher werden Auskünfte und Zusagen nur in bestimmten gesetzlich normierten, aber auch einigen nicht gesetzlich normierten Fällen gewährt, wenn ganz bestimmte Voraussetzungen gegeben sind. Die Zusage unterscheidet sich von der Auskunft in der Weise, dass eine Zusage eine Bindungswirkung der Finanzbehörde entfaltet, also verbindlich ist; eine Auskunft ist unverbindlich.

II. Gesetzlich geregelte Auskünfte und Zusagen

1. Lohnsteueranrufungsauskunft (§ 42 e EStG)

Gem. § 42 e EStG hat das Betriebsstättenfinanzamt auf Anfrage eines Beteiligten Auskunft zu geben, ob und inwieweit im Einzelnen die Vorschriften über die Lohnsteuer anzuwenden sind. Auskunftsberechtigt sind danach der Arbeitgeber und der Arbeitnehmer sowie andere Personen, die für die Lohnsteuer haftbar gemacht werden können. Die Anrufungsauskunft bezieht sich auf einen konkreten Sachverhalt, wobei der Auskunftsersuchende nicht verpflichtet ist, entsprechend der Auffassung des Finanzamts zu verfahren. Falls infolgedessen Haftungs- oder Nachforderungsbescheide ergehen, kann im Rahmen des Rechtsbehelfs gegen diese Bescheide die strittige Rechtsfrage geklärt werden. Das Finanzamt kann Erklärungen unter Vorbehalt abgeben. Die Finanzbehörde ist aber an die von ihr erteilte Auskunft nach den Grundsätzen von Treu und Glauben gebunden. Ein Rechtsbehelf gegen die Anrufungsauskunft besteht nicht, da es sich um keine Verfügung handelt und lediglich Wissen kundgegeben wird. Unberührt bleibt die Möglichkeit der formlosen Dienstaufsichtsbeschwerde.

2. Die verbindliche Zolltarif- oder Ursprungsauskunft (Art. 12 Zollkodex)

Die verbindliche Zolltarifauskunft bezieht sich auf den Zolltarif, den Zollsatz und auf die Zolltarifstelle für den Fall der Einfuhr von Waren. Die Auskunft wird auf Antrag schriftlich von der OFD erteilt.

3. Verbindliche Zusagen aufgrund einer Außenprüfung (§§ 204 bis 207 AO)

Eine verbindliche Zusage gem. § 204 AO kann im Anschluss an eine Außenprüfung über die zukünftige steuerrechtliche Behandlung eines im Prüfungsbericht dargestellten, für die Vergangenheit geprüften Sachverhaltes beantragt werden, wenn die Kenntnis der steuerrechtlichen Behandlung für die geschäftlichen Maßnahmen des Steuerpflichtigen von Bedeutung ist.

Unter den genannten Voraussetzungen **soll** die Finanzbehörde dem Steuerpflichtigen auf Antrag eine verbindliche Zusage geben. Sie entscheidet über die Erteilung einer Zusage nach pflichtgemäßem Ermessen; ein Rechtsanspruch auf eine verbindliche Zusage besteht nicht. Gegen die Erteilung und die Ablehnung einer verbindlichen Zusage nach § 204 AO ist der Einspruch gegeben (§ 347 Abs. 1 Nr. 4 AO). Die verbindliche Zusage ist schriftlich zu erteilen und als verbindlich zu kennzeichnen (§ 205 Abs. 1 AO). Weitere Voraussetzungen für die Verbindlichkeit sind Angaben über den zugrunde gelegten Sachverhalt, die getroffene Entscheidung, ihre Begründung unter Angabe der maßgebenden Rechtsvorschriften sowie für welche Steuern und für welchen Zeitraum die verbindliche Zusage gilt (§ 205

Abs. 2 AO). Nur wenn sich der verwirklichte Sachverhalt mit dem der verbindlichen Zusage zugrunde gelegten deckt, entfaltet die Zusage eine Bindungswirkung der Finanzbehörde (§ 206 Abs. 1 AO). Sie entfällt allerdings, wenn die verbindliche Zusage zuungunsten des Antragstellers geltendem Recht widerspricht (§ 206 Abs. 2 AO).

Die verbindliche Zusage tritt außer Kraft, wenn die Rechtsvorschriften, auf denen die Entscheidung beruht, geändert werden (§ 207 Abs. 1 AO). Im Übrigen kann die Finanzbehörde die verbindliche Zusage nur mit Wirkung für die Zukunft aufheben oder ändern, es sei denn, dass die Zusage erschlichen wurde, von einer sachlich unzuständigen Behörde erlassen worden ist oder der Steuerpflichtige der Aufhebung oder Änderung zustimmt (§ 207 Abs. 2 und Abs. 3 AO). Die verbindliche Zusage aufgrund einer Außenprüfung lässt die Vorschriften über andere Auskünfte oder Zusagen unberührt; dadurch auftretende Konkurrenzprobleme sind durch Auslegung der Erklärungen der Beteiligten zu lösen.

III. Sonstige Auskünfte und Zusagen

1. Allgemeines

Finanzbehörden sollen auch in anderen als den gesetzlich geregelten Fällen Auskünfte und Zusagen erteilen, sofern Steuerpflichtige darlegen, dass sie im Hinblick auf die Verwirklichung von Sachverhalten mit erheblicher steuerlicher Auswirkung ein berechtigtes Interesse an einer nach Maßgabe der einschlägigen Rechtsprechung verbindlichen Zusage außerhalb der §§ 204 ff. AO und § 42 e EStG haben. Dies gilt nicht für Anträge in Angelegenheiten, bei denen die Erzielung eines Steuervorteils im Vordergrund steht. Solche Einzelzusagen oder -auskünfte können nach von der Rechtsprechung entwickelten Grundsätzen eine Bindungswirkung durch Treu und Glauben entfalten.

2. Bindungswirkung durch Treu und Glauben

Eine nach dem Grundsatz von Treu und Glauben entfaltete Bindungswirkung kommt nur in Betracht, wenn der Steuerpflichtige auf Basis der Zusage wirtschaftlich disponiert hat. Die Zusage muss vor Abschluss der vom Steuerpflichtigen beabsichtigten Maßnahme abgegeben und ursächlich für diese Maßnahme gewesen sein.

Die Grundsätze für die Erteilung einer verbindlichen Auskunft enthält das BMF-Schreiben vom 29. 12. 2003 (BStBl 2003 I S. 742). Der Antrag ist an das FA zu richten, das bei Verwirklichung des Sachverhalts voraussichtlich zuständig sein würde. Neben der Bezeichnung des Antragstellers ist das besondere steuerliche Interesse darzustellen, eine umfassende und abgeschlossene Sachverhaltsdarstellung abzugeben (keine Alternativgestaltungen!), das Rechtsproblem darzustellen und eingehend zu begründen. Die Rechtsfragen sind konkret zu formulieren; es ist eine Vollständigkeitserklärung der für die Beurteilung erforderlichen Angaben abzugeben und zu versichern, dass bei keiner anderen Finanzbehörde in der Sache eine verbindliche Auskunft beantragt wurde. Eine Bindungswirkung tritt nur ein, wenn der später verwirklichte Sachverhalt von dem der Auskunft zugrunde gelegten Sachverhalt nicht abweicht und sich relevante Rechtsvorschriften nicht ändern. Für Angelegenheiten, bei denen Steuervorteile im Vordergrund stehen (Steuersparmodelle, Grenzpunkte bei Gestaltungsmissbrauch), wird keine Auskunft erteilt. Wird die Auskunft dann schriftlich von einem zeichnungsberechtigten Beamten abgegeben, so entfaltet sie Bindungswirkung, es sei denn, die Zusage widerspricht klar dem Gesetz. Eine Zusage, die sich nur auf einen Dauerzustand bezieht, kann das Finanzamt im Allgemeinen mit Wirkung für die Zukunft widerrufen. Eine Zusage, der eine der genannten Voraussetzungen fehlt, ist nicht verbindlich. Auskünfte, allgemeine Äußerungen des Finanzamts, die bereits abgeschlossene Sachverhalte betreffen, sind ebenfalls unverbindlich.   (Dr. Lenz)

45. Das wirtschaftliche Eigentum im Steuerrecht

I. Vorbemerkungen

Im Steuerrecht richtet sich häufig ein Steueranspruch danach, wem ein Wirtschaftsgut zuzurechnen ist. Eine allgemeine Zurechnungsanweisung, die grundsätzlich für alle Steuerarten verbindlich ist, enthält § 39 AO. Die Zurechnung richtet sich im Grunde nach der bürgerlich-rechtlichen Behandlung; Wirtschaftsgüter sind daher dem Eigentümer zuzurechnen (§ 39 Abs. 1 AO). Die wirtschaftliche Betrachtungsweise im Steuerrecht erfordert aber in einer Reihe von Fällen eine davon abweichende Zurechnung. Allgemeine Grundsätze hierzu und Regelungen über Einzelfälle enthält § 39 Abs. 2 AO. Erfolgt eine Zurechnung bei Anwendung der wirtschaftlichen Betrachtungsweise, so wird in diesem Zusammenhang vom wirtschaftlichen Eigentum gesprochen.

II. Bedeutung des wirtschaftlichen Eigentums

Die Frage der Zurechnung von Wirtschaftsgütern ist bei den Ertragsteuern ebenso von Bedeutung wie bei den Substanzsteuern. Lediglich die Grunderwerbsteuer knüpft im Wesentlichen an die bürgerlich-rechtliche Gestaltung der Rechtsvorgänge an. Im Vollstreckungsverfahren nach der AO ist aber ebenfalls das zivilrechtliche Eigentum entscheidend.

III. Begriff des wirtschaftlichen Eigentums

§ 39 Abs. 2 Nr. 1 AO definiert das wirtschaftliche Eigentum wie folgt: Übt ein anderer als der Eigentümer die tatsächliche Herrschaft über ein Wirtschaftsgut in der Weise aus, dass er den Eigentümer im Regelfall für die gewöhnliche Nutzungsdauer von der Einwirkung auf das Wirtschaftsgut wirtschaftlich ausschließen kann, so ist ihm das Wirtschaftsgut zuzurechnen.

Grundlage der wirtschaftlichen Betrachtungsweise und der darauf aufbauenden steuerrechtlichen Zurechnung ist der Gedanke, dass für die Besteuerung nicht die äußeren rechtlichen Formen, sondern die tatsächlichen Verhältnisse maßgebend sind.

IV. Erwerb und Übergang des wirtschaftlichen Eigentums

Der Erwerb und der Übergang der tatsächlichen Herrschaft ist unabhängig vom Erwerb und Übergang der privatrechtlichen Rechtsposition. Je nach den Gegebenheiten des Einzelfalls kann die Herrschaft mit dem Übergang des Besitzes, der Gefahr, der Nutzungen und der Lasten erlangt werden. Das wirtschaftliche Eigentum an einem Grundstück geht im Allgemeinen im Zeitpunkt des Übergangs der Nutzungen und Lasten über; bei Warenlieferungen geht das wirtschaftliche Eigentum auf den Empfänger über, wenn der Versender das seinerseits Erforderliche getan hat, also die Waren einem Spediteur übergibt (Zeitpunkt des Gefahrenübergangs, vgl. § 446 BGB).

V. Einzelfälle

1. Zurechnung bei Treuhandverhältnissen

Bei Treuhandverhältnissen sind die Wirtschaftsgüter dem Treugeber zuzurechnen (§ 39 Abs. 2 Nr. 1 Satz 2 AO). Ein Treuhandverhältnis ist dadurch gekennzeichnet, dass der bürgerlich-rechtliche Eigentümer (Treuhänder) im Innenverhältnis aufgrund schuldrechtlicher Vereinbarungen dem Treugeber verpflichtet ist, seine Rechte nicht im eigenen Interesse, sondern im Interesse des Treugebers auszuüben (uneigennützige Treuhand). Unter Berücksichtigung der schuldrechtlichen

Vereinbarungen ist das Wirtschaftsgut bei wirtschaftlicher Betrachtungsweise dem Treugeber zuzurechnen. Bürgerlich-rechtliches und wirtschaftliches Eigentum fallen somit auseinander.

2. Sicherungsübereignung

Die Sicherungsübereignung ist ein übliches Kreditsicherungsinstrument, bei dem der Kreditnehmer im Besitz der Sache verbleibt, bürgerlich-rechtlich jedoch der Kreditgeber Eigentümer der zur Sicherung übereigneten Sachen wird. Bei wirtschaftlicher Betrachtungsweise ist aber das Sicherungsgut dem Sicherungsgeber zuzurechnen (§ 39 Abs. 2 Nr. 1 Satz 2 AO).

3. Eigenbesitz

Ein Wirtschaftsgut, das jemand in Eigenbesitz hat, ist dem Eigenbesitzer zuzurechnen (§ 39 Abs. 2 Nr. 1 Satz 2 AO). Eigenbesitzer ist, wer ein Wirtschaftsgut als ihm gehörig besitzt. Eigenbesitz liegt vor, wenn jemand über ein Wirtschaftsgut objektiv die tatsächliche Sachherrschaft ausübt und zugleich subjektiv einen Herrschaftswillen hat. Der Eigenbesitzer erkennt nämlich im Gegensatz zum Sicherungsgeber und zum Käufer beim Eigentumsvorbehalt das Eigentumsrecht des anderen nicht an. So ist z. B. der Dieb Eigenbesitzer.

4. Leasing und andere Sonderfälle

Pächter und Mieter sind im Allgemeinen Fremdbesitzer. Eine andere Beurteilung ist nur in Ausnahmefällen geboten, wenn nämlich aufgrund vertraglicher Gestaltung der Pächter bzw. Mieter die tatsächliche Herrschaftsgewalt über das Wirtschaftsgut ausübt. Dies kann z. B. unter bestimmten Voraussetzungen beim sog. Finanzierungs-Leasing der Fall sein. Einzelheiten sind den BMF-Schreiben zur ertragsteuerlichen Behandlung von Leasingverträgen über bewegliche und über unbewegliche Wirtschaftsgüter zu entnehmen (vgl. H 4.2 Abs. 1 Leasing EStR). Danach kommt es insbesondere auf die Vereinbarung von Grundmietzeiten, Kauf- oder Mietverlängerungsoptionen, auf die Aufteilung des Mehrerlöses bei Teilamortisationsverträgen sowie auf den Leasinggegenstand an.

Eine vom Zivilrecht abweichende Zuordnung von Wirtschaftsgütern ist vor allem möglich bei der Errichtung eines Gebäudes auf fremdem Grund und Boden. Maßgeblich ist dabei immer, wer aufgrund der Vereinbarungen die tatsächliche Herrschaftsgewalt hat. Demzufolge ist auch beim unentgeltlichen Vorbehaltsnießbrauch an Grundstücken der Vorbehaltsnießbraucher i. d. R. wirtschaftlicher Eigentümer.

5. Gesamthandsgemeinschaften

In § 39 Abs. 2 Nr. 2 AO ist die Zurechnung von Wirtschaftsgütern geregelt, die mehreren zur gesamten Hand zustehen. Da die Berechtigung eines jeden Beteiligten am Gegenstand durch die gleiche Berechtigung der übrigen eingeschränkt wird, lässt sich eine rechnerische Beteiligungsquote an dem Wirtschaftsgut so lange nicht feststellen, wie die gesamthänderische Bindung besteht. Dies ist das wesentliche Merkmal einer Gesamthandsgemeinschaft im Gegensatz zu einer Bruchteilsgemeinschaft, an der jeder seinen Anteil an dem gemeinschaftlichen Gegenstand ermitteln und darüber verfügen kann. § 39 Abs. 2 Nr. 2 AO nimmt eine Zurechnung dergestalt vor, dass bei im Gesamthandseigentum stehenden Wirtschaftsgütern eine anteilige Zurechnung erfolgt, soweit eine getrennte Zurechnung für die Besteuerung erforderlich ist, so z. B. bei der Einkommensteuer, nicht jedoch bei der Umsatzsteuer. Ob eine Gesamthandsgemeinschaft vorliegt, richtet sich nach bürgerlichem Recht. Gesamthandsgemeinschaften sind die GbR, die OHG, die KG sowie die Güter- und die Erbengemeinschaften. (Dr. Lenz)

46. Der Steuerbescheid unter dem Vorbehalt der Nachprüfung

I. Begriff, Voraussetzungen und Bedeutung

Im Rahmen von sog. Vorbehaltsfestsetzungen können Steuerbescheide ergehen, ohne dass der betreffende Steuerfall abschließend geprüft wurde und ohne dass dies einer besonderen Begründung bedarf; die Steuerfestsetzung erfolgt dann unter dem Vorbehalt der Nachprüfung (§ 164 AO). Dies setzt voraus, dass eine abschließende Prüfung (nach Aktenlage oder im Rahmen einer Außen- oder Sonderprüfung) tatsächlich noch nicht vorgenommen wurde. Den Vorbehaltsfestsetzungen kommt eine besondere Bedeutung zu, da sie die Finanzbehörde in die Lage versetzen, Steuerfestsetzungen zügig aufgrund der Angaben der Steuerpflichtigen vorzunehmen, dabei aber gleichzeitig eine spätere Überprüfung und ggf. Korrektur möglich bleibt. Der Steuerfall wird somit nur formell, nicht jedoch materiell bestandskräftig.

II. Arten der Vorbehaltsfestsetzungen

1. Kraft ausdrücklichen Vermerks

Vorbehaltsfestsetzungen müssen, sofern nicht der Vorbehalt kraft Gesetzes gilt, auf dem Steuerbescheid vermerkt werden. Der Vorbehalt der Nachprüfung ist bei allen Festsetzungen zulässig, für die die Vorschriften über das Steuerfestsetzungsverfahren gelten, also z. B. bei gesonderten Feststellungen, Steuermessbeträgen, Zerlegungen, Zinsen und Zulagen.

2. Kraft Gesetzes

Vorbehaltsfestsetzungen sind z. T. in Einzelsteuergesetzen (z. B. § 39 Abs. 3 b, § 39 a Abs. 4 EStG) normiert. Daneben stehen jedoch Vorauszahlungsbescheide und Steueranmeldungen stets unter dem Vorbehalt der Nachprüfung (§ 164 Abs. 1 Satz 2, §§ 167, 168 AO). Als wichtigste Steueranmeldungen wären die Voranmeldungen und die Jahresanmeldung bei der Umsatzsteuer, die Lohnsteuer- sowie die Kapitalertragsteueranmeldungen zu nennen.

III. Rechtsfolgen der Vorbehaltsfestsetzung

Bei Vorbehaltsfestsetzungen bleibt der gesamte Steuerfall offen; der Vorbehalt der Nachprüfung ist eine unselbständige Nebenbestimmung, die nicht selbständig anfechtbar ist und die keine Auswirkung auf den Ablauf der Festsetzungsfrist hat. Die Vorbehaltsfestsetzung ist eine Ermessensentscheidung. Ergeht daher eine solche Festsetzung, obwohl eine abschließende Prüfung bereits stattgefunden hat oder feststeht, dass diese nicht mehr erfolgen wird, so liegt ein Ermessensverstoß vor. Eine Vorbehaltsfestsetzung im Hinblick auf eine ausstehende Außenprüfung ist aber zulässig. Der Vorbehalt muss auf dem Bescheid kenntlich gemacht sein, da nur der erklärte Inhalt des Bescheides maßgeblich ist. Vorbehaltsfestsetzungen können mit einem Vorläufigkeitsvermerk versehen werden (§ 165 Abs. 3 AO).

Vorbehaltsbescheide unterscheiden sich in ihrer Wirkung nicht von anderen Steuerbescheiden; sie sind vollziehbar und vollstreckbar, bei Steuerhinterziehungen ist die Tat mit Abgabe der Erklärung vollendet. Aufgrund des Vorbehalts der Nachprüfung kann die Steuerfestsetzung jederzeit berichtigt werden (§ 164 Abs. 2 Satz 1 AO); der geänderte Steuerbescheid kann wieder unter dem Vorbehalt der Nachprüfung ergehen. Auch bei Vorbehaltsfestsetzungen gilt § 176 AO, wonach Änderungen der Rechtsprechung und von Verwaltungsvorschriften bei der Korrektur von Rechtsfehlern nicht zum Nachteil des Steuerpflichtigen berücksichtigt werden dürfen.

IV. Berichtigungsmöglichkeiten des Steuerpflichtigen

Gegen die Vorbehaltsfestsetzung kann der Steuerpflichtige innerhalb der Rechtsbehelfsfrist Einspruch einlegen oder aber er kann auch nach Ablauf der Rechtsbehelfsfrist einen Antrag auf Aufhebung oder Änderung der Vorbehaltsfestsetzung stellen. Dabei können neue Tatsachen vorgebracht werden, Rechtsfehler korrigiert oder Anträge gestellt werden. Ein Anspruch auf unverzügliche Entscheidung über den Änderungsantrag besteht nicht. Das Verhalten der Finanzbehörde ist jedoch dann ermessensfehlerhaft, wenn ersichtlich ist, dass die Änderung zu einer Steuererstattung führt und eine Entscheidung innerhalb angemessener Frist (sechs Monate) nicht erfolgt (§ 164 Abs. 2 Satz 3 AO).

V. Wegfall bzw. Aufhebung des Vorbehalts der Nachprüfung

Die Änderung einer Vorbehaltsfestsetzung führt zur Aufhebung des Vorbehalts, wenn der Berichtigungsbescheid nicht gleichfalls mit dem Vorbehalt der Nachprüfung versehen wird. Ansonsten kann der Vorbehalt der Nachprüfung jederzeit aufgehoben werden (§ 164 Abs. 3 Sätze 1 und 2 AO). Der Steuerpflichtige kann die Aufhebung oder Änderung der Steuerfestsetzung jederzeit beantragen. Eine Verpflichtung der Nachprüfung besteht jedoch nicht, solange das Verhalten der Finanzbehörde unter Berücksichtigung der Interessen des Steuerpflichtigen und des Interesses der Finanzbehörde an einer rationellen Abwicklung nicht ermessensfehlerhaft ist.

Der Vorbehalt ist aber aufzuheben, wenn der Steuerfall abschließend geprüft ist oder wenn eine Außenprüfung stattgefunden hat und sich Änderungen gegenüber der Steuerfestsetzung unter Vorbehalt der Nachprüfung nicht ergeben haben (§ 164 Abs. 3 Satz 3 AO). Dies gilt jedoch nur, wenn die Außenprüfung eine abschließende Prüfung ist. Erstrecken sich z. B. USt-Sonderprüfungen nur auf einzelne Voranmeldungszeiträume, so kann die Festsetzung der Jahresumsatzsteuer dennoch unter dem Vorbehalt der Nachprüfung ergehen; bei LSt-Außenprüfungen handelt es sich jedoch um abschließende Prüfungen.

Legt der Steuerpflichtige gegen die Vorbehaltsfestsetzung Einspruch ein, so ist die Finanzbehörde zwar zur Prüfung der Sache in vollem Umfang verpflichtet, dennoch wird dadurch eine abschließende Prüfung i. S. des § 164 AO nicht ersetzt. Der Vorbehalt der Nachprüfung kann von der Finanzbehörde andererseits auch jederzeit ohne weitere Nachprüfung aufgehoben werden.

Nach Ablauf der Festsetzungsfrist entfällt der Vorbehalt automatisch. Die verlängerten Festsetzungsfristen im Falle der Steuerhinterziehung und der leichtfertigen Steuerverkürzung sind ebenso wie andere Tatbestände, die eine Ablaufhemmung bei der Festsetzungsfrist bewirken (z. B. Ablaufhemmung bei Bindung an einen Grundlagenbescheid), nicht anwendbar (§ 164 Abs. 4 AO).

VI. Rechtsbehelfe

Vorbehaltsfestsetzungen können mit dem Einspruch angegriffen werden. Der Vorbehalt für sich ist unselbständige Nebenbestimmung zum Steuerbescheid und damit nicht anfechtbar. Der Einspruch kann damit begründet werden, dass der Bescheid nicht unter dem Vorbehalt der Nachprüfung hätte ergehen dürfen oder dass der Bescheid materielle Fehler enthält. Die Aufhebung oder Änderung der Vorbehaltsfestsetzung kann ebenso mit dem Einspruch angegriffen werden wie die Aufhebung des Vorbehalts gem. § 164 Abs. 3 AO. Gleiches gilt für die Ablehnung des Antrags auf Aufhebung oder Änderung der Vorbehaltsfestsetzung. Entscheidet die Finanzbehörde über einen Antrag des Steuerpflichtigen ohne triftigen Grund nicht in angemessener Frist, so kann dagegen ebenfalls Einspruch (§ 347 Abs. 1 Satz 2 AO) eingelegt werden. (Dr. Lenz)

47. Das Steuergeheimnis

I. Grundlagen

Das Steuergeheimnis ist in § 30 AO geregelt. Es soll den Persönlichkeitsbereich des Steuerpflichtigen, der im Besteuerungsverfahren weit gehende Mitwirkungs- oder Offenbarungspflichten hat, dadurch schützen, dass es Amtsträger und Gleichgestellte zur Geheimhaltung verpflichtet. Der Vorschrift liegen insoweit **fiskalische** und **rechtsstaatliche Motive** zugrunde: Sie soll zum einen die Bereitschaft zur wahrheitsgemäßen Auskunftserteilung fördern und dadurch zur Sicherung des Steueraufkommens beitragen; sie soll zum anderen verhindern, dass die Finanzbehörde ihre Kenntnisse über die steuerlichen Verhältnisse der Steuerpflichtigen beliebig weiterverwendet.

Das Steuergeheimnis hat keinen Verfassungsrang; es leitet sich aber aus dem Recht auf informationelle Selbstbestimmung ab und ist insoweit ein Ausfluss des allgemeinen Persönlichkeitsrechts, das durch Art. 1 Abs. 1 und Art. 2 Abs. 1 GG geschützt wird.

II. Gegenstand

Das Steuergeheimnis erstreckt sich gem. § 30 Abs. 1 AO auf Kenntnisse, die im Zusammenhang mit einem Verwaltungs-, Gerichts-, Straf- oder Bußgeldverfahren in Steuersachen dienstlich bekannt geworden sind. Es schützt die „Verhältnisse eines anderen" in ihrer Gesamtheit. Das Steuergeheimnis gilt von daher sowohl für die rechtlichen und wirtschaftlichen als auch für die persönlichen Verhältnisse. Geschützt werden daher z. B. neben den steuerrechtlichen Merkmalen wie Einkommen, Vermögen und Umsatz auch die privaten Wohn- und Lebensverhältnisse, die Kinderzahl und der Familienstand. Darüber hinaus schützt das Steuergeheimnis aber auch **fremde Betriebs- und Geschäftsgeheimnisse.** Es erstreckt sich insoweit z. B. auf Kundenkarteien, Kalkulationsunterlagen, Fabrikationsverfahren, Rezepte, Konstruktionsunterlagen und geplante Werbekampagnen.

III. Verpflichteter Personenkreis

Träger des Steuergeheimnisses sind Amtsträger und ihnen gleichgestellte Personen (§ 30 Abs. 1 und Abs. 3 AO).

Zu den Amtsträgern gehören gem. § 7 Nr. 1 AO insbesondere nach deutschem Recht bestellte Beamte oder Richter. Zu den Amtsträgern gehören gem. § 7 Nr. 2 und Nr. 3 AO darüber hinaus aber auch andere Personen, die in einem sonstigen öffentlich-rechtlichen Amtsverhältnis stehen (z. B. Minister) oder die auf andere Weise dazu bestellt sind, Aufgaben der öffentlichen Verwaltung wahrzunehmen (z. B. Verwaltungsangestellte).

Den Amtsträgern sind gleichgestellt die für den öffentlichen Dienst besonders Verpflichteten (z. B. Fahrer, Boten und Werkstudenten), die durch Handschlag nach protokollierter Belehrung zur Verschwiegenheit verpflichtet werden. Gleichgestellt sind darüber hinaus auch amtlich zugezogene Sachverständige und die Träger von Ämtern der Kirchen und anderer Religionsgemeinschaften, die Körperschaften des öffentlichen Rechts sind.

Das Steuergeheimnis gilt demnach insbesondere **nicht** für die steuerberatenden Berufe. Bei diesem Personenkreis ergibt sich die Verschwiegenheitspflicht aus dem Berufsgeheimnis.

Die Geheimhaltungspflicht ist zeitlich nicht begrenzt. Sie gilt daher auch dann noch, wenn Amtsträger oder gleichgestellte Personen bereits aus dem Dienst ausgeschieden sind. Auch Pensionäre haben also das Steuergeheimnis zu wahren.

IV. Geschützter Personenkreis

Das Steuergeheimnis schützt „andere". Es erfasst damit nicht nur Steuerpflichtige, sondern auch alle weiteren Personen, die in irgendeiner Form betroffen sind. Das Steuergeheimnis gilt daher z. B. auch für Gewährsleute und für Personen, die der deutschen Steuerpflicht überhaupt nicht unterliegen.

V. Verletzungshandlungen

Das Steuergeheimnis wird insbesondere durch die **Offenbarung** und die **Verwertung** der Verhältnisse und Berufs- und Geschäftsgeheimnisse verletzt.

Eine Offenbarung liegt dann vor, wenn der zur Geheimhaltung Verpflichtete sich so verhält, dass die geschützten Kenntnisse bekannt werden oder bekannt werden könnten. Ein Offenbarungswille muss nicht vorliegen.

Verwertet werden die geschützten Kenntnisse dann, wenn sie zum eigenen oder fremden Vorteil verwendet werden.

Darüber hinaus wird das Steuergeheimnis auch dann verletzt, wenn geschützte Daten im automatischen Verfahren abgerufen werden.

VI. Offenbarungsgründe

Die Verletzung des Steuergeheimnisses ist dann nicht rechtswidrig, wenn eine Offenbarungsbefugnis besteht. Welche Offenbarungsgründe möglich sind, wird durch die Aufzählung in § 30 Abs. 4 und Abs. 5 AO abschließend festgelegt. Die Offenbarung ist demnach zulässig, wenn sie der Durchführung steuerlicher Verwaltungs-, Gerichts-, Straf- oder Bußgeldverfahren dient. Daher ist z. B. die Amtshilfe und die Versendung von Kontrollmitteilungen statthaft. Bei Kreditinstituten ist jedoch § 30 a AO zu beachten.

Die Offenbarung ist auch zulässig, wenn sie gesetzlich zugelassen wird. Das ist z. B. bei den Mitteilungen an steuererhebungsberechtigte Religionsgemeinschaften (§ 31 Abs. 1 AO), bei Mitteilungen zur Bekämpfung der illegalen Beschäftigung und des Leistungsmissbrauchs (§ 31 a AO), bei Mitteilungen zur Sammlung geschützter Daten (§ 88 a AO) und im Rahmen des Vollstreckungsverfahrens (§ 249 Abs. 2 Satz 2 AO) der Fall.

Eine Offenbarungsbefugnis besteht auch, wenn der Betroffene zustimmt oder wenn die Offenbarung der Durchführung bestimmter Strafverfahren wegen nicht steuerlicher Straftaten dient.

Die Offenbarung ist außerdem bei einem zwingenden öffentlichen Interesse statthaft. Ein zwingendes öffentliches Interesse besteht insbesondere an der Verfolgung von Verbrechen, schweren Vergehen, schweren Wirtschaftsstraftaten; es besteht aber auch an der Richtigstellung unwahrer Informationen, die das Vertrauen in die Verwaltung erschüttern können.

Schließlich ist die Offenbarung auch dann zulässig, wenn der Betroffene vorsätzlich falsche Angaben gemacht hat.

VII. Folgen einer unbefugten Verletzung des Steuergeheimnisses

Strafrechtlich kann die Verletzung des Steuergeheimnisses nach § 355 StGB mit einer Freiheitsstrafe bis zu zwei Jahren oder mit einer Geldstrafe bestraft werden, wenn die Tat vorsätzlich begangen wurde.

Disziplinarrechtlich kann die Verletzung des Steuergeheimnisses schon bei fahrlässigem Verhalten geahndet werden. Die Folgen richten sich nach der Schwere des Falles.

Zivilrechtlich kann die Verletzung des Steuergeheimnisses zu Schadensersatzansprüchen führen. Anspruchsgrundlage ist § 839 BGB in Verbindung mit Art. 34 GG.

(Montag)

48. Steuerstraftaten und Steuerordnungswidrigkeiten

Um die Einhaltung der Steuergesetze sicherzustellen, hat der Gesetzgeber Pflicht-verletzungen unter Strafe gestellt oder auch mit einem Bußgeld belegt. Je nach-dem ob eine Strafe oder ein Bußgeld droht, wird zwischen Steuerstraftaten und Steuerordnungswidrigkeiten unterschieden.

I. Steuerstraftaten

1. Begriff und Rechtsgrundlagen

Steuerstraftaten sind rechtswidrige Taten, die mit einer Freiheitsstrafe oder einer Geldstrafe bedroht sind. Welche Taten das sind, ergibt sich aus den §§ 369 bis 376 AO. Ergänzend sind die allgemeinen Gesetze über das Strafrecht heranzuziehen.

2. Steuerhinterziehung

Die Hauptform der Steuerstraftaten ist die Steuerhinterziehung nach § 370 Abs. 1 AO. Dieser Straftatbestand soll das öffentliche Interesse am vollständigen und rechtzeitigen Aufkommen der einzelnen Steuern schützen.

a) Voraussetzungen

Eine Steuerhinterziehung begeht, wer den Finanzbehörden oder anderen Behörden unrichtige oder unvollständige Angaben über steuererhebliche Tatsachen macht und dadurch Steuern verkürzt oder für sich oder einen anderen nicht gerecht-fertigte Steuervorteile erlangt. Wegen einer Steuerhinterziehung kann auch be-straft werden, wer die Finanzbehörden pflichtwidrig über steuerlich erhebliche Tatsachen in Unkenntnis lässt oder wer pflichtwidrig die Verwendung von Steuer-zeichen oder Steuerstemplern unterlässt. Voraussetzung ist aber stets, dass eine Steuerverkürzung eintritt oder ungerechtfertigte Steuervorteile erlangt werden.

Darüber hinaus ist gem. § 370 Abs. 2 AO auch der **Versuch** einer Steuerhinter-ziehung strafbar. Ein Versuch liegt nach der Formulierung in § 22 StGB dann vor, wenn der Täter nach seiner Vorstellung von der Tat unmittelbar zur Verwirk-lichung der Tat angesetzt hat. Eine versuchte Steuerhinterziehung ist demnach z. B. die Abgabe unrichtiger Steuererklärungen.

Eine Steuerverkürzung liegt insbesondere dann vor, wenn geschuldete oder fällige Steuern nicht, nicht in voller Höhe oder nicht rechtzeitig festgesetzt wurden; ungerechtfertigte Steuervorteile sind erlangt (§ 370 Abs. 1 AO), soweit sie zu Unrecht gewährt oder belassen werden (§ 370 Abs. 4 AO).

Die Steuerhinterziehung setzt **Vorsatz** voraus. Vorsatz liegt vor, wenn der Straf-tatbestand in **Kenntnis** der Tatumstände **willentlich** verwirklicht wird.

b) Hinterziehungsfolgen

Die Steuerhinterziehung wird mit einer Freiheitsstrafe bis zu fünf Jahren oder mit einer Geldstrafe bestraft (§ 370 Abs. 1 AO).

Als **Nebenfolgen** kann das Gericht bei einer Freiheitsstrafe von mindestens einem Jahr die Fähigkeit, öffentliche Ämter zu bekleiden, und die passive Wahlfähigkeit aberkennen (§ 375 Abs. 1 AO).

Für die hinterzogenen Steuern sind Hinterziehungszinsen zu zahlen (§ 235 AO).

c) Selbstanzeige

Eine Bestrafung erfolgt dann nicht, wenn der Täter rechtzeitig **Selbstanzeige** erstattet (§ 371 AO). Die strafbefreiende Selbstanzeige setzt voraus, dass der Täter unrichtige Angaben bei der Finanzbehörde berichtigt oder ergänzt oder unter-lassene Angaben nachholt. Straffreiheit tritt allerdings nur insoweit ein, als die hinterzogenen Steuern innerhalb einer von der Finanzbehörde gesetzten ange-messenen Frist entrichtet wurden.

Die strafbefreiende Selbstanzeige ist ausgeschlossen, wenn vor der Anzeige ein Amtsträger der Finanzbehörde zur steuerlichen Prüfung oder zur Ermittlung einer Steuerstraftat oder einer Steuerordnungswidrigkeit erschienen ist. Die Straffreiheit tritt außerdem dann nicht ein, wenn dem Täter oder seinem Vertreter wegen der Tat die Einleitung eines Straf- oder Bußgeldverfahrens bekannt gegeben wurde. Schließlich kommt Straffreiheit auch dann nicht in Betracht, wenn die Tat im Zeitpunkt der Anzeige bereits entdeckt war und der Täter dies wusste oder bei verständiger Würdigung der Sachlage damit rechnen musste.

3. Weitere Steuerstraftaten

Neben der Steuerhinterziehung als Hauptform kommen als Steuerstraftaten auch in Betracht der **Bannbruch** (§ 372 AO), der gewerbsmäßige, gewaltsame und bandenmäßige **Schmuggel** (§ 373 AO), die **Steuerhehlerei** (§ 374 AO), die **Wertzeichenfälschung** und deren Vorbereitung (§ 369 Abs. 1 Nr. 3 AO) sowie die **Begünstigung** (§ 369 Abs. 1 Nr. 4 AO).

II. Steuerordnungswidrigkeiten

1. Begriff und Rechtsgrundlagen

Steuerordnungswidrigkeiten sind Zuwiderhandlungen, die nach den Steuergesetzen mit einer Geldbuße geahndet werden können (§ 377 AO). Welche Handlungen das sind, wird im Wesentlichen in den §§ 377 bis 384 AO geregelt. Ergänzend gilt der allgemeine Teil des Ordnungswidrigkeitengesetzes.

2. Leichtfertige Steuerverkürzung

Eine der Hauptformen der Steuerordnungswidrigkeiten ist die leichtfertige Steuerverkürzung gem. § 378 Abs. 1 AO. Nach dieser Vorschrift handelt ordnungswidrig, wer als Steuerpflichtiger oder bei der Wahrnehmung der Angelegenheiten eines Steuerpflichtigen eine unter den Voraussetzungen für eine Steuerhinterziehung genannte Tat leichtfertig, d. h. **grob fahrlässig,** begeht. Die Ordnungswidrigkeit kann mit einer Geldbuße bis zu 50.000 Euro geahndet werden (§ 378 Abs. 2 AO). Eine Geldbuße wird nicht festgesetzt, wenn eine rechtzeitige **Selbstanzeige** erfolgt und verkürzte Steuern in angemessener Frist nachentrichtet werden (§ 378 Abs. 3 AO).

3. Steuergefährdung

Als weitere Steuerordnungswidrigkeit ist die Steuergefährdung nach § 379 AO anzuführen. Eine Steuergefährdung begeht, wer vorsätzlich oder leichtfertig unrichtige Belege ausstellt oder nach Gesetz buchungs- und aufzeichnungspflichtige Vorgänge nicht oder unrichtig verbucht oder verbuchen lässt und es dadurch ermöglicht, dass Steuern verkürzt oder ungerechtfertigte Steuervorteile erlangt werden. Wegen einer Steuergefährdung kann darüber hinaus auch belangt werden, wer die Anzeigepflicht nach § 138 Abs. 2 AO verletzt, wer die Pflicht zur Kontenwahrheit verletzt oder wer gegen bestimmte Auflagen verstößt.

Liegt eine Steuergefährdung vor, kommt gem. § 379 Abs. 4 AO eine Geldbuße bis zu 5.000 Euro in Betracht.

4. Weitere Steuerordnungswidrigkeiten

Abgesehen von der leichtfertigen Steuerverkürzung und der Steuergefährdung werden als Steuerordnungswidrigkeiten auch die Gefährdung der Abzugsteuern (§ 380 AO), die Verbrauchsteuergefährdung (§ 381 AO), die Gefährdung der Eingangsabgaben (§ 382 AO), der unzulässige Erwerb von Steuererstattungs- und Vergütungsansprüchen (§ 383 AO) sowie die Zuwiderhandlungen nach dem Steuerberatungsgesetz (§§ 160 ff. StBerG) geahndet. (Montag)

49. Der Verwaltungsakt im Steuerrecht

I. Begriff und Funktion

Jede Verfügung, Entscheidung oder andere hoheitliche Maßnahme, die eine Behörde zur Regelung eines Einzelfalles auf dem Gebiet des öffentlichen Rechts trifft und die auf unmittelbare Rechtswirkung nach außen gerichtet ist, ist ein Verwaltungsakt (§ 118 Satz 1 AO). Der Verwaltungsakt ist insoweit die rechtliche Form, in der eine Finanzbehörde ihre hoheitlichen Aufgaben nach außen hin erfüllt.

II. Bestimmtheit und Form (§ 119 AO)

Aus Gründen der Rechtssicherheit muss der Verwaltungsakt inhaltlich bestimmt sein, er muss die Rechtslage für den Steuerpflichtigen konkretisieren.

Für den Erlass eines Verwaltungsaktes besteht **kein Formzwang;** Verwaltungsakte können also in der Regel schriftlich, mündlich oder in anderer Form erlassen werden. Mündliche Verwaltungsakte sind schriftlich zu bestätigen, wenn ein berechtigtes Interesse besteht und die Bestätigung unverzüglich verlangt wird.

Schriftliche Verwaltungsakte müssen die erlassende Behörde erkennen lassen und die Unterschrift oder Namenswiedergabe des Behördenleiters, seines Vertreters oder seines Beauftragten enthalten. Unterschrift und Namenswiedergabe sind dann nicht erforderlich, wenn der Verwaltungsakt formularmäßig oder mit Hilfe automatischer Anlagen erlassen wurde.

III. Nebenbestimmungen (§ 120 AO)

Ein Verwaltungsakt, auf den ein Anspruch besteht, darf nur dann mit einer Nebenbestimmung versehen werden, wenn die Nebenbestimmung gesetzlich zugelassen ist oder wenn sie sicherstellen soll, dass die gesetzlichen Voraussetzungen des Verwaltungsaktes erfüllt werden (§ 120 AO).

Verwaltungsakte, die im Ermessen der Finanzbehörde stehen, können mit einer **Befristung,** einer **Bedingung,** einem **Widerrufsvorbehalt,** einer **Auflage** oder einem **Auflagenvorbehalt** verknüpft werden.

Eine **Befristung** ist eine Bestimmung, nach der eine Vergünstigung oder Belastung zu einem bestimmten Zeitpunkt endet oder für eine bestimmte Zeit gilt. Eine Befristung liegt z. B. vor, wenn eine Aussetzung der Vollziehung bis zum Ablauf eines Monats nach Bekanntgabe der Einspruchsentscheidung gewährt wird. Eine **Bedingung** ist eine Bestimmung, nach der der Eintritt oder Wegfall einer Vergünstigung oder einer Belastung von dem ungewissen Eintritt eines zukünftigen Ereignisses abhängt. Eine Bedingung liegt z. B. dann vor, wenn eine Steuer bis zur rechtskräftigen Feststellung von Gegenansprüchen gestundet wird.

Eine **Auflage** ist eine Bestimmung, durch die dem Begünstigten ein Tun, Dulden oder Unterlassen vorgeschrieben wird. Eine Auflage liegt z. B. dann vor, wenn eine Stundung gegen Sicherheitsleistung gewährt wird.

Ein **Auflagenvorbehalt** ist eine Bestimmung, durch die sich die Behörde die Möglichkeit offen hält, eine Auflage nachträglich in den Verwaltungsakt aufzunehmen, zu ändern oder zu ergänzen.

IV. Begründung (§ 121 AO)

Schriftliche oder schriftlich bestätigte Verwaltungsakte sind schriftlich zu begründen, soweit dies zum Verständnis erforderlich ist. Auf die Begründung kann verzichtet werden, wenn das Interesse an einer schriftlichen Begründung fehlt.

Auch wenn die Begründung fehlt, ist der Verwaltungsakt nicht nichtig, sofern die erforderliche Begründung nachträglich gegeben wird (§ 126 Abs. 1 Nr. 2 AO). Die Heilung kann bis zur Klage erfolgen (§ 126 Abs. 2 AO).

Wird aufgrund einer fehlenden Begründung die Anfechtungsfrist versäumt, ist Wiedereinsetzung in den vorigen Stand zu gewähren (§ 126 Abs. 3 AO).

V. Bekanntgabe (§ 122 AO)

Ein Verwaltungsakt ist demjenigen Beteiligten bekannt zu geben, für den er bestimmt ist oder der von ihm betroffen ist. Die Bekanntgabe an Bevollmächtigte ist zulässig. Die Bekanntgabe setzt voraus, dass der Adressat handlungsfähig ist (§ 79 AO). Fehlt die Handlungsfähigkeit, ist an den Vertreter (§ 34 AO) bekannt zu geben. Ein schriftlicher Verwaltungsakt wird grundsätzlich mit der Post zugesandt. In Ausnahmefällen ist auch die öffentliche Bekanntmachung oder eine Zustellung nach den Vorschriften des Verwaltungszustellungsgesetzes möglich.

Ein schriftlicher Verwaltungsakt, der im Geltungsbereich der AO durch die Post übermittelt wird, gilt mit dem dritten Tage nach der Aufgabe zur Post als bekannt gegeben. Außerhalb des Geltungsbereichs der AO wird die Bekanntgabe einen Monat nach der Aufgabe zur Post unterstellt. Diese Fiktionen gelten nur dann nicht, wenn der Verwaltungsakt nicht oder zu einem späteren Zeitpunkt zugegangen ist. Im Zweifel hat die Behörde den Zugang des Verwaltungsaktes und den Zeitpunkt des Zugangs nachzuweisen. Zugegangen ist der Verwaltungsakt dann, wenn der Verwaltungsakt derart in den Machtbereich des Adressaten gelangt ist, dass dieser unter Ausschluss unbefugter Dritter Kenntnis nehmen kann und dies nach allgemeinen Gepflogenheiten auch zu erwarten ist.

VI. Wirksamkeit

Ein Verwaltungsakt, der nicht nichtig ist, wird bei der Bekanntgabe mit dem Inhalt wirksam, mit dem er bekannt gegeben wird (§ 124 Abs. 1 AO). Es gilt also die sog. **Erklärungstheorie.**

Ein Verwaltungsakt, der nicht nichtig ist, bleibt wirksam, soweit und solange er nicht korrigiert wird oder sich erledigt. Ein **nichtiger Verwaltungsakt** ist unwirksam. Nichtig ist ein Verwaltungsakt dann, wenn er an einem besonders schwerwiegenden Fehler leidet und dies bei verständiger Würdigung aller in Betracht kommenden Umstände offenkundig ist (§ 125 Abs. 1 AO).

Unabhängig davon ist ein Verwaltungsakt nichtig (§ 125 Abs. 2 AO), wenn er die erlassende Behörde nicht erkennen lässt oder wenn er aus tatsächlichen Gründen nicht befolgt werden kann. Nichtig ist ein Verwaltungsakt auch dann, wenn er die Begehung einer rechtswidrigen Tat verlangt oder gegen die guten Sitten verstößt.

VII. Korrektur

Die Rechtswidrigkeit eines Verwaltungsaktes ist unbeachtlich, wenn ein heilbarer Verfahrens- oder Formfehler vorliegt (§ 126 AO), wenn Vorschriften über das Verfahren, die Form oder die örtliche Zuständigkeit verletzt wurden, in der Sache aber keine andere Entscheidung getroffen werden konnte (§ 127 AO), oder wenn eine Umdeutung möglich ist (§ 128 AO). Im Übrigen gelten die allgemeinen Korrekturvorschriften der §§ 129 ff. AO und die besonderen Korrekturvorschriften der §§ 172 ff. AO. Die Vorschriften der §§ 172 ff. AO gelten dabei anstelle der §§ 130, 131 AO ausschließlich für Steuerbescheide und gleichgestellte Bescheide.

VIII. Rechtsbehelfe

Wer geltend macht, durch einen Verwaltungsakt beschwert zu sein, kann einen Rechtsbehelf einlegen. Im außergerichtlichen Rechtsbehelfsverfahren ist einheitlich der Einspruch gegeben. Ist das außergerichtliche Rechtsbehelfsverfahren erfolglos, ist grundsätzlich die Klage beim Finanzgericht möglich.   (Montag)

50. Die Erledigung der Hauptsache im finanzgerichtlichen Verfahren

I. Einführung

Die Frage, wie die Erledigung der Hauptsache im finanzgerichtlichen Verfahren zu behandeln ist, ist eine Frage des Prozesskostenrechts. Sie stellt sich dann, wenn einem Klagebegehren während der Rechtshängigkeit durch außerhalb des Rechtsbehelfsverfahrens liegende Ereignisse die Grundlage entzogen wird. Um zu verhindern, dass der Kläger in einem derartigen Fall die Kosten des Verfahrens in vollem Umfang allein zu tragen hat, weil er die Klage entweder kostenpflichtig zurücknehmen muss (§ 136 Abs. 2 FGO) oder diese kostenpflichtig abgewiesen wird, stellt § 138 Abs. 1 FGO insoweit einen allgemeinen prozessrechtlichen Grundsatz klar: Die Kostenentscheidung ist unter Berücksichtigung des bisherigen Sach- und Streitstandes nach billigem Ermessen zu treffen. Vor diesem Hintergrund sollen die folgenden Ausführungen vor allem die Voraussetzungen und das Verfahren zur Anwendung des § 138 FGO offen legen. Da die Vorschrift selbst äußerst unvollständig ist, muss dabei in erster Linie auf die Grundsätze zurückgegriffen werden, die Wissenschaft und Praxis erarbeitet haben.

II. Grundsätzliche Voraussetzungen

1. Erledigung der Hauptsache

Die „Hauptsache" in einem Prozess ist das Klagebegehren. Dieses Klagebegehren erledigt sich dann, wenn ihm durch außerhalb des Rechtsbehelfsverfahrens liegende Ereignisse die Grundlage entzogen wird und es nur noch einer Kostenentscheidung bedarf. Zu den Ereignissen, die zur Erledigung der Hauptsache führen, gehört insbesondere die Aufhebung und Änderung eines angefochtenen Verwaltungsakts durch die Finanzbehörde.

2. Erledigungserklärung

Dass die Hauptsache sich erledigt hat, muss dem Gericht durch Erledigungserklärungen zur Kenntnis gebracht und auf diese Weise in das Verfahren eingeführt werden. Die Tatsache, dass sich die Hauptsache erledigt hat, ist aufgrund der im Prozess bestehenden Dispositionsmaxime für sich genommen für den Prozessablauf bedeutungslos. Die Dispositionsmaxime, die auch als Verfügungsgrundsatz bezeichnet wird, bewirkt nämlich, dass die Beteiligten das Gericht durch ihre Anträge in seiner Entscheidung binden und dem Gericht dadurch die Prozessherrschaft grundsätzlich nehmen (§ 65 Abs. 1 FGO).

Die Erledigungserklärung ist eine Prozesshandlung, die mündlich oder schriftlich vorgenommen werden kann. Erklärungsberechtigt sind die Beteiligten.

III. Einzelheiten zum Verfahren

Die Erledigung der Hauptsache kann sowohl im Klage- als auch im Rechtsmittelverfahren von den Beteiligten einseitig oder gemeinsam erklärt werden.

1. Beiderseitige Erledigungserklärungen

Erklären die Beteiligten **gemeinsam,** dass die Hauptsache erledigt ist, hat das Gericht nicht mehr zu überprüfen, ob die Erledigung tatsächlich eingetreten ist. Prozessual wirksame Erklärungen der Beteiligten sind für das Gericht bindend. Sie beenden die Rechtshängigkeit, sodass durch Beschluss nur noch über die Kosten zu entscheiden ist.

Die Kostenentscheidung ergeht unter Berücksichtigung der bisherigen Sach- und Rechtslage nach billigem Ermessen (§ 138 Abs. 1 FGO).

2. Einseitige Erledigungserklärungen

Einseitige Erledigungserklärungen können sowohl durch den Kläger als auch durch den Beklagten erfolgen.

a) Einseitige Erledigungserklärungen des Klägers

Erklärt der Kläger die Erledigung der Hauptsache, so ist in dieser Erklärung keine kostenpflichtige Klagerücknahme (§ 136 Abs. 2 FGO), kein Klageverzicht und auch keine Klageänderung zu sehen. In der Erklärung wird vielmehr lediglich behauptet, dass dem ursprünglichen Klagebegehren wegen eines außerprozessualen Ereignisses nunmehr die Grundlage fehle.

Da diese einseitige Behauptung nicht konstitutiv sein kann, hat das Gericht zu prüfen, ob die Hauptsache sich tatsächlich erledigt hat. Ist das der Fall, entscheidet das Gericht durch Urteil und stellt dabei die Erledigung der Hauptsache im Tenor ausdrücklich fest.

Wie das Verfahren in der Hauptsache abzuwickeln ist, wenn diese sich entgegen der Behauptung des Klägers nicht erledigt hat, ist umstritten. In Literatur und Rechtsprechung (BFHE 79, 779; 85, 370; 86, 717) ist vor allem strittig, ob der ursprüngliche Klageantrag trotz der Erledigungserklärung noch besteht oder ob er zumindest hilfsweise geltend gemacht werden muss. Sachlich erscheint unabhängig davon, ob dies hilfsweise beantragt wurde, eine Entscheidung über den ursprünglichen Klageantrag geboten.

b) Einseitige Erledigungserklärungen des Beklagten

Die einseitige Erledigungserklärung des Beklagten ist eine Anregung an das Gericht, die Frage der Erledigung zu prüfen. Darüber hinaus eröffnet sie dem Kläger die Möglichkeit, ebenfalls eine Erledigungserklärung abzugeben und damit die bereits erläuterte beiderseitige Erledigungserklärung herbeizuführen. Für den Fall, dass die Hauptsache erledigt ist und der Kläger seinen Klageantrag dennoch aufrechterhält, hat das Gericht die Klage abzuweisen und dem Kläger die Kosten aufzuerlegen (§ 135 Abs. 1 FGO). Das Gericht darf sich nicht darauf beschränken, die Erledigung der Hauptsache festzustellen. Diese Möglichkeit besteht nicht, weil der Kläger nach der Dispositionsmaxime das Verfahren in Gang setzt, den Streitgegenstand bestimmt und durch seine Anträge den Prozessrahmen absteckt (§ 65 Abs. 1 FGO). Wird der Klageantrag aufrechterhalten, würde das Gericht mit der Feststellung, dass die Hauptsache erledigt ist, nicht über das im Klageantrag konkretisierte Klagebegehren entscheiden (BFH, BStBl 1979 II S. 375, 378; 1982 II S. 407).

Ist die Hauptsache nicht erledigt, entscheidet das Gericht durch Urteil. Der Erledigungserklärung des Beklagten wird dabei keine Bedeutung zugemessen.

3. Fehlende Erledigungserklärungen

Wurde die Erledigung der Hauptsache nicht durch den Kläger erklärt, muss das Gericht die Klage kostenpflichtig abweisen, wenn die Erledigung eingetreten ist. Ist die Hauptsache nicht erledigt, wird über das Klagebegehren entschieden.

(Montag)

51. Das Klagesystem der FGO

I. Bedeutung des Klagesystems

Art. 19 Abs. 4 GG garantiert jedem, der durch die öffentliche Gewalt in seinen Rechten verletzt wird, die Möglichkeit, den Rechtsweg einzuschlagen. Auf dem Finanzrechtsweg wird die **Rechtsschutzgarantie** des Grundgesetzes durch das differenzierte Klagesystem der FGO gewährt. Den möglichen Klagebegehren entsprechend sieht dieses Klagesystem unterschiedliche Klagearten vor.

Die Wahl der richtigen Klageart gehört zu den **Zulässigkeitsvoraussetzungen** des gerichtlichen Rechtsbehelfsverfahrens. Das bedeutet allerdings nicht, dass die Klage bereits dann als unzulässig abgewiesen wird, wenn das Klagebegehren mit der gewählten Klageart nicht zu vereinbaren ist. Unzulässig wird die Klage erst dann, wenn der Steuerpflichtige trotz der Belehrung, zu der der Vorsitzende im Rahmen seiner Prozessfürsorgepflichten verpflichtet ist (§ 76 Abs. 2 FGO), keine Richtigstellung vornimmt.

II. Klagearten

Bei den Klagearten der FGO kann grundsätzlich zwischen Anfechtungsklagen, Leistungsklagen und Feststellungsklagen unterschieden werden.

1. Anfechtungsklagen (§ 40 Abs. 1 FGO)

Mit der Anfechtungsklage wird eine unmittelbare Rechtsänderung angestrebt. Sie ist gem. § 40 Abs. 1 FGO auf die Aufhebung oder als Abänderungsklage in den Fällen des § 100 Abs. 2 FGO, d. h. bei sog. Geldverwaltungsakten, auf die Änderung eines Verwaltungsakts gerichtet. Eine Anfechtungsklage kommt daher z. B. dann in Betracht, wenn die Finanzbehörde einen rechtswidrigen Steuerbescheid erlassen und diesen Steuerbescheid in der Einspruchsentscheidung bestätigt hat. Mit der Anfechtungsklage könnte in einem solchen Fall beantragt werden, den angegriffenen Steuerbescheid und die dazu ergangene Einspruchsentscheidung aufzuheben bzw. zu ändern.

2. Leistungsklagen (§ 40 Abs. 1 FGO)

Mit einer Leistungsklage soll eine Finanzbehörde gem. § 40 Abs. 1 FGO zu einem Tun, Dulden oder Unterlassen verurteilt werden. Je nachdem ob das angestrebte Verwaltungshandeln als Verwaltungsakt zu qualifizieren ist oder nicht, werden Verpflichtungsklagen und sonstige Leistungsklagen unterschieden.

a) Verpflichtungsklagen (§ 40 Abs. 1 FGO)

Mit einer Verpflichtungsklage soll der Beklagte gem. § 40 Abs. 1 FGO zum Erlass eines Verwaltungsakts verurteilt werden.

Die sog. **Verpflichtungsklage im engeren Sinne** ist darauf gerichtet, die Finanzbehörde zum Erlass eines bereits abgelehnten Verwaltungsakts zu verurteilen. Eine Verpflichtungsklage im engeren Sinne kommt daher z. B. dann in Betracht, wenn ein Stundungsantrag abgelehnt wurde. Mit der Verpflichtungsklage kann in einem solchen Fall beantragt werden, die Einspruchsentscheidung aufzuheben und die beklagte Finanzbehörde zur Stundung der Steuer zu verurteilen.

Die zweite Form der Verpflichtungsklage ist die **so genannte Untätigkeitsklage**. Die Untätigkeitsklage kommt gem. § 40 Abs. 1 FGO dann in Betracht, wenn die Finanzbehörde den angestrebten Verwaltungsakt weder erlassen noch abgelehnt hat, wenn die Finanzverwaltung also untätig geblieben ist. Die Untätigkeitsklage ist daher z. B. dann gegeben, wenn die Finanzbehörde den angestrebten Feststellungsbescheid nicht erlässt. Mit der Untätigkeitsklage kann in einem solchen Fall beantragt werden, die beklagte Behörde zur Ausfertigung des gewünschten

Bescheides zu verurteilen. In diesem Zusammenhang ist jedoch zu beachten, dass eine Untätigkeitsklage grundsätzlich nur dann in Betracht kommt, wenn zuvor ein Untätigkeitseinspruch nach § 347 Abs. 1 Satz 2 AO eingelegt wurde.

b) Sonstige Leistungsklagen

Wird mit der Verpflichtungsklage eine Leistung angestrebt, die nicht als Verwaltungsakt zu qualifizieren ist, liegt eine sonstige Leistungsklage vor. Eine sonstige Leistungsklage ist daher z. B. dann gegeben, wenn eine Finanzbehörde dazu verurteilt werden soll, Auskünfte zu erteilen, Akteneinsicht zu gewähren oder Erstattungen vorzunehmen. Eine Klagefrist besteht nicht (§ 47 FGO). Ein Vorverfahren ist nicht erforderlich (§ 44 Abs. 1 FGO).

3. Feststellungsklagen (§ 41 FGO)

Begehrt der Kläger eine Feststellung darüber, ob ein Steuerrechtsverhältnis besteht oder ob ein Verwaltungsakt nichtig ist, so ist die Feststellungsklage gem. § 41 FGO gegeben. Die Feststellungsklage kommt daher z. B. dann in Betracht, wenn festgestellt werden soll, ob ein Steuerpflichtiger der Außenprüfung unterliegt.

Mit Ausnahme der Fälle, in denen die Feststellung der Nichtigkeit eines Verwaltungsakts angestrebt wird, ist die Feststellungsklage nur dann zulässig, wenn der Steuerpflichtige sein Klagebegehren nicht auch durch eine Anfechtungs- oder Leistungsklage verfolgen kann oder hätte verfolgen können. Die Feststellungsklage ist insoweit subsidiär. Damit wird sichergestellt, dass die Regelungen, die für das Vorverfahren und die Klagefristen bei Anfechtungs- und Verpflichtungsklagen gelten, nicht unterlaufen werden können.

4. Sprungklagen nach § 45 FGO und Klagen nach § 46 FGO

Die Sprungklage nach § 45 FGO und die Klage nach § 46 FGO sind keine besonderen Klagearten. Sie sind vielmehr dem jeweiligen Klagebegehren entsprechend entweder Anfechtungs- oder Verpflichtungsklage. Die Besonderheit besteht lediglich darin, dass die Klagen nach §§ 45, 46 FGO ohne vorherigen Abschluss des Vorverfahrens zulässig sind.

a) Sprungklage nach § 45 FGO

Die Sprungklage nach § 45 FGO ist ohne Vorverfahren dann zulässig, wenn die Behörde, die über den außergerichtlichen Rechtsbehelf zu entscheiden hat, innerhalb eines Monats nach Zustellung der Klageschrift dem Gericht gegenüber zustimmt. Das Gericht hat jedoch zeitlich befristet die Möglichkeit, die Klage zur Durchführung des Vorverfahrens an die zuständige Finanzbehörde abzugeben.

Die Sprungklage ist auch im Rahmen eines Sicherungsverfahrens (§§ 324 ff. AO) möglich. Sie setzt dabei jedoch keine Zustimmung der Finanzbehörde voraus. Eine Abgabe an die Finanzbehörde ist ebenfalls nicht zulässig (§ 45 Abs. 4 FGO).

b) Klagen nach § 46 FGO

Nach § 46 Abs. 1 FGO ist eine Klage auch dann ohne vorherigen Abschluss des Vorverfahrens zulässig, wenn über einen außergerichtlichen Rechtsbehelf ohne Mitteilung eines Grundes sachlich nicht in angemessener Frist entschieden wurde.

III. Schlussbemerkung

Theoretisch ist die Rechtsschutzgarantie des Art. 19 Abs. 4 GG mit den genannten Klagearten der FGO weitgehend verwirklicht. In der Praxis sind angesichts überlanger Prozessdauer jedoch längst verfassungsrechtliche Bedenken anzumelden. Auf Dauer dürfte nur über eine systematische Reform des Steuerrechts eine Entlastung der Gerichte und damit ein grundgesetzkonformer Rechtsschutz zu realisieren sein.

(Montag)

52. Revision und Beschwerde

I. Einführung

Revision und Beschwerde zum Bundesfinanzhof sind die Rechtsmittel der FGO. Als Rechtsmittel, d. h. als Rechtsbehelfe gegen die Entscheidungen eines Finanzgerichts, sollen sie auf dem Finanzrechtsweg dazu beitragen, die Rechtsschutzgarantie des Art. 19 Abs. 4 GG zu verwirklichen.

II. Revision

Die Revision dient als Rechtsmittel, mit dem die Urteile eines Finanzgerichts angefochten werden können, sowohl der Einhaltung der Verfahrensvorschriften als auch der einheitlichen Rechtsanwendung.

1. Zulassung der Revision

Nach dem endgültigen Wegfall der früher zulässigen Streitwertrevision und der zulassungsfreien Revision bei Vorliegen besonders schwerwiegender Verfahrensmängel (§ 116 FGO a. F.) steht den Beteiligten die Revison gegen das Urteil des Finanzgerichts an den Bundesfinanzhof nur noch dann zu, wenn das Finanzgericht oder auf Beschwerde gegen die Nichtzulassung der Bundesfinanzhof die Revision zugelassen hat (§ 115 Abs. 1 FGO).

Die Revision ist nach § 115 Abs. 2 FGO nur dann zuzulassen, wenn

- die Rechtssache grundsätzliche Bedeutung hat,
- die Fortbildung des Rechts oder die Sicherung einer einheitlichen Rechtsprechung eine Entscheidung des Bundesfinanzhofs erfordert oder
- ein Verfahrensmangel geltend gemacht wird und vorliegt, auf dem die Entscheidung beruhen kann.

2. Verfahren der Nichtzulassungsbeschwerde

Hat das Finanzgericht die Revision nicht zugelassen, kann die Nichtzulassung der Revision durch Beschwerde, die sog. Nichtzulassungsbeschwerde, angefochten werden (§ 116 Abs. 1 FGO).

Die Beschwerde ist abweichend von der früheren Rechtslage beim Bundesfinanzhof einzulegen, und zwar innerhalb eines Monats nach Zustellung des vollständigen Urteils (§ 116 Abs. 2 Satz 1 FGO). Die Nichtzulassungsbeschwerde muss das angefochtene Urteil bezeichnen (§ 116 Abs. 2 Satz 2 FGO). Außerdem soll der Beschwerdeschrift eine Ausfertigung oder Abschrift des Urteils, gegen das Revision eingelegt werden soll, beigefügt werden (§ 116 Abs. 2 Satz 3 FGO). Die Beschwerde ist innerhalb von zwei Monaten nach der Zustellung des vollständigen Urteils unmittelbar beim BFH zu begründen. Die Begründungsfrist kann auf Antrag einmalig um einen weiteren Monat verlängert werden (§ 116 Abs. 3 FGO). Der BFH entscheidet nach § 116 Abs. 5 FGO durch einen Beschluss, der anders als bisher grundsätzlich begründet werden soll.

Wird der Nichtzulassungsbeschwerde aufgrund eines Verfahrensmangels i. S. v. § 115 Abs. 2 Nr. 3 FGO stattgegeben, kann der BFH das angefochtene Urteil in seinem Beschluss aufheben und den Rechtsstreit zur anderweitigen Verhandlung und Entscheidung an das Finanzgericht zurückverweisen (§ 116 Abs. 6 FGO). Wird der Nichtzulassungsbeschwerde stattgegeben, ohne dass ein Verfahrensmangel i. S. des § 115 Abs. 2 Nr. 3 FGO vorliegt, so wird das Beschwerdeverfahren ab dem Beschluss als Revisionsverfahren ohne förmliche Revisionseinlegung durch den Beschwerdeführer fortgesetzt (§ 116 Abs. 7 FGO). Mit der Zustellung des Beschlusses beginnt für den Beschwerdeführer die Revisionsbegründungsfrist.

3. Revisionsverfahren

Wurde die Revision zugelassen, ist sie abweichend von der früheren Rechtslage unmittelbar beim BFH einzulegen (§ 120 Abs. 1 FGO), und zwar wie die Nichtzulassungsbeschwerde schriftlich innerhalb eines Monats nach Zustellung des vollständigen Urteils. Die Revision muss das angefochtene Urteil bezeichnen, ihr soll eine Ausfertigung oder Abschrift des Urteils beigefügt werden.

Innerhalb von zwei Monaten nach Zustellung des vollständigen Urteils ist die Revision zu begründen. Die Begründungsfrist kann vor dem Fristablauf verlängert werden. Die Begründung muss enthalten:

- die Erklärung, inwieweit das Urteil angefochten und dessen Aufhebung beantragt wird, d. h. die sog. Revisionsanträge,
- sowie die Angabe der Revisionsgründe (§ 120 Abs. 3 FGO).

Die Revision kann gem. § 118 Abs. 1 FGO nur darauf gestützt werden, dass das angefochtene Urteil auf einer Rechtsverletzung beruht, d. h., dass geltendes Recht nicht oder unrichtig angewendet wurde. Da der Bundesfinanzhof gem. § 118 Abs. 2 FGO an die tatsächlichen Feststellungen gebunden ist, können neue Tatsachen oder Beweismittel nicht als Revisionsbegründung herangezogen werden. Der BFH ist **Rechtsinstanz** und keine Tatsacheninstanz.

Sind die Zulässigkeitsvoraussetzungen für eine Revision nicht erfüllt, so verwirft der Bundesfinanzhof die Revision gem. § 126 Abs. 1 FGO durch Beschluss.

Ist die Revision zulässig, aber unbegründet, ist sie als unbegründet zurückzuweisen (§ 126 Abs. 2 FGO). Hält der BFH die Revision einstimmig für unbegründet und eine mündliche Verhandlung nicht für erforderlich, kann er durch Beschluss entscheiden (§ 126 a FGO).

Wenn die Revision begründet ist, kann der BFH durch Urteil oder Gerichtsbescheid in der Sache selbst entscheiden oder das angefochtene Urteil aufheben und die Sache zur anderweitigen Verhandlung und Entscheidung zurückverweisen (§ 126 Abs. 3 FGO).

III. Beschwerde

1. Zulässigkeitsvoraussetzungen

Die Beschwerde ist als Nichtzulassungsbeschwerde mit den bereits erläuterten Besonderheiten insbesondere gegen die Nichtzulassung der Revision statthaft (§ 116 FGO). Darüber hinaus ist die Revision auch gegen die Entscheidungen eines Finanzgerichts, die nicht Urteile oder Vorbescheide sind, und gegen die Entscheidung des Vorsitzenden eines Finanzgerichts statthaft (§ 128 Abs. 1 FGO). § 128 Abs. 2 FGO enthält insoweit jedoch Einschränkungen, die sich insbesondere auf prozessleitende und prozessgestaltende Verfahrensentscheidungen beziehen.

Die Beschwerde ist schriftlich oder zur Niederschrift einzulegen (§ 129 FGO). Empfangsbehörde ist das Finanzgericht.

Die Beschwerdefrist beträgt zwei Wochen. Sie beginnt mit der Bekanntgabe der angefochtenen Entscheidung. Es besteht ebenfalls Vertretungszwang.

2. Beschwerdeentscheidung

Hilft das Finanzgericht der Beschwerde nicht ab (§ 130 FGO), entscheidet der Bundesfinanzhof durch Beschluss (§ 132 FGO). (Montag)

53. Verspätungszuschlag, Säumniszuschlag und Prozesskosten

Abgesehen davon, dass sowohl der Verspätungszuschlag als auch der Säumniszuschlag zu den steuerlichen Nebenleistungen (§ 3 Abs. 3 AO) gehören, sind zwischen den im Thema genannten Begriffen keine sachlichen Verbindungen erkennbar. Bei der Erörterung des Themas ist die gegenseitige Abgrenzung der angesprochenen Fragen daher nicht erforderlich, die Ausführungen zu den einzelnen Begriffen können vielmehr jeweils für sich stehen.

I. Verspätungszuschlag

1. Zweck

Der Verspätungszuschlag ist eine **steuerliche Nebenleistung** (§ 3 Abs. 3 AO), die den rechtzeitigen Eingang der Steuererklärung und mittelbar auch die rechtzeitige Festsetzung und Entrichtung der Steuer sicherstellen soll. Sie ist insoweit keine Strafe und kein Zwangsgeld, sondern ein Druckmittel eigener Art, das sowohl repressiven als auch präventiven Charakter hat.

2. Voraussetzungen

Ein Verspätungszuschlag kann gem. § 152 AO gegen denjenigen festgesetzt werden, der seiner Verpflichtung zur Abgabe einer Steuererklärung nicht oder nicht fristgemäß nachkommt. Die Festsetzung unterbleibt, wenn das Versäumnis entschuldbar erscheint. Das ist dann der Fall, wenn der Erklärungspflichtige die seinen persönlichen Verhältnissen entsprechende Sorgfalt angewendet hat.

3. Grundsätze der Ermessensausübung

Die Festsetzung des Verspätungszuschlags ist eine Ermessensentscheidung. Diese Ermessensentscheidung soll neben dem Zweck des Verspätungszuschlags auch der Dauer der Fristüberschreitung, der Höhe des festzusetzenden Zahlungsanspruchs, den entstandenen Vorteilen, dem Verschulden und der wirtschaftlichen Leistungsfähigkeit des Erklärungspflichtigen Rechnung tragen (§ 152 Abs. 2 AO). Der Verspätungszuschlag darf zehn vom Hundert der festgesetzten Steuer nicht übersteigen und ab dem 1. 1. 2002 höchstens 25.000 Euro betragen.

4. Verfahren und Rechtsbehelfe

Die Festsetzung des Verspätungszuschlags erfolgt regelmäßig zusammen mit der Festsetzung der Steuer; sie ist jedoch ein selbständiger, belastender Verwaltungsakt. Dieser Verwaltungsakt kann nach § 130 Abs. 1 oder § 131 Abs. 1 AO korrigiert werden.

Ist die Festsetzung rechtswidrig, kann sie gem. § 130 Abs. 1 AO, auch nachdem sie unanfechtbar geworden ist, ganz oder teilweise mit Wirkung für die Vergangenheit oder für die Zukunft zurückgenommen werden.

Ist die Festsetzung rechtmäßig, kann sie gem. § 131 Abs. 1 AO, auch nachdem sie unanfechtbar geworden ist, ganz oder teilweise mit Wirkung für die Zukunft widerrufen werden. Dies gilt nur dann nicht, wenn ein Verwaltungsakt gleichen Inhalts erlassen werden müsste oder wenn der Widerruf aus anderen Gründen unzulässig ist.

Gegen die Festsetzung des Verspätungszuschlags ist der Einspruch gegeben (§ 347 Abs. 1 AO). Hat der Einspruch keinen Erfolg, ist Anfechtungsklage möglich.

II. Säumniszuschlag

1. Zweck

Der Säumniszuschlag ist eine steuerliche Nebenleistung (§ 3 Abs. 3 AO), die die pünktliche Zahlung fälliger Steuern sicherstellen soll. Er ist weder Strafe noch Bußgeld, sondern ein Druckmittel.

2. Voraussetzungen

Der Säumniszuschlag entsteht, wenn eine Steuer oder eine zurückzuzahlende Steuervergütung nicht bis zum Ablauf des Fälligkeitstages entrichtet wird (§ 240 Abs. 1 AO). Verschulden ist nicht erforderlich. Bei einer Säumnis bis zu fünf Tagen (Schonfrist) wird grundsätzlich kein Säumniszuschlag erhoben (§ 240 Abs. 3 Satz 1 AO). Die Schonfrist gilt jedoch dann nicht, wenn bar oder durch Scheck gezahlt wird (§§ 240 Abs. 3 Satz 2, 224 Abs. 2 Nr. 1 AO).

3. Rechtsfolgen

Der Säumniszuschlag entsteht mit der Tatbestandsverwirklichung kraft Gesetzes. Er beträgt für jeden angefangenen Monat der Säumnis eins vom Hundert des abgerundeten rückständigen Steuerbetrags; abzurunden ist auf den nächsten durch 50 Euro teilbaren Betrag.

4. Verfahren und Rechtsbehelfe

Säumniszuschläge werden ohne vorherige Festsetzung verwirklicht (§ 218 Abs. 1 AO). Ein Leistungsgebot ist dann erforderlich, wenn der Säumniszuschlag nicht zusammen mit der Steuer beigetrieben wird (§ 254 AO). Gegen ein solches Leistungsgebot ist der Einspruch gegeben (§ 347 Abs. 1 AO).

Der Säumniszuschlag kann auch durch Abrechnungsbescheid festgesetzt werden (§ 218 Abs. 2 AO). Gegen einen Abrechnungsbescheid ist der Einspruch gegeben (§ 347 Abs. 1 AO).

III. Prozesskosten

Prozesskosten sind Aufwendungen, die im Zusammenhang mit der Durchführung eines Prozesses entstehen. Da der Finanzrechtsweg anders als das außergerichtliche Rechtsbehelfsverfahren kostenpflichtig ist, muss der Kostenfrage bei einem anstehenden Prozess stets Beachtung geschenkt werden. Bedeutsam ist dabei vor allem die Frage, welche Kosten erstattungsfähig sind und wer die Kosten zu tragen hat.

1. Erstattungsfähige Kosten

Auf dem Finanzrechtsweg sind als Prozesskosten neben den **Gerichtskosten (Auslagen und Gebühren)** die Aufwendungen erstattungsfähig, die die Beteiligten zur zweckentsprechenden Rechtsverfolgung oder Rechtsverteidigung notwendigerweise aufzubringen hatten (§ 139 Abs. 1 FGO). Erstattungsfähig sind auch Kosten des Vorverfahrens, wenn das Gericht die Zuziehung eines Bevollmächtigten für notwendig erklärt (§ 139 Abs. 3 FGO).

Die Aufwendungen der Finanzbehörden sind nicht zu erstatten (§ 139 Abs. 2 FGO).

2. Grundsätze zur Kostentragung

Für die Frage, wer die angefallenen Kosten trägt, gelten im Wesentlichen die folgenden Grundsätze:

a) Wer unterliegt, trägt die Kosten (§ 135 Abs. 1 FGO).

b) Wer ohne Erfolg ein Rechtsmittel (Beschwerde, Revision) einlegt, trägt die Kosten (§ 135 Abs. 2 FGO).

c) Wird der Prozess nur zum Teil gewonnen, sind die Kosten gegeneinander aufzuheben oder verhältnismäßig aufzuteilen (§ 136 Abs. 1 FGO). Aufteilungsmaßstab ist der Streitwert.

d) Wer obsiegt, kann dennoch mit den Kosten belastet werden, wenn die Entscheidung auf Tatsachen beruht, die er früher hätte geltend machen oder beweisen können und sollen (§ 137 FGO).

e) Wer eine Klage oder ein Rechtsmittel zurücknimmt oder einen Antrag auf Wiedereinsetzung stellt, trägt die Kosten (§ 136 Abs. 2 und 3 FGO).

f) **Bei Erledigung der Hauptsache** entscheidet das Gericht nach billigem Ermessen, wer die Kosten zu tragen hat (§ 138 Abs. 1 FGO). (Montag)

54. Die Klagevoraussetzungen der FGO

I. Bedeutung der Klagevoraussetzungen

Art. 19 Abs. 4 GG garantiert jedem, der durch die öffentliche Gewalt in seinen Rechten verletzt wird, die Möglichkeit, den Rechtsweg einzuschlagen. Soll Klage zum Finanzgericht erhoben werden, ist zu prüfen, ob die formellen Voraussetzungen für eine Klage erfüllt sind. Ist das nicht der Fall, wird die Klage in der Regel sofort als unzulässig abgewiesen. Die Abweisung erfolgt trotz zunächst fehlender Zulässigkeitsvoraussetzungen nur dann nicht, wenn konkrete Prozessfürsorgepflichten bestehen und der Kläger die erforderlichen Voraussetzungen nach entsprechender Belehrung durch das Gericht vervollständigt. Ist die Klage als unzulässig abzuweisen, wird die Frage ihrer Begründetheit nicht mehr geprüft. Um dieser Gefahr zu entgehen, muss eine Klage im Wesentlichen die folgenden Voraussetzungen erfüllen:

II. Zusammenstellung der Klagevoraussetzungen

1. Finanzrechtsweg

Eine Klage zu einem Finanzgericht ist nur dann zulässig, wenn der Finanzrechtsweg gegeben ist. Diese Voraussetzung ist zum einen bei öffentlich-rechtlichen Streitigkeiten über Abgabeangelegenheiten erfüllt, soweit die Abgabe der Gesetzgebung des Bundes unterliegt und durch Bundes- oder Landesfinanzbehörden verwaltet wird. Der Finanzrechtsweg ist darüber hinaus aber auch bei berufsrechtlichen und öffentlich-rechtlichen Streitigkeiten über Prüfungs- und Zulassungsangelegenheiten des Steuerberatungsgesetzes und bei anderen öffentlich-rechtlichen Streitigkeiten (z. B. nach dem Wohnungsbauprämiengesetz) gegeben, für die der Finanzrechtsweg ausdrücklich eröffnet ist (§ 33 FGO).

Bei Steuerstraf- und Bußgeldverfahren kommt der Finanzrechtsweg nicht in Betracht. Für diese Verfahren sind ausschließlich die ordentlichen Gerichte zuständig.

2. Vorverfahren

Eine Klage setzt grundsätzlich den erfolglosen Abschluss eines Vorverfahrens voraus (§ 44 Abs. 1 FGO). Der Abschluss eines Vorverfahrens ist nur dann nicht erforderlich,

– wenn ein außergerichtlicher Rechtsbehelf wie bei der allgemeinen Leistungsklage (§ 40 Abs. 1 FGO) und der Feststellungsklage (§ 41 Abs. 1 FGO) nicht gegeben ist,
– wenn Sprungklage (§ 45 FGO) erhoben wurde oder
– wenn der Abschluss des Vorverfahrens von der Behörde ohne Mitteilung eines zureichenden Grundes verzögert wurde (§ 46 FGO).

3. Klageart

Auch die Wahl der richtigen Klageart gehört zu den Zulässigkeitsvoraussetzungen des gerichtlichen Rechtsbehelfsverfahrens. Die Klage wird aber nicht bereits dann als unzulässig abgewiesen, wenn das Klagebegehren mit der gewählten Klageart nicht zu vereinbaren ist. Unzulässig wird die Klage erst dann, wenn den Steuerpflichtigen auch die Belehrung, die der Vorsitzende im Rahmen seiner Prozessfürsorgepflichten vorzunehmen hat (§ 76 Abs. 2 FGO), nicht zur Richtigstellung veranlasst.

Dem jeweiligen Klagebegehren entsprechend kommt die Anfechtungsklage (§ 40 Abs. 1 FGO), die Leistungsklage (§ 40 Abs. 1 FGO) oder die Feststellungsklage (§ 41 Abs. 1 FGO) in Betracht.

4. Klagebefugnis

Eine Klage setzt in der Regel voraus, dass der Kläger geltend macht, durch ein Verwaltungshandeln in seinen Rechten verletzt worden zu sein (§ 40 Abs. 2 FGO).

Für die Klagebefugnis bei einheitlichen Feststellungsbescheiden gelten besondere Regeln (§ 48 FGO).

5. Klagefrist

Die Klage ist nur dann zulässig, wenn die Klagefrist gewahrt wird (§ 47 FGO). Bei Fristversäumnis kommt auf Antrag Wiedereinsetzung in den vorigen Stand in Betracht, wenn kein Verschulden vorliegt (§ 56 FGO).

Bei der Anfechtungsklage beginnt die Klagefrist mit der Bekanntgabe der Einspruchs- oder Beschwerdeentscheidung; in den Fällen des § 45 FGO (insbesondere Sprungklage) und in den Fällen, in denen kein außergerichtlicher Rechtsbehelf gegeben ist, beginnt sie mit der Bekanntgabe des Verwaltungsakts. Die Frist beträgt einen Monat.

Entsprechendes gilt auch für eine Verpflichtungsklage, wenn der Antrag auf Vornahme eines Verwaltungsakts abgelehnt wurde. Für andere Klagen (sonstige Leistungsklagen und Feststellungsklagen) gelten keine Klagefristen.

6. Klageverzicht

Die Klage ist unzulässig, wenn nach Erlass des Verwaltungsakts gegenüber der zuständigen Behörde auf die Klage verzichtet wurde (§ 50 FGO). Der Klageverzicht ist nur dann wirksam, wenn er schriftlich oder zur Niederschrift erklärt wurde.

7. Verfahrenshandlungsfähigkeit

Die Klage setzt voraus, dass der Kläger Verfahrenshandlungen vornehmen kann (§ 58 FGO). Verfahrenshandlungsfähigkeit, d. h. Prozessfähigkeit, liegt vor bei Geschäftsfähigen nach BGB, bei beschränkt Geschäftsfähigen, soweit sie geschäftsfähig sind, und bei gesetzlichen Vertretern (§ 34 AO).

8. Beklagter (Passivlegitimation)

Die Klage muss gegen die zutreffende Behörde gerichtet werden. Welche Behörde das im Einzelfall ist, wird durch § 63 FGO geregelt. Klagegegner ist demnach regelmäßig das Finanzamt. Wird die Klage gegen die falsche Behörde gerichtet, hat der Vorsitzende des Gerichts seine Prozessfürsorgepflicht wahrzunehmen (§ 76 Abs. 2 FGO). Erfolgt keine Korrektur, ist die Klage als unzulässig abzuweisen.

9. Empfangsbehörde

Die Klage ist grundsätzlich bei dem Gericht einzureichen, das sachlich und örtlich zuständig ist (§§ 64, 35 ff. FGO). Erfolgt die Klage bei einem unzuständigen Gericht, hat der Vorsitzende darauf hinzuweisen, dass ein Antrag nach § 70 Abs. 1 FGO gestellt und die Abweisung der Klage insoweit abgewendet werden kann (§ 76 Abs. 2 FGO).

10. Form

Für die Klage ist grundsätzlich die Schriftform vorgesehen; sie kann auch zur Niederschrift des Urkundsbeamten der Geschäftsstelle erhoben werden (§ 64 Abs. 1 FGO); möglich sind insb. auch Telegramm und Telefax.

11. Inhalt

Die Klage **muss** neben dem Kläger, dem Beklagten und dem Streitgegenstand bei Anfechtungsklagen auch den angefochtenen Verwaltungsakt oder die angefochtene Entscheidung bezeichnen. Sind diese Voraussetzungen nicht oder nicht in vollem Umfang erfüllt, hat der Vorsitzende den Kläger innerhalb einer bestimmten Frist zu der erforderlichen Ergänzung aufzufordern (§ 65 Abs. 2 FGO). Die Klage **soll** einen bestimmten Antrag enthalten und die zur Begründung dienenden Tatsachen und Beweismittel angeben (§ 65 Abs. 1 FGO). (Montag)

55. Billigkeitsregelungen im Steuerrecht

I. Billigkeit

Die Frage der Billigkeit stellt sich dann, wenn es um die Gerechtigkeit in atypischen Einzelfällen geht. Billigkeitsüberlegungen sollen dazu beitragen, dass die Gerechtigkeitsvorstellungen, die einem Gesetz zugrunde liegen, nicht nur in den typisierten Regelfällen, sondern auch in Ausnahmefällen verwirklicht werden. Die Billigkeit ist insoweit **Einzelfallgerechtigkeit**.

II. Billigkeitsgründe

Die Notwendigkeit für eine Billigkeitsregelung kann sich nach der ständigen Rechtsprechung des BFH sowohl aus sachlichen als auch aus persönlichen Gründen ergeben.

1. Persönliche Billigkeitsgründe

Persönliche Billigkeitsgründe liegen dann vor, wenn der Steuerpflichtige aus persönlichen oder wirtschaftlichen Gründen einer Billigkeitsmaßnahme bedarf und einer solchen Maßnahme würdig ist. Einer Billigkeitsmaßnahme bedarf es dann, wenn die Anwendung der für den Regelfall geltenden Vorschriften die persönliche oder wirtschaftliche Existenz des Steuerpflichtigen vernichten oder zumindest ernstlich gefährden würde. Würdig ist der Steuerpflichtige einer Billigkeitsmaßnahme dann, wenn er die mangelnde Leistungsfähigkeit nicht selbst herbeigeführt oder durch sein Verhalten nicht in eindeutiger Weise gegen die Interessen der Allgemeinheit verstoßen hat.

2. Sachliche Billigkeitsgründe

Aus sachlichen Gründen kommt eine Billigkeitsmaßnahme dann in Betracht, wenn sich in Ausnahmefällen Rechtsfolgen ergeben, die der Gesetzgeber nicht gewollt hat oder bei deren Kenntnis er im Sinne der Einzelfallgerechtigkeit entschieden hätte. Darüber hinaus können Billigkeitsmaßnahmen aus sachlichen Gründen auch dann angezeigt sein, wenn sich in einzelnen Ausnahmefällen Grundgesetzverletzungen ergeben oder wenn der Bundesfinanzhof ein Urteil fällt, das zum Nachteil des Steuerpflichtigen von der bestehenden Verwaltungsübung abweicht.

III. Billigkeitsmaßnahmen

Liegen persönliche oder sachliche Billigkeitsgründe vor, kann die Finanzverwaltung im Rahmen einer Ermessensentscheidung eine der gesetzlich vorgesehenen Billigkeitsmaßnahmen ergreifen.

1. Abweichende Festsetzung aus Billigkeitsgründen (§ 163 AO)

Liegen Billigkeitsgründe vor, können Steuern niedriger festgesetzt werden oder steuererhöhende Besteuerungsgrundlagen bei der Festsetzung unberücksichtigt bleiben (§ 163 AO). Im Rahmen einer solchen abweichenden Festsetzung aus Billigkeitsgründen kann mit Zustimmung des Steuerpflichtigen darüber hinaus bei Steuern vom Einkommen zugelassen werden, dass steuererhöhende Besteuerungsgrundlagen zeitlich später erfasst, steuermindernde Besteuerungsgrundlagen vorgezogen werden.

2. Stundung (§ 222 AO)

Ist die Steuererhebung nur im Zeitpunkt der Fälligkeit, also nicht auf Dauer, unbillig, kommt als vorübergehende Billigkeitsmaßnahme eine Stundung in Betracht (§ 222 AO). Die Stundung wird allerdings nur dann gewährt, wenn der Anspruch durch die Stundung nicht gefährdet erscheint. Sie setzt in der Regel einen **Antrag** und eine **Sicherheitsleistung** voraus. Für die Dauer der Stundung werden **Zinsen** erhoben. Auf diese Zinsen, die für jeden vollen Stundungsmonat 0,5 v. H. betragen, kann jedoch ganz oder teilweise verzichtet werden, wenn auch insoweit Billigkeitsgründe vorliegen (§ 234 AO).

3. Billigkeitserlass (§ 227 AO)

Erscheint die Steuererhebung **auf Dauer** unbillig, kommt ein völliger oder teilweiser Erlass der Ansprüche aus dem Steuerschuldverhältnis in Betracht (§ 227 AO). Bereits entrichtete Beträge können erstattet oder angerechnet werden.

4. Vollstreckungsaufschub (§ 258 AO)

Soweit die Vollstreckung vorübergehend unbillig ist, kann die Vollstreckungsbehörde sie einstweilen einstellen, beschränken oder aufheben, d. h. die Behörde kann gem. § 258 AO Vollstreckungsaufschub gewähren.

5. Aussetzung der Vollziehung (§ 361 AO, § 69 FGO)

Ein Verwaltungsakt bleibt grundsätzlich auch dann vollziehbar, wenn er angefochten wurde. Die Aussetzung der Vollziehung soll jedoch auf **Antrag** dann erfolgen, wenn die Vollziehung für den Betroffenen eine unbillige, nicht durch überwiegende öffentliche Interessen gebotene Härte zur Folge hätte (§ 361 AO, § 69 FGO).

IV. Ermessen

Billigkeitsmaßnahmen sind Ermessensentscheidungen. Das bedeutet, dass die Behörde ihr Ermessen entsprechend dem Zweck der Ermächtigung auszuüben hat und die Grenzen des Ermessens einhalten muss (§ 5 AO). Bei Billigkeitsmaßnahmen ist insoweit vor allem die Orientierung am Leistungsfähigkeitsprinzip angezeigt. Daher läge ein Ermessensfehlgebrauch z. B. dann vor, wenn ein Stundungsgesuch allein wegen einer Vorstrafe abgelehnt würde.

V. Korrektur

Für die Korrektur von Billigkeitsmaßnahmen gelten die allgemeinen Regeln der §§ 130, 131 AO. Da es sich um **begünstigende** Verwaltungsakte handelt, sind insbesondere § 130 Abs. 2, § 131 Abs. 2 AO anzuwenden. Daraus ergeben sich im Einzelnen die folgenden Konsequenzen:

War die Maßnahme **rechtmäßig,** so kann sie nur dann mit Wirkung für die Zukunft zurückgenommen werden,

– wenn der Widerruf zugelassen oder vorbehalten war,
– wenn eine Auflage nicht erfüllt wurde,
– wenn die Finanzbehörde aufgrund nachträglich eingetretener Tatsachen berechtigt wäre, den Verwaltungsakt nicht zu erlassen, und wenn ohne den Widerruf das öffentliche Interesse gefährdet würde (§ 131 Abs. 2 AO).

War die Maßnahme **rechtswidrig,** darf sie mit Wirkung für die Zukunft oder für die Vergangenheit ganz oder teilweise zurückgenommen werden,

– wenn sie von einer sachlich unzuständigen Behörde kommt,
– wenn sie durch unlautere Mittel erwirkt wurde,
– wenn sie durch unrichtige oder unvollständige Angaben erwirkt wurde,
– wenn die Rechtswidrigkeit dem Begünstigten bekannt war oder bekannt sein musste (§ 130 Abs. 2 AO).

VI. Rechtsbehelfe

Als Rechtsbehelf für die Anfechtung von Billigkeitsmaßnahmen ist der Einspruch gegeben.

Hat der Einspruch keinen Erfolg, ist die **Anfechtungs-** oder die **Verpflichtungsklage** statthaft (§ 40 Abs. 1 FGO). (Montag)

56. Die Außenprüfung

I. Grundlagen

Die Außenprüfung ist ein besonderes **Sachaufklärungsverfahren**. Die gesetzlichen Grundlagen finden sich in den §§ 193 bis 207 AO. Ergänzende Vorschriften enthält die Betriebsprüfungsordnung (Steuer). Diese Verwaltungsanweisung schafft jedoch keine Rechte und Pflichten für den Steuerpflichtigen, sondern bindet bei Ermessensentscheidungen lediglich die Finanzbehörden. Gesetzliche Sonderregelungen gelten für die Lohnsteuer (§ 42 f. EStG), die Kapitalertrag- und Körperschaftsteuer (§ 50 b EStG) und die Aufsichtsratsteuer (§ 73 d EStDV), die Feuerschutzsteuer (§ 9 Abs. 2, 3 FeuerschStG), die Versicherungsteuer (§ 10 VersStG) sowie für gesonderte Feststellungen nach § 180 Abs. 2 AO (§ 7 der VO zu § 180 Abs. 2 AO, BStBl 1987 I S. 2, zuletzt geändert durch Gesetz vom 5. 7. 2004, BGBl I S. 1427).

II. Prüfungsvoraussetzungen (§ 193 AO)

Eine Außenprüfung ist zulässig bei den Steuerpflichtigen, die einen gewerblichen oder land- und forstwirtschaftlichen Betrieb unterhalten, und bei Freiberuflern.

Bei anderen Steuerpflichtigen kann die Außenprüfung durchgeführt werden, soweit sie die Verpflichtung dieser Steuerpflichtigen betrifft, für Rechnung eines anderen Steuern zu entrichten oder einzubehalten und abzuführen. Eine Außenprüfung ist schließlich auch dann möglich, wenn die für die Besteuerung erheblichen Verhältnisse der Aufklärung bedürfen und eine Prüfung an Amtsstelle nach Art und Umfang des zu prüfenden Sachverhalts nicht zweckmäßig ist.

III. Prüfungsumfang (§ 194 AO)

Die Außenprüfung kann sich auf eine oder mehrere Steuerarten, einen oder mehrere Besteuerungszeiträume oder ausschließlich auf bestimmte Sachverhalte erstrecken. Bei der Prüfung einer Personengesellschaft können die Verhältnisse der Gesellschafter insoweit einbezogen werden, als diese Verhältnisse für die einheitlichen Feststellungen von Bedeutung sind oder dies im Einzelfall zweckmäßig ist. Die steuerlichen Verhältnisse anderer Personen können insoweit geprüft werden, als der Steuerpflichtige für Rechnung dieser Personen Steuern zu entrichten oder einzubehalten und abzuführen hat oder hatte. Werden anlässlich der Außenprüfung Feststellungen über die Verhältnisse anderer Personen getroffen, so ist die Auswertung dieser Feststellungen durch **Kontrollmitteilungen** insoweit zulässig, als die Feststellungen für die Besteuerung dieser Personen von Bedeutung sind oder die Feststellungen im Zusammenhang mit einer unerlaubten Hilfeleistung in Steuersachen stehen. Bei Außenprüfungen in Kreditinstituten sollen jedoch keine Kontrollmitteilungen über Guthabenkonten oder Depots erfolgen (§ 30 a Abs. 3 AO).

IV. Prüfungsdurchführung

Ob eine Außenprüfung durchgeführt wird, ist **Ermessensfrage.** Um die Ermessensausübung zu vereinheitlichen, wurden die Betriebe nach bestimmten Kriterien größenmäßig klassifiziert. Zu unterscheiden sind Großbetriebe, Mittelbetriebe, Kleinbetriebe und Kleinstbetriebe, wobei mit Wirkung ab 1. 1. 1998 neue Größenklassen festgelegt wurden (BStBl 1997 I S. 576).

Die Besteuerungsgrundlagen sind zugunsten wie zuungunsten des Steuerpflichtigen zu überprüfen (§ 199 Abs. 1 AO).

Während der Außenprüfung ist der Steuerpflichtige über die festgestellten Sachverhalte und deren Auswirkungen zu unterrichten, wenn dadurch Zweck und Ablauf der Prüfung nicht beeinträchtigt werden (§ 199 Abs. 2 AO).

Die Außenprüfung erfolgt grundsätzlich durch die Finanzbehörde, die für die Besteuerung zuständig ist (§ 195 AO).

Der Prüfungsumfang wird in einer schriftlichen **Prüfungsanordnung** bekannt gegeben (§ 196 AO). Die Bekanntgabe soll in angemessener Zeit vor dem Prüfungsbeginn erfolgen, wenn der Prüfungszweck dadurch nicht gefährdet wird (§ 197 Abs. 1 AO).

Der **Beginn der Prüfung** ist auf Antrag des Steuerpflichtigen zu verlegen, wenn gewichtige Gründe dafür sprechen (§ 197 Abs. 2 AO). Bei Prüfungsbeginn hat der Prüfer sich unverzüglich auszuweisen und Datum und Uhrzeit aktenkundig zu machen (§ 198 AO).

Der Steuerpflichtige hat **Mitwirkungspflichten.** Er muss dem Prüfer während der üblichen Geschäfts- oder Betriebszeit einen geeigneten Raum und die erforderlichen Hilfsmittel unentgeltlich zur Verfügung stellen. Er ist insb. dazu verpflichtet, Auskünfte zu erteilen, Aufzeichnungen, Bücher, Geschäftspapiere und andere Urkunden zur Einsicht und Prüfung vorzulegen und die zum Verständnis erforderlichen Erläuterungen zu geben (§ 200 AO).

Wenn sich eine Änderung der Besteuerungsgrundlagen ergibt und der Steuerpflichtige nicht darauf verzichtet, wird das Ergebnis der Außenprüfung in einer **Schlussbesprechung** erörtert (§ 201 AO). Bei der **abgekürzten Außenprüfung** (§ 203 AO) ist eine Schlussbesprechung nicht erforderlich.

Das Prüfungsergebnis wird im **Prüfungsbericht** festgehalten. Vor der Auswertung ist der Prüfungsbericht dem Steuerpflichtigen auf Antrag zur Stellungnahme zuzuleiten (§ 202 AO).

V. Prüfungsauswirkungen

Mit dem Beginn der Prüfung wird die Festsetzungsverjährung für die Steuern, auf die sich die Prüfung erstreckt, gehemmt (§ 171 Abs. 4 AO).

Steuerbescheide, die aufgrund einer Außenprüfung ergangen sind oder bestätigt wurden, können nur bei einer Steuerhinterziehung oder einer leichtfertigen Steuerverkürzung berichtigt werden (§ 173 Abs. 2 AO). Eine Vorbehaltsfestsetzung ist nicht mehr möglich (§ 164 AO).

Nach dem Beginn der Prüfung ist die strafbefreiende Selbstanzeige bei einer Steuerhinterziehung nicht mehr möglich (§ 371 Abs. 2 AO).

VI. Zusagen

1. Voraussetzungen

Wenn die Kenntnis der zukünftigen steuerrechtlichen Behandlung geschäftspolitisch von Bedeutung ist, kann die Finanzbehörde dem Steuerpflichtigen im Anschluss an eine Außenprüfung verbindlich zusagen, wie ein für die Vergangenheit geprüfter und im Prüfungsbericht dargestellter Sachverhalt in Zukunft steuerrechtlich behandelt wird (§ 204 AO).

2. Form

Die Zusage ergeht schriftlich und muss den Sachverhalt, eine begründete Entscheidung, die betroffenen Steuern und den Bindungszeitraum enthalten. Sie ist als verbindlich zu kennzeichnen (§ 205 AO).

3. Bindungswirkung

Die Zusage ist grundsätzlich dann für die Besteuerung bindend, wenn der später verwirklichte Sachverhalt sich mit dem Sachverhalt deckt, der der Zusage zugrunde gelegt wurde (§ 206 AO). Bei Rechtsänderungen tritt die Zusage außer Kraft. Während Änderungen für die Zukunft möglich sind, kommt eine rückwirkende Aufhebung nur dann in Betracht, wenn der Steuerpflichtige zustimmt, die Zusage von einer sachlich unzuständigen Behörde erlassen oder durch unlautere Mittel erwirkt wurde (§ 207 AO). (Montag)

57. Zwangsmittel

I. Begriff und Bedeutung

Zwangsmittel sind Vollstreckungsmaßnahmen wegen anderer Leistungen als Geldforderungen. Sie dienen der Durchsetzung eines Verwaltungsakts, der auf Vornahme einer Handlung oder auf Duldung oder Unterlassung gerichtet ist (§ 328 AO). Die Anwendung von Zwangsmitteln erfolgt daher insb. dann, wenn es darum geht, steuerliche Mitwirkungspflichten durchzusetzen.

Erzwingbar ist z. B. die Aufforderung zur Abgabe von Steuererklärungen, die Aufforderung zur Aufstellung einer Bilanz, ein Auskunftsverlangen oder die Aufforderung zur Duldung einer Außenprüfung.

Nicht erzwingbar sind Mitwirkungshandlungen, für die ein Auskunfts- oder Vorlageverweigerungsrecht besteht (§§ 102 ff. AO), oder eine Versicherung an Eides statt (§ 95 Abs. 6 AO). Darüber hinaus sind Zwangsmittel im Besteuerungsverfahren vor allem auch dann unzulässig, wenn der Steuerpflichtige durch Zwangsmittel gezwungen würde, sich selbst wegen einer von ihm begangenen Steuerstraftat oder Steuerordnungswidrigkeit zu belasten (§ 393 Abs. 1 AO).

II. Zwangsmittelarten

1. Zwangsgeld (§ 329 AO)

Das am häufigsten angewendete Zwangsmittel ist das Zwangsgeld. Das einzelne Zwangsgeld darf ab dem 1. 1. 2002 25.000 Euro nicht überschreiten. Es kann zur Durchsetzung von vertretbaren und unvertretbaren Handlungen angeordnet werden. Unvertretbar ist eine Handlung dann, wenn sie nur vom Steuerpflichtigen ausgeführt werden kann. Vertretbare Handlungen können auch von einem anderen vorgenommen werden.

2. Ersatzvornahme (§ 330 AO)

Wird die Verpflichtung, eine vertretbare Handlung vorzunehmen, nicht erfüllt, so kann die Vollstreckungsbehörde auf Kosten des Steuerpflichtigen einen anderen mit der Vornahme beauftragen (§ 330 AO). Es kommt zu einer so genannten **Ersatzvornahme.**

Im Rahmen einer Ersatzvornahme kann z. B. die Aufstellung der Bilanz durch einen Sachverständigen oder das Abholen der Bücher von einer Fernbuchstelle im Rahmen der Außenprüfung angeordnet werden.

3. Unmittelbarer Zwang (§ 331 AO)

In den Fällen, in denen Zwangsgeld oder Ersatzvornahme nicht zum Ziel führen, unpraktisch, unzweckmäßig oder unverhältnismäßig sind, kommt die Anwendung unmittelbaren Zwangs in Betracht: Die Vollstreckungsbehörde kann die Handlung, Duldung oder Unterlassung erzwingen oder selbst vornehmen (§ 331 AO).

4. Ersatzzwangshaft (§ 334 AO)

Ist ein gegen eine natürliche Person festgesetztes Zwangsmittel uneinbringlich, kann als **Beugehaft,** nicht als Strafe, auch die Ersatzzwangshaft angeordnet werden (§ 334 AO).

III. Ermessensausübung im Zwangsverfahren

Ob ein Zwangsmittel zur Anwendung kommt, liegt im Ermessen der Behörde. Im Rahmen des **Entschließungsermessens** prüft sie, **ob** ein Zwangsmittel überhaupt zweckmäßig ist. Im Rahmen ihres **Auswahlermessens** stellt sich für die Behörde die Frage, **welches** Zwangsmittel zweckmäßig ist. Als Orientierungsmaßstab für die Ermessensausübung gilt insoweit der Grundsatz, dass das Zwangsmittel zu bestimmen ist, das den Steuerpflichtigen und die Allgemeinheit am wenigsten beeinträchtigt und gleichzeitig in einem angemessenen Verhältnis zu seinem Zweck steht (§ 328 Abs. 2 AO). Die Anwendung unmittelbaren Zwangs kommt dabei nur dann in Betracht, wenn andere Zwangsmaßnahmen versagen oder untauglich erscheinen (§ 331 AO).

IV. Ablauf des Zwangsverfahrens

Die Einleitung des Zwangsverfahrens setzt einen Verwaltungsakt voraus, der auf Vornahme einer Handlung oder auf Duldung oder Unterlassung gerichtet ist. Wird der Verwaltungsakt nicht befolgt, muss für den Fall, dass die Ermessensausübung für ein Zwangsmittel spricht, zunächst die **Androhung** eines bestimmten Zwangsmittels erfolgen (§ 332 AO). Die Androhung muss grundsätzlich schriftlich vorgenommen werden und für jede einzelne Verpflichtung ergehen. In der Androhung muss eine angemessene Frist zur Erfüllung der Verpflichtung bestimmt sein. Bei der Androhung eines Zwangsgeldes muss die Höhe des Zwangsgeldes, bei der Androhung einer Ersatzvornahme die Höhe der voraussichtlich anfallenden Kosten genannt werden.

Wird die Verpflichtung innerhalb der Frist, die die Androhung setzt, nicht erfüllt oder handelt der Steuerpflichtige der Verpflichtung zuwider, so setzt die Behörde das Zwangsmittel fest (§ 333 AO). Die Umwandlung des Zwangsgeldes in die Ersatzzwangshaft erfolgt auf Antrag der Behörde durch das Amtsgericht (§ 334 AO).

Wird die Verpflichtung nach der Festsetzung des Zwangsmittels erfüllt, so ist der Vollzug einzustellen (§ 335 AO).

V. Korrektur

Sowohl die Androhung als auch die Festsetzung eines Zwangsmittels ist ein belastender Verwaltungsakt. Für die Korrektur gelten die §§ 130 Abs. 1, 131 Abs. 1 AO.

Das bedeutet, dass die **rechtswidrige** Androhung oder Festsetzung eines Zwangsmittels, auch nachdem sie unanfechtbar geworden ist, ganz oder teilweise mit Wirkung für die Vergangenheit oder für die Zukunft zurückgenommen werden kann (§ 130 Abs. 1 AO). Die **rechtmäßige** Androhung oder Festsetzung eines Zwangsmittels kann, auch nachdem sie unanfechtbar geworden ist, ganz oder teilweise für die Zukunft widerrufen werden (§ 131 Abs. 1 AO). Dies gilt nur dann nicht, wenn erneut ein Verwaltungsakt gleichen Inhalts erlassen werden müsste oder wenn der Widerruf aus anderen Gründen unzulässig ist.

VI. Rechtsbehelfe

Gegen die Androhung und die Festsetzung eines Zwangsmittels ist der Einspruch gegeben. Hat der Einspruch keinen Erfolg, ist Klage beim Finanzgericht möglich.

(Montag)

58. Die Haftung für Steuerschulden

I. Begriff der Haftung

Zivilrechtlich wird Haftung üblicherweise definiert als die Unterwerfung des Vermögens unter den Zugriff von Gläubigern in der Zwangsvollstreckung. Die Haftung kann dabei beschränkt oder unbeschränkt sein. Haftung bedeutet das Eintreten für eine fremde Schuld. Muss jemand für eine fremde Steuerschuld eintreten, so spricht man von steuerlicher Haftung. Das Steuerrecht unterscheidet streng zwischen dem Steuerschuldner (§ 43 AO) und dem Haftungsschuldner (§ 191 Abs. 1 Satz 1 AO). Haftungsschuldner ist nicht, wer selbst Steuerschuldner ist. Notwendige Voraussetzung für die Haftung für Steuerschulden anderer (Fremdhaftung) ist ein Haftungstatbestand.

II. Haftungstatbestände

Die Haftung für Steuerschulden kann sich zum einen aus steuerrechtlichen Haftungstatbeständen, zum anderen aber auch aus gesetzlichen Haftungstatbeständen des Zivilrechtes ergeben. Darüber hinaus können sich aber Personen auch vertraglich zur Haftung für Steuerschulden verpflichten.

Als wichtigste Gruppe sollen zunächst Haftungstatbestände der AO aufgeführt werden. Aus § 69 AO i. V. m. §§ 34 f. AO ergibt sich die persönliche und unbeschränkte Haftung der gesetzlichen Vertreter insoweit, als Steueransprüche infolge vorsätzlicher oder grob fahrlässiger Pflichtverletzungen des Vertreters nicht oder nicht rechtzeitig festgesetzt bzw. erfüllt oder unberechtigterweise Steuern erstattet werden. Als Vertreter i. S. des § 69 AO sind dabei beispielsweise Eltern, Vormund, Vermögensverwalter, Pfleger oder auch Geschäftsführer und Vorstände anzusehen. § 71 AO begründet die Haftung von Steuerhinterziehern, Steuerhehlern oder Teilnehmern einer solchen Tat. Die Haftung erstreckt sich dabei auf die verkürzten Steuern und die zu Unrecht gewährten Steuervorteile nebst Zinsen nach § 235 AO. Wie bei den beiden vorangegangenen Haftungstatbeständen knüpft § 72 AO an eine Pflichtverletzung an. Hier wird die Haftung insbesondere bei einer vorsätzlichen oder fahrlässigen Verletzung der Kontenwahrheit begründet. Die Haftung erstreckt sich auf die Steueransprüche, deren Verwirklichung durch die Handlung beeinträchtigt wird.

Andersartige Motive liegen dem § 70 Abs. 1 AO zugrunde. Er bestimmt, dass der Vertretene für die ihm zu Unrecht gewährten Steuervorteile und verkürzten Steuern haftet, wenn sie durch eine Steuerhinterziehung oder leichtfertige Steuerverkürzung des Vertreters i. S. der §§ 34 f. AO bewirkt wurden. Diese Vorschrift findet nur in Ausnahmefällen Anwendung, da in den meisten Fällen der Vertretene auch Steuerschuldner ist.

Die letzte Gruppe von Haftungstatbeständen der AO knüpft daran an, dass sich die Haftungssubstanz, auf die normalerweise zurückgegriffen werden kann, in fremder Hand befindet oder befunden hat. Dementsprechend haftet nach § 73 AO die Organgesellschaft für solche Steuern der Organträger, für die die Organschaft von Bedeutung ist. Nach § 75 AO haftet, wer ein Unternehmen oder einen gesondert geführten Betrieb übernimmt, für die Betriebssteuern und Steuerabzugsbeträge (Lohnsteuer, Kapitalertragsteuer) des übernommenen Betriebes. Als Betriebssteuern gelten alle Steuern, die durch die Existenz des Betriebes ausgelöst werden. Dies sind unstreitig USt, GewSt und Verbrauchsteuern produzierender Betriebe.

Eine Besonderheit stellt der Haftungstatbestand des § 74 AO dar. § 74 AO begründet bei Personen mit wesentlicher mittelbarer oder unmittelbarer Beteiligung die Haftung für Steuern, die während des Bestehens der wesentlichen Beteiligung entstanden sind. Allerdings ist die Haftung beschränkt auf pfändbare Gegenstände des wesentlich Beteiligten, die dem Unternehmen dienen und für dieses von wesentlicher Bedeutung sind. § 74 AO begründet also eine Objekthaftung.

Außer in der AO findet sich noch in Einzelsteuergesetzen eine Vielzahl von Haftungstatbeständen. In diesem Rahmen können nur einige bedeutsame exemplarisch herausgestellt werden. Gemäß § 38 Abs. 3 i. V. m. § 42 d EStG haftet der Arbeitgeber für die Einbehaltung und Abführung der Lohnsteuer. Gemäß § 44 Abs. 5 EStG haftet der Schuldner von Kapitalerträgen für die Kapitalertragsteuer. § 25 d UStG bestimmt, dass der Unternehmer für die Steuer aus einem vorangegangenen Umsatz haftet, soweit diese in einer Rechnung ausgewiesen wurde, der Aussteller der Rechnung die Steuer nicht entrichtet oder diese nicht (mehr) entrichten kann und der Unternehmer bei Abschluss des Vertrags über seinen Eingangsumsatz davon Kenntnis hatte oder Kenntnis hätte haben müssen.

Auch außerhalb des Steuerrechts finden sich Haftungstatbestände, die sicherstellen, dass Steueransprüche realisiert werden können. § 25 HGB bestimmt, dass derjenige, der eine Firma fortführt, für alle im Betriebe des Geschäftes begründeten Verbindlichkeiten des früheren Inhabers haftet. Er haftet also z. B. für die Umsatz- und Gewerbesteuer, nicht aber für die Einkommensteuer des früheren Inhabers. Allerdings kann die Haftung wirksam durch eine entsprechende Vereinbarung und deren Eintragung ins Handelsregister ausgeschlossen werden. Die Haftung des Erwerbers bei Fortführung der Firma gem. § 25 HGB geht über den Haftungsrahmen des § 75 AO hinaus, da es weder eine zeitliche Beschränkung noch eine Beschränkung auf bestimmte Steuerarten gibt. Beim früheren Geschäftsinhaber besteht unter den Voraussetzungen des § 26 HGB eine fünfjährige Nachhaftung für frühere Geschäftsverbindlichkeiten. Weitere Haftungstatbestände ergeben sich aus den §§ 128, 161 Abs. 2, § 171 HGB, nach denen ein OHG-Gesellschafter und ein Komplementär für Gesellschaftsschulden unbegrenzt und ein Kommanditist auf seine (Haft-)Einlage begrenzt haften. Dies gilt auch für Steuerschulden der Gesellschaft.

Die Haftung kann sich schließlich auch dadurch ergeben, dass sich Dritte vertraglich (z. B. durch Bürgschaftsvertrag) verpflichten, für Steuerschulden einzustehen.

III. Voraussetzungen für die Geltendmachung eines Haftungsanspruches

Soweit die Haftung auf einem gesetzlichen Haftungstatbestand beruht, setzt die Geltendmachung des Haftungsanspruches einen wirksamen Haftungsbescheid voraus. Dieser bedarf der Schriftform (§ 191 Abs. 1 AO). Die Festsetzungsfrist für den Haftungsbescheid beträgt in der Regel vier Jahre und beginnt mit Ablauf des Kalenderjahres, in dem der Haftungstatbestand verwirklicht wurde. Ein Haftungsbescheid darf darüber hinaus grundsätzlich nicht mehr ergehen, wenn die Steuerschuld erloschen oder die Festsetzungsfrist der Steuerschuld abgelaufen ist (Ausnahme Steuerhinterzieher und -hehler).

Steuerschuldner und Haftungsschuldner bilden nur eine unechte Gesamtschuldnerschaft, denn nach § 219 AO darf der Haftungsschuldner aufgrund des Haftungsbescheides nur in Anspruch genommen werden, wenn eine Vollstreckung ins bewegliche Vermögen des Steuerschuldners ohne Erfolg war oder aussichtslos scheint. Nach § 191 Abs. 1 AO steht die Inanspruchnahme des Haftungsschuldners im gebundenen Ermessen (§ 5 AO) der Finanzbehörde. Es gilt also das Opportunitätsprinzip.

Bei einer Haftung für Steuerschulden kraft Vertrages kann die Finanzverwaltung ihre Ansprüche nur nach zivilrechtlichen Vorschriften geltend machen.

(Prof. Dr. Bischoff)

59. Außergerichtliche Rechtsbehelfe in Steuersachen

I. Vorbemerkung

In einem Massenverfahren, wie dem Besteuerungsverfahren mit Millionen von Bescheiden jährlich, sind Fehler unvermeidbar. Jedem durch solche fehlerhaften Entscheidungen der Finanzbehörde in seinen Rechten verletzten Bürger steht nach Art. 19 Abs. 4 GG der Rechtsweg offen. Dies würde jedoch zu einer kaum zu bewältigenden Flut von finanzgerichtlichen Verfahren führen, wenn der Gesetzgeber nicht außergerichtliche Vorverfahren geschaffen hätte. Diese sollen der Finanzverwaltung Gelegenheit geben, ihre Entscheidungen nochmals zu überprüfen, um damit ein aufwendiges gerichtliches Verfahren zu vermeiden.

Nach § 44 Abs. 1 FGO ist grundsätzlich eine Klage vor einem Finanzgericht erst zulässig, wenn in einem Vorverfahren der außergerichtliche (ordentliche) Rechtsbehelf ganz oder teilweise erfolglos geblieben ist.

Rechtsbehelfe lassen sich in zwei große Gruppen unterteilen: die ordentlichen und die außerordentlichen Rechtsbehelfe. Von herausragender praktischer Bedeutung sind dabei die ordentlichen Rechtsbehelfe.

II. Ordentliche außergerichtliche Rechtsbehelfe

Ordentliche außergerichtliche Rechtsbehelfe sind förmlich, i. d. R. fristgebunden, aber nicht kostenpflichtig. Die AO kennt nur noch einen außergerichtlichen ordentlichen Rechtsbehelf, den Einspruch.

Der Einspruch ist nach § 347 Abs. 1 AO statthaft gegen alle Verwaltungsakte, die aufgrund der AO in Abgabenangelegenheiten ergehen. Dazu gehören alle Abgabenangelegenheiten, die durch Bundes- und Landesbehörden erhoben, verwaltet und vollstreckt werden. Dazu gehören z. B. nicht Realsteuern wie Grund- und Gewerbesteuern. Weiterhin ist der Einspruch statthaft bei berufsrechtlichen Angelegenheiten gem. § 164 a StBGerG. Ergänzend ist ein Einspruch statthaft bei Untätigkeit einer Finanzbehörde (§ 347 Abs. 1 Satz 2 AO).

Gegen Realsteuerbescheide ist als außergerichtlicher Rechtsbehelf nicht der Einspruch, sondern der Widerspruch statthaft.

III. Voraussetzungen für ordentliche außergerichtliche Rechtsbehelfe

Ein steuerliches Rechtsbehelfsverfahren ist nur zulässig, wenn es statthaft ist. Der Finanzrechtsweg steht demnach beispielsweise gegen eine rechtswidrige Ablehnung eines Erlasses der Gewerbesteuer aus Billigkeitsgründen offen, da es sich hierbei um einen Verwaltungsakt handelt, der von den Gemeinden erteilt wird.

Ferner muss der Steuerpflichtige durch eine Maßnahme der Verwaltung beschwert sein. Gemäß § 350 AO ist beschwert, wer von einem Verwaltungsakt oder der Untätigkeit einer Finanzbehörde in seinen Rechten tatsächlich verletzt wurde. Die Beschwer kann sich nur aus dem jeweiligen Verwaltungsakt oder der Unterlassung ergeben.

Schließlich ist die Form des Rechtsbehelfs zu beachten. Nach § 357 AO muss ein Rechtsbehelf schriftlich eingereicht, zur Niederschrift erklärt oder telegrafisch eingelegt werden. Ein Rechtsbehelf kann nur innerhalb der Rechtsbehelfsfrist eingelegt werden, die regelmäßig einen Monat nach Bekanntgabe des Verwaltungsaktes abläuft. War der Verwaltungsakt allerdings mit keiner Rechtsbehelfsbelehrung versehen, so ergibt sich regelmäßig eine verlängerte Frist von einem Jahr. Bei Steueranmeldungen kann ein Rechtsbehelf nur einen Monat nach Einreichung der Anmeldung eingelegt werden. Gemäß § 355 Abs. 2 AO ist ein Untätigkeits-einspruch unbefristet. Einlegen darf einen Rechtsbehelf nur eine Person, die zur Vornahme von Verfahrenshandlungen fähig ist. Überwiegend wird dies aus § 79 AO abgeleitet.

Soweit der Rechtsbehelf nicht vom Beschwerten, sondern von seinem Steuer-berater oder einem anderen Angehörigen der steuerberatenden Berufe eingelegt werden soll, muss eine Vollmacht des Beraters vorliegen. Nicht zuletzt muss der Rechtsbehelf an die richtige Behörde adressiert sein. Sie wird aus der Rechts-behelfsbelehrung ersichtlich. Nicht erforderlich ist, dass der Beschwerte seinen Rechtsbehelf richtig bezeichnet hat. Gemäß § 357 Abs. 1 AO ist auf das Gewollte abzustellen.

IV. Außerordentliche Rechtsbehelfe

Neben den ordentlichen Rechtsbehelfen kennt das Verwaltungsrecht noch außer-ordentliche Rechtsbehelfe. Sie sind nicht in der AO geregelt. Rechtsgrundlage ist vielmehr der eingangs angeführte Art. 19 GG. Außerordentliche Rechtsbehelfe sind formlos, kostenlos und fristenlos. Als außerordentliche Rechtsbehelfe ergeben sich die Dienstaufsichtsbeschwerde und die Gegenvorstellung.

Die Dienstaufsichtsbeschwerde ist eine an eine übergeordnete Behörde gerichtete Anregung zur Nachprüfung oder zum Einschreiten. Sie kann sowohl gegen dienst-liches Verhalten als auch auf Überprüfung des sachlichen Inhalts einer behörd-lichen Maßnahme gerichtet sein. Die Dienstaufsichtsbeschwerde ist u. a. not-wendig, weil einige Verwaltungsakte nicht mit ordentlichen außergerichtlichen Rechtsbehelfen anfechtbar sind. Dies gilt z. B. für Verwaltungsakte der obersten Finanzbehörden des Bundes und der Länder sowie für Entscheidungen des Zulas-sungsausschusses, um auch ein auf die Steuerberaterprüfung bezogenes Beispiel zu nennen.

Die Gegenvorstellung ist der Dienstaufsichtsbeschwerde ähnlich, richtet sich aber nicht an die Dienstaufsichtsbehörde, sondern an die Behörde, deren Maßnahme angegriffen oder bemängelt wird.

V. Wirkung der außergerichtlichen Rechtsbehelfe

Im Gegensatz zu formlosen Rechtsbehelfen und Korrekturanträgen wird durch Einlegung eines förmlichen Rechtsbehelfs der Eintritt der formellen und materiel-len Bestandskraft verhindert.

Die Finanzbehörde, die über den Einspruch entscheidet, hat die Sache in vollem Umfang erneut zu prüfen und ist zu einer förmlichen Entscheidung gem. § 367 AO verpflichtet. Die Einlegung des außergerichtlichen Rechtsbehelfs, des Einspruchs, kann nach § 367 Abs. 2 Satz 2 AO zur Verböserung führen. Nur ein Einspruch ermöglicht die Aussetzung der Vollziehung des strittigen Steuerbetrages gem. § 361 AO.

Die Finanzbehörde hat eine Einspruchsentscheidung schriftlich abzufassen, zu begründen und mit einer Rechtsbehelfsbelehrung zu versehen. Eine Einspruchs-entscheidung ist nicht erforderlich, wenn die Finanzbehörde dem Einspruchs-begehren in vollem Umfang gem. § 367 Abs. 2 Satz 2 AO entsprechen will. Die Korrekturmöglichkeit ergibt sich aus § 172 Abs. 1 Nr. 2 a AO.

Ist der Einspruch unzulässig, so wird er gem. § 358 Satz 2 AO als unzulässig ver-worfen. Ist der Einspruch nicht begründet, so wird er als unbegründet zurück-gewiesen.

(Prof. Dr. Bischoff)

60. Die Korrektur von Steuerverwaltungsakten

I. Begriffsbestimmung

Nach Tipke ist der Begriff „Korrektur" als Oberbegriff für die in der AO verwendeten Termini „Aufhebung", „Änderung", „Widerruf" und „Rücknahme" anzusehen. Entfällt ein Verwaltungsakt vollinhaltlich, so spricht man von einer „Aufhebung". Wird der Inhalt eines Verwaltungsaktes dagegen nur partiell korrigiert, so wird dies „Änderung" genannt. Ein rechtmäßiger Verwaltungsakt wird durch „Widerruf", ein rechtswidriger durch „Rücknahme" aufgehoben. Rechtswidrig ist ein Verwaltungsakt, wenn er ohne Rechtsgrundlage oder unter einem Verstoß gegen Rechtsnormen formeller oder materieller Art oder ermessensfehlerhaft erlassen wurde.

II. Voraussetzungen für die Korrektur von Steuerverwaltungsakten

Die Korrektur von Steuerverwaltungsakten kann nur unter folgenden Voraussetzungen erfolgen:

1. Es muss ein wirksamer – also kein nichtiger (§ 125 AO) – Verwaltungsakt vorliegen.
2. Der Sachverhalt muss sich unter eine Korrekturvorschrift subsumieren lassen.
3. Die Korrektur muss zeitlich noch zulässig sein. Sofern eine Festsetzungsfrist für den Verwaltungsakt besteht, ist die Korrektur grundsätzlich nur bis zum Ablauf dieser Frist zulässig (§ 169 Abs. 1 AO).
4. Treu und Glauben dürfen der Korrektur nicht entgegenstehen. Insbesondere darf die Änderung oder Aufhebung des Verwaltungsaktes nicht verwirkt sein. Eine Verwirkung wird nach h. M. angenommen, wenn der Steuerpflichtige aus dem Untätigsein der Behörde den Eindruck gewonnen hat, dass der Fiskus keinen Anspruch mehr geltend macht.

III. Die Korrekturvorschriften im Einzelnen

Von den angeführten Voraussetzungen für die Korrektur von Steuerverwaltungsakten kommt den Korrekturvorschriften besondere Bedeutung zu. Im Folgenden sollen die wichtigsten Vorschriften dargestellt werden:

1. Die Korrekturvorschriften der AO

a) Korrekturvorschriften für alle Verwaltungsakte

Alle Steuerverwaltungsakte, die Schreib- und Rechenfehler oder andere offenbare Unrichtigkeiten enthalten, die bei Erlass eines Verwaltungsaktes entstehen, können gem. § 129 AO korrigiert werden. Keine offenbaren Unrichtigkeiten i. S. des § 129 AO sind alle Fehler der Rechtsanwendung.

b) Allgemeine Korrekturvorschriften für „Nicht-Steuerbescheide"

Die §§ 130 f. AO enthalten allgemeine Korrekturvorschriften, die allerdings (u. a.) nicht auf Steuerbescheide angewendet werden dürfen. § 130 AO regelt die Rücknahme eines rechtswidrigen und § 131 AO den Widerruf eines rechtmäßigen sonstigen Verwaltungsaktes. Aus Gründen des Vertrauensschutzes dürfen (relativ) begünstigende Verwaltungsakte nur in den in § 130 Abs. 2 bzw. § 131 Abs. 2 AO aufgeführten Fällen korrigiert werden.

c) Korrektur von Steuerbescheiden

Für Steuerbescheide (§ 155 Abs. 1 Satz 2 AO), Freistellungsbescheide (§ 155 Abs. 1 Satz 3 AO), Steuervergütungsbescheide (§ 155 Abs. 4 AO), Feststellungsbescheide (§ 181 AO), Zerlegungsbescheide (§ 185 i. V. m. § 184 Abs. 1 AO), Eintragung eines Freibetrages auf der Lohnsteuerkarte (§ 39 a Abs. 4 EStG i. V. m.

§§ 179, 181 Abs. 1 AO), um nur die wichtigsten Beispiele zu nennen, finden sich in der AO eine Reihe besonderer Korrekturvorschriften:

Steuerbescheide unter Vorbehalt der Nachprüfung können gem. § 164 AO bis zum Ablauf der Festsetzungsfrist geändert werden. Für vorläufig festgesetzte Steuern enthält § 165 Abs. 2 AO eine spezielle Korrekturvorschrift. Aus § 172 AO ergeben sich Korrekturmöglichkeiten bei Zöllen und Verbrauchsteuern, bei der Zustimmung des Steuerpflichtigen zur Korrektur, bei Steuerbescheiden, die von sachlich unzuständigen Behörden erlassen wurden, und bei Steuerbescheiden, die durch unlautere Mittel erwirkt wurden.

Gemäß § 173 AO müssen Steuerbescheide aufgehoben werden, soweit Tatsachen oder Beweismittel nachträglich bekannt werden, die zu einer höheren Steuer führen. Führen die nachträglich bekannt gewordenen Tatsachen oder Beweismittel zu einer niedrigeren Steuer, so ist der Bescheid nur zu korrigieren, wenn den Steuerpflichtigen am nachträglichen Bekanntwerden kein grobes Verschulden trifft. Vergessen, Irrtümer und bloße Nachlässigkeiten sind keine grobe Fahrlässigkeit. Eine Tatsache i. S. des § 173 AO ist jeder vom Willen des Steuerpflichtigen unabhängige Sachverhalt, der ganz oder zum Teil einen steuerlichen Tatbestand erfüllt. § 174 AO enthält Korrekturvorschriften für verschiedene Fälle widerstreitender Steuerfestsetzung, wie z. B. die Mehrfacherfassung. Nach § 175 Abs. 1 Nr. 1 AO ist bei Erlass oder Korrektur eines Grundlagenbescheides der Folgebescheid zu ändern. Hierbei ist die Ablaufhemmung der Festsetzungsfrist gem. § 171 Abs. 10 AO zu berücksichtigen. Gemäß § 175 Abs. 1 Nr. 2 AO ist bei Eintritt eines Ereignisses mit steuerlicher Rückwirkung der Steuerbescheid zu berichtigen. Nach § 175 Abs. 2 AO gilt als ein solches Ereignis auch der Wegfall einer Voraussetzung für eine Steuervergünstigung.

Bei allen Korrekturen von Steuerbescheiden darf gem. § 176 AO zulasten des Steuerpflichtigen weder eine Änderung der Rechtsprechung noch eine darauf beruhende Änderung der Richtlinien berücksichtigt werden (Vertrauensschutz). Bei der Punktberichtigung von Steuerbescheiden sind gem. § 177 AO gegenläufige Rechtsfehlersalden in anderen Punkten zu berücksichtigen. Es sind also steuererhöhende Rechtsfehlersalden mit steuermindernden Punktberichtigungen zu verrechnen.

d) Sonstige spezielle Korrekturvorschriften nach der AO

Hier sind vor allem die speziellen Korrekturvorschriften für Zerlegungsbescheide (§ 189 AO), Zuteilungsbescheide (§ 190 AO), Zusagen aufgrund einer Außenprüfung (§ 207 AO) und Aufteilungsbescheide (§ 280 AO) zu nennen.

Streitig ist in der Literatur, ob bei der Korrektur von Zusagen ohne vorherige Außenprüfung („allgemeine" Zusagen) §§ 130 f. oder § 207 AO analog Anwendung finden. Da das Gesetz die Voraussetzungen nicht regelt, regelt es auch seine Folgen nicht. §§ 130 f. sind teleologisch zu reduzieren und die verdeckte Lücke durch analoge Anwendung des § 207 AO zu schließen.

2. Korrekturvorschriften nach Einzelsteuergesetzen

Korrekturvorschriften finden sich nicht nur in der AO, sondern auch in Einzelsteuergesetzen. Exemplarisch seien angeführt:

- § 10 d EStG: Korrektur von ESt-Bescheiden wegen des Verlustvortrages,
- § 5 Abs. 2, § 6 Abs. 2, § 7 Abs. 2, § 8 BewG: Korrektur der Festsetzung nicht laufend veranlagter Steuern wegen Eintritts von Bedingungen oder Ereignissen,
- § 35 b GewStG: Änderung des GewSt-Messbescheides bei Änderung des ESt-, KSt- oder Feststellungsbescheides.   (Prof. Dr. Bischoff)

61. Gemeinnützigkeit nach der AO

I. Einführung

Verfolgt eine Körperschaft steuerbegünstigte Zwecke, so werden ihr in einer Reihe von Einzelsteuergesetzen Steuervergünstigungen gewährt. Nach der abschließenden Aufzählung des § 51 AO sind steuerbegünstigte Zwecke:

- gemeinnützige Zwecke § 52 AO
- mildtätige Zwecke § 53 AO
- kirchliche Zwecke § 54 AO

Die AO regelt als Mantelgesetz nur die Grundbegriffe und enthält Rahmenbestimmungen, die für alle in Betracht kommenden Steuerarten von Bedeutung sind, begründet aber selbst keine Steuervergünstigung.

II. Der Begriff der Gemeinnützigkeit (§ 52 AO)

Nach § 52 AO sind gemeinnützige Zwecke gegeben, wenn die Allgemeinheit von einer Körperschaft auf materiellem, geistigem oder sittlichem Gebiet selbstlos gefördert wird. Die Voraussetzungen im Einzelnen:

1. Körperschaft

Es muss sich um eine Körperschaft handeln. Eine natürliche Person oder eine Personengesellschaft kann also nie gemeinnützig i. S. des § 52 AO sein.

2. Die Tätigkeit muss auf die Förderung der Allgemeinheit gerichtet sein

Eine Förderung der Allgemeinheit ist nicht gegeben, wenn der Kreis der Personen, dem die Förderung zugute kommt, fest abgeschlossen ist (z. B. Familie, Belegschaft eines Unternehmens) oder infolge seiner Abgrenzung dauernd nur sehr klein sein kann (z. B. Abgrenzung nach räumlichen oder beruflichen Merkmalen) oder wenn sich der Personenkreis von der Allgemeinheit absondern will.

Nach § 52 Abs. 2 AO gilt als Förderung der Allgemeinheit insbesondere die Förderung von Wissenschaft, Religion, Völkerverständigung, Umweltschutz, Heimatgedanken, Jugendhilfe, Altenhilfe, Sport, traditionellem Brauchtum, Karneval, Pflanzen- und Tierzucht.

3. Auf sittlichem, materiellem oder geistigem Gebiet

4. Selbstlosigkeit (§ 55 AO)

Selbstlosigkeit ist gegeben, wenn

- nicht in erster Linie eigenwirtschaftliche Zwecke verfolgt werden,
- die Mittel ausschließlich für die satzungsmäßigen Zwecke verwendet werden,
- die Mitglieder der Körperschaft nach ihrem Ausscheiden nicht mehr als die eingezahlten Kapitalanteile und den gemeinen Wert der Sacheinlagen zurückerhalten,
- die Körperschaft keine Personen durch zweckfremde Angaben oder unverhältnismäßig hohe Vergütungen begünstigt,
- bei Auflösung der Gesellschaft das Vermögen nur für steuerbegünstigte Zwecke verwendet wird,
- die Körperschaft ihre Mittel grundsätzlich zeitnah für ihre steuerbegünstigten satzungsmäßigen Zwecke verwendet.

5. Festschreibung der steuerbegünstigten Zwecke in der Satzung

Die steuerbegünstigte Zwecksetzung der Körperschaft muss in der Satzung festgeschrieben sein. Die Anforderungen an die Satzung sind in § 60 AO kodifiziert.

III. Umfang der Steuervergünstigung

Regelmäßig ist die Steuervergünstigung insoweit ausgeschlossen, als die gemeinnützige Körperschaft einen wirtschaftlichen Geschäftsbetrieb i. S. des § 14 AO betreibt (vgl. § 64 AO).

Ein wirtschaftlicher Geschäftsbetrieb nach § 14 AO setzt dabei eine selbständige, nachhaltige Tätigkeit, durch die Einnahmen oder andere wirtschaftliche Vorteile erzielt werden und die über den Rahmen einer Vermögensverwaltung hinausgeht (Gewinnerzielungsabsicht nicht erforderlich!), voraus.

Allerdings ist ein wirtschaftlicher Geschäftsbetrieb i. S. des § 14 AO insoweit unschädlich, als es sich um einen Zweckbetrieb handelt.

Ein Zweckbetrieb ist nach § 65 AO gegeben, wenn der wirtschaftliche Geschäftsbetrieb dazu dient, die steuerbegünstigten satzungsmäßigen Zwecke zu verwirklichen, die Zwecke nur durch einen solchen Geschäftsbetrieb erreicht werden können und der wirtschaftliche Geschäftsbetrieb zu nicht begünstigten Betrieben derselben oder ähnlichen Art nicht in größerem Umfange in Wettbewerb tritt, als es bei Erfüllung der steuerbegünstigten Zwecke unvermeidbar ist.

IV. Folgen der Gemeinnützigkeit

1. Die Folgen bei der gemeinnützigen Körperschaft

Gemeinnützigen Körperschaften wird eine Reihe von steuerlichen Vergünstigungen gewährt. Als wichtigste seien hier genannt:

– die Körperschaftsteuerbefreiung nach § 5 Abs. 1 Nr. 9 KStG
– die Gewerbesteuerbefreiung gem. § 3 Nr. 6 GewStG
– die Grundsteuerbefreiung gem. § 3 Abs. 1 Nr. 3 GrStG
– der begünstigte Umsatzsteuersatz von 7 % gem. § 12 Abs. 2 Nr. 8 UStG.

2. Folgen von Zuwendungen an gemeinnützige Körperschaften

Neben den unmittelbaren Begünstigungen der gemeinnützigen Körperschaften ergeben sich bei Zuwendungen an gemeinnützige Gesellschaften noch steuerliche Vergünstigungen. Zuwendungen an gemeinnützige Körperschaften sind von der Erbschaft- und Schenkungsteuer gem. § 13 Abs. 1 Nr. 16 b ErbStG befreit. Sie können gem. § 10 b Abs. 1 EStG bis zur Höhe von insgesamt 5 v. H. des Gesamtbetrages der Einkünfte oder 2 ‰ der Summe der gesamten Umsätze und der im Kalenderjahr aufgewendeten Löhne und Gehälter vom Zuwendenden als Sonderausgaben abgezogen werden. Bei Überschreiten dieser Höchstsätze kommt eine Berücksichtigung im vorangegangenen und in den fünf folgenden Veranlagungszeiträumen unter bestimmten Voraussetzungen in Betracht. Bei Ausgaben für wissenschaftliche, mildtätige und als besonders förderungswürdig anerkannte kulturelle Zwecke erhöht sich der abzugsfähige Betrag auf 10 v. H. des Gesamtbetrages der Einkünfte.

In § 9 Nr. 2 KStG findet sich für Körperschaften eine § 10 b Abs. 1 EStG ähnliche Kürzungsvorschrift. Bei der Gewerbesteuer werden die Spenden – soweit bei der Gewinnermittlung abgezogen – grundsätzlich nach § 8 Nr. 9 GewStG hinzugerechnet und einheitlich in einem bestimmten Umfang gem. § 9 Nr. 5 GewStG als Kürzung berücksichtigt. (Prof. Dr. Bischoff)

62. Die Schätzung von Besteuerungsgrundlagen

I. Vorbemerkungen

Die Besteuerungsgrundsätze in der AO verlangen, dass die Finanzbehörden den Sachverhalt mit einer an Sicherheit grenzenden Wahrscheinlichkeit feststellen (§ 88 AO). Die Beteiligten haben bei der Ermittlung des Sachverhaltes mitzuhelfen (§ 90 AO). Es sind nun aber Fälle denkbar, in denen trotz der Ausschöpfung aller der in § 92 AO genannten Beweismittel die Besteuerungsgrundlagen nicht exakt ermittelt oder berechnet werden können. Die Finanzbehörden haben dann unter Anwendung des § 162 AO die Besteuerungsgrundlagen zu schätzen.

II. Begriff des Schätzens

Schätzen bedeutet, einen Wahrscheinlichkeitsschluss aus Indizien in der Weise zu ziehen, dass die Besteuerungsgrundlagen, die sich nicht mit Sicherheit ermitteln oder berechnen lassen, so angesetzt werden, wie es der größtmöglichen Richtungswahrscheinlichkeit entspricht (RFH E, RStBl 25, 257). Da sich das Schätzen nur auf die Besteuerungsgrundlagen bezieht, beinhaltet es kein Ermessen, das sich auf die Rechtsfolgen bezieht. Die Finanzbehörden haben somit keinen Spielraum hinsichtlich der Rechtsfolgen, wohl aber bei der Beurteilung der Fragen, welcher Ansatz bei der Beurteilung der Besteuerungsgrundlagen der wahrscheinlichste ist.

III. Schätzungstatbestand

Schätzung kommt immer dann in Betracht, wenn die Ermittlung der Besteuerung mit angemessenem Aufwand unmöglich ist. Zu nennen sind insbesondere folgende Fälle:

1. Die Ermittlung der Besteuerungsgrundlagen ist objektiv unmöglich. Dies ist z. B. der Fall bei der Schätzung der Nutzungsdauer eines Wirtschaftsgutes.
2. Der Steuerpflichtige hat seine Mitwirkungspflichten verletzt.
3. Die Ermittlung der Besteuerungsgrundlagen ist unmöglich, ohne dass der Steuerpflichtige dies zu vertreten hat. Beispielsweise wurden die Besteuerungsgrundlagen infolge höherer Gewalt, z. B. durch Brand, vernichtet.
4. Die Schätzung der Besteuerungsgrundlagen ist nach den Einzelsteuergesetzen vorgeschrieben. Zu nennen ist z. B. die Ermittlung des Gewinns für Land- und Forstwirte nach § 13 a EStG.

IV. Schätzung nach § 162 Abs. 3 AO

Nach § 162 Abs. 3 AO können die in einem Grundlagenbescheid noch festzustellenden Besteuerungsgrundlagen von der für den Erlass des Folgebescheides zuständigen Finanzbehörde geschätzt werden, wenn der Grundlagenbescheid noch nicht ergangen ist. Ergeht später der Grundlagenbescheid, so ist der Folgebescheid entsprechend anzupassen.

V. Gegenstand der Schätzung

Nach § 162 AO sind die Besteuerungsgrundlagen Gegenstand der Schätzung. Sie betrifft somit quantifizierbare Größen wie Umsatz, Gewinn, Vermögen. Nicht geschätzt werden darf die Steuer selbst.

Die herrschende Meinung vertritt darüber hinaus die Auffassung, dass auch eine Sachverhaltsschätzung möglich ist. Somit können auch Fakten eines Sachverhaltes, z. B. die Tatsache, dass jemand ein Gewerbe betreibt, Gegenstand der Schätzung sein (andere Ansicht z. B. Tipke).

VI. Methoden der Schätzung

Als Schätzungsmethoden kommen insbesondere in Betracht:

- Richtsatzschätzung (äußerer Betriebsvergleich); hier werden die Besteuerungsgrundlagen des Betriebes mit den Erfahrungswerten der Finanzverwaltung aus so genannten Richtsatzsammlungen verglichen;
- Vergleich mit Besteuerungsgrundlagen früherer Perioden desselben Betriebes (innerer Betriebsvergleich);
- Nachkalkulationen des Umsatzes durch Anwendung des betrieblichen Aufschlagssatzes auf den Waren- und Materialeinsatz (innerer Betriebsvergleich);
- Gesamtvermögensvergleich durch Errechnung des steuerpflichtigen Einkommens aus dem Vermögenszuwachs, den nichtabziehbaren Ausgaben für Lebensunterhalt und den steuerfreien Zuflüssen;
- Geldverkehrsrechnung durch Gegenüberstellung der Ausgaben mit den Geldzuflüssen aus Einkünften, Beständen oder sonstigen Quellen.

VII. Rahmen und Höhe der Schätzung

Es liegt im Wesen der Schätzung, dass die geschätzten Größen von den tatsächlichen Verhältnissen mehr oder minder abweichen. Die Finanzbehörden haben daher einen gewissen Spielraum, innerhalb dessen sie zu mehr oder minder sicheren Annahmen gezwungen sind. Die Schätzung muss sich aber in diesem Rahmen bewegen. Dabei darf nicht immer die Besteuerungsgrundlage angenommen werden, die im ungünstigsten Fall zutreffen würde. Vielmehr haben die Finanzbehörden bei der Ausnutzung des Schätzungsrahmens auch den Anlass der Schätzung zu berücksichtigen.

Soweit die Schätzung objektiv unmöglich ist, ist zunächst grundsätzlich von den Annahmen auszugehen, die der Steuerpflichtige trifft. Diese sind vom Finanzamt zu überprüfen und zu übernehmen, soweit sie nicht wesentlich voneinander abweichen.

Soweit der Steuerpflichtige pflichtwidrig seine Mitwirkungspflichten verletzt hat, kann an die obere Grenze des Schätzungsrahmens gegangen werden (BFH, BStBl 1967 I S. 349).

Ist die Ermittlung der Besteuerungsgrundlagen unmöglich, ohne dass der Steuerpflichtige dies zu vertreten hat, sollte von einem Mittelwert ausgegangen werden.

VIII. Rechtsbehelf

Gegen den Schätzungsbescheid ist Einspruch nach § 348 AO gegeben. Er ist begründet, wenn entweder die Voraussetzungen des § 162 AO nicht erfüllt sind oder wenn das Ergebnis sachlich unzutreffend ist. Der Steuerpflichtige, der seine Mitwirkungspflichten verletzt hat, kann diese noch im Rechtsbehelfsverfahren oder im Klageverfahren vor dem FG – nicht mehr vor dem BFH – erbringen. Die FG können, müssen aber nicht, eine eigene Schätzung vornehmen. Sie dürfen sich dabei auch anderer Schätzungsmethoden als die Finanzbehörden bedienen. Der BFH darf hingegen nur überprüfen, ob die Schätzung zulässig war oder ob Verfahrensfehler vorgekommen sind.

IX. Verhältnis der Schätzung zum Steuerstrafverfahren

Die Schätzung ist Teil des Steuerermittlungsverfahrens, das Steuerstrafverfahren hingegen Teil des Strafrechts. Die Schätzung kann daher nicht im Steuerstrafverfahren Indiz für die Steuerschuld des Steuerpflichtigen sein. Die Strafgerichte müssen daher die Besteuerungsgrundlagen aufgrund freier Beweiswürdigung selbständig ermitteln.

(Dr. Kieffer)

63. Die Steuerhoheit

Die Frage nach der Steuerhoheit konkretisiert sich in den Fragen nach der Steuergesetzgebungshoheit, der Steuerertragshoheit und der Steuerverwaltungshoheit. Wie diese Fragen zu beantworten sind, regeln die Art. 105 ff. GG.

Nach der Auffassung des Bundesverfassungsgerichts geht das Grundgesetz von einem Steuerbegriff aus, der mit dem Steuerbegriff des § 3 Abs. 1 AO übereinstimmt. Die folgenden Ausführungen beziehen sich insoweit auf alle Geldleistungen, die keine Gegenleistung für eine besondere Leistung darstellen und von einem öffentlich-rechtlichen Gemeinwesen zur Erzielung von Einnahmen allen auferlegt werden, bei denen der Tatbestand zutrifft, an den das Gesetz die Leistungspflicht knüpft.

I. Die Steuergesetzgebungshoheit

Die Steuergesetzgebungshoheit als das Recht, Steuergesetze zu erlassen, steht nach Art. 105 GG nur dem Bund und den Ländern zu. Dabei ist zwischen der ausschließlichen Gesetzgebung des Bundes und der konkurrierenden Gesetzgebung zu unterscheiden: Im Bereich der ausschließlichen Gesetzgebung des Bundes haben die Länder die Befugnis zur Gesetzgebung nur, wenn und soweit sie hierzu in einem Bundesgesetz ausdrücklich ermächtigt werden (Art. 71 GG). Im Bereich der konkurrierenden Gesetzgebung haben die Länder die Befugnis zur Gesetzgebung, solange und soweit der Bund von seinem Gesetzgebungsrecht keinen Gebrauch macht (Art. 72 GG).

Der **Bund** hat gem. Art. 105 Abs. 1 GG die ausschließliche Gesetzgebungsbefugnis für Zölle, d. h. für Steuern, die nach den Vorschriften des Zolltarifs bei Warenbewegungen über die Grenze entstehen.

Die ausschließliche Gesetzgebungsbefugnis des Bundes erstreckt sich außerdem auf die Finanzmonopole, d. h. auf das Recht des Staates, durch die Herstellung oder den Vertrieb bestimmter Waren Einnahmen zu erzielen. Nach der Abschaffung des Zündwarenmonopols steht dem Bund nur noch das Branntweinmonopol zu.

Der Bund hat außerdem die konkurrierende Gesetzgebung über die übrigen Steuern, wenn deren Aufkommen ihm ganz oder zum Teil zusteht oder wenn in Sonderfällen ein Bedürfnis nach einer bundesgesetzlichen Regelung besteht (Art. 105 Abs. 2 GG) und es sich weder um örtliche Verbrauch- und Aufwandsteuern (Art. 105 Abs. 2 a GG) noch um Kirchensteuer handelt. Bei Bundesgesetzen, deren Steueraufkommen den Ländern oder Gemeinden ganz oder zum Teil zufließt, ist die Zustimmung des Bundesrates erforderlich (Art. 105 Abs. 3 GG).

Die **Gesetzgebungsbefugnisse der Länder** liegen zum einen im Bereich der konkurrierenden Gesetzgebung (Art. 105 Abs. 2 GG). Darüber hinaus haben die Länder die Gesetzgebungsbefugnis über die örtlichen Verbrauch- und Aufwandsteuern, solange und soweit diese keiner bundesgesetzlich geregelten Steuer gleichartig sind (Art. 105 Abs. 2 a GG).

Die **Gemeinden** haben grundsätzlich keine Steuergesetzgebungshoheit. Ihnen wird durch das Grundgesetz lediglich das Recht eingeräumt, die Hebesätze der Realsteuern, d. h. der Grundsteuer und der Gewerbesteuer, festzusetzen (Art. 106 Abs. 6 GG). Diese Regelung schließt jedoch nicht aus, dass die Länder den Gemeinden das Recht zur Erhebung örtlicher Verbrauch- und Aufwandsteuern übertragen.

In den Kommunalabgabengesetzen finden sich daher Bestimmungen, nach denen die Gemeinden örtliche Steuersatzungen erlassen können. Entsprechende Regelungen gelten z. B. für die Hundesteuer, die Vergnügungsteuer und auch für die Zweitwohnungsteuer, die das Bundesverwaltungsgericht und auch das Bundesverfassungsgericht (BStBl 1984 II S. 72) grundsätzlich für zulässig erklärt haben.

II. Steuerertragshoheit

Die Steuerertragshoheit als das Recht zur Vereinnahmung des Steueraufkommens wird durch die Art. 107 und 108 des Grundgesetzes geregelt. Die Verteilung des Steueraufkommens ergibt sich daraus wie folgt:

Dem **Bund** steht der Ertrag der Finanzmonopole und insb. das Aufkommen der Zölle, bestimmter Verbrauchsteuern, der Kapitalverkehrsteuern, der Versicherungsteuer, der Wechselsteuer und der Abschöpfungen zu (Art. 106 Abs. 1 GG). Den **Ländern** steht das Aufkommen der so genannten Landessteuern zu. Dazu zählen insb. die Vermögensteuer, die Kraftfahrzeugsteuer, die Grunderwerbsteuer und die Erbschaftsteuer (Art. 106 Abs. 2 GG).

Gemeinsam steht dem Bund und den Ländern das Aufkommen der so genannten Gemeinschaftsteuern zu: Gemeinschaftsteuern sind die Einkommensteuer, die Körperschaftsteuer und die Umsatzsteuer, soweit das Aufkommen der Einkommensteuer und der Umsatzsteuer nicht den Gemeinden zugewiesen wird (Art. 106 Abs. 3 GG). Die Verteilung der Anteile am Umsatzsteueraufkommen auf Bund und Länder regelte das Maßstäbegesetz (BGBl I 2001, 2302), das durch das Finanzausgleichsgesetz (BGBl I 2001, 3955) konkretisiert wird.

Am Aufkommen der Einkommensteuer und der Körperschaftsteuer sind Bund und Länder zur Hälfte beteiligt (Art. 106 Abs. 3 Satz 2 GG).

Den **Gemeinden** steht ein Anteil am Einkommensteueraufkommen, das Aufkommen der Realsteuern, das Aufkommen der örtlichen Verbrauch- und Aufwandsteuern und ein Teil des Länderanteils an den Gemeinschaftsteuern zu (Art. 106 Abs. 5 bis 7 GG). Im Rahmen der Abschaffung der Gewerbekapitalsteuer sind die Gemeinden darüber hinaus auch am Umsatzsteueraufkommen beteiligt worden (Art. 106 Abs. 5 a GG).

Darüber hinaus erfolgt ein **Finanzausgleich.** Der **horizontale** Finanzausgleich vollzieht sich zwischen den Ländern, der **vertikale** Finanzausgleich vollzieht sich zwischen Bund und Ländern (Art. 107 GG).

III. Die Steuerverwaltungshoheit

Die Frage, wer die Steuern zu verwalten hat, bestimmt gem. § 1 AO unter anderem den Anwendungsbereich der Abgabenordnung. Sie wird vor allem durch Art. 108 GG in Verbindung mit dem Finanzverwaltungsgesetz geregelt.

Bundesfinanzbehörden sind zuständig für die Verwaltung der Zölle, des Branntweinmonopols als letztem Finanzmonopol, die bundesgesetzlich geregelten Verbrauchsteuern einschließlich der Einfuhrumsatzsteuer und die Abschöpfungen (Art. 108 Abs. 1 GG). Bundesfinanzbehörden sind das Bundesfinanzministerium, das Bundesamt für Finanzen sowie die Oberfinanzdirektionen, Hauptzollämter und Zollfahndungsämter (§ 1 Finanzverwaltungsgesetz).

Landesfinanzbehörden verwalten die übrigen Steuern (Art. 108 Abs. 2 GG). Sie werden im Auftrag des Bundes tätig, soweit sie Steuern verwalten, die ganz oder zum Teil dem Bund zufließen. Landesfinanzbehörden sind die Länderfinanzministerien, die Oberfinanzdirektionen und die Finanzämter (§ 2 Finanzverwaltungsgesetz).

Die **Gemeinden** verwalten die Realsteuern, soweit es um die Steuerfestsetzung, die Steuererhebung und das Zerlegungsverfahren geht. Im Übrigen sind die Landesfinanzbehörden zuständig. Die Gemeinden sind darüber hinaus auch für die Verwaltung der Gemeindesteuern zuständig, soweit ihnen diese Aufgabe von den Ländern zugewiesen wurde (Art. 108 Abs. 4 Satz 2 GG). (Montag)

64. Festsetzungs- und Zahlungsverjährung

I. Abgrenzung der Begriffe

Im Steuerrecht sind die Festsetzungs- und die Zahlungsverjährung zu unterscheiden. Der Eintritt der Festsetzungsverjährung hindert die Festsetzung eines zu beanspruchenden Betrages durch einen Verwaltungsakt oder die Berichtigung eines Verwaltungsaktes. Dagegen trifft die Zahlungsverjährung den festgesetzten fälligen Zahlungsanspruch.

II. Festsetzungsverjährung

1. Grundsätzliches

Gegenstand der Festsetzungsverjährung ist die Verjährung eines noch nicht festgesetzten Steueranspruches. Sie ist in §§ 169 bis 171 AO geregelt. Die Festsetzungsverjährung tritt ein, wenn die Festsetzungsfrist abgelaufen ist, und hat zur Folge, dass die Steuerfestsetzung sowie ihre Aufhebung oder Änderung nicht mehr zulässig ist. Der Steueranspruch erlischt. Sinn dieser Regelung ist es, dass nach Ablauf einer angemessenen Zeit Rechtssicherheit eintritt und der Steuerpflichtige nicht mehr mit Steuer(nach)forderungen zu rechnen braucht.

2. Dauer der Festsetzungsverjährung

Gemäß § 169 Abs. 2 AO beträgt die Festsetzungsfrist bei Verbrauchsteuern und Verbrauchsteuervergütungen ein Jahr. Für alle anderen Steuern und Steuervergütungen vier Jahre. Die Festsetzungsfrist verlängert sich bei leichtfertiger Steuerverkürzung auf fünf Jahre und bei Steuerhinterziehung auf zehn Jahre. Für die Fristwahrung durch die Finanzbehörden ist es ausreichend, dass die Steuerfestsetzung vor Fristablauf das Finanzamt verlassen hat.

3. Fristbeginn

Gemäß § 170 Abs. 1 AO beginnt die Festsetzungsverjährungsfrist grundsätzlich mit Ablauf des Kalenderjahres, in dem die Steuer entstanden ist. Allerdings ergeben sich aus § 170 Abs. 2 bis 6 AO eine Reihe von Anlaufhemmungen: So beginnt die Festsetzungsfrist bei gesetzlichen Erklärungs-, Anmeldungs- und Anzeigepflichten erst mit Ablauf des Kalenderjahres, in dem die Steuererklärung, die Steueranmeldung oder Anzeige eingereicht wird. Sie beginnt jedoch spätestens mit Ablauf des dritten Jahres, das auf das Kalenderjahr folgt, in dem die Steuer entstanden ist.

Weitere Sonderregelungen finden sich z. B. für Steuerzeichen und Erbschaftsteuer. Eine Anlaufhemmung tritt auch ein, wenn eine Steuer oder eine Steuervergütung nur auf Antrag festgesetzt wird; in diesem Falle beginnt die Festsetzungsfrist nicht vor Ablauf des Kalenderjahres, in dem der Antrag gestellt wird.

4. Ablaufhemmung

Aus § 171 AO ergeben sich zahlreiche Fälle der Ablaufhemmung. So ist eine Ablaufhemmung vorgesehen, solange die Steuerfestsetzung wegen höherer Gewalt innerhalb der letzten sechs Monate des Fristablaufes nicht erfolgen kann. Eine Ablaufhemmung ist auch vorgesehen, wenn beim Erlass eines Steuerbescheides eine offenbare Unrichtigkeit unterlaufen ist. In diesem Falle endet die

Festsetzungsfrist nicht vor Ablauf eines Jahres nach Bekanntgabe dieses Steuerbescheides.

Von besonderer praktischer Bedeutung sind die Ablaufhemmungen durch Anträge, die die Steuerfestsetzung betreffen, durch Rechtsbehelfe, durch den Beginn einer Außenprüfung, durch den Beginn einer Fahndungsprüfung, durch (nicht verjährte) Strafverfolgung und bei vorläufigen Bescheiden i. S. des § 165 AO. Darüber hinaus ergibt sich aus § 171 Abs. 10 AO eine Ablaufhemmung für Folgebescheide bis zum Ablauf von zwei Jahren nach Bekanntgabe des Grundlagenbescheides.

III. Zahlungsverjährung

Fällige Ansprüche aus dem Steuerschuldverhältnis – also Zahlungsansprüche – unterliegen der Zahlungsverjährung. Gegenstand der Zahlungsverjährung sind aber keineswegs nur Steueransprüche des Steuergläubigers, sondern alle Ansprüche des Steuerschuldners, wie z. B. ein Erstattungsanspruch nach einer Doppelzahlung.

Die Zahlungsverjährung ist in den §§ 228 bis 232 AO geregelt. Die Zahlungsverjährung tritt ein, wenn die Zahlungsverjährungsfrist abläuft, und hat zur Folge, dass der (Steuer-)Anspruch und die von ihm abhängigen Zinsen erlöschen.

Die Zahlungsverjährungsfrist beträgt einheitlich für alle Ansprüche aus dem Steuerschuldverhältnis fünf Jahre.

1. Beginn der Zahlungsverjährung

Die Zahlungsverjährung beginnt mit Ablauf des Kalenderjahres, in dem der Zahlungsanspruch erstmalig fällig geworden ist (§ 229 Abs. 1 Satz 1 AO). Die Steuerschuld ist in der Regel einen Monat nach Bekanntgabe des Steuerverwaltungsaktes fällig.

2. Anlaufhemmung

Anlaufhemmungen ergeben sich insbesondere bei Umsatzsteuervorauszahlungen und bei anderen Fälligkeitssteuern. Hier wird der Steueranspruch bereits fällig, bevor die Steuer angemeldet oder festgesetzt worden ist. Die Verjährung beginnt jedoch nicht vor Ablauf des Kalenderjahres, in dem die Steueranmeldung oder die Steuerfestsetzung wirksam geworden ist.

3. Unterbrechungshandlungen

So genannte „Unterbrechungshandlungen" i. S. des § 231 Abs. 1 Satz 1 AO haben zur Folge, dass mit Ablauf des Kalenderjahres, in dem die Unterbrechung geendet hat, eine neue volle, fünfjährige Verjährungsfrist zu laufen beginnt. Bei diesen Unterbrechungen sind insbesondere Zahlungsaufschub, Stundungen, Aussetzung der Vollziehung, Sicherheitsleistungen, Vollstreckungen sowie jede Maßnahme der Finanzbehörde zur Ermittlung von Wohnsitz bzw. Aufenthaltsort zu nennen.

4. Ablaufhemmung

Die Ablaufhemmung gem. § 230 AO ist streng von der Unterbrechung der Zahlungsverjährung zu unterscheiden. Während bei der Unterbrechung die Verjährungsfrist neu zu laufen beginnt, läuft sie während der Ablaufhemmung lediglich nicht weiter. Einziger Grund für eine Hemmung der Zahlungsverjährungsfrist ist höhere Gewalt (§ 230 AO).

(Prof. Dr. Bischoff)

65. Vorläufiger Rechtsschutz im Steuerrecht

I. Grundlagen

Wer in Steuersachen durch die öffentliche Gewalt in seinen Rechten verletzt wird, hat der Rechtsschutzgarantie des Art. 19 Abs. 4 GG entsprechend die Möglichkeit, durch die Einlegung eines gerichtlichen oder außergerichtlichen Rechtsbehelfs (§§ 347 ff. AO; §§ 33 ff. FGO) den Rechtsweg einzuschlagen. Anders als in anderen Verfahrensordnungen (vgl. z. B. § 705 ZPO) wird die Vollziehung des angefochtenen Verwaltungsakts durch die Einlegung eines Rechtsbehelfs allerdings grundsätzlich nicht gehemmt (§ 361 Abs. 1 AO, § 69 Abs. 1 FGO). Der Rechtsbehelf hat insoweit regelmäßig **keinen Suspensiveffekt;** er lässt die Leistungspflicht, vor allem also die Pflicht, fällige Steuern zu entrichten, unberührt. Um Härten zu vermeiden und der Regelung des Art. 19 Abs. 4 GG bereits während des Rechtsbehelfsverfahrens Rechnung zu tragen, gewährt sowohl die Abgabenordnung als auch die Finanzgerichtsordnung bis zur Entscheidung in der Hauptsache vorläufigen Rechtsschutz. Je nachdem ob ein vollziehbarer Verwaltungsakt vorliegt oder nicht, kommt Aussetzung der Vollziehung oder einstweilige Anordnung in Betracht.

II. Aussetzung der Vollziehung (§ 361 AO, § 69 FGO)

1. Voraussetzungen

Aussetzung der Vollziehung kann nur dann gewährt werden, wenn gegen einen **vollziehbaren Verwaltungsakt** ein Rechtsbehelf eingelegt wurde.

Vollziehbar ist ein Verwaltungsakt dann, wenn er eine Geldleistung oder ein sonstiges Tun, Dulden oder Unterlassen fordert. Aussetzung der Vollziehung ist daher möglich z. B. bei Steuerbescheiden, Haftungsbescheiden, bei der Anordnung einer Außenprüfung. Auch bei Grundlagenbescheiden (§ 171 Abs. 10 AO) kommt Aussetzung der Vollziehung in Betracht. Dies gilt auch für negative Feststellungsbescheide, also für Bescheide, die die gesonderte Feststellung von Besteuerungsgrundlagen ablehnen. Auf Antrag soll Aussetzung der Vollziehung gewährt werden, wenn entweder ernstliche Zweifel an der Rechtmäßigkeit des Verwaltungsakts bestehen oder wenn die Vollziehung des Verwaltungsakts eine unbillige, nicht durch überwiegende öffentliche Interessen gebotene Härte wäre. Dabei liegen ernstliche Zweifel an der Rechtmäßigkeit des Verwaltungsakts dann vor, wenn sich bei einer summarischen Überprüfung herausstellt, dass neben den für die Rechtmäßigkeit des angefochtenen Verwaltungsakts sprechenden Umständen gewichtige Gründe hervortreten, die gegen die Rechtmäßigkeit sprechen und die Beurteilung von Sachverhalts- oder Rechtsfragen unsicher erscheinen lassen. Eine unbillige Härte liegt vor, wenn die Vollziehung zu wirtschaftlichen Nachteilen zu führen droht, die nicht oder nur schwer wieder gutzumachen sind.

2. Antragsverfahren

Der Antrag auf Aussetzung der Vollziehung kann im außergerichtlichen Verfahren bei der Behörde gestellt werden, die den Verwaltungsakt erlassen hat (§ 361 Abs. 2 AO). An das Finanzgericht kann der Steuerpflichtige sich im außergerichtlichen Verfahren nach § 69 Abs. 4 Satz 1 FGO ebenso wie im gerichtlichen Verfahren grundsätzlich nur dann wenden, wenn die Finanzbehörde den Aussetzungsantrag ganz oder teilweise abgelehnt hat. Die Anrufung eines Finanzgerichts ist darüber hinaus im Vorverfahren nur dann möglich, wenn ohne Mitteilung eines zureichenden Grundes in angemessener Frist sachlich nicht entschieden wurde oder wenn eine Vollstreckung droht (§ 69 Abs. 4 Satz 2 FGO).

3. Rechtsfolgen

Wird im Rahmen einer Ermessensentscheidung (§ 5 AO) die Aussetzung gewährt, bleibt die Wirksamkeit des angefochtenen Verwaltungsakts zwar unberührt, die Verwaltung kann den Verwaltungsakt aber nicht mehr verwirklichen. Bei Verwaltungsakten, die bereits vollzogen sind, ist die Vollziehung aufzuheben.

Nach § 361 Abs. 2 Satz 4 AO beschränken sich die Aussetzung und die Aufhebung der Vollziehung bei Steuerbescheiden grundsätzlich auf die festgesetzte Steuer, vermindert um die anzurechnenden Steuerabzugsbeträge, um die anzurechnende Körperschaftsteuer und um die festgesetzten Vorauszahlungen. Soweit der BFH demgegenüber auch die Aussetzung und Aufhebung anzurechnender Steuerabzugsbeträge, anzurechnender Körperschaftsteuer und festgesetzter Vorauszahlungen akzeptiert hat, ist der Rechtsprechung (BFH, BStBl 1995 II S. 730; BStBl 1996 II S. 316 ff.) durch die entsprechende Neufassung des § 361 Abs. 2 AO im Rahmen des Jahressteuergesetzes 1997 die Grundlage entzogen worden.

Wird die Vollziehung eines Grundlagenbescheides ausgesetzt, kann der Folgebescheid zwar erlassen werden (§ 361 Abs. 3 AO, § 69 Abs. 2 FGO); der Folgebescheid ist jedoch auszusetzen.

Durch die Aussetzung der Vollziehung wird die Zahlungsverjährung unterbrochen (§ 231 Abs. 1 AO).

Hat der Rechtsbehelf in der Hauptsache endgültig keinen Erfolg, so ist der ausgesetzte Betrag zu verzinsen (§ 237 AO).

III. Einstweilige Anordnung

Liegt kein vollziehbarer Verwaltungsakt vor, so wird gem. § 114 FGO in Verbindung mit den sinngemäß anzuwendenden Vorschriften der ZPO vorläufiger Rechtsschutz durch einstweilige Anordnung gewährt.

1. Voraussetzungen

Eine einstweilige Anordnung setzt keinen Rechtsbehelf in der Hauptsache, sondern lediglich einen Antrag an das Gericht voraus. Dieser Antrag kann gestellt werden, wenn in der Hauptsache die Voraussetzungen für eine Klageerhebung erfüllt sind und ein Rechtsschutzbedürfnis besteht. Das Rechtsschutzbedürfnis fehlt, soweit Aussetzung der Vollziehung möglich ist. Die einstweilige Anordnung ist also gegenüber der Aussetzung der Vollziehung subsidiär (§ 114 Abs. 5 FGO).

Eine einstweilige Anordnung setzt weiterhin voraus, dass ein Anordnungsanspruch besteht. Das ist nach § 114 Abs. 1 FGO dann der Fall, wenn entweder das Recht auf Aufrechterhaltung eines bestehenden Zustandes gesichert werden soll (sog. **Sicherungsanordnung)** oder die Vornahme einer bestimmten Handlung bzw. die Herstellung eines bestimmten Zustandes begehrt wird (sog. **Regelungsanordnung**).

Einstweilige Anordnung kann schließlich nur dann gewähr werden, wenn ein **Anordnungsgrund** vorliegt. Dieser Grund liegt bei der Sicherungsanordnung dann vor, wenn die Gefahr besteht, dass durch eine Veränderung des bestehenden Zustandes die Verwirklichung eines Rechts für den Antragsteller vereitelt oder wesentlich erschwert wird. Bei der Regelungsanordnung liegt der Anordnungsgrund insb. dann vor, wenn die Anordnung nötig erscheint, um wesentliche Nachteile abzuwenden oder drohende Gefahren zu verhindern.

2. Rechtsfolgen

Sind die Voraussetzungen für eine einstweilige Anordnung erfüllt, bestimmt das Gericht ihren Inhalt im Rahmen einer Ermessensentscheidung (§ 114 Abs. 3 FGO in Verbindung mit § 938 Abs. 1 ZPO). Dabei kann im Rahmen des gestellten Antrags das angeordnet werden, was zur Erreichung des Zwecks einstweilig erforderlich ist.

(Montag)

66. Vollverzinsung: § 233 a AO

I. Allgemeines

Gemäß § 233 AO kann eine Verzinsung nur vorgenommen werden, sofern sie gesetzlich normiert ist. Eine solche Norm ist § 233 a AO.

Durch die so genannte Vollverzinsung wird das System der Teilverzinsung ergänzt. Vom Entstehen bis zu ihrem Erlöschen werden sämtliche Ansprüche verzinst. Dabei handelt es sich um eine begrenzte Vollverzinsung. So gilt sie nicht für alle Steuern und beginnt erst nach Ablauf einer bestimmten Karenzfrist.

Bei der sogenannten Vollverzinsung soll ein Ausgleich für die unterschiedlichen Zeitpunkte der Festsetzung und Erhebung trotz immer gleichen gesetzlich geregelten Entstehungszeitpunktes geschaffen werden.

Dabei werden Steuererstattungen bzw. -nachforderungen verzinst, um Kapitalvorteile oder -nachteile auszugleichen.

Die Vollverzinsung gilt nur für alle laufend verauslagten Steuern (wie ESt, KSt, GewSt und USt). Bei Festsetzungen von Vorauszahlungen und Steuerabzugsbeträgen kommt eine Verzinsung nicht in Betracht (§ 233 a Abs. 1 Satz 2 AO).

Ausführliche Erläuterungen enthält der AEAO zu § 233 a AO.

II. Zinsberechnung

a) Beginn

Gemäß § 233 a Abs. 2 Satz 1 AO beginnt der Zinslauf 15 Monate nach Ablauf des Kalenderjahres, in dem die Steuer entstanden ist.

Bei Einkünften aus Land- und Forstwirtschaft beginnt der Zinslauf nach 21 Monaten gem. § 233 a Abs. 2 Satz 2 AO. Dies liegt an ihrem abweichenden Wirtschaftsjahr vom 1. 7. bis 30. 6.

Unter bestimmten Voraussetzungen kann ein vom rechtlichen Grundsatz abweichendes Wirtschaftsjahr gewählt werden. Hierfür gibt es keinen abweichenden Beginn des Zinslaufes.

b) Ende

Der Zinslauf endet für Steuererstattungen und Steuernachforderungen gleichermaßen mit Ablauf des Tages, an dem die Steuerfestsetzung wirksam wird. Bei Steuerbescheiden ist das der Tag, an dem der Bescheid dem Steuerpflichtigen bekannt gegeben wird. Bei der Zinsfestsetzung wird die Zugangsfiktion des § 122 Abs. 2 AO (Bekanntgabe am dritten Tag nach Aufgabe zur Post) unterstellt. Zahlungen vor Wirksamkeit der Steuerfestsetzung führen nicht zum Ende des Zinslaufs. Eine schleppende Veranlagung führt nicht zu einer Verminderung der Zinsen. Dies widerspräche dem Grundgedanken der Verzinsung, lediglich den Kapitalvorteil ausgleichen zu wollen, denn dafür kommt es nur auf den Zeitraum des Kapitalvorteiles an.

c) Zinshöhe

Sie beträgt gem. § 238 Abs. 1 AO ein halbes Prozent pro vollem Kalendermonat. Die Zinsen werden monatsweise berechnet, wobei angefangene Monate außer Ansatz bleiben. Es wird vom ersten Tag des Zinslaufs an gerechnet. Entspricht der Tag, an dem der Zinslauf endet, hinsichtlich seiner Zahl dem Tag, der dem

Fristbeginn vorangeht, so ist ein Monat vollendet (§ 108 Abs. 1 AO i. V. m. § 188 Abs. 2 BGB).

d) Bemessungsgrundlage

Es gelten die Grundsätze der sog. Sollverzinsung. Berechnungsgrundlage ist danach der Unterschied zwischen dem festgesetzten Soll und dem vorher festgesetzten Soll (Vor-Soll). Der zu verzinsende Unterschiedsbetrag ergibt sich aus der festgesetzten Steuer nach Abzug von anzurechnenden Steuerabzugsbeträgen, anzurechnender KSt und festgesetzten Vorauszahlungen.

Ergibt sich ein Unterschiedsbetrag zugunsten des Steuerpflichtigen, so wird dieser begrenzt auf die Höhe des zu erstattenden Betrages (siehe § 233 a Abs. 3 AO).

Wird die festgesetzte Steuer aufgrund von Verlustrückträgen oder aufgrund eines rückwirkenden Ereignisses vermindert, werden Zinsen erst ab Eintritt des Verlustes oder des rückwirkenden Ereignisses berechnet. Mindert sich die Steuer aufgrund von Ausschüttungen, tritt eine Verzinsung der Erstattung erst ab Abfluss der Ausschüttung ein.

III. Festsetzung und Änderung

Grundsätzlich soll die Zinsfestsetzung mit der Steuerfestsetzung verbunden werden (§ 233 a Abs. 4 AO). Es sind die für Steuern geltenden Vorschriften anzuwenden, daher werden Zinsen durch schriftlichen Zinsbescheid festgesetzt (§ 239 Abs. 1, § 155 Abs. 1, § 157 Abs. 1 AO). Zur Festsetzungsverjährung von Zinsen siehe § 239 Abs. 1 Satz 1, Satz 2 Nr. 1 AO.

Für die Änderung der Zinsfestsetzung enthält § 233 a Abs. 5 AO eine eigene Berichtigungsvorschrift. So ist eine Änderung immer durchzuführen, sobald die Steuerfestsetzung eine Berichtigung oder Änderung erfahren hat.

IV. Abgrenzung zu anderen steuerlichen Nebenleistungen

Die Festsetzung der Zinsen kann neben der Festsetzung anderer steuerlicher Nebenleistungen erfolgen, obwohl sie dasselbe Steuerschuldverhältnis betreffen.

§ 233 a AO lässt die Möglichkeit zur Festsetzung von Verspätungszuschlägen (§ 152 AO) unberührt. Bei der Bemessung des Verspätungszuschlags sind jedoch Zinsvorteile zu berücksichtigen, soweit bereits die Vollverzinsung den Zinsvorteil abschöpft.

Säumniszuschläge (§ 240 AO), Stundungszinsen (§ 235 AO) und Aussetzungszinsen (§ 237 AO) kollidieren im Regelfall nicht mit Nachzahlungszinsen nach § 233 a AO. Zinsen nach § 233 a AO werden nur bis Wirksamkeit der Steuerfestsetzung berechnet. Die anderen Nebenleistungen entstehen erst nach Fälligkeit.

Es können sich jedoch im Einzelfall Überschneidungen ergeben.

Daher enthalten die § 234 Abs. 3, § 235 Abs. 4, § 236 Abs. 4 und § 237 Abs. 4 AO Anwendungsvorschriften, die eine Doppelverzinsung vermeiden.

Die Zinsen gem. § 233 a AO werden dabei auf die anderen steuerlichen Nebenleistungen angerechnet.

(Prof. Dr. Bischoff)

67. Bilanzierung von Umbauten und Abbruch von Gebäuden

I. Vorbemerkungen

Baumaßnahmen, wie der Umbau und der Abbruch von Gebäuden, finden dann in der Steuerbilanz eines Kaufmanns Niederschlag, wenn das Gebäude bzw. Gebäudeteile zum Betriebsvermögen gehören.

II. Bilanzsteuerrechtliche Behandlung des Umbaus von Gebäuden

1. Einordnung der Aufwendungen

Die Umbauaufwendungen sind stets Betriebsausgaben, da das Gebäude bzw. der Gebäudeteil zum Betriebsvermögen gehört. Entscheidend für die bilanzsteuerliche Behandlung ist, ob es sich um Erhaltungs- oder Herstellungsaufwand handelt.

Erhaltungsaufwand, also Aufwand für die laufende Instandhaltung und Instandsetzung, ist im Jahr der Verausgabung sofort abzugsfähige Betriebsausgabe. Herstellungsaufwand hingegen ist zu aktivieren; er liegt dann vor, wenn etwas Neues, bisher nicht Vorhandenes geschaffen wird, wenn das Gebäude durch die Baumaßnahme wesentlich in seiner Substanz vermehrt, in seinem Wesen erheblich verändert oder über seinen bisherigen Zustand hinaus deutlich verbessert wird (R 21.1 Abs. 2 EStR). Da Umbaumaßnahmen immer zumindest eine Änderung der Wesensart zur Folge haben, werden Umbauaufwendungen im Allgemeinen als Herstellungsaufwand zu qualifizieren sein. Dies gilt auch für die Aufwendungen, die ansonsten als Erhaltungsaufwand anzusehen sind, jedoch in engem räumlichem und zeitlichem Zusammenhang mit typischen Herstellungsaufwendungen stehen, wie z. B. Tapezier- und Innenanstricharbeiten. Bei den Herstellungskosten ist jedoch zu unterscheiden, ob es sich um nachträgliche Herstellungskosten des Gebäudes oder um Herstellungskosten für ein neues Wirtschaftsgut handelt.

2. Nachträgliche Herstellungskosten des Gebäudes

Nachträgliche Herstellungskosten des Gebäudes liegen immer dann vor, wenn durch die Umbaumaßnahmen das Wirtschaftsgut Gebäude zwar verändert wird, jedoch nicht so grundlegend, dass ein neues Wirtschaftsgut entstanden ist. Vom Eigentümer vorgenommene typische Umbaumaßnahmen, wie z. B. das Entfernen und Einfügen von Zwischenwänden zur Umgestaltung der Räume, sind stets nachträgliche Herstellungskosten des Gebäudes.

Die AfA ist nach der Umbaumaßnahme in solchen Fällen wie folgt vorzunehmen: Die bisherige Bemessungsgrundlage ist um die nachträglichen Herstellungskosten zu erhöhen, wobei aus Vereinfachungsgründen davon ausgegangen werden kann, dass die nachträglichen Herstellungskosten zu Beginn des Jahres aufgewendet wurden (R 7.4 Abs. 10 Satz 3 EStR). Bei der Abschreibung gem. § 7 Abs. 4 Satz 1 EStG ist auf die neue Abschreibungsbasis der maßgebende Abschreibungs-Hundertsatz anzuwenden. Wird auf diese Weise die volle Absetzung innerhalb der tatsächlichen Nutzungsdauer nicht erreicht, so können die weiteren AfA wie in den Fällen des § 7 Abs. 4 Satz 2 EStG vorgenommen werden. Bei Anwendung des § 7 Abs. 4 Satz 2 EStG, wenn also die tatsächliche Nutzungsdauer zugrunde gelegt wird, wird der Restwert auf die neu zu schätzende Restnutzungsdauer verteilt. Eine Beibehaltung des AfA-Satzes wird jedoch aus Vereinfachungsgründen nicht beanstandet (R 7.4 Abs. 10 Satz 2 EStR). Dies gilt auch für Umbaumaßnahmen.

3. Herstellungskosten für ein neues Wirtschaftsgut

In den Fällen, in denen die Umbauaufwendungen so grundlegend sind, dass bei objektiver Betrachtung ein neues Wirtschaftsgut entsteht, liegen Herstellungskosten für dieses neue Wirtschaftsgut vor. Dies ist in folgenden Fällen zu bejahen:

– Es werden Aufwendungen für einen Anbau gemacht, der zu einer Verschachtelung mit dem bestehenden Gebäude führt, wenn die in das bisherige Gebäude einbezogenen Neubauteile dem Gebäude das Gepräge geben.

– Ein Gebäude wird durch einen Umbau in seinem Zustand so wesentlich verändert, dass es bei objektiver Betrachtung als neues Wirtschaftsgut erscheint.

– Es handelt sich um Aufwendungen für die Herstellung eines selbständigen Gebäudeteils i. S. des R 4.2 Abs. 3 EStR. Selbständige Gebäudeteile i. S. des R 4.2 Abs. 3 EStR sind Betriebsvorrichtungen, Einbauten für vorübergehende Zwecke (Scheinbestandteile), Ladeneinbauten sowie Schaufensteranlagen u. Ä., sonstige selbständige Gebäudeteile und Mietereinbauten.

Die AfA der neu entstandenen Wirtschaftsgüter richtet sich nach den allgemeinen Vorschriften für hergestellte Wirtschaftsgüter.

III. Bilanzsteuerrechtliche Behandlung des Abbruchs von Gebäuden

1. Einordnung der Aufwendungen

Beim Abbruch von Gebäuden können der Restbuchwert des Gebäudes und die Abbruchkosten entweder sofort abzugsfähige Betriebsausgaben oder Anschaffungskosten oder Herstellungskosten eines anderen Wirtschaftsguts sein.

2. Sofort abzugsfähige Betriebsausgaben

Diese liegen dann vor, wenn das Gebäude entweder auf einem eigenen Grundstück errichtet oder das Gebäude nicht in Abbruchabsicht erworben wurde (H 6.4, Abbruchkosten, EStR). Maßgeblich ist die Absicht im Zeitpunkt des Erwerbs des Grundstücks. Ist zunächst lediglich ein Teilabbruch geplant, später jedoch aufgrund der schlechten Bausubstanz Totalabriss erforderlich, so sind die (ungeplanten) Abbruchkosten sowie der anteilige Gebäuderestwert abziehbar (BFH-Urteil vom 15. 10. 1996, BStBl 1997 II S. 325). Wenn mit dem Abbruch des Gebäudes innerhalb von drei Jahren nach dem Erwerb begonnen wird, so spricht der Beweis des ersten Anscheins dafür, dass das Gebäude in Abbruchabsicht erworben wurde. Dem Steuerpflichtigen verbleibt dann die Möglichkeit des Gegenbeweises. In besonderen Fällen, z. B. bei großen Arrondierungen, kann eine Abbruchabsicht auch bei einem Zeitraum von mehr als drei Jahren gegeben sein (H 6.4, Abbruchkosten, EStR).

3. Anschaffungs- bzw. Herstellungskosten eines anderen Wirtschaftsguts

Liegt ein Erwerb in Abbruchabsicht vor und war das Gebäude technisch oder wirtschaftlich nicht verbraucht und steht der Abbruch mit der Herstellung eines neuen Wirtschaftsguts in engem wirtschaftlichem Zusammenhang, so gehören der Restbuchwert und die Abbruchkosten zu den Herstellungskosten des neuen Wirtschaftsguts. Gleiches gilt im Fall der Einlage eines Gebäudes mit Abbruchabsicht; für die Ermittlung des Teilwerts des Gebäudes ist die Abbruchabsicht nicht zu berücksichtigen. Wurde das Gebäude in Abbruchabsicht erworben und liegt ein Zusammenhang mit einem neu zu erstellenden Wirtschaftsgut nicht vor oder war das Gebäude im Zeitpunkt des Erwerbs objektiv wertlos, so gehören der Anschaffungspreis und die Abbruchkosten zu den Anschaffungskosten des Grund und Bodens.

(Dr. Lenz)

68. Möglichkeiten zur Übertragung stiller Reserven

Stille Reserven sind nach dem Leistungsfähigkeitsprinzip grundsätzlich dann zu versteuern, wenn sie realisiert werden. Eine Übertragung stiller Reserven kommt daher nur in Ausnahmefällen in Betracht.

I. Übertragung stiller Reserven auf andere Wirtschaftsgüter

1. Tauschgutachten

Nach § 6 Abs. 6 EStG bemessen sich die Anschaffungskosten eines Wirtschaftsgutes beim Tausch nach dem gemeinen Wert des hingegebenen Wirtschaftsguts. Damit sind die Grundsätze des sog. Tauschgutachtens (BFH, BStBl 1959 III S. 30; BMF-Schreiben vom 9. 2. 1998, BStBl 1998 I S. 163, Tz. 5) obsolet.

2. Austausch von Anlagevermögen (§§ 6 b, 6 c EStG)

§ 6 b Abs. 1 EStG gewährt Steuerpflichtigen bzw. Personengesellschaften oder Gemeinschaften (§ 6 b Abs. 10 EStG), die den Gewinn nach den § 4 Abs. 1, § 5 Abs. 1 EStG ermitteln, die Möglichkeit, Gewinne aus der Veräußerung von Grund und Boden, Aufwuchs oder Gebäuden, der bzw. die sechs Jahre lang zum Anlagevermögen gehört haben müssen, von den Anschaffungs- oder Herstellungskosten bestimmter Neuinvestitionen des Veräußerungsjahrs oder des vorangegangenen Wirtschaftsjahrs abzuziehen. Der Abzug ist je nach Art des veräußerten Wirtschaftsguts zulässig bei den Anschaffungs- oder Herstellungskosten von Grund und Boden, Aufwuchs auf oder Anlagen im land- und forstwirtschaftlichen Betriebsvermögen und bei Gebäuden.

Wurde der Abzug nicht vorgenommen, kann im Veräußerungsjahr eine steuerfreie Rücklage gebildet werden. Die Rücklage ist spätestens nach vier Jahren erfolgswirksam aufzulösen oder auf Neuinvestitionen zu übertragen.

Wird die Rücklage erfolgswirksam aufgelöst, so ist der Gewinn im Auflösungsjahr für jedes volle Jahr, in dem die Rücklage bestanden hat, um sechs vom Hundert des Auflösungsbetrags zu erhöhen (§ 6 b Abs. 7 EStG).

Entsprechend der bis Ende 1998 geltenden Rechtslage wurde für Veräußerungen nach dem 31. 12. 2001 mit dem Gesetz zur Fortentwicklung des Unternehmenssteuerrechts die gesellschaftsbezogene Betrachtung aufgegeben und die gesellschafterbezogene Betrachtung wieder eingeführt. Danach können begünstigte Veräußerungsgewinne, die bei einer Mitunternehmerschaft oder einem Mitunternehmer entstanden sind, wechselweise anteilig auf begünstigte Reinvestitionen im Betriebsvermögen des Mitunternehmers oder der Mitunternehmerschaft übertragen werden.

Außerdem können Personenunternehmen begünstigte Gewinne aus der Veräußerung von Anteilen an einer Kapitalgesellschaft bis zu einem Betrag von 500.000 € von den Anschaffungskosten für Anteile an Kapitalgesellschaften, abnutzbaren beweglichen Wirtschaftsgütern oder neu angeschafften Gebäuden abziehen oder eine sog. Reinvestitionsrücklage bilden (§ 6 b Abs. 10 EStG).

§ 6 c EStG gewährt die Vergünstigungen des § 6 b EStG auch Gewerbetreibenden, die ihren Gewinn nach § 4 Abs. 3 EStG ermitteln, sowie Land- und Forstwirten, die den Gewinn nach Durchschnittssätzen ermitteln.

3. Zwangsweises Ausscheiden von Wirtschaftsgütern (R 35 EStR)

Scheidet ein Wirtschaftsgut infolge höherer Gewalt oder infolge oder zur Vermeidung eines behördlichen Eingriffs gegen Entschädigung aus dem Betriebsvermögen aus, können die realisierten stillen Reserven gem. R 35 EStR durch Minderung der Anschaffungskosten auf ein Ersatzwirtschaftsgut übertragen werden.

Ist die Ersatzbeschaffung ernstlich geplant, zum Schluss des Wirtschaftsjahres aber noch nicht erfolgt, kann eine steuerfreie Rücklage für Ersatzbeschaffung gebildet werden. Die Rücklage ist bei beweglichen Wirtschaftsgütern nach einem Jahr, bei unbeweglichen Wirtschaftsgütern nach zwei Jahren aufzulösen, wenn die Ersatzbeschaffung bis dahin nicht erfolgt ist. Im Einzelfall ist eine Verlängerung der Auflösungsfrist möglich.

II. Übertragung stiller Reserven auf andere Steuerrechtssubjekte

1. Unentgeltliche Übertragung

Bei der unentgeltlichen Übertragung von Betrieben, Teilbetrieben oder Mitunternehmeranteilen sind gem. § 6 Abs. 3 EStG beim bisherigen Betriebsinhaber die Buchwerte beizubehalten und durch den Rechtsnachfolger zu übernehmen.

2. Übertragung nach Umwandlungssteuergesetz

Die Buchwertverknüpfung ist nach den Vorschriften des Umwandlungssteuergesetzes bei der Umwandlung von Kapitalgesellschaften möglich (§§ 3 ff., 11 ff. UmwStG) oder wenn im Rahmen einer Sacheinlage Beteiligungen bzw. ein Betrieb, Teilbetrieb oder Mitunternehmeranteil gegen Gewährung von Gesellschaftsrechten in eine Kapitalgesellschaft (§§ 20 ff. UmwStG) oder in eine Personengesellschaft (§ 24 UmwStG) eingebracht wird. Der Formwechsel einer Kapitalgesellschaft in eine Personengesellschaft nach §§ 190 ff. UmwG wird ertragsteuerlich wie eine Übertragung behandelt (§ 14 UmwStG).

3. Übertragung von Wirtschaftsgütern bei Personengesellschaften

Nachdem die Möglichkeiten, Wirtschaftsgüter bei Mitunternehmerschaften nach dem sog. Mitunternehmererlass (BStBl 1968 I S. 8) steuerneutral zu übertragen, durch § 6 Abs. 5 mit dem sog. Steuerentlastungsgesetz ab dem Jahr 1999 zunächst weitgehend abgeschafft wurden, wurde § 6 Abs. 5 EStG bereits durch das Steuersenkungsgesetz mit Wirkung ab 2001 geändert und der Gedanke der Realisierung der stillen Reserven bei jedem Rechtsträgerwechsel wieder aufgegeben. Nach dem Gesetz zur Fortentwicklung des Unternehmenssteuerrechts sieht § 6 Abs. 5 EStG die Buchwertverknüpfung nunmehr insb. in folgenden Fällen vor:

- Übertragung aus dem Betriebsvermögen oder dem Sonderbetriebsvermögen eines Mitunternehmers in das Gesamthandsvermögen einer Mitunternehmerschaft,
- Übertragung aus dem Sonderbetriebsvermögen eines Mitunternehmers in das Gesamthandsvermögen einer anderen Mitunternehmerschaft, an der derselbe Mitunternehmer beteiligt ist,
- unentgeltliche Übertragung aus dem Sonderbetriebsvermögen eines Mitunternehmers in das Sonderbetriebsvermögen eines anderen Mitunternehmers derselben Mitunternehmerschaft,

jeweils gegen Gewährung von Gesellschaftsrechten bzw. ohne Entgelt und umgekehrt. Dies gilt jedoch nicht, soweit insb. der Anteil einer Körperschaft begründet oder verändert wird.

4. Betriebsaufspaltung

Nach § 6 Abs. 6 Satz 2 EStG erhöhen sich die Anschaffungskosten der Beteiligung an einer Kapitalgesellschaft um den Teilwert des eingelegten Wirtschaftsgutes, wenn die Übertragung im Wege der verdeckten Einlage erfolgt. Damit ist fraglich, ob Wirtschaftsgüter eines Personenunternehmens im Rahmen einer echten Betriebsaufspaltung ohne Gewinnrealisierung auf die Betriebskapitalgesellschaft übertragen werden können.

(Montag)

69. Die Publizitätspflichten der GmbH

I. Abstufung der Publizitätspflichten nach Größenklassen

Welche Publizitätspflichten über die besonderen Vorschriften des Publizitätsgesetzes hinaus für eine GmbH und unter Berücksichtigung der §§ 264 a bis 264 c HGB nach dem sog. Kapitalgesellschaften-&-Co.-Richtlinien-Gesetz (KapCoRiLiG vom 24. 2. 2000, BGBl I 2000 S. 154) grundsätzlich auch für die GmbH & Co. KG bestehen, ergibt sich im Einzelnen aus den §§ 325 ff. HGB. Konkret kommt es nicht nur bei Unternehmen, die einen Konzernabschluss aufzustellen haben (§§ 325 Abs. 3, 293 HGB), sondern auch in Bezug auf den Einzelabschluss entscheidend auf die Unternehmensgröße an. Im Einzelnen ist insoweit nach den in § 267 HGB genannten Schwellenwerten zwischen kleinen, mittelgroßen und großen Unternehmen zu differenzieren.

Als **kleine** Kapitalgesellschaft gilt eine GmbH dann, wenn an den Abschlussstichtagen von zwei aufeinander folgenden Geschäftsjahren mindestens zwei der nachfolgenden Merkmale nicht überschritten werden: **Bilanzsumme** nach Abzug eines auf der Aktivseite ausgewiesenen Fehlbetrages bis zu 4,015 Mio. Euro, **Umsatzerlöse** in den zwölf Monaten vor dem Abschlussstichtag bis zu 8,030 Mio. Euro, **Zahl der Arbeitnehmer** im Jahresdurchschnitt unter 50.

Werden mindestens zwei der für kleine Kapitalgesellschaften geltenden Kriterien überschritten, gleichzeitig aber mindestens zwei der nachfolgenden Kriterien nicht überschritten, gehört die Gesellschaft zu den mittelgroßen Kapitalgesellschaften: **Bilanzsumme** nach Abzug eines auf der Aktivseite ausgewiesenen Fehlbetrages bis zu 16,060 Mio. Euro, **Umsatzerlöse** in den zwölf Monaten vor dem Abschlussstichtag bis zu 32,12 Mio. Euro, **Zahl der Arbeitnehmer** im Jahresdurchschnitt bis zu 250.

Eine **große** Kapitalgesellschaft liegt schließlich dann vor, wenn mindestens zwei der für mittelgroße Kapitalgesellschaften geltenden Kriterien überschritten sind oder von der Gesellschaft ausgegebene Wertpapiere in einem Mitgliedstaat der EG an einer Börse zum amtlichen Handel zugelassen bzw. in den geregelten Freiverkehr einbezogen sind oder die Zulassung zum amtlichen Handel beantragt ist.

II. Publizitätspflichtige Unterlagen

Gesetzliche Vertreter **großer** Kapitalgesellschaften haben gem. § 325 Abs. 1 HGB offen zu legen: den Jahresabschluss, d. h. Bilanz, Gewinn-und-Verlust-Rechnung und Anhang, den Bestätigungsvermerk oder den Vermerk über dessen Versagung, den Lagebericht, ggf. den Bericht des Aufsichtsrates, die Angabe des Jahresüberschusses oder Jahresfehlbetrages, den Vorschlag für die Ergebnisverwendung sowie den Beschluss über die Ergebnisverwendung, soweit diese Angaben nicht aus dem Jahresabschluss hervorgehen.

Die vorgenannten Unterlagen sind grundsätzlich auch bei **mittelgroßen** Kapitalgesellschaften bekannt zu machen. Dabei ist nach § 327 HGB jedoch nur eine verkürzte Bilanz in der nach § 266 Abs. 1 Satz 3 HGB für kleine Kapitalgesellschaften vorgeschriebenen Form erforderlich. Diese Bilanz bzw. der Anhang werden durch bestimmte Angaben ergänzt; andererseits können einzelne Angaben zu den Verbindlichkeiten, dem Ausmaß steuerrechtlicher Sonderabschreibungen, dem Materialaufwand und zu den Rückstellungen im Anhang fehlen.

Kleine Kapitalgesellschaften haben gem. § 326 HGB lediglich die folgenden Unterlagen offen zu legen: eine verkürzte Bilanz, den verkürzten Anhang, das

Jahresergebnis, den Vorschlag für die Ergebnisverwendung sowie den entsprechenden Beschluss, soweit sich diese Angaben nicht aus den eingereichten Unterlagen ergeben. Eine Offenlegung der Gewinn-und-Verlust-Rechnung und des Lageberichtes ist nicht erforderlich.

III. Publizitätsform

Große Kapitalgesellschaften haben die publizitätspflichtigen Unterlagen gem. § 325 Abs. 2 HGB im Rahmen der so genannten **Bundesanzeigerpublizität** im Bundesanzeiger bekannt zu machen und die Bekanntmachung sowie die publizitätspflichtigen Unterlagen dem Handelsregister des Sitzes der Gesellschaft einzureichen. Bei der Bekanntmachung im Bundesanzeiger kann auf die Aufstellung des Anteilsbesitzes nach § 278 HGB verzichtet werden.

Mittelgroße (§ 327 HGB) und **kleine** (§ 326 HGB) **Kapitalgesellschaften** haben die publizitätspflichtigen Unterlagen im Rahmen der so genannten **Registerpublizität** zum Handelsregister ihres Sitzes einzureichen. Im Bundesanzeiger ist darüber hinaus bekannt zu machen, bei welchem Handelsregister und unter welcher Nummer die Unterlagen eingereicht wurden. Aufgrund des Einsichtsrechts nach § 9 Abs. 2 HGB werden damit auch die publizitätspflichtigen Unterlagen von kleinen und mittelgroßen Kapitalgesellschaften in vollem Umfange der Öffentlichkeit zugänglich. Bei der Bekanntmachung sind die besonderen Formvorschriften des § 328 HGB zu berücksichtigen.

IV. Publizitätsfrist

Große Kapitalgesellschaften haben die publizitätspflichtigen Unterlagen unverzüglich nach der Vorlage des Jahresabschlusses an die Gesellschafter, spätestens jedoch innerhalb von zwölf Monaten nach Ablauf des Geschäftsjahres im Bundesanzeiger bekannt zu machen. Die Bekanntmachungsfrist von zwölf Monaten gilt auch für **mittelgroße** und **kleine** Kapitalgesellschaften. Sie bezieht sich jedoch hier auf die Einreichung der publizitätspflichtigen Unterlagen zum Handelsregister.

V. Sanktionen

Werden die Publizitätspflichten nicht oder nicht in der nach § 328 HGB vorgeschriebenen Form befolgt, können als besondere Sanktionsmaßnahmen insbesondere Buß- und Zwangsgelder verhängt werden. Ein Bußgeld bis zu 25.000 Euro kommt dann in Betracht, wenn bei der Offenlegung, Veröffentlichung oder Vervielfältigung eine Vorschrift des § 328 HGB verletzt wird (§ 334 HGB). Nachdem der EuGH mit Urteil vom 29. 9. 1998 (BB 1998 S. 2200) festgestellt hatte, dass die Nichtoffenlegung von Bilanzen in der Vergangenheit in der Bundesrepublik Deutschland mit der antragsabhängigen Festsetzung von Zwangsgeldern durch § 335 HGB nicht ausreichend sanktioniert wurde, ist mit dem KapCoRiLiG eine Verschärfung erfolgt. Der Antrag auf Festsetzung von Zwangsgeldern, der bislang nur von einem Gesellschafter, Gläubiger oder dem Betriebsrat gestellt werden konnte, ist nunmehr für jedermann möglich. Das einzelne Zwangsgeld darf den Betrag von 5.000 Euro zwar nicht übersteigen, kann aber nunmehr mehrfach festgesetzt werden.

Bei Verstößen gegen die Offenlegungspflichten aus §§ 325, 325 a HGB kann auf einen Antrag, den jedermann stellen kann, nach § 335 a HGB auch ein sog. Ordnungsgeld in Höhe von mindestens 2.500 Euro und höchstens 25.000 Euro gegen die vertretungsberechtigten Organe der Gesellschaft festgesetzt werden.

(Montag)

70. Rückstellungen im Handels- und Steuerrecht

I. Die Bilanzierung von Rückstellungen nach Handelsrecht

Rückstellungen dienen dem Ausweis nicht genau bezifferbarer Lasten des Betriebes. Im Katalog der handelsrechtlich zulässigen Rückstellungen finden sich Elemente der statischen und dynamischen Bilanzauffassung.

Nach § 249 Abs. 1 HGB müssen Rückstellungen gebildet werden für ungewisse Verbindlichkeiten (insbesondere Pensionsrückstellungen), drohende Verluste aus schwebenden Geschäften, im Geschäftsjahr unterlassene Aufwendungen für Instandhaltung, die innerhalb von drei Monaten im folgenden Geschäftsjahr nachgeholt werden, und Gewährleistungen, die ohne rechtliche Verpflichtung erbracht wurden. Der Steuerpflichtige hat beispielsweise auch für die Erfüllung seiner Aufbewahrungs- und Dokumentationspflichten nach § 257 HGB bzw. § 147 AO zwingend eine Rückstellung zu bilden. Diese Rückstellung ist nicht abzuzinsen.

Rückstellungen **dürfen** gebildet werden für im Geschäftsjahr unterlassene Aufwendungen für Instandhaltung, die nach Ablauf der drei Monate i. S. des § 249 Abs. 1 Nr. 1 HGB, aber innerhalb des folgenden Geschäftsjahres nachgeholt werden, und für bestimmte andere Aufwendungen wie Großreparaturen.

II. Die Bilanzierung von Rückstellungen nach Steuerrecht

Die Bilanzierung von Rückstellungen in der Steuerbilanz richtet sich grundsätzlich nach den dargestellten handelsrechtlichen Bestimmungen. Dies folgt vor allem aus § 5 Abs. 1 EStG bzw. bei buchführungspflichtigen Nicht-Gewerbetreibenden aus § 4 Abs. 1 EStG i. V. m. § 141 AO. Besteht handelsrechtlich keine Pflicht zur Rückstellungsbildung, so darf im Allgemeinen eine Rückstellung nicht ausgewiesen werden.

III. Bewertung

Nach § 253 Abs. 1 HGB dürfen Rückstellungen nur in Höhe des Betrages angesetzt werden, der sich nach vernünftiger kaufmännischer Beurteilung ergibt. Er muss also geschätzt werden. Orientierungshilfen bieten dabei zum einen Vergangenheitswerte, zum anderen auch branchenmäßige Erfahrungssätze. Für die Steuerbilanz sieht § 6 a EStG ein besonderes Verfahren zur Bewertung von Pensionsrückstellungen vor.

IV. Einschränkungen der Rückstellungsbildung

§ 6 Abs. 1 Nr. 3 a EStG enthält Regelungen zur Bewertung von Rückstellungen, welche den Bewegungsspielraum für die Steuerbilanz einschränken. Dabei stellen diese Grundsätze keine abschließende Aufzählung dar. So sind beispielsweise die in § 5 EStG festgelegten Regeln ebenfalls zu beachten. Ist der Ausweis für die Rückstellung in der Handelsbilanz zulässigerweise niedriger als der sich nach § 6 Abs. 1 Nr. 3 a EStG ergebende Ausweis, so ist der Ausweis in der Handelsbilanz für die Steuerbilanz maßgebend.

Erfahrungen in der Vergangenheit

Nach § 6 Abs. 1 Nr. 3 a Buchst. a EStG ist bei Rückstellungen für gleichartige Verpflichtungen die Wahrscheinlichkeit zu berücksichtigen, dass der Steuerpflichtige nur zu einem Teil der Summe dieser Verpflichtungen in Anspruch genommen wird. Die Regelung bezieht sich auf steuerlich anerkannte Rückstellungen nach § 249 Abs. 1 HGB.

Bewertung mit variablen Kosten

§ 6 Abs. 1 Nr. 3 a Buchst. b EStG bestimmt, dass Rückstellungen für Sachleistungs-verpflichtungen mit den Einzelkosten und nur noch mit den angemessenen Teilen der notwendigen Gemeinkosten zu bewerten sind. Für die Beschränkung auf diese Teilkosten spricht, dass die Fixkosten zeitraumbezogen sind und mit der zu bewertenden Verpflichtung in keinem kausalen Zusammenhang stehen.

Wertmindernde Berücksichtigung künftiger Vorteile

Nach § 6 Abs. 1 Nr. 3 a Buchst. c EStG sind künftige Vorteile, die mit der Erfül-lung der Verpflichtung voraussichtlich verbunden sein werden, soweit sie nicht als Forderung zu aktivieren sind, bei ihrer Bewertung wertmindernd zu berücksich-tigen.

Damit sind bei der Bewertung von Rückstellungen Einnahmen gegenzurechnen, die mit der Erfüllung der ausgewiesenen Verbindlichkeit anfallen werden, da die künftigen Einnahmen die später zu erfüllende Verbindlichkeit in ihrer Belas-tungswirkung mindern werden und die steuerliche Leistungsfähigkeit insoweit nicht herabgesetzt ist. So ist z. B. beim Ausweis einer Rekultivierungsverpflich-tung zu berücksichtigen, dass der Unternehmer bei der Verfüllung die von dritter Seite zu zahlenden Kippentgelte zu seinen Gunsten vereinnahmen wird, aber nur soweit mit Dritten abgeschlossene Verträge über das Abkippen von Verfüllmate-rial existieren.

Ansammlungsrückstellungen

Nach § 6 Abs. 1 Nr. 3 a Buchst. d EStG sind Rückstellungen für Verpflichtungen, für deren Entstehen im wirtschaftlichen Sinn der laufende Betrieb ursächlich ist, zeitanteilig in gleichen Raten anzusammeln, z. B. die Verpflichtung eines Unter-nehmens, die Kosten für den Abriss eines Gebäudes nach zehn Jahren zu tragen, sind anzusammeln. Rückstellungen für die Verpflichtung, ein Kernkraftwerk still-zulegen, sind ab dem Zeitpunkt der erstmaligen Nutzung bis zum Zeitpunkt, in dem die Stilllegung begonnen werden muss, zeitanteilig in gleichen Raten anzu-sammeln. Steht der Zeitpunkt der Stilllegung nicht fest, beträgt der Zeitraum für die Ansammlung 25 Jahre.

Abgrenzung zum tatsächlichen, nicht nur wirtschaftlichen Anstieg der Verpflichtung

Hiervon zu unterscheiden sind Rückstellungen für Verpflichtungen, bei denen der Rückstellungsbetrag nicht nur im wirtschaftlichen Sinne, sondern tatsächlich in jedem Wirtschaftsjahr zunimmt, z. B.: Rekultivierungsrückstellungen. Am Bilanz-stichtag ist eine Rückstellung in Höhe der Verpflichtung zur Rekultivierung des bisher abgebauten Grundstücksteils vorzunehmen.

Abzinsungsgebot

Nach § 6 Abs. 1 Nr. 3 a Buchst. e EStG sind Rückstellungen für Verpflichtungen, die frühestens in zwölf Monaten erfüllt werden müssen, mit einem Zinssatz von 5,5 v. H. abzuzinsen. Das gilt sowohl für Geldleistungsverpflichtungen als auch für Sachleistungsverpflichtungen.

(Prof. Dr. Bischoff)

71. Gewinnermittlungsmethoden im Einkommensteuerrecht

I. Grundlegung

Gemäß § 2 Abs. 2 EStG sind die Einkünfte bei Land- und Forstwirtschaft, Gewerbebetrieb und selbständiger Arbeit der Gewinn. Das Einkommensteuerrecht kennt mehrere Methoden zur Ermittlung des Gewinnes: den Betriebsvermögensvergleich nach § 4 Abs. 1 EStG sowie nach § 5 EStG, die Ermittlung des Überschusses der Betriebseinnahmen über die Betriebsausgaben gem. § 4 Abs. 3 EStG und die Gewinnermittlung nach Durchschnittssätzen gem. § 13 a EStG.

II. Skizzierung der Gewinnermittlungsmethoden

1. Der Vermögensvergleich nach § 4 Abs. 1 EStG

§ 4 Abs. 1 EStG definiert den Gewinn als Reinvermögensdifferenz, nämlich als Unterschiedsbetrag zwischen dem Betriebs(rein)vermögen am Schluss des Wirtschaftsjahres und dem Betriebs(rein)vermögen am Schluss des vorangegangenen Wirtschaftsjahres. Das Betriebs(rein)vermögen erscheint dabei als Differenz bzw. Saldo zwischen positiven und negativen Wirtschaftsgütern und Verrechnungsposten, die zum Betriebsvermögen zählen. Dabei können auch Wirtschaftsgüter, die weder zum notwendigen Betriebs- noch zum notwendigen Privatvermögen gehören, als gewillkürtes Betriebsvermögen erfasst werden – also beispielsweise ein PKW, der zu 30 v. H. betrieblich und zu 70 v. H. privat genutzt wird. Da nur Vermögensveränderungen aus betrieblicher Tätigkeit und Existenz Gewinn sein können, sind von der Reinvermögensdifferenz noch Einlagen abzuziehen und Entnahmen hinzuzurechnen.

§ 4 Abs. 1 EStG wird als Kernvorschrift der einkommensteuerlichen Gewinnermittlung bezeichnet. Sie kommt immer dann zum Zuge, wenn für einen Unternehmer nicht spezielle Gewinnermittlungsvorschriften Anwendung finden. Zwingend ist diese Methode vorgeschrieben für Land- und Forstwirte, die nach §§ 140 f. AO oder als Kannkaufleute gem. § 238 Abs. 1 i. V. m. § 2 HGB buchführungspflichtig sind. Soweit Freiberufler oder nicht buchführungspflichtige Land- und Forstwirte freiwillig Bücher führen, ist ihr Gewinn ebenfalls nach § 4 Abs. 1 EStG zu ermitteln.

2. Der Vermögensvergleich nach § 5 EStG

Der Vermögensvergleich nach § 5 EStG findet Anwendung bei allen Gewerbetreibenden, die zur Buchführung verpflichtet sind oder freiwillig Bücher führen. Eine Verpflichtung zur Buchführung ergibt sich für alle Vollkaufleute und Handelsgesellschaften aus § 238 Abs. 1 HGB. Für andere Gewerbetreibende kann sie sich aus § 141 AO ergeben.

Im Gegensatz zum Vermögensvergleich des § 4 Abs. 1 EStG ist die Steuerbilanz nach § 5 EStG von der Handelsbilanz abzuleiten. Die Steuerbilanz ist also nach den Grundsätzen ordnungsgemäßer Buchführung – aber unter Beachtung steuerlicher Spezialnormen – aufzustellen.

3. Überschuss der Einnahmen über die Betriebsausgaben

Steuerpflichtige, die zur Führung von Büchern weder verpflichtet sind noch dies freiwillig tun, müssen grundsätzlich ihren Gewinn gem. § 4 Abs. 3 EStG ermitteln. Bei dieser Methode werden die Betriebseinnahmen einer Periode den Betriebsausgaben gegenübergestellt. Betriebseinnahmen sind dabei alle betrieblich veranlassten Wertzugänge zum Betriebsvermögen. Spiegelbildlich dazu werden Betriebsausgaben in § 4 Abs. 4 EStG definiert als durch den Betrieb veranlasste Aufwendungen. Soweit allerdings Ausgaben für Wirtschaftsgüter des Anlagevermögens getätigt wurden, können diese nur im Wege der Absetzung für Abnutzung bzw. beim Ausscheiden aus der betrieblichen Sphäre (in Höhe des Restwertes) berücksichtigt werden.

4. Gewinnermittlung nach Durchschnittssätzen

Gemäß § 13 a EStG können nicht buchführungspflichtige Land- und Forstwirte, die bestimmte Größenmerkmale nicht überschreiten, ihren Gewinn nach einem pauschalierten Verfahren ermitteln. Es knüpft an einen am Einheitswert orientierten Grundbetrag an, der u. a. um einen (pauschalierten) Wert der Arbeitsleistung des Landwirtes und seiner mitarbeitenden Angehörigen, um vereinnahmte Pachtzinsen und den Nutzungswert der Wohnung des Betriebsinhabers zu erhöhen ist.

III. Die wichtigsten Unterschiede zwischen den Gewinnermittlungsarten

Die unterschiedliche Basis der dargestellten Gewinnermittlungsmethoden impliziert, dass der Gewinn eines Betriebes – je nach angewandter Methode – unterschiedlich hoch ausgewiesen wird. Bei Anwendung des § 13 a EStG werden regelmäßig sowohl der Totalgewinn als auch der Periodengewinn niedriger ausgewiesen als bei Anwendung anderer Methoden. Deshalb wird § 13 a EStG häufig in der Literatur als eine der Steuergerechtigkeit widersprechende verdeckte Steuerentlastung land- und forstwirtschaftlicher Betriebe bemängelt.

Nicht so gravierend sind im Ergebnis die Unterschiede zwischen den restlichen Methoden, wenngleich der Periodengewinn beträchtlich divergieren kann. Da § 4 Abs. 3 EStG grundsätzlich an das Zufluss-Abfluss-Prinzip des § 11 EStG anknüpft, führt der Kauf von Wirtschaftsgütern des Umlaufvermögens – also z. B. der Kauf von Waren – bereits zum Zeitpunkt des Geldabflusses zu Betriebsausgaben. Soweit Erzeugnisse auf Ziel verkauft werden, wird zunächst keine Betriebseinnahme erfasst. Diese (grundsätzliche) Anknüpfung an Zahlungsströme impliziert, dass Gewinne bei Anwendung der Methode des § 4 Abs. 3 EStG regelmäßig später erfasst werden als bei einer Gewinnermittlung durch Vermögensvergleich.

Die Unterscheidung zwischen der Gewinnermittlung durch Vermögensvergleich nach § 4 Abs. 1 und nach § 5 EStG ist heute nicht mehr gravierend. Dies resultiert zum einen daraus, dass Satz 5 der alten Fassung des § 4 Abs. 1 EStG wegen Verfassungswidrigkeit 1971 gestrichen wurde. Hierin war u. a. bestimmt, dass Gewinne aus der Veräußerung von Grund und Boden steuerlich nicht zu erfassen waren. Zu einer weiteren Nivellierung hat § 141 Abs. 1 AO geführt. Danach finden bei buchführungspflichtigen Gewerbebetrieben – auch wenn sie den Gewinn nach § 4 Abs. 1 EStG ermitteln – die §§ 238 ff. HGB und damit auch die Grundsätze ordnungsgemäßer Buchführung Anwendung. Nicht hierunter fallen aber freiwillig buchführende Land- und Forstwirte und Freiberufler. Da ihr Vermögensvergleich nicht den Grundsätzen ordnungsgemäßer Buchführung entsprechen muss, können sie beispielsweise auch transitorische Rechnungsabgrenzungsposten bilden.

(Prof. Dr. Bischoff)

72. Rechnungsabgrenzungsposten im Handels- und im Steuerrecht

I. Begriffliche Grundlagen

Rechnungsabgrenzungsposten (RAP) stellen keine Vermögensgegenstände oder Schulden bzw. Wirtschaftsgüter dar, sondern Verrechnungsposten. Sie dienen der periodengerechten Gewinnermittlung, indem sie zwei Geschäftsjahre so gegeneinander abgrenzen, dass jedem Geschäftsjahr die Aufwendungen und Erträge zugerechnet werden, welche durch das jeweilige Geschäftsjahr verursacht worden sind. RAP sind also Ausfluss der dynamischen Bilanzauffassung (Schmalenbach).

RAP können unterschieden werden in

(1) antizipative RAP:

Dies sind Verrechnungsposten für Erträge bzw. Aufwendungen des abgelaufenen Geschäftsjahres, die erst später zu Einnahmen bzw. Ausgaben führen;

(2) transitorische RAP (im weiteren Sinne):

Hierunter versteht man Verrechnungsposten für Ausgaben bzw. Einnahmen vor dem Abschlussstichtag, die Aufwand oder Ertrag nach dem Abschlussstichtag darstellen.

II. Die Regelung im Handelsrecht

Nach § 250 HGB müssen als RAP nur ausgewiesen werden:

– aktive RAP für Ausgaben vor dem Abschlussstichtag, soweit sie Aufwand für eine bestimmte Zeit nach diesem Tag darstellen, und

– passive RAP für Einnahmen vor dem Abschlussstichtag, soweit sie Ertrag für eine bestimmte Zeit nach dem Stichtag darstellen.

Zulässig sind demnach nur **transitorische** RAP, die darüber hinaus Aufwand und Ertrag **für eine bestimmte** – nicht bloß bestimmbare – **Zeit** darstellen. Die Zeit, für die die Zahlungsvorgänge Erfolgswirksamkeit haben, darf nicht durch eine Schätzung festgelegt werden, sondern sie muss von vornherein eindeutig feststehen.

Zur Verdeutlichung ein Beispiel:

Hat ein Autohersteller Aufwendungen für eine Werbekampagne wegen eines im neuen Wirtschaftsjahr herauskommenden Modells getätigt, so kann hierfür kein aktiver transitorischer RAP gebildet werden, da der Zeitraum, für den dieser Reklamefeldzug Aufwand darstellt, nur geschätzt werden kann.

Anders verhält es sich bei Mietvorauszahlungen, Versicherungsbeiträgen für einen über den Abschlussstichtag hinausgehenden Zeitraum, Provisionen, Gehältern, Löhnen, Steuern und Zinsen. Sie stellen für eine bestimmte Zeit Aufwand bzw., wenn sie vereinnahmt werden, Erträge dar. Es lässt sich also feststellen, dass gem. § 250 HGB nur transitorische RAP im engeren Sinne zulässig sind.

Antizipative Posten dürfen in der Handelsbilanz nicht als Rechnungsabgrenzungsposten ausgewiesen werden. Diese Tatbestände sind gegebenenfalls als Forderungen oder Verbindlichkeiten zu bilanzieren.

Als Rechnungsabgrenzungsposten können gem. § 250 Abs. 1 Satz 2 HGB ferner ausgewiesen werden:

1. als Aufwand berücksichtigte Zölle und Verbrauchsteuern, soweit sie auf am Abschlussstichtag auszuweisende Vermögensgegenstände des Vorratsvermögens entfallen,

2. als Aufwand berücksichtigte Umsatzsteuer auf am Abschlussstichtag auszuweisende oder von den Vorräten offen abgesetzte Anzahlungen.

III. Die Regelung nach IAS/IFRS

Für Gesellschaften, deren Wertpapiere zum 1. 1. 2005 in einem beliebigen Mitgliedstaat der EU zum Handel zugelassen sind, ist die Anwendung der IAS/IFRS für Geschäftsjahre, die am oder nach dem 1. 1. 2005 beginnen, zwingend.

In den IAS/IFRS (IAS 1.25, IAS 1.26, IAS 1.66) gibt es zu der Bilanzposition Rechnungsabgrenzungsposten kein Pendant zu § 250 HGB.

IV. Die Regelungen für die Steuerbilanz

1. Die Steuerbilanz von Gewerbetreibenden

Gewerbetreibende, die nach § 5 EStG zur Führung von Büchern verpflichtet sind oder freiwillig Bücher führen, dürfen gem. § 5 Abs. 5 EStG in der Steuerbilanz nur einen RAP für transitorische Posten im engeren Sinne bilden. Die Formulierung gleicht stark der in § 250 Abs. 1 HGB. Dies impliziert, dass bei bücherführenden Gewerbetreibenden das für die Handelsbilanz Gesagte gilt.

2. Die Steuerbilanz bei Freiberuflern sowie Land- und Forstwirten

a) Bilanzierungspflichtige Land- und Forstwirte

Land- und Forstwirte können gem. § 141 AO oder, soweit es sich um so genannte „Kannkaufleute" handelt, gem. § 238 Abs. 1 i. V. m. § 2 HGB buchführungspflichtig sein. Für sie gelten gem. § 141 Abs. 1 AO die handelsrechtlichen Vorschriften und damit auch § 250 Abs. 1 HGB als Ausfluss der GoB. Als RAP sind also nur transitorische Posten im engeren Sinne statthaft.

b) Freiberufler und freiwillig buchführende Land- und Forstwirte

Da § 4 Abs. 1 EStG sowohl statische (Statische Bilanzauffassung – Le Coutre) Elemente (§ 4 Abs. 1 EStG sieht als Gewinnermittlungsinstrument stichtagsbezogene Vermögensbestände vor) als auch dynamische Elemente (periodengerechte Gewinnermittlung) enthält, erscheint auch bei einer Gewinnermittlung nach § 4 Abs. 1 EStG die Bildung eines RAP möglich. Eine gesetzliche Begrenzung des RAP auf transitorische Posten im engeren Sinne ergibt sich allerdings nicht! Somit erscheinen alle Formen von RAP möglich. Dies ist aber streitig.

V. Behandlung der Umsatzsteuer

Die Umsatzsteuer ist grundsätzlich erfolgsneutral. Deshalb kann sie weder Aufwand noch Ertrag darstellen und ist somit nicht in die Rechnungsabgrenzung einzubeziehen. Die Behandlung der Umsatzsteuer richtet sich nach dem Umsatzsteuergesetz (§ 13 UStG – Entstehung der Steuerschuld und § 15 Abs. 1 UStG – Voraussetzungen für den Vorsteuerabzug).

Die nichtabziehbare Vorsteuer kann zu Aufwand führen. In diesem Falle wäre sie mit dem Hauptbetrag abzugrenzen.

(Prof. Dr. Bischoff)

73. Die Bilanzierung von Leasingverträgen

I. Begriff und Formen des Leasings

Unter Leasing versteht man ganz allgemein die Gebrauchsüberlassung von Wirtschaftsgütern gegen ein periodisch zu zahlendes Entgelt.

Finanzierungsleasing liegt vor, wenn der Leasingvertrag während einer Grundmietzeit unkündbar ist und die Leasingraten so bemessen sind, dass sie während dieser Zeit die Amortisation und Verzinsung der Anschaffungskosten ermöglichen. Im Gegensatz zum Finanzierungsleasing liegt beim Operating-Leasing ein jederzeit kündbarer Vertrag vor, der wie ein normaler Mietvertrag zu klassifizieren ist.

Mobilien-Leasing beinhaltet die Vermietung beweglicher Anlagegüter, Immobilien-Leasing die langfristige Vermietung von Grundstücken und Gebäuden.

Vollamortisationsverträge garantieren dem Leasinggeber die volle Amortisation und Verzinsung der Anschaffungskosten über die Leasingraten während der Grundmietzeit. Bei Teilamortisationsverträgen werden die Anschaffungskosten während der Grundmietzeit durch die Leasingraten nur teilweise gedeckt. Sie enthalten aber regelmäßig eine Klausel, nach der der Leasingnehmer dafür Sorge trägt, dass der Leasinggeber aus der Verwertung des Restwerts mindestens einen Erlös in Höhe der noch nicht amortisierten Anschaffungskosten erhält.

II. Bilanzielles Grundproblem der Leasingvertragsgestaltung

Das mit dem Leasinggeschäft angestrebte Grundkonzept beinhaltet, dass der Leasingnehmer den Leasinggegenstand nicht bilanziert und die Leasingraten in voller Höhe als abzugsfähige Betriebsausgaben absetzen kann. Dafür ist Voraussetzung, dass das wirtschaftliche Eigentum an dem Leasinggegenstand beim Leasinggeber verbleibt. Die Zurechnung des Leasingwirtschaftsgutes zum Leasinggeber ist der überlicherweise gewünschte Grundfall. In den Leasingerlassen der Finanzverwaltung werden die Kriterien zum wirtschaftlichen Eigentum festgelegt. Um die Zurechnung des Wirtschaftsgutes zum Leasinggeber zu erreichen, muss die Dauer des Leasingvertrages mindestens 40 v. H. und höchstens 90 v. H. der betriebsgewöhnlichen Nutzungsdauer des Leasingwirtschaftsgutes betragen. Hintergrund dieser Regelung ist, dass dem Leasinggeber als juristischem Eigentümer nicht nur der rechtliche Herausgabeanspruch gem. § 985 BGB zusteht, sondern dass dieser auch wirtschaftlich bedeutsam ist. Nur dann ist der juristische Eigentümer zugleich auch wirtschaftlicher Eigentümer (§ 39 AO).

Im Grundfall führt die Zurechnung zum Leasinggeber dazu, dass dieser das Leasinggut zu aktivieren und über die betriebsgewöhnliche Nutzungsdauer abzuschreiben hat. Die Leasingraten stellen bei ihm Betriebseinnahmen und beim Leasingnehmer Betriebsausgaben dar.

Wird das Leasinggut ausnahmsweise dem Leasingnehmer zugerechnet, hat dieser es zu aktivieren und über die betriebsgewöhnliche Nutzungsdauer abzuschreiben. Außerdem ist gegenüber dem Leasinggeber eine Kaufpreisschuld in Höhe der Anschaffungskosten zu passivieren. Die Leasingraten werden in einen Zins- und Tilgungsanteil aufgeteilt. Der Zinsanteil ist als Betriebsausgabe erfolgswirksam, während der Tilgungsanteil die passivierte Verbindlichkeit verringert.

III. Bilanzierung von Vollamortisationsverträgen

1. Mobilien (BMF-Schreiben vom 19. 4. 1971)

Zunächst ist zu prüfen, wem als wirtschaftlicher Eigentümer das Leasinggut zuzurechnen ist. Bei einer Grundmietzeit, die weniger als 90 v. H. oder mehr als 40 v. H. der betriebsgewöhnlichen Nutzungsdauer umfasst, ist das Leasingobjekt immer dem Leasinggeber zuzurechnen. Liegt die Grundmietzeit hingegen außerhalb dieser Grenzen und ist keine Option vereinbart, wird das Leasinggut dem Leasingnehmer zugerechnet.

Leasingverträge mit Kaufoption werden dem Leasinggeber zugerechnet, wenn der Optionspreis mindestens den Restbuchwert bei linearer Abschreibung oder den niedrigeren gemeinen Wert deckt. Bei Leasingverträgen mit Verlängerungsoption müssen die Verlängerungsmieten der linearen Abschreibung entsprechen. Spezialleasingverträge, bei denen das Leasinggut auf die speziellen Wünsche des Leasingnehmers zugeschnitten ist, werden stets dem Leasingnehmer zugerechnet.

2. Immobilien (BMF-Schreiben vom 21. 3. 1972)

Beim Immobilien-Leasing ist grundsätzlich zwischen der Bilanzierung des Grund und Bodens und der Bilanzierung des Gebäudes zu unterscheiden.

Der Grund und Boden wird bei Leasingverträgen ohne Option und bei Leasingverträgen mit Verlängerungsoption grundsätzlich dem Leasinggeber zugerechnet. Bei Leasingverträgen mit Kaufoption wird der Grund und Boden regelmäßig demjenigen zugerechnet, der nach den unten genannten Grundsätzen auch als wirtschaftlicher Eigentümer des Gebäudes anzusehen ist.

Die Zurechnung des Gebäudes erfolgt nach ähnlichen Kriterien wie die Zurechnung von Mobilien. Eine Zurechnung beim Leasinggeber ist wiederum nur dann möglich, wenn die Grundmietzeit zwischen 40 v. H. und 90 v. H. der betriebsgewöhnlichen Nutzungsdauer liegt. Bei einer Kaufoption muss zusätzlich der Kaufpreis nach Ablauf der Grundmietzeit mindestens dem Restbuchwert unter Anwendung der linearen AfA (§ 7 Abs. 4 Satz 2 EStG) entsprechen; bei Mietverlängerungsoptionen muss die Anschlussmiete mindestens 75 v. H. der ortsüblichen Vergleichsmiete betragen. Spezialleasing führt immer zur Zurechnung beim Leasingnehmer.

IV. Teilamortisationsverträge

1. Mobilien (BMF-Schreiben vom 22. 12. 1975)

Teilamortisationsverträge beinhalten Leasingkonzepte, bei denen die Grundmietzeit zwischen 40 v. H. und 90 v. H. der betriebsgewöhnlichen Nutzungsdauer liegt und die folgende Klauseln enthalten, damit der noch nicht amortisierte Teil der Anschaffungskosten abgesichert ist:

1. Andienungsrecht des Leasinggebers, jedoch ohne Optionsrecht des Leasingnehmers,
2. Mehrerlösbeteiligung des Leasingnehmers,
3. Kündigung durch den Leasingnehmer mit Abschlusszahlung.

Diese Verträge sind nach Auffassung der Finanzverwaltung dem Leasinggeber zuzurechnen und führen zu den oben beschriebenen Konsequenzen.

2. Immobilien (BMF-Schreiben vom 23. 12. 1971)

Teilamortisationsverträge über Immobilien führen in der Regel zur Zurechnung des Leasinggutes beim Leasinggeber. Bei Optionsvereinbarung gelten die Regeln für Vollamortisationsverträge mit einer Grundmietzeit zwischen 40 v. H. und 90 v. H. der Nutzungsdauer entsprechend. Außerdem ist bei diesen Verträgen das Leasinggut immer dann dem Leasingnehmer zuzurechnen, wenn weitere Vertragsklauseln dazu führen, dass der Leasingnehmer wirtschaftlicher Eigentümer ist. Dies ist regelmäßig dann gegeben, wenn der Vertrag aus Gründen, die der Leasingnehmer nicht zu vertreten hat, nicht fortgesetzt werden kann und der Leasingnehmer dennoch die noch nicht amortisierten Anschaffungskosten des Leasinggutes zu tragen hat (z. B. bei zufälligem Untergang bzw. Zerstörung des Leasinggegenstandes).

(Dr. Kieffer)

74. Die handelsrechtliche Rechnungslegung der Kapitalgesellschaften

I. Allgemeines

Die Rechnungslegungsvorschriften sind im Dritten Buch des HGB (§§ 238 – 342 a HGB) zusammengefasst. Neben dem für alle Kaufleute geltenden ersten Abschnitt des HGB (§§ 238 – 263 HGB) sind die ergänzenden, strengeren Vorschriften für Kapitalgesellschaften im zweiten Abschnitt (§§ 264 – 335 a HGB) maßgebend. Soweit nur einzelne Gesellschaftsformen betroffen sind, müssen weitere Vorschriften in den Spezialgesetzen, z. B. GmbHG und AktG, beachtet werden. Diese verschärften Rechnungslegungsvorschriften sind für Geschäftsjahre, die nach dem 31. 12. 1999 beginnen, auch von solchen Personenhandelsgesellschaften anzuwenden, bei denen keine natürliche Person persönlich haftet.

Der Umfang der Rechnungslegungspflichten richtet sich danach, ob das Unternehmen als kleine, mittlere oder große Kapitalgesellschaft zu qualifizieren ist. Eine kleine Kapitalgesellschaft liegt vor, wenn am Abschlussstichtag und am vorhergehenden Abschlussstichtag mindestens zwei der drei nachfolgenden Merkmale zutreffen: Bilanzsumme kleiner als 4,015 Mio. Euro, Umsatzerlöse weniger als 8,030 Mio. Euro und Anzahl der Arbeitnehmer unter 50. Bei großen Kapitalgesellschaften müssen zwei der drei folgenden Kriterien zutreffen: Bilanzsumme über 16,06 Mio. Euro, Umsatzerlöse mehr als 32,2 Mio. Euro und Anzahl der Arbeitnehmer über 250. Die mittlere Kapitalgesellschaft ist zwischen diesen Kategorien angesiedelt.

II. Jahresabschluss

1. Allgemeine Vorschriften des Jahresabschlusses

Bestandteil des Jahresabschlusses ist die Bilanz, die Gewinn-und-Verlust-Rechnung und der Anhang. Der Jahresabschluss ist innerhalb von drei Monaten (bei kleinen Kapitalgesellschaften u. U. innerhalb von sechs Monaten) aufzustellen. Er hat unter Beachtung der Grundsätze ordnungsgemäßer Buchführung ein den tatsächlichen Verhältnissen entsprechendes Bild der Vermögens-, Finanz- und Ertragslage der Kapitalgesellschaft zu vermitteln (§ 264 II HGB – Generalnorm).

2. Bilanz

Für alle Kapitalgesellschaften ist ein verbindliches **Gliederungsschema** vorgeschrieben (§ 266 HGB). Besonders erwähnenswert sind folgende Sachverhalte: Aufstellung eines Bruttoanlagespiegels auf der Basis historischer Anschaffungskosten (§ 268 Abs. 2 HGB), unterschiedliche Ausweise der Restlaufzeiten bei den Forderungen und Verbindlichkeiten, Ausweis der ausstehenden Einlagen auf der Aktivseite oder offene Absetzung vom Eigenkapital auf der Passivseite.

Hinsichtlich der **Bilanzierung dem Grunde nach** besteht für sämtliche Vermögensgegenstände, Schulden und Rechnungsabgrenzungsposten aus § 246 HGB eine Ansatzpflicht. Bilanzierungshilfen (Geschäfts- und Firmenwert § 255 Abs. 4, Aufwendungen für die Ingangsetzung und Erweiterung des Geschäftsbetriebs § 269 HGB, Disagio § 250 Abs. 3 HGB, aktive latente Steuern § 274 Abs. 2 HGB) werden nicht von dem Vollständigkeitsgebot erfasst, sodass einzelne gesetzliche Regelungen nötig sind. Gründungsaufwand und selbst geschaffene Immaterialwerte dürfen nicht aktiviert werden. Neben den passivierungspflichtigen Schulden (einschl. latente Steuern nach § 274 HGB) dürfen außerdem bestimmte Aufwandsrückstellungen gebildet werden (§ 249 HGB).

Die allgemeinen **Bewertungsvorschriften** in §§ 252 ff. HGB sind durch das kaufmännische Vorsichtsprinzip geprägt, welches zwei Ausprägungen hat: Durch das

Anschaffungswert- und Realisationsprinzip wird der Ausweis möglicher Gewinne (z. B. Wertsteigerungen) bis zur Realisation im Umsatzprozess verhindert. Niederstwert- und Imparitätsprinzip stellen sicher, dass drohende Verluste zum Zeitpunkt ihrer Entstehung ausgewiesen werden.

3. Gewinn-und-Verlust-Rechnung

Die GuV ist entweder nach dem Gesamtkosten- oder Umsatzkostenverfahren in Staffelform aufzustellen. Das **Gesamtkostenverfahren** vergleicht die Aufwendungen einer Periode mit der in ihr erbrachten Leistungen (Umsatz, Bestandsveränderungen der Erzeugnisse, andere aktivierte Eigenleistungen). Die Aufwendungen sind nach ihren Arten gegliedert. Beim **Umsatzkostenverfahren** hingegen werden den Umsatzerlösen die zu ihrer Erzielung angefallenen Aufwendungen gegenübergestellt. Hier werden die Aufwendungen nach den Bereichen Herstellung, Vertrieb und allgemeine Verwaltung funktional gegliedert.

4. Anhang

Der Anhang erläutert die Bilanz und GuV, enthält die angewandten Bilanzierungs- und Bewertungsmethoden und gibt darüber hinaus die Informationen, die nicht unmittelbar aus diesen Rechenwerken zu entnehmen, aber für die Vermittlung der tatsächlichen Verhältnisse der Unternehmung notwendig sind (Generalnorm § 264 Abs. 2 Satz 2 HGB). Der Inhalt ist im Einzelnen in §§ 284, 285 HGB geregelt.

Durch verschiedene Wahlrechte, Vermerke im Anhang statt in der Bilanz zu zeigen (z. B. Angabe der Verbindlichkeiten mit einer Laufzeit von mehr als fünf Jahren), kann die Bilanz von Informationen entlastet werden.

III. Lagebericht

Große bis mittelgroße Kapitalgesellschaften haben einen Lagebericht aufzustellen, in dem der Geschäftsverlauf einschließlich des Geschäftsergebnisses und die Lage des Unternehmens so darzustellen sind, dass ein den tatsächlichen Verhältnissen entsprechendes Bild vermittelt wird. In § 289 HGB wird der Mindestinhalt des Lageberichts festgelegt. Hierdurch soll die wirtschaftliche Gesamtbeurteilung des Unternehmens ermöglicht werden. Neben der Analyse der Geschäftstätigkeit ist die voraussichtliche Entwicklung mit ihren wesentlichen Chancen und Risiken zu beurteilen. Außerdem soll der Lagebericht auch auf Vorgänge von besonderer Bedeutung, die nach dem Schluss des Geschäftsjahres eingetreten sind, den Bereich Forschung und Entwicklung sowie bestehende Zweigniederlassungen der Gesellschaft, eingehen.

IV. Prüfung und Publizität

Mittelgroße und große Kapitalgesellschaften unterliegen der gesetzlichen Abschlussprüfung. Abschlussprüfer können bei großen Kapitalgesellschaften nur Wirtschaftsprüfer oder Wirtschaftsprüfungsgesellschaften, bei mittelgroßen Gesellschaften auch vereidigte Buchprüfer und Buchprüfungsgesellschaften sein.

Im Rahmen der Publizität haben kleine GmbHs die Bilanz und den Anhang verkürzt beim Handelsregister einzureichen, mittlere und große Kapitalgesellschaften zusätzlich die GuV, den Lagebericht und den Vorschlag und Beschluss über die Verwendung des Jahresergebnisses. Mittlere Kapitalgesellschaften können für die Bilanz die Vereinfachung nach § 327 HGB (verkürzte Bilanz mit zusätzlichen Angaben) in Anspruch nehmen. Große Kapitalgesellschaften haben die offenlegungspflichtigen Unterlagen im Bundesanzeiger zu veröffentlichen, kleine und mittlere Kapitalgesellschaften müssen im Bundesanzeiger bekannt machen, bei welchem Handelsregister die Unterlagen eingereicht wurden.   (Dr. Kieffer)

75. Die Maßgeblichkeit der Handelsbilanz für die Steuerbilanz

I. Grundlagen

Die Besteuerung des Gewinns eines Unternehmens setzt eine zielorientierte Gewinnermittlung voraus. Nach geltendem Steuerrecht ist hierzu von der Handelsbilanz auszugehen, zu deren Aufstellung der Unternehmer verpflichtet ist (vgl. § 60 Abs. 2 EStDV). Der Grundsatz der Maßgeblichkeit besagt nun, dass die nach den Grundsätzen ordnungsmäßiger Buchführung erstellte Handelsbilanz auch als Grundlage für die steuerliche Gewinnermittlung heranzuziehen ist (§ 5 Abs. 1 EStG). Dieser Grundsatz wird jedoch nach § 5 Abs. 6 EStG insoweit eingeschränkt, als die steuerlichen Vorschriften über Entnahmen und Einlagen, über die Zulässigkeit der Bilanzänderung, über die Betriebsausgaben, über die Bewertung und über die Absetzung für Abnutzung oder Substanzverringerung zu befolgen sind. Der Grundsatz der Maßgeblichkeit gilt damit nicht, wenn die Bilanzansätze in der Handelsbilanz gegen zwingende steuerrechtliche Vorschriften verstoßen. Die Maßgeblichkeit bezieht sich auf jede einzelne Bilanzposition. Sofern sie handelsrechtlich zutreffend angesetzt ist und steuerrechtlich keine Korrektur vorzunehmen ist, muss dieser Ansatz in die Steuerbilanz übernommen werden.

II. Inhalt des Maßgeblichkeitsgrundsatzes

1. Bilanzierung dem Grunde nach

Handelsrechtliche Aktivierungs- und Passivierungsgebote sind für die Steuerbilanz uneingeschränkt maßgeblich. Ebenso ist der Kaufmann bei der steuerlichen Gewinnermittlung an im Handelsrecht bestehende Aktivierungsverbote und Passivierungsverbote gebunden. So darf z. B. ein selbst geschaffenes immaterielles Wirtschaftsgut, für das in der Handelsbilanz ein Aktivierungsverbot besteht, auch in der Steuerbilanz nicht angesetzt werden.

Im Handelsrecht sind nun auch zahlreiche Bilanzierungswahlrechte verankert. In diesem Bereich wird der Maßgeblichkeitsgrundsatz durchbrochen. Wird nämlich durch die Ausnutzung eines Wahlrechts auf einen Ansatz in der Handelsbilanz verzichtet, so findet der Maßgeblichkeitsgrundsatz keine Anwendung. Im Gegenteil gebietet die Zwecksetzung der zutreffenden steuerlichen Gewinnermittlung nach der ständigen Rechtsprechung, dass handelsrechtliche Aktivierungswahlrechte in der Steuerbilanz zu Aktivierungsgeboten und handelsrechtliche Passivierungswahlrechte zu steuerrechtlichen Passivierungsverboten erstarren. Ein Disagio, das in der Handelsbilanz als aktiver Rechnungsabgrenzungsposten angesetzt werden kann (§ 250 Abs. 3 HGB), ist als solcher zwingend in die Steuerbilanz zu übernehmen. Bestimmte Rückstellungen, die handelsrechtlich als zulässig, aber nicht zwingend erachtet werden (z. B. Rückstellungen für den Ausgleichsanspruch des Vertreters nach § 89 b HGB), dürfen in der Steuerbilanz nicht passiviert werden. Handelsrechtlich gebotene Rückstellungen für drohende Verluste aus schwebenden Geschäften dürfen für steuerliche Zwecke nicht gebildet werden (§ 5 Abs. 4 a EStG). Gleiches gilt für bestimmte in § 5 Abs. 4 b EStG genannte Rückstellungen (Aufwendungen, die im künftigen WJ als AK/HK eines WG zu aktivieren sind, sowie Entsorgung radioaktiver Reststoffe) sowie für Jubiläumsrückstellungen, die nach § 5 Abs. 4 EStG nur eingeschränkt in der Steuerbilanz angesetzt werden dürfen.

Ist auch im Steuerrecht ein Bilanzierungswahlrecht vorgesehen, so z. B. bei der Bildung von Pensionsrückstellungen, ist wiederum der Ansatz in der Handelsbilanz maßgeblich. Dies gilt insbesondere auch dann, wenn gleichzeitig ein handelsbilanzielles Wahlrecht besteht (vgl. Art. 28 EHGB). Der Steuerpflichtige übt somit mit der Ansatzentscheidung in der Handelsbilanz gleichzeitig das Wahlrecht in der Steuerbilanz aus. Nach § 5 Abs. 1 a EStG sind handelsrechtlich zur Absicherung finanzwirtschaftlicher Risiken gebildete Bewertungseinheiten auch steuerlich maßgeblich.

2. Bilanzierung der Höhe nach

Die Maßgeblichkeit der Handelsbilanz gegenüber der Steuerbilanz besteht grundsätzlich auch hinsichtlich der Bewertung der Bilanzpositionen. In diesem Bereich wirken sich jedoch die steuerrechtlichen Bewertungsvorschriften der §§ 6 ff. EStG aus. Im Einzelnen ergeben sich folgende Einschränkungen: Besteht ein handelsrechtliches Bewertungswahlrecht, so ist der Wert in der Handelsbilanz nur insoweit maßgebend, als die Bewertung den steuerlichen Vorschriften entspricht. Bei der Bewertung wird die Maßgeblichkeit durch zahlreiche steuerliche Bestimmungen durchbrochen, so z. B. bei der Rückstellungsbewertung (vgl. die in § 6 Abs. 1 Nr. 3 a EStG verankerten Einschränkungen). Besteht ein steuerliches Bewertungswahlrecht, so ist der in der Handelsbilanz gewählte Wertansatz für die Steuerbilanz maßgebend (§ 5 Abs. 1 Satz 2 EStG). Daher ist der Wertansatz von Vorratsvermögen, das nach Maßgabe des strengen Niederstwertprinzips abgewertet worden ist, auch in der Steuerbilanz zu übernehmen, obwohl nach dem Wortlaut des § 6 Abs. 1 Nr. 2 EStG in der Steuerbilanz ein Abwertungswahlrecht besteht. Entsprechendes gilt, wenn sowohl in der Handels- als auch in der Steuerbilanz Bewertungswahlrechte bestehen. So kann z. B. in der Steuerbilanz eine Bewertung mit dem niedrigeren Teilwert beim Anlagevermögen nur vorgenommen werden, wenn auch in der Handelsbilanz eine außerplanmäßige Abschreibung gem. § 253 Abs. 2 Satz 3 HGB (ggf. i. V. m. § 279 Abs. 1 Satz 2 HGB) erfolgt.

III. Die Umkehrung des Maßgeblichkeitsgrundsatzes

Im Steuerrecht werden häufig aus übergeordneten politischen Erwägungen über Sondervorschriften steuerliche Vergünstigungen gewährt. Der Gesetzgeber fordert in den meisten Fällen für die Inanspruchnahme der steuerlichen Vergünstigung eine entsprechende Bilanzierung bzw. Bewertung in der Handelsbilanz. Die Rückwirkung von der Steuerbilanz auf die Handelsbilanz wird als Umkehrung des Maßgeblichkeitsprinzips bezeichnet und ist in § 5 Abs. 1 Satz 2 EStG sowie § 254 HGB verankert. Nach § 254 HGB können steuerliche Sonderabschreibungen in die Handelsbilanz übernommen werden, wobei der sich dadurch ergebende niedrigere Wertansatz später beibehalten werden darf. Erfolgt aber in der Handelsbilanz eine Zuschreibung, so schlägt diese gem. § 5 Abs. 1 Satz 2 EStG auf die Steuerbilanz durch. Bei Kapitalgesellschaften wird das Wertaufholungsgebot durch § 280 Abs. 2 HGB, der die Umkehrung des Maßgeblichkeitsgrundsatzes bei Zuschreibungen normiert, eingeschränkt.

Die Umkehrung des Maßgeblichkeitsgrundsatzes ist auch bei der Ausübung von Methodenwahlrechten zu beachten, z. B. wenn die Lifo-Methode angewendet werden soll (§ 6 Abs. 1 Nr. 2 a EStG). Die Lifo-Methode muss einerseits den handelsrechtlichen GoB entsprechen, d. h. sie darf nicht völlig unvereinbar mit dem betrieblichen Geschehensablauf sein (z. B. leicht verderbliche Waren), sie muss jedoch in der Handelsbilanz in der Ausprägung angewendet werden (hinsichtlich Gruppenbildung und Methodik), in der sie in der Steuerbilanz Wirkung entfalten soll. Die Ausstrahlung des Maßgeblichkeitsgrundsatzes auf Ansatz-, Bewertungs- und Methodenwahlrechte in Gestalt der umgekehrten Maßgeblichkeit hat dazu geführt, dass steuerliche Gewinnermittlungsvorschriften in großem Umfang Eingang in die Handelsbilanz gefunden haben. (Dr. Lenz)

76. Die Bewertung des Vorratsvermögens in der Handels- und Steuerbilanz

I. Begriffliche Abgrenzung

Zum Umlaufvermögen gehören diejenigen Vermögensgegenstände, die nicht bestimmt sind, dem Betrieb dauernd zu dienen. Als die erste von vier Positionen des Umlaufvermögens sind in § 266 Abs. 2 HGB die Vorräte genannt; zu ihnen gehören Roh-, Hilfs- und Betriebsstoffe, unfertige Erzeugnisse, unfertige Leistungen, fertige Erzeugnisse und Waren sowie geleistete Anzahlungen.

II. Die Bewertung in der Handelsbilanz

Die Bewertung von Vorräten richtet sich nach § 253 Abs. 1 und 3, § 254 HGB. Danach hat die Bewertung grundsätzlich zu den Anschaffungskosten (AK) bzw. Herstellungskosten (HK) zu erfolgen. Ist jedoch der sich aus dem Börsen- oder Marktpreis ergebende Wert oder, falls ein solcher nicht existiert, der „beizulegende Wert" am Abschlussstichtag niedriger als die AK bzw. HK, so ist der niedrigere Wert anzusetzen (strenges Niederstwertprinzip). Im Gegensatz zu diesem Abwertungsgebot besteht ein Abwertungswahlrecht zur Vermeidung von Wertschwankungen in der nächsten Zukunft auf den „bei vernünftiger kaufmännischer Beurteilung" notwendigen oder auf einen ggf. steuerlich zulässigen Wert. § 253 Abs. 4 HGB gestattet außerdem Abschreibungen im Rahmen vernünftiger kaufmännischer Beurteilung; diese Vorschrift begünstigt das Legen stiller Reserven und ist nicht für Kapitalgesellschaften anwendbar (§ 279 Abs. 1 HGB).

Zu den Anschaffungskosten gehören neben dem um Abzüge verminderten Anschaffungspreis die Anschaffungsnebenkosten (Zölle, Frachten u. a.) – § 255 Abs. 1 HGB. Die Herstellungskosten sind in § 255 Abs. 2 HGB definiert. Die Wertuntergrenze ist durch die Einzelkosten bestimmt (Material-, Fertigungseinzelkosten sowie Sondereinzelkosten der Fertigung). Darüber hinaus können Material- und Fertigungsgemeinkosten, Abschreibungen sowie Kosten der allgemeinen Verwaltung und Sozialaufwendungen eingerechnet werden. Vertriebskosten dürfen grundsätzlich nicht, Fremdkapitalzinsen nur in Ausnahmefällen (Bauzinsen) berücksichtigt werden. Unter bestimmten Voraussetzungen ist eine Fest- oder Gruppenbewertung zulässig (§ 240 Abs. 3 und Abs. 4 HGB).

Bei gleichartigen Vorräten lässt sich die Zusammensetzung aus einzelnen Zugängen in aller Regel nicht erkennen. Der Bewertung des Endbestandes sind daher bestimmte Annahmen zugrunde zu legen. Bei der Durchschnittsmethode werden aus sämtlichen Anschaffungskosten die gewogenen durchschnittlichen Anschaffungskosten errechnet, mit denen Abgänge bzw. der Endbestand bewertet werden. Andere Methoden gehen von Verbrauchsfiktionen aus: Nach der Fifo-Methode (first in, first out) gelten die Vorräte, die zuerst zugegangen sind, als zuerst wieder abgegangen. Umgekehrt gelten bei der Lifo-Methode (last in, first out) die Bestände als zuerst verbraucht, die zuletzt eingegangen sind. Beide Verfahren sind gem. § 256 HGB zulässig.

Der Ansatz des Niederstwerts kann durch Wertschwankungen am Beschaffungs- oder Absatzmarkt begründet sein. So werden für Roh-, Hilfs- und Betriebsstoffe in aller Regel der Beschaffungsmarkt, für fertige und unfertige Erzeugnisse, für die kein Fremdbezug infrage kommt, der Absatzmarkt und für Handelsware beide Märkte maßgeblich sein. Anzusetzen ist nun nicht der Börsen- oder Marktpreis, sondern der sich daraus ergebende Wert; so sind bei beschaffungsmarktorientierter Bewertung die Anschaffungsnebenkosten zu berücksichtigen. Eine Abwertung wegen gesunkener Börsen- und Marktpreise ist ausnahmsweise nicht vorzunehmen, wenn Material zur Erfüllung eines bestimmten Auftrags eingekauft wurde und die Deckung des Aufwands durch den vereinbarten Kaufpreis gewährleistet ist.

Soweit kein Börsen- oder Marktpreis existiert, ist der Wert zu bestimmen, der den Vorräten am Abschlussstichtag beizulegen ist. Der **beizulegende Wert** entspricht dem Wiederbeschaffungs- bzw. Reproduktionskostenwert, wobei jedoch ggf. Abschläge wegen Veralterung vorzunehmen sind, oder dem um noch anfallende Aufwendungen geminderten Verkaufswert **(Grundsatz der verlustfreien Bewertung).**

Das Abwertungswahlrecht gem. § 253 Abs. 3 Satz 3 HGB gibt dem Bilanzierenden die Möglichkeit, **Wertschwankungen** für die nächsten zwei Jahre **(die „nächste Zukunft")** zu antizipieren. Dabei ist von einer vernünftigen kaufmännischen Beurteilung auszugehen; eine missbräuchliche Ausnutzung des Ermessens ist unzulässig. In der Vorschrift des § 254 HGB kommt die **Umkehrung des Maßgeblichkeitsprinzips** zum Ausdruck; steuerliche Abwertungswahlrechte finden damit automatisch Zugang in die Handelsbilanz. Ein angesetzter niedrigerer Wert darf in den Folgejahren beibehalten werden, auch wenn die Gründe für die Abwertung nicht mehr bestehen **(Beibehaltungswahlrecht, § 253 Abs. 5 HGB).** Für Kapitalgesellschaften gilt bei Wegfall der Gründe für außerplanmäßige Abschreibungen grundsätzlich das Wertaufholungsgebot (§ 280 Abs. 1 HGB); § 280 Abs. 2 HGB gestattet die Wertbeibehaltung zwecks Wahrung der Steuerneutralität. Da in der Steuerbilanz jedoch ab 1999 das strenge Wertaufholungsgebot gilt, geht die Vorschrift ins Leere.

III. Die Bewertung in der Steuerbilanz

Die Bewertung von Umlaufvermögen in der Steuerbilanz richtet sich nach Maßgabe des § 6 Abs. 1 Nr. 2 und Nr. 2 a EStG. Danach erfolgt grundsätzlich die Bewertung zu den AK oder HK. Im Gegensatz zur handelsrechtlichen Regelung besteht ein **Abwertungswahlrecht** auf den niedrigeren Teilwert (TW), sofern eine voraussichtlich dauernde Wertminderung der Grund für den niedrigeren Teilwert ist. Bei Steuerpflichtigen, die eine Handelsbilanz erstellen müssen, besteht jedoch infolge des **Maßgeblichkeitsgrundsatzes** die Verpflichtung, das strenge Niederstwertprinzip auch in die Steuerbilanz zu übernehmen. Bei grundsätzlicher Anlehnung an das Handelsrecht ergeben sich Unterschiede bei der Methode zur Ermittlung der AK bzw. HK. Nach R 6.8 Abs. 4 EStR ist die Durchschnittsmethode maßgeblich. Eine Verbrauchsfolgefiktion ist für die Lifo-Methode unter den in R 6.9 EStR genannten Voraussetzungen zulässig. Wird aber eine tatsächliche Verbrauchsfolge glaubhaft gemacht, z. B. aufgrund der Lagerung, so ist davon auszugehen. Die Ermittlung der HK ist in R 6.3 EStR geregelt. Darin werden verschiedene **Pflicht-, Wahl- und Verbotskosten** vorgestellt. Der Umfang der Pflichtkosten, also der Kosten, die zwingend anzusetzen sind, geht über die handelsrechtliche Untergrenze, Einzelkosten, hinaus. Zu den Verbotskosten gehören, wie auch im Handelsrecht, die Vertriebskosten.

Grundsätzlich ergeben sich zwischen dem niedrigeren TW und dem niedrigeren Börsen- oder Marktpreis bzw. dem beizulegenden Wert keine Unterschiede. Als steuerrechtliche Besonderheit ist allerdings die Ermittlung des TW bei der verlustfreien retrograden Bewertung vom Absatzmarkt zu nennen: Während handelsrechtlich der Verkaufspreis nur um noch anfallende Kosten gekürzt wird, ist bei der **Teilwertermittlung** zusätzlich noch ein Abschlag für den durchschnittlichen Unternehmergewinn vorzunehmen. Dieser niedrigere steuerrechtlich zulässige Wert kann jedoch gem. § 254 HGB auch in die Handelsbilanz übernommen werden.

(Dr. Lenz)

77. Die Bewertung von Forderungen und Verbindlichkeiten im Handels- und Steuerrecht

I. Die Bewertung von Forderungen

1. Bewertung in der Handelsbilanz

Die Bewertung von **Forderungen des AV** ist gem. § 253 Abs. 2 HGB mit den Anschaffungskosten (AK) vermindert um Abschreibungen oder Wertberichtigungen vorzunehmen. § 253 Abs. 2 Satz 3 HGB gewährt das Wahlrecht einer Abwertung auf den niedrigeren Wert, der am Abschlussstichtag beizulegen ist. Handelt es sich dabei um eine **voraussichtlich dauernde Wertminderung,** so ist eine Abwertung zwingend vorzunehmen. § 253 Abs. 4 HGB gestattet außerdem Abschreibungen im Rahmen vernünftiger kaufmännischer Beurteilung; diese Vorschrift gilt nicht für Kapitalgesellschaften (§ 279 Abs. 1 HGB). Zur Berücksichtigung steuerrechtlich zulässiger Vorschriften können gleichfalls Abschreibungen vorgenommen werden (§ 254 HGB). Falls die Gründe für den Ansatz des niedrigeren Werts aufgrund einer der genannten Vorschriften in Folgejahren weggefallen sind, darf dennoch der niedrigere Wertansatz beibehalten werden. Für Kapitalgesellschaften gilt das **Wertaufholungsgebot** (§ 280 Abs. 1 HGB). Die in § 280 Abs. 2 HGB normierte Ausnahme vom Wertaufholungsgebot (Beibehaltung für steuerliche Zwecke) ist nach Einführung des strengen Wertaufholungsgebots im Steuerrecht praktisch bedeutungslos.

Bei **Forderungen des UV** gilt das Vorstehende mit der Einschränkung, dass sich die Bewertung nach § 253 Abs. 3 HGB richtet und das **strenge Niederstwertprinzip** gilt. Ist der am Abschlussstichtag beizulegende Wert also niedriger als die AK, so ist eine Abwertung zwingend vorzunehmen. Als AK einer Forderung gilt grundsätzlich der **Auszahlungs- bzw. Nennbetrag.** Bei unverzinslichen Forderungen gelten als AK der Barwert, es sei denn, der Unverzinslichkeit steht ein greifbarer wirtschaftlicher Vorteil gegenüber, der als Gegenleistung für die Unverzinslichkeit anzusehen ist. Bei kurzfristigen Forderungen muss schon infolge des strengen Niederstwertprinzips eine **Abzinsung unverzinslicher Forderungen** vorgenommen werden; soweit die Restlaufzeit solcher Forderungen aber kürzer als drei Monate ist, kann auf eine Abzinsung verzichtet werden.

Bei **Währungsforderungen** sind die AK unter Anwendung des Umrechnungskurses des Tages ihrer Begründung zu bewerten. Kursgewinne dürfen erst bei Eingang der Forderung realisiert werden. Bei Forderungen des Anlagevermögens müssen **Kursverluste** erst bei einer dauernden Wertminderung, bei Forderungen des Umlaufvermögens jedoch grundsätzlich bei der Bewertung berücksichtigt werden. Zudem dürfen künftige Wertschwankungen bei Forderungen des Umlaufvermögens gem. § 253 Abs. 3 Satz 3 HGB antizipiert werden. Währungsverluste bei Forderungen dürfen unter Durchbrechung des Grundsatzes der Einzelbewertung ausnahmsweise mit Währungsgewinnen bei Verbindlichkeiten saldiert werden, wenn die Forderungen und Verbindlichkeiten die gleiche Währung betreffen und in etwa die gleichen Laufzeiten haben oder auf andere Art und Weise eine Deckung der offenen Position erfolgte, z. B. durch ein Devisentermingeschäft. Bei der Bewertung von Forderungen ist auch das **Kreditrisiko** zu berücksichtigen. So sind uneinbringliche Forderungen abzuschreiben und zweifelhafte Forderungen mit ihrem wahrscheinlichen Wert anzusetzen. **Spezielle Kreditrisiken** sind grundsätzlich durch Einzelwertberichtigungen zu berücksichtigen. Für das **allgemeine Kreditrisiko** kann eine **Pauschalwertberichtigung** angesetzt werden. Damit sollen gegenwärtig nicht erkennbare Bonitäts- bzw. bei Auslandsforderungen auch politische Risiken abgedeckt werden. Einzel- wie Pauschalwertberichtigungen sind gem. § 266 HGB aktivisch vorzunehmen.

2. Abweichungen bei der Bewertung in der Steuerbilanz

Die Bewertung von Forderungen richtet sich nach § 6 Abs. 1 Nr. 2 EStG. Danach hat die Bewertung zu den AK, also dem Nennbetrag, zu erfolgen. Es besteht ein Abwertungswahlrecht auf den niedrigeren Teilwert, sofern der Teilwert aufgrund einer voraussichtlich dauernden Wertminderung niedriger ist. Liegt diese Voraussetzung vor, so hat infolge des Maßgeblichkeitsgrundsatzes das handelsrechtliche Abwertungsgebot Vorrang. Eine Besonderheit ergibt sich jedoch bei der Berücksichtigung des Kreditrisikos in der Steuerbilanz: Dort dürfen nur **spezielle Kreditrisiken** berücksichtigt werden, die aber in Anlehnung an die Ausfälle in der Vergangenheit pauschal ermittelt werden.

II. Die Bewertung von Verbindlichkeiten

1. Bewertung in der Handelsbilanz

Verbindlichkeiten sind nach § 253 Abs. 1 Satz 2 HGB zu ihrem Rückzahlungsbetrag anzusetzen. Dieser ist in der Regel mit dem Ausgabebetrag identisch, es sei denn, ein Disagio (Differenz von Rückzahlungs- und Ausgabebetrag) ist vereinbart. Das Disagio **darf** aktivisch abgegrenzt werden und kann dann durch planmäßige jährliche Abschreibungen, die auf die gesamte Laufzeit verteilt werden dürfen, getilgt werden (§ 250 Abs. 3 HGB). Das Wahlrecht kann jedoch nur im Ausgabejahr in Anspruch genommen werden.

Wechselverbindlichkeiten sind mit dem Betrag aufzuführen, der der Wechselsumme entspricht. Bei Wechseln mit längerer Laufzeit kommt eine aktivische Abgrenzung des Diskontbetrags in Betracht. Die Niedrig- bzw. Unverzinslichkeit der Schuld führt nicht zu einer Abweichung vom Ausweis zum Rückzahlungsbetrag. Verbindlichkeiten, für die gesamtschuldnerisch gehaftet wird, sind nur mit dem auf den Bilanzierenden im Innenverhältnis entfallenden Teil auszuweisen. Der nicht passivierte Betrag ist gem. § 251 HGB zu vermerken.

Die Bewertung von **Währungsverbindlichkeiten** hat zu dem am Bilanzstichtag geltenden Briefkurs zu erfolgen, soweit dieser den Kurs im Zeitpunkt der Begründung der Verbindlichkeit übersteigt. Ansonsten ist wegen des Verbots des Ausweises nicht realisierter Gewinne der ggf. höhere Einstandswert anzusetzen.

Veränderungen der Verhältnisse am Kapitalmarkt lassen die Bewertung zum Rückzahlungsbetrag grundsätzlich unberührt. Sinkt jedoch der Kapitalmarktzinssatz erheblich, so kann dem durch Bildung einer Rückstellung in Höhe des Barwerts der Mehrzinsen Rechnung getragen werden.

2. Bewertung in der Steuerbilanz

Die Bewertung in der Steuerbilanz hat gem. § 6 Abs. 1 Nr. 3 EStG unter sinngemäßer Anwendung des § 6 Abs. 1 Nr. 2 EStG unter Beachtung einer Abzinsung in Höhe von 5,5 v. H. zu erfolgen. Ausgenommen von der Abzinsung sind Verbindlichkeiten mit einer Laufzeit von weniger als zwölf Monaten, verzinsliche Verbindlichkeiten sowie Anzahlungen oder Vorausleistungen. Als AK einer Verbindlichkeit gilt der Nennwert (Rückzahlungsbetrag). Ein weiterer wichtiger Unterschied ist bei Vereinbarung eines Disagios festzustellen: In der Steuerbilanz **muss** das Disagio zusammen mit ggf. geleisteten Abschluss-, Bearbeitungs- oder Verwaltungsgebühren als aktiver Rechnungsabgrenzungsposten angesetzt und über die Laufzeit des Darlehens verteilt werden. Zahlungen, die nicht an den Kreditgeber erfolgen, z. B. Kreditvermittlungsprovisionen, sind sofort abzugsfähige Geldbeschaffungskosten (H 6.10 EStR). (Dr. Lenz)

78. Die Abgrenzung latenter Steuern nach § 274 HGB

I. Abgrenzungsgrundsätze

Mit dem Ziel, jeder Periode den Steueraufwand zuzuordnen, der mit dem Handelsbilanzergebnis korrespondiert, und damit auch insoweit ein den tatsächlichen Verhältnissen entsprechendes Bild der Vermögens-, Finanz- und Ertragslage zu vermitteln, enthält das Handelsgesetzbuch nach der Neufassung durch das Bilanzrichtliniengesetz in § 274 HGB unter der Überschrift „Steuerabgrenzung" Regelungen für die Berücksichtigung latenter Steuern im Einzelabschluss von Kapitalgesellschaften. § 274 HGB unterscheidet zwischen passiver und aktiver Abgrenzung.

1. Passive Steuerabgrenzung

a) Voraussetzungen

Die Voraussetzungen für eine passive Steuerabgrenzung sind nach § 274 Abs. 1 HGB dann erfüllt, wenn der dem Geschäftsjahr und früheren Geschäftsjahren zuzurechnende Steueraufwand zu niedrig ist, weil der nach den steuerrechtlichen Vorschriften zu versteuernde Gewinn niedriger als das handelsrechtliche Ergebnis ist, und dieser niedrigere Steueraufwand sich voraussichtlich in späteren Geschäftsjahren durch einen höheren Steueraufwand ausgleicht. § 274 Abs. 1 HGB erfasst demnach lediglich vorübergehende Belastungsunterschiede, d. h. Unterschiede, die sich in späteren Geschäftsjahren voraussichtlich ausgleichen. Dauerhafte Belastungsunterschiede (so genannte permanente Differenzen), die sich z. B. aufgrund steuerfreier Einnahmen oder nichtabzugsfähiger Betriebsausgaben ergeben, werden vom § 274 Abs. 1 HGB grundsätzlich ebenso wenig erfasst wie solche Belastungsunterschiede, die sich als sog. quasi-permanente Differenzen voraussichtlich erst bei der Liquidation des Unternehmens ausgleichen. In Anlehnung an internationale Standards wird es inzwischen jedoch für zulässig gehalten, auch quasi-permanente Ergebnisdifferenzen zu berücksichtigen (IDW RS HFA 2 vom 24. 6. 1999, WPg 1999 S. 591, 600, Tz. 93).

Eine passive Steuerabgrenzung ergibt sich demnach in den Fällen, in denen das Handelsbilanzergebnis höher ist als der Steuerbilanzgewinn, weil Erträge handelsrechtlich früher, Aufwendungen später erfasst werden als in der steuerlichen Gewinnermittlung. Das ist zum Beispiel dann der Fall, wenn Ingangsetzungs- und Erweiterungskosten nach § 269 HGB ausschließlich in der Handelsbilanz aktiviert werden oder im Rahmen der Vorratsbewertung nach der Fifo-Methode in der Handelsbilanz bei steigenden Preisen höhere Vorratswerte entstehen als nach der steuerlichen Durchschnittsbewertung nach R 36 Abs. 3 EStR.

b) Rechtsfolgen

Liegen die Voraussetzungen für eine passive Steuerabgrenzung vor, ist nach § 274 Abs. 1 HGB in Höhe der voraussichtlichen Steuerbelastung der nachfolgenden Geschäftsjahre eine Rückstellung nach § 249 Abs. 1 Satz 1 HGB zu bilden. Diese Rückstellung ist in der Bilanz oder im Anhang gesondert anzugeben. Sie ist aufzulösen, sobald die höhere Steuerbelastung eintritt oder mit ihr voraussichtlich nicht mehr zu rechnen ist.

2. Aktive Steuerabgrenzung

a) Voraussetzungen

Nach § 274 Abs. 2 HGB kommt eine aktive Steuerabgrenzung dann in Betracht, wenn der dem Geschäftsjahr und früheren Geschäftsjahren zuzurechnende Steueraufwand zu hoch ist, weil der nach den steuerrechtlichen Vorschriften zu versteuernde Gewinn höher als das handelsrechtliche Ergebnis ist, und dieser höhere Steueraufwand sich voraussichtlich in späteren Geschäftsjahren durch einen niedrigeren Steueraufwand ausgleicht. Dies ist regelmäßig dann der Fall, wenn durch unterschiedliche Bilanzierungs- und Bewertungsvorschriften in Handels- und Steuerbilanz Erträge steuerlich früher, Aufwendungen steuerlich später anfallen als in der Handelsbilanz. Nachdem das sog. **Steuerentlastungsgesetz** zu einer Vielzahl zusätzlicher Durchbrechungen des Maßgeblichkeitsprinzips geführt hat (z. B. § 5 Abs. 4 a, 4 b, § 6 Abs. 1 Nr. 3 a EStG), können sich insb. aus dem unterschiedlichen Ansatz und der Bewertung von Rückstellungen in der Handels- und Steuerbilanz aktive latente Steuern ergeben. Aktive latente Steuern ergeben sich darüber hinaus z. B. auch dann, wenn in der Handelsbilanz steuerlich nicht anerkannte Abschreibungen vorgenommen werden oder ein Disagio in der Handelsbilanz nach § 250 Abs. 3 HGB nicht aktiviert, sondern sofort abgeschrieben wird, während in der Steuerbilanz über die Kreditlaufzeit abzuschreiben ist.

b) Rechtsfolgen

Liegen die Voraussetzungen für eine aktive Steuerabgrenzung vor, hat der Kaufmann gem. § 274 Abs. 2 HGB ein Wahlrecht, also keine Pflicht, in Höhe der voraussichtlichen Steuerentlastung folgender Geschäftsjahre auf der Aktivseite der Bilanz als **Bilanzierungshilfe** einen Abgrenzungsposten zu bilden. Dieser Posten ist unter entsprechender Bezeichnung gesondert auszuweisen und im Anhang zu erläutern.

Wird ein aktiver Abgrenzungsposten in der Bilanz ausgewiesen, entsteht eine Ausschüttungssperre (§ 274 Abs. 2 Satz 2 HGB). Danach dürfen Gewinne nur ausgeschüttet werden, wenn die nach der Ausschüttung verbleibenden, jederzeit auflösbaren Gewinnrücklagen zuzüglich eines Gewinnvortrags und abzüglich eines Verlustvortrags dem Abgrenzungsbetrag mindestens entsprechen. Der Abgrenzungsbetrag ist aufzulösen, sobald die Steuerentlastung eintritt oder mit ihr voraussichtlich nicht mehr zu rechnen ist.

II. Einzelfragen

1. Berechnung des Abgrenzungspostens

§ 274 HGB regelt zwar die Abgrenzungsgrundsätze. Wie der Abgrenzungsbetrag methodisch im Einzelnen ermittelt werden kann, ist jedoch nicht abschließend geklärt. Sicher ist, dass die Steuerabgrenzung sich ausschließlich auf die Ertragsteuern, d. h. Gewerbeertrag- und Körperschaftsteuer, bezieht. Welche Steuersätze anzuwenden sind, hängt insbesondere von der Ergebnisentwicklung, dem Ausschüttungsverhalten und der zukünftigen Steuerpolitik des Gesetzgebers ab. Von daher ist eine prognostizierende Festlegung erforderlich. Tendenziell dürfte bei der Passivierung im Hinblick auf das Vorsichtsprinzip eine höhere Belastung als bei der Aktivierung anzunehmen sein.

2. Saldierung

Gegenläufige Periodenverschiebungen können dazu führen, dass sowohl aktive als auch passive latente Steuern entstehen. Vom Gesetzeswortlaut und dem Ablauf des Gesetzgebungsverfahrens her dürfte davon auszugehen sein, dass in diesen Fällen grundsätzlich eine Saldierung möglich ist. Das Saldierungsverbot des § 246 Abs. 2 HGB wird dadurch nicht verletzt, weil die aktive und passive Steuerabgrenzung als einheitliche Bilanzposition anzusehen sind.

3. Abzinsung

Eine Abzinsung der zukünftigen steuerlichen Be- und Entlastungen wird überwiegend für unzulässig gehalten, weil § 274 HGB vom Wortlaut her ausschließlich auf die tatsächlichen Zahlungen abstellt.   (Montag)

79. Formerfordernisse bei Willenserklärungen

I. Allgemeines

Eine Willenserklärung, also die Äußerung eines rechtlich erheblichen, auf die Herbeiführung eines Erfolges gerichteten Willens, kann grundsätzlich in beliebiger Form abgegeben werden (Grundsatz der Formfreiheit). In zahlreichen Fällen sieht das Gesetz jedoch Formvorschriften vor, die sowohl Beweissicherungs- als auch Schutzfunktion vor übereiltem Handeln der Beteiligten haben. Formvorschriften können, soweit sie nicht im Einzelnen gesetzlich vorgeschrieben sind, von den vertragschließenden Parteien vereinbart werden. Häufig anzutreffen ist z. B. eine Klausel, nach der Vereinbarungen der Schriftform bedürfen und dass mündliche Nebenabreden keine Gültigkeit haben sollen.

II. Die Formvorschriften im Einzelnen

1. Schriftform

Die Schriftform ist die häufigste und auch die einfachste Formvorschrift. Danach muss der Erklärende die schriftlich abgefasste Erklärung eigenhändig durch Namensunterschrift unterzeichnen. Nicht erforderlich ist, dass die gesamte Erklärung handschriftlich niedergeschrieben ist; dies ist aber ausnahmsweise beim privatschriftlichen Testament der Fall (§ 2247 BGB).

Die Unterschrift muss den Familiennamen ausweisen und eigenhändig vollzogen werden. Faksimilestempel u. Ä. gelten grundsätzlich nicht als Unterschrift. Die Schriftform ist bei Unterzeichnung durch einen Vertreter gewahrt. Als eigenhändige Unterzeichnung gilt es, wenn der Vertreter mit seinem Namen unter Angabe des Vertretungsverhältnisses oder, was auch als zulässig angesehen wird, ohne weiteren Hinweis mit dem Namen des Vertretenen unterschreibt. Bei Vertragsabschlüssen, für die die Schriftform gesetzlich vorgeschrieben ist, müssen beide Parteien auf denselben Urkunden unterzeichnen. Werden über einen Vertrag mehrere gleich lautende Urkunden aufgenommen, so genügt es, wenn jede Partei die für die andere Partei bestimmte Urkunde unterzeichnet (§ 126 Abs. 2 BGB). Die schriftliche Form kann durch die elektronische Form ersetzt werden, wenn sich nicht aus dem Gesetz ein anderes ergibt (§ 126 Abs. 3 BGB). Bei der elektronischen Form haben die Erklärenden ihren Namen dem Dokument hinzuzufügen und das elektronische Dokument mit einer qualifizierten elektronischen Signatur nach dem Signaturgesetz zu versehen (§ 126 a BGB). Im Falle der gewillkürten Schriftform gelten im Zweifel die gesetzlichen Bestimmungen. Es genügen zur Wahrung der Form aber auch die telekommunikative Übermittlung sowie bei einem Vertrag der Briefwechsel. Entsprechendes gilt bei elektronischer Signatur (§ 127 BGB). Bei der gewillkürten elektronischen Form ist jede elektronische Signatur ausreichend, auch eine, die die Definition des Signaturgesetzes nicht erfüllt. Die schriftliche Form wird durch die notarielle Beurkundung ersetzt (§ 126 Abs. 4 BGB). Der Schriftform bedürfen z. B. längerfristige Grundstücksmietverträge, die Kündigung eines Mietverhältnisses über Wohnraum, die Bürgschaftserklärung, das Schuldversprechen, das Schuldanerkenntnis, das Testament, Verbraucherdarlehensverträge sowie die Beendigung von Arbeitsverhältnissen durch Kündigung oder Auflösungsvereinbarung.

2. Öffentliche Beglaubigung

Bei der öffentlichen Beglaubigung muss die Erklärung schriftlich abgefasst und die Unterschrift des Erklärenden von einem Notar beglaubigt werden (§ 129 Abs. 1 BGB). Öffentlich beglaubigt wird also nicht der Inhalt der Urkunde, sondern nur die Unterschrift des Erklärenden; es handelt sich also ausschließlich um einen

Identitätsnachweis. Die Unterschrift ist in Gegenwart eines Notars zu leisten. Einzelheiten regelt das Beurkundungsgesetz. Die öffentliche Beglaubigung wird durch die notarielle Beurkundung der Erklärung ersetzt (§ 129 Abs. 2 BGB). Die öffentliche Beglaubigung ist z. B. erforderlich für Anmeldungen zum Handels-, Vereins-, Güterrechtsregister und zum Grundbuchamt.

3. Öffentliche Beurkundung

Im Gegensatz zu der öffentlichen Beglaubigung wird bei der Beurkundung die Urkunde als solche, d. h. ihr gesamter Inhalt, von dem Beurkundenden errichtet. Es handelt sich daher um eine öffentliche Urkunde, die den Hergang des beurkundeten Vorgangs nachweist (§ 415 ZPO). Das Beurkundungsgesetz enthält nähere Vorschriften über die Form, den Inhalt und den Hergang der Beurkundung. Ein Verstoß gegen zwingende Formvorschriften bewirkt die Ungültigkeit der Beurkundung. Für die öffentliche Beurkundung ist der Notar zuständig. Eine gerichtliche Beurkundung kommt nur in Ausnahmefällen infrage. Ist durch Gesetz notarielle Beurkundung eines Vertrages vorgeschrieben, so genügt es, wenn zunächst der Antrag und sodann die Annahme des Antrags von einem Notar beurkundet wird (§ 128 BGB). Die Beurkundung ist z. B. erforderlich bei Schenkungsversprechen, Grundstückskaufverträgen (sowohl beim Verpflichtungsgeschäft als auch bei der Auflassung), dem Erbvertrag, der Übertragung von GmbH-Anteilen, der Gründung einer AG oder GmbH, gesellschaftsrechtlichen Umwandlungsbeschlüssen und Satzungsänderungen. Die notarielle Beurkundung wird auch durch die Formulierung „zur Niederschrift eines Notars" umschrieben.

4. Andere Formvorschriften

Manche gesetzliche Regelungen sehen die persönliche Anwesenheit der Beteiligten vor, so z. B. im Falle der Eheschließung. Besonderheiten ergeben sich weiterhin bei der Errichtung eines Testaments und beim Abschluss eines Tarifvertrages. Bei der Textform i. S. des § 126 b BGB handelt es sich um ein gesetzlich angeordnetes Formerfordernis, wobei die Eigenhändigkeit der Unterschrift entbehrlich ist.

III. Die Wirkung von Formvorschriften

Besteht für ein Rechtsgeschäft eine bestimmte Formvorschrift und ist diese nicht erfüllt, so ist das Geschäft grundsätzlich nichtig (§ 125 BGB). Bei gewillkürten Formvorschriften kann sich die Formvorschrift nur auf Teile eines Rechtsgeschäfts beziehen. Die gesetzlichen Formvorschriften umfassen dagegen auch sämtliche Nebenabreden. Wird z. B. bei einem Grundstückskaufvertrag eine Nebenabrede nicht beurkundet, so führt dies im Allgemeinen zur Nichtigkeit des gesamten Vertrages. Die Nichtigkeit kann jedoch in einigen im Gesetz geregelten Fällen durch tatsächlichen Vollzug geheilt werden. Wird z. B. ein Schenkungsversprechen erfüllt, der Verpflichtung aus einer formwidrigen Bürgschaftserklärung nachgekommen oder werden die Auflassung und die Eintragung trotz formungültigen Grundstückskaufvertrags durchgeführt, so wird der Formmangel des Verpflichtungsgeschäfts geheilt. Wer einen Formmangel arglistig herbeiführt, kann sich nicht auf diesen berufen. Gleiches gilt, wenn jemand aus einem Rechtsgeschäft Vorteile gezogen hat oder wenn die Berufung auf die Verletzung der Formvorschrift ansonsten gegen Treu und Glauben verstoßen würde.

Werden Formvorschriften nicht geheilt und sind die Rechtsgeschäfte daher unwirksam, so gilt im Steuerrecht § 41 AO: Die Unwirksamkeit eines Rechtsgeschäfts ist für die Besteuerung unerheblich, soweit und solange die Beteiligten das wirtschaftliche Ergebnis dieses Rechtsgeschäfts gleichwohl eintreten und bestehen lassen. Allerdings findet § 41 AO bei Familienpersonengesellschaften keine Anwendung.

(Dr. Lenz)

80. Rechts- und Geschäftsfähigkeit im Zivilrecht

I. Rechtsfähigkeit

Die Rechtsfähigkeit ist die Fähigkeit einer natürlichen oder juristischen Person, Träger von Rechten und Pflichten zu sein. Natürliche Personen sind alle Menschen.

1. Rechtsfähigkeit natürlicher Personen

Jeder Mensch ist rechtsfähig. Die Rechtsfähigkeit einer natürlichen Person beginnt mit der Vollendung der Geburt (§ 1 BGB). Das Gesetz sieht jedoch in Einzelfällen eine Vorverlegung der Rechtsfähigkeit in der Weise vor, dass der Nasciturus rechtsfähig ist, z. B. im Erbrecht (§ 1923 Abs. 2 BGB) sowie zur Geltendmachung von Ersatzansprüchen (§ 844 Abs. 2 BGB).

Die Rechtsfähigkeit der natürlichen Personen endet mit ihrem Tod. Ist ein Mensch verschollen oder ist trotz Gewissheit über seinen Tod der Todeszeitpunkt unbekannt, so wird dieser in einer Todeserklärung festgestellt. Einzelheiten dazu enthält das Verschollenheitsgesetz. Diese Todeserklärung hat steuerlich keine Rückwirkung (§ 49 AO).

2. Rechtsfähigkeit juristischer Personen

Juristische Personen sind Personenvereinigungen und Vermögensmassen, die von der Rechtsordnung als selbständige Rechtspersonen, als Träger von Rechten und Pflichten, anerkannt sind. Es gibt juristische Personen des öffentlichen und des privaten Rechts.

Sieht man einmal von öffentlich-rechtlichen Gebietskörperschaften (z. B. dem Bund, den Gemeinden) ab, so entsteht eine juristische Person aufgrund staatlicher Genehmigung (z. B. der wirtschaftliche Verein) oder bei Erfüllung gewisser gesetzlicher Voraussetzungen (z. B. der Idealverein durch Eintragung ins Vereinsregister, Kapitalgesellschaften durch Eintragung ins Handelsregister). Die Rechtsfähigkeit erlischt bei Auflösung der juristischen Person. Seit seiner Entscheidung vom 29. 1. 2001 (BB 2001 S. 374) erkennt der BGH auch der GbR die Rechtsfähigkeit zu. Für die OHG und die KG sah bereits zuvor § 124 HGB eine sog. Teilrechtsfähigkeit vor, d. h. diese Gesellschaften konnten unter ihrer Firma Rechte und Eigentum erwerben und vor Gericht klagen und verklagt werden.

II. Geschäftsfähigkeit

1. Begriff

Die Geschäftsfähigkeit ist neben der Deliktsfähigkeit eine Form der Handlungsfähigkeit, nämlich der Fähigkeit, durch Handlungen Rechtsfolgen herbeizuführen. Die Geschäftsfähigkeit ist nun die Fähigkeit, rechtsgeschäftliche Erklärungen abzugeben und entgegennehmen zu können. Im Geschäftsleben kommen z. B. Verträge durch übereinstimmende Willenserklärungen zustande. Im Gegensatz zur Rechtsfähigkeit, die alle Menschen besitzen, setzt die Geschäftsfähigkeit ein entsprechendes Verständnis darüber voraus, welche Folgen das eigene Handeln hat; sie ist daher auch altersabhängig. Geschäftsfähig können nur Menschen sein, juristische Personen werden im Geschäftsverkehr durch ihre Organe vertreten, die mit Wirkung für sie Willenserklärungen abgeben. Die Geschäftsfähigkeit ist in den §§ 104 ff. BGB geregelt. Danach ist jeder Mensch grundsätzlich geschäftsfähig, der nicht geschäftsunfähig oder beschränkt geschäftsfähig ist.

2. Geschäftsunfähigkeit

Geschäftsunfähig ist, wer das 7. Lebensjahr nicht vollendet hat oder wer sich nicht nur vorübergehend in einem die freie Willensbestimmung ausschließenden Zustand krankhafter Störung der Geistestätigkeit befindet (§ 104 BGB). Dieser liegt vor, wenn die Willensfreiheit ausgeschlossen ist, d. h. wenn ein Mensch unfähig ist, seine Entscheidungen von vernünftigen Erwägungen abhängig zu machen. Eine sog. relative Geschäftsunfähigkeit kann partiell für bestimmte Geschäfte, nicht jedoch generell für besonders schwierige Rechtsgeschäfte bestehen. Die Willenserklärung eines Geschäftsunfähigen ist nichtig (§ 105 BGB).

3. Beschränkte Geschäftsunfähigkeit

Beschränkt geschäftsfähig sind Minderjährige vom 7. bis zum vollendeten 18. Lebensjahr (§ 106 BGB). Die Regelungen für beschränkt Geschäftsfähige (§§ 108 bis 113 BGB) gelten auf Anordnung des Vormundschaftsgerichts auch für Betreute, soweit dies zur Abwendung einer erheblichen Gefahr für die Person oder deren Vermögen erforderlich ist (sog. Einwilligungsvorbehalt, § 1903 BGB).

Willenserklärungen beschränkt Geschäftsfähiger sind nur wirksam, wenn der gesetzliche Vertreter seine Zustimmung erteilt, also entweder einwilligt oder die Willenserklärung nachträglich genehmigt (§ 107 BGB). Hat der gesetzliche Vertreter keine Einwilligung gegeben, so sind die Willenserklärungen des beschränkt Geschäftsfähigen schwebend unwirksam (§ 108 Abs. 1 BGB). Die Wirksamkeit des Vertrags hängt von der Genehmigung des gesetzlichen Vertreters ab. Wird der Vertreter hierzu von dem anderen Teil aufgefordert, so kann die Genehmigung bis zum Ablauf von zwei Wochen erteilt werden; ansonsten gilt sie als verweigert. Solange der Vertrag schwebend unwirksam ist, ist der andere Vertragsteil zum Widerruf berechtigt (§ 109 Abs. 1 BGB).

Von dem Grundprinzip der schwebenden Unwirksamkeit gibt es jedoch eine Reihe von Ausnahmen: So sind Willenserklärungen beschränkt Geschäftsfähiger von Anfang an wirksam, wenn dadurch lediglich ein rechtlicher Vorteil erlangt wird (§ 107 BGB). Rechtlich nachteilig sind Geschäfte, die Verpflichtungen mit sich bringen; lediglich wirtschaftliche Vorteile (z. B. bei der Schenkung eines Gesellschaftsanteils) sind nicht maßgeblich. Dagegen ist die Schenkung von Geld rechtlich immer vorteilhaft, auch wenn damit mittelbare Nachteile, wie z. B. die Steuerpflicht, einhergehen.

Weiterhin sind solche Verträge wirksam, bei denen beschränkt Geschäftsfähige die vertragsmäßige Leistung mit Mitteln bewirken, die ihnen zu diesem Zweck oder zu freier Verfügung überlassen worden sind (Taschengeldparagraph: § 110 BGB). Dies gilt aber nicht für Kreditgeschäfte. Hat der beschränkt Geschäftsfähige seine Leistung noch nicht erbracht, so ist der Vertrag schwebend unwirksam.

Schließlich besteht eine partielle Geschäftsfähigkeit in den Fällen, in denen der gesetzliche Vertreter mit Genehmigung des Vormundschaftsgerichts den Minderjährigen zum selbständigen Betrieb eines Erwerbsgeschäfts ermächtigt hat. Die Geschäftsfähigkeit erstreckt sich auf alle Rechtsgeschäfte, die der Gewerbebetrieb mit sich bringt (§ 112 BGB). Gleiches gilt gem. § 113 BGB in den Fällen, in denen der Minderjährige in ein Dienstverhältnis eintritt. Danach erstreckt sich die Geschäftsfähigkeit z. B. auf die Eingehung und die Beendigung des Arbeitsverhältnisses, die Eröffnung eines Gehaltskontos und den Eintritt in eine Gewerkschaft, nicht darunter fällt jedoch der Abschluss eines Vertrags, bei dem eine Vertragsstrafe oder ein Wettbewerbsverbot vereinbart wird.

(Dr. Lenz)

81. Partiarisches Darlehen und stille Gesellschaft im Zivilrecht

I. Das partiarische Darlehen

Das partiarische Darlehen ist eine besondere Form des Darlehens. Das Gelddarlehen ist in §§ 488 ff. BGB geregelt und dadurch gekennzeichnet, dass der Darlehensnehmer, dem der Darlehensgeber einen Geldbetrag in vereinbarter Höhe zur Verfügung gestellt hat, diesen Geldbetrag bei Fälligkeit zurückzuerstatten und den geschuldeten Zins zu zahlen hat. Beim Sachdarlehensvertrag (§ 607 BGB) wird der Darlehensgeber verpflichtet, dem Darlehensnehmer eine vereinbarte vertretbare Sache zu überlassen. Der Darlehensnehmer ist zur Zahlung eines Darlehensentgelts und bei Fälligkeit zur Rückerstattung von Sachen gleicher Art, Güte und Menge verpflichtet. Das partiarische Darlehen zeichnet sich nun dadurch aus, dass kein fester Zins vereinbart wird, sondern der Darlehensgeber in irgendeiner Form am Gewinn des Darlehensnehmers beteiligt ist. Eine Beteiligung am Verlust steht im Widerspruch zum Charakter des Darlehens.

Zwischen dem Darlehensgeber und dem Darlehensnehmer besteht aber keine Zweckgemeinschaft; es ist eine bloße Kreditgewährung gewollt. Allzu umfangreiche Kontrollrechte sprechen gegen die Absicht der bloßen Kreditgewährung; allerdings sind auch beim Darlehen gewisse Aufsichtsrechte üblich, wie z. B. der Anspruch auf Vorlage der Bilanzen.

II. Die stille Gesellschaft

Die stille Gesellschaft ist in den §§ 230 ff. HGB geregelt. Die stille Gesellschaft ist eine Gesellschaft, bei der sich jemand an dem Handelsgewerbe eines anderen mit einer in dessen Vermögen übergehenden Einlage gegen Anteil am Gewinn beteiligt.

Die stille Gesellschaft entsteht durch formlosen Vertrag zwischen dem Kaufmann und dem Stillen. Die stille Gesellschaft besteht im Gegensatz zu anderen Gesellschaften nur aus zwei Mitgliedern, nämlich dem Geschäftsinhaber und dem Stillen.

Nach außen hin tritt der stille Gesellschafter nicht in Erscheinung. Die stille Gesellschaft ist eine reine Innengesellschaft. Sie ist aber eine Gesellschaft, d. h. ein rechtsgeschäftlich begründeter privatrechtlicher Personenzusammenschluss zur **Verfolgung eines gemeinsamen Zwecks.** Darin unterscheidet sich die stille Gesellschaft vom partiarischen Darlehen, bei dem keine Zweckgemeinschaft besteht.

Neben der sich aus dem Gesellschaftsvertrag ergebenden Treuepflicht ist der Stille verpflichtet, seine Einlage zu erbringen. Die Einlage geht in das Vermögen des Kaufmanns über; es entsteht kein stilles Gesellschaftsvermögen. Der stille Gesellschafter haftet daher auch nicht mit einer Einlage und wird demzufolge wie ein Darlehensgeber behandelt. Unterschiede zum partiarischen Darlehen bestehen allerdings bei Eröffnung des Insolvenzverfahrens. Die stille Gesellschaft wird bei Eröffnung des Insolvenzverfahrens eines Gesellschafters aufgelöst (§ 728 BGB). Bei Eröffnung des Insolvenzverfahrens des Kaufmanns kann der Stille sein Guthaben zurückfordern, also die ursprüngliche Einlage vermindert um die auf ihn entfallenden Verlustanteile (§ 236 Abs. 1 HGB).

Der stille Gesellschafter ist grundsätzlich sowohl am Gewinn als auch am Verlust des Kaufmanns beteiligt. Der Ausschluss einer Verlustbeteiligung ist zulässig

(§ 231 HGB). Der stille Gesellschafter nimmt am Verlust nur mit seiner einge-zahlten oder rückständigen Einlage teil. Er ist nicht verpflichtet, den bezogenen Gewinn wegen späterer Verluste zurückzuzahlen; jedoch wird, solange seine Ein-lage durch Verlust gemindert ist, der jährliche Gewinn zur Deckung des Verlustes verwendet (§ 232 Abs. 2 HGB). Ein nicht erhobener Gewinn vermehrt die Einlage nicht, d. h. der stille Gesellschafter unterliegt keiner Nachschusspflicht. Es kann jedoch etwas anderes vereinbart werden (§ 232 Abs. 3 HGB).

Die in § 233 HGB vorgesehenen Kontrollrechte entsprechen denen eines Kom-manditisten. Es kann grundsätzlich die abschriftliche Mitteilung der jährlichen Bilanz verlangt und ihre Richtigkeit unter Einsicht der Bücher und Papiere über-prüft werden (§ 233 Abs. 1 HGB).

Das Kündigungsrecht der Gesellschafter oder der Gläubiger des stillen Gesell-schafters richtet sich nach den Kündigungsvorschriften für die OHG (§ 234 Abs. 1 Satz 1 HGB). Durch den Tod des stillen Gesellschafters wird die Gesellschaft nicht aufgelöst (§ 234 Abs. 2 HGB). Übertragen kann der Stille aber seine Beteiligung nur mit Zustimmung des Kaufmanns, da es sich – anders als bei dem partiarischen Darlehen – um einen Gesellschafterwechsel handelt.

Die Geschäftsführung steht dem Kaufmann zu; der stille Gesellschafter hat auch bei Geschäften kein Widerspruchsrecht, die über den gewöhnlichen Betrieb des Handelsgewerbes hinausgehen. Im Gesellschaftsvertrag können jedoch ander-weitige Vereinbarungen getroffen werden. Im Außenverhältnis ist allerdings der Kaufmann allein berechtigt und verpflichtet (§ 230 Abs. 2 HGB).

Die Gesellschaft endet durch Auflösung, entweder durch Auflösungsvereinbarung, durch Kündigung oder durch Eröffnung des Insolvenzverfahrens des Geschäfts-inhabers. Nicht die Gläubiger des Kaufmanns, wohl aber die des stillen Gesell-schafters können gem. § 135 HGB die Kündigung herbeiführen. Im Rahmen der anlässlich der Auflösung erfolgenden Auseinandersetzung hat der stille Gesell-schafter einen schuldrechtlichen Anspruch auf den Wert seiner Einlage, korrigiert um festgestellte Gewinne bzw. Verluste.

III. Abgrenzungsprobleme zwischen dem partiarischen Darlehen und der stillen Gesellschaft

Aus den vorstehenden Ausführungen ergibt sich, dass das partiarische Darlehen in Einzelfällen von der stillen Gesellschaft nur schwer abgegrenzt werden kann. Danach führt die Vereinbarung einer Verlustbeteiligung zum Vorliegen einer stillen Gesellschaft, auch wenn ansonsten das Verhältnis als Darlehensvertrag aus-gestaltet ist. Partiarische Darlehen, bei denen lediglich eine Gewinnbeteiligung vereinbart ist, sind dann als stille Gesellschaftsverhältnisse zu qualifizieren, wenn insbesondere die Ausgestaltung der Kontrollrechte dafür spricht, dass die Gesell-schafter einen gemeinsamen Zweck verfolgen. Besteht im Innenverhältnis zwi-schen dem Kaufmann und dem Kapitalgeber eine Vereinbarung dergestalt, dass wichtige Geschäfte an die Zustimmung des Kapitalgebers gebunden sind, so wird im Allgemeinen eine stille Gesellschaft vorliegen.

(Dr. Lenz)

82. Sicherungseigentum und Sicherungsabtretung

I. Entstehungsgeschichte

Sowohl beim Sicherungseigentum als auch bei der Sicherungsabtretung handelt es sich um Kreditsicherungsrechte, die explizit nicht im Gesetz geregelt sind, die jedoch im Wirtschaftsleben stärker verbreitet sind als die gesetzlich vorgesehenen Kreditsicherungen. Dies rührt daher, dass die gesetzlich vorgesehene Kreditsicherung, das Pfandrecht, mit großen Nachteilen verbunden ist. Wollte ein Kaufmann seine Ladeneinrichtung oder sein Warenlager einem Gläubiger vertraglich verpfänden, so müsste er gem. § 1205 Abs. 1 BGB die Sachen dem Gläubiger übergeben. Wollte er ausschließlich Forderungen verpfänden, so müsste dies seinen Schuldnern angezeigt werden (§ 1280 BGB). Bei der Verpfändung von Sachen wäre die Weiterführung des Unternehmens tatsächlich unmöglich, bei der Verpfändung von Forderungen würde der Ruf des Unternehmens durch die Anzeige leiden. Bei der Sicherungsübereignung und bei der Sicherungsabtretung sind diese Nachteile nicht vorhanden; die Kreditsicherung erfolgt, ohne dass eine tatsächliche Übergabe der Sachen bzw. eine Anzeige bei der Forderungsabtretung erforderlich ist.

II. Begriffserklärung

1. Sicherungsübereignung

Bei der Sicherungsübereignung wird der Kreditgeber bürgerlich-rechtlicher Eigentümer der für die Absicherung vorgesehenen Sachen. Der Kaufmann einigt sich mit dem Kreditgeber darüber, dass das Eigentum übergeht. Damit er nun im unmittelbaren Besitz der übereigneten Sachen bleiben kann, wird anstelle der Übergabe ein Besitzkonstitut gem. § 868 BGB vereinbart. Damit ist das Eigentum gem. § 930 BGB auf den Kreditgeber übergegangen. Bei dem Sicherungseigentum handelt es sich um eine Form des eigennützigen Treuhandeigentums; der Kreditgeber darf die Rechte aus seinem Eigentum nur zur Befriedigung seiner Forderungen gebrauchen, und das auch nur dann, wenn das Verwertungsrecht entstanden ist, weil der Kreditnehmer seinen Verpflichtungen aus dem der Sicherungsübereignung zugrunde liegenden obligatorischen Geschäft nicht vertragsgemäß nachgekommen ist. Formvorschriften bestehen bei der Vereinbarung einer Sicherungsübereignung nicht, jedoch ist schon aus Beweisgründen die Schriftform die Regel.

Der Sicherungsübereignungsvertrag muss eine genaue Abgrenzung der übereigneten Sachen enthalten; die übereigneten Sachen müssen **bestimmt** sein. Bestimmbarkeit, wie z. B. bei Vereinbarungen „alle im Jahre X gelieferten Waren", reicht nicht aus. Vereinbarungen, wonach das gesamte Warenlager übereignet wird, sind ebenso zulässig wie Teilübereignungen, wenn die übereigneten Stücke hinreichend abgegrenzt sind.

Unabdingbares Wesensmerkmal der Sicherungsübereignung ist die Vereinbarung eines konkreten Besitzkonstituts. Aus dem Sicherungsvertrag müssen sich die Pflichten des Unternehmers ergeben, wie z. B. die Pflicht zur Versicherung. Soweit im Sicherungsvertrag ausnahmsweise keine besondere Regelung darüber getroffen ist, in welchen Fällen das Sicherungseigentum verwertet werden darf, kann der Kreditgeber die Verwertung nach den Regeln über den Pfandverkauf vornehmen (§§ 1235 ff. BGB). Die Sicherungsübereignung ist ein abstraktes Rechtsgeschäft, das auch bestehen bleibt, wenn der Kreditnehmer seine Schulden zurückgezahlt hat. Üblich ist jedoch, dass von vornherein bei Begründung des Sicherungseigentums vereinbart wird, dass mit der letzten Zahlung das Eigentum automatisch an den Kreditnehmer wieder zurückfällt.

2. Sicherungsabtretung

Die Sicherungsabtretung, auch (stille) Zession genannt, beruht auf einem Abtretungsvertrag (§ 398 BGB). Infolge der Abtretung tritt der neue Gläubiger (der Kreditgeber) an die Stelle des bisherigen Gläubigers, wobei eine Anzeige an den Schuldner nicht zu erfolgen hat. Anders als bei der Sicherungsübereignung genügt es, wenn die abgetretene Forderung **bestimmbar** ist, d. h. unter Zuhilfenahme der Geschäftsbücher bestimmt werden kann. Nicht bestimmbar sind jedoch Forderungen, die durch Bezeichnungen wie „Außenstände bis zur Höhe von 10.000 Euro" abgegrenzt werden. Wie bei der Sicherungsübereignung ist der Kreditgeber auch bei der Sicherungsabtretung schuldrechtlich zur Rückübertragung der Forderung nach Abzahlung der Schulden verpflichtet. Eine wesentliche Besonderheit der Sicherungsabtretung gegenüber der Sicherungsübereignung besteht dahin gehend, dass unpfändbare Forderungen unübertragbar sind (§ 400 BGB), während unpfändbare Sachen übereignet werden können.

III. Vertragliche Ausgestaltungen

1. Ermächtigung des Sicherungsgebers

Bei der Sicherungsübereignung von Umlaufvermögen erhält der Kreditnehmer vom Kreditgeber in der Regel eine Ermächtigung, die sicherungsübereigneten Sachen weiterzuveräußern, um den Betrieb fortführen zu können. Entsprechendes gilt bei der Abtretung von Forderungen. Der Kreditnehmer bleibt damit ermächtigt, die abgetretenen Forderungen im eigenen Namen einzuziehen.

2. Rechte des Sicherungsnehmers

Der Sicherungsnehmer trägt als Eigentümer die Gefahr des zufälligen Untergangs der Gegenstände. Er kann gutgläubig das Eigentum an solchen Sachen erwerben, die dem Kreditnehmer unter Eigentumsvorbehalt geliefert worden waren. Die dem Kreditnehmer erteilten Ermächtigungen bringen die Gefahr mit sich, dass die Kreditsicherungen im Laufe der Geschäftätigkeit stetig geringer werden. Zur Vermeidung dieser ungewollten Folge bieten sich folgende Möglichkeiten an.

3. Maßnahmen zur Erhaltung der Sicherungsgrundlage

Bei der Sicherungsübereignung wird mit dem Kreditnehmer ein antizipiertes Besitzkonstitut vereinbart, wonach bereits die in der Zukunft zu erwerbenden Sachen gleichfalls sicherungsübereignet werden. Voraussetzung dafür ist jedoch, dass die Sachen, z. B. durch Aufnahme in ein Stückeverzeichnis, bestimmt sind. Bei der Sicherungsabtretung kann die Abtretung künftiger Forderungen vereinbart werden. Das gilt allerdings nur dann, wenn diese im Zeitpunkt der Einigung bestimmbar sind. Die Vereinbarung der Vorausabtretung aller künftigen Forderungen (Globalzession) ohne Einschränkung verstößt im Allgemeinen gegen § 138 Abs. 1 BGB (Sittenwidrigkeit). Nicht sittenwidrig ist hingegen die begrenzte Globalzession, wobei eindeutige Bestimmbarkeitskriterien vorliegen müssen, sowie die mit einer dinglichen Teilverzichtsklausel versehene Globalzession; in letzterem Fall gilt die Globalzession insoweit nicht, als später ein verlängerter Eigentumsvorbehalt vereinbart wird (vgl. BGH vom 21. 4. 1999, DB 1999 S. 1444 m. w. N.). Bei der Mantelzession verpflichtet sich der Kaufmann, zukünftige Forderungen nach deren Entstehung zu übertragen. Die Abtretung erfolgt durch Übersendung von Rechnungskopien oder durch Eintragung der Forderungen in eine Schuldnerliste. Die Abtretung kann beschleunigt werden, indem der Kreditnehmer bevollmächtigt wird, die Abtretung durch ein Insichgeschäft gem. § 181 BGB durchzuführen. Zusammenfassend ist festzustellen, dass die Globalzession schneller wirkt, jedoch ins Leere geht, wenn Sittenwidrigkeit wegen Übersicherung gegeben ist. Sowohl bei der Sicherungsübereignung als auch bei der Sicherungszession hat der Kreditgeber bei Insolvenz lediglich ein Absonderungsrecht. (Dr. Lenz)

83. Grundpfandrechte

I. Grundlagen

1. Begriff

Der Begriff „Grundpfandrechte" ist eine im Sprachgebrauch übliche Sammelbezeichnung für Hypothek, Grundschuld und Rentenschuld. Das Gesetz selbst macht von dem Begriff zutreffenderweise keinen Gebrauch, weil für Pfandrechte gesetzestechnisch eigentlich die Abhängigkeit von einer Forderung charakteristisch ist. Diese Abhängigkeit oder **Akzessorietät** ist bei der Rentenschuld und anderen Grundschulden nicht vorhanden. Der Begriff Grundpfandrechte kann daher insoweit zu Missverständnissen führen.

2. Funktion

Grundpfandrechte sind dingliche Sicherungsrechte. Sie verschaffen dem Gläubiger im Rahmen der Kreditsicherung ein dingliches Recht, aus dem er sich für den Fall, dass der Schuldner seinen Verpflichtungen nicht nachkommt, befriedigen kann.

II. Grundzüge einzelner Erscheinungsformen

1. Hypothek

Die Hypothek ist die Belastung eines Grundstücks in der Weise, dass an den Berechtigten eine bestimmte Geldsumme zur Befriedigung **wegen einer ihm zustehenden Forderung** zu zahlen ist (§ 1113 BGB). Die Hypothek setzt das Vorliegen einer Forderung voraus, sie ist also akzessorisch. Nach der Strenge der Akzessorietät wird zwischen der Verkehrshypothek und der Sicherungshypothek unterschieden.

a) Verkehrshypothek

Eine Verkehrshypothek ist eine Hypothek, bei der sich das Recht des Gläubigers aus der Hypothek nicht nur nach der Forderung bestimmt; ein gutgläubiger Erwerber kann sich zum Beweis der Forderung vielmehr auch auf die Eintragung im Grundbuch berufen (§ 1138 BGB). Die Verkehrshypothek ist insoweit nur formell akzessorisch, aufgrund eines gutgläubigen Erwerbs kann sich nämlich eine Trennung der Hypothek von der persönlichen Forderung ergeben.

Bei einer existierenden Forderung kann eine Hypothek durch Einigung und Eintragung ins Grundbuch bestellt werden. Grundsätzlich erfolgt die Übergabe des Hypothekenbriefs an den Gläubiger; in diesem Fall liegt eine **Briefhypothek** vor (§ 1116 Abs. 1 BGB). Wird die Übergabe des Hypothekenbriefs ausgeschlossen, liegt eine **Buchhypothek** vor. Die Buchhypothek ist als solche ins Grundbuch einzutragen.

Die **Haftung** aus einer Hypothek erstreckt sich auf Grund und Boden, wesentliche Bestandteile, Zubehör, Erzeugnisse, Miet- und Pachtzinsforderungen, sonstige Ansprüche auf wiederkehrende Leistungen und Versicherungsforderungen (§§ 1120 ff. BGB).

Gehaftet wird für die Hauptforderung, bestimmte Zinsen und die Beitreibungskosten der Hypothek (§§ 1113, 1118 f. BGB).

Die Rechte aus der Hypothek richten sich nach ihrem Rang, d. h. grundsätzlich nach der Reihenfolge der Eintragung ins Grundbuch (§ 879 BGB). Ein Gläubiger, dessen Forderung mit einer drittrangigen Hypothek gesichert ist, wird daher z. B. nur dann und insoweit befriedigt, als die Gläubiger, deren Hypotheken auf dem ersten und zweiten Rang stehen, voll befriedigt sind. Im Hinblick darauf nehmen

Hypothekare nachrangige Hypotheken nur dann in Kauf, wenn die Kreditkonditionen zu ihren Gunsten verbessert werden.

Die Hypothek geht mit der Abtretung der Forderung auf den neuen Gläubiger über (§ 1153 Abs. 1 BGB). Bei der Briefhypothek muss die Abtretung schriftlich erfolgen; der Hypothekenbrief muss übergeben werden (§ 1154 Abs. 1 BGB). Bei der Buchhypothek muss die Abtretung ins Grundbuch eingetragen werden.

Die Hypothek erlischt, wenn sie aufgehoben oder der Gläubiger aus dem Grundstück befriedigt wird (§§ 875, 1181 ff. BGB). Die Befriedigung des Gläubigers erfolgt gem. § 1147 BGB im Wege der Zwangsvollstreckung, d. h. entweder durch Zwangsverwaltung oder durch Zwangsversteigerung. Bei der Zwangsverwaltung erfolgt die Befriedigung durch die Verwertung der Nutzungen des Grundstücks, bei der Zwangsversteigerung wird das Grundstück selbst verwertet.

b) Sicherungshypothek

Eine Sicherungshypothek ist eine Hypothek, bei der das Recht des Gläubigers aus der Hypothek sich nur nach der Forderung bestimmt und der Gläubiger sich zum Beweise der Forderung nicht auf die Eintragung berufen kann (§ 1184 BGB). Die Sicherungshypothek ist eine Buchhypothek und muss im Grundbuch als Sicherungshypothek bezeichnet werden. Gutgläubiger Erwerb ist ausgeschlossen; die Sicherungshypothek ist demnach **streng** akzessorisch, d. h. die Trennung der Hypothek von der persönlichen Forderung ist nicht möglich.

Eine Hypothek, bei der nur der Höchstbetrag bestimmt ist, bis zu dem das Grundstück haften soll, und die Feststellung der Forderungen im Übrigen vorbehalten wird, ist eine so genannte **Höchstbetragshypothek** (§ 1190 Abs. 1 BGB). Die Höchstbetragshypothek gilt auch dann als Sicherungshypothek, wenn sie im Grundbuch nicht als solche bezeichnet ist (§ 1190 Abs. 2 BGB).

2. Grundschuld

a) Grundlagen

Die Grundschuld ist die Belastung eines Grundstücks in der Weise, dass an den Berechtigten eine bestimmte Geldsumme aus dem Grundstück zu zahlen ist (§ 1191 Abs. 1 BGB). Die Grundschuld ist demnach unabhängig vom Bestehen einer Forderung; sie ist nicht akzessorisch, sondern **abstrakt.** Soweit sich aus der Abstraktheit der Grundschuld nichts anderes ergibt, sind die Vorschriften des Hypothekenrechts entsprechend anzuwenden (§ 1192 Abs. 1 BGB).

b) Sonderformen

Die **Eigentümergrundschuld** ist eine Grundschuld zugunsten des Grundstückseigentümers, die kraft Gesetzes dann entsteht, wenn die Forderung, für die die Hypothek bestellt ist, nicht entsteht oder erlischt (§§ 1163 Abs. 1, 1177 Abs. 1 BGB). Die Eigentümergrundschuld kann auch für den Eigentümer bestellt werden (§ 1196 Abs. 1 BGB). Zur Bestellung ist die Erklärung des Grundstückseigentümers und die Eintragung ins Grundbuch erforderlich.

Bedeutung hat die Eigentümergrundschuld vor allem deshalb, weil sie die Rangwahrung ermöglicht. Die Eigentümergrundschuld verhindert z. B. in den Fällen, in denen eine vorrangige Hypothek abgelöst wird, dass eine nachrangige Hypothek aufrückt und dann einen Rang einnimmt, der den vereinbarten Kreditbedingungen nicht mehr entspricht.

Die **Rentenschuld** ist eine Grundschuld, bei der zu regelmäßig wiederkehrenden Terminen eine bestimmte Geldsumme aus dem Grundstück zu zahlen ist (§ 1199 Abs. 1 BGB). Die Rentenschuld ist als Sonderform der Grundschuld ebenfalls **abstrakt.** (Montag)

84. Unternehmensverträge

Unternehmensverträge sind Verträge, durch die eine Aktiengesellschaft oder Kommanditgesellschaft auf Aktien strukturell mehr oder weniger stark mit anderen Unternehmen verbunden wird (§ 15 AktG). Welche Unternehmensverträge möglich sind, wie diese Verträge gestaltet werden und wie die betroffenen Gesellschaften, die Gläubiger und die außenstehenden Aktionäre gesichert sind, wird durch die §§ 291 ff. AktG geregelt. Bei Unternehmensverträgen mit einer GmbH gelten die aktienrechtlichen Regeln nach dem Beschluss des BGH vom 24. 10. 1988 (BGHZ 105, 324) grundsätzlich entsprechend.

I. Vertragsformen

Unternehmensverträge i. S. des Aktiengesetzes sind der Beherrschungsvertrag, der Ergebnisabführungsvertrag, der Gewinngemeinschaftsvertrag, der Teilgewinnabführungsvertrag, der Betriebspachtvertrag und der Betriebsüberlassungsvertrag.

Ein **Beherrschungsvertrag** ist ein Vertrag, durch den eine Aktiengesellschaft oder Kommanditgesellschaft auf Aktien die Leitung ihrer Gesellschaft einem anderen Unternehmen unterstellt (§ 291 Abs. 1 AktG). Ein Beherrschungsvertrag liegt nicht vor, wenn sich Unternehmen, die nicht voneinander abhängig sind, durch Vertrag unter einheitliche Leitung stellen, ohne dass dadurch eines von ihnen von einem Vertragspartner abhängig wird.

Aufgrund des Vertrages erhält das herrschende Unternehmen die Leitungsmacht (§ 308 AktG). Das bedeutet, dass das herrschende Unternehmen berechtigt ist, dem Vorstand des abhängigen Unternehmens hinsichtlich der Leitung der Gesellschaft Weisungen zu erteilen. Dabei können prinzipiell auch solche Weisungen erteilt werden, die für die Gesellschaft nachteilig sind. Voraussetzung ist allerdings, dass die Weisungen den Belangen des herrschenden Unternehmens oder der mit ihm und der Gesellschaft konzernverbundenen Unternehmen dienen. Der Vorstand des abhängigen Unternehmens muss den Weisungen nur dann nicht folgen, wenn sie offensichtlich nicht diesen Belangen dienen.

Die Geschäftsführung des herrschenden Unternehmens hat bei ihren Weisungen die Sorgfaltspflichten eines ordentlichen und gewissenhaften Geschäftsleiters (§ 309 AktG). Pflichtverletzungen führen zur Schadensersatzpflicht gegenüber der abhängigen Gesellschaft. Schadensersatzpflichtig sind auch der Vorstand und der Aufsichtsrat der abhängigen Gesellschaft, wenn sie unter Verletzung ihrer Pflichten gehandelt haben (§ 310 AktG).

Ein Vertrag, durch den eine Aktiengesellschaft oder eine Kommanditgesellschaft auf Aktien sich verpflichtet, ihren ganzen Gewinn an ein anderes Unternehmen abzuführen, ist ein **Gewinnabführungsvertrag** (§ 291 Abs. 1 AktG). Als Gewinnabführungsvertrag gilt auch ein Vertrag, durch den eine Aktiengesellschaft oder Kommanditgesellschaft auf Aktien es übernimmt, ihr Unternehmen für Rechnung eines anderen Unternehmens zu führen.

Körperschaftsteuerlich ist der Gewinnabführungsvertrag Voraussetzung für die Zurechnung des Einkommens im Rahmen von Organschaftsverhältnissen (§ 14 KStG).

Ein **Gewinngemeinschaftsvertrag** liegt vor, wenn eine Aktiengesellschaft oder Kommanditgesellschaft auf Aktien sich verpflichtet, ihren Gewinn oder den Gewinn einzelner ihrer Betriebe ganz oder zum Teil mit dem Gewinn anderer Unternehmen oder einzelner Betriebe anderer Unternehmen zur Aufteilung eines gemeinschaftlichen Gewinns zusammenzulegen (§ 292 Abs. 1 Nr. 1 AktG).

Ein **Teilgewinnabführungsvertrag** ist ein Vertrag, mit dem eine Aktiengesellschaft oder Kommanditgesellschaft auf Aktien sich verpflichtet, einen Teil ihres Gewinns oder den Gewinn einzelner ihrer Betriebe ganz oder zum Teil an einen anderen abzuführen (§ 292 Abs. 1 Nr. 2 AktG).

Ein **Betriebspacht- oder Betriebsüberlassungsvertrag** ist ein Vertrag, durch den eine Aktiengesellschaft oder Kommanditgesellschaft auf Aktien den Betrieb ihres Unternehmens verpachtet oder sonst überlässt (§ 292 Abs. 1 Nr. 3 AktG).

II. Vertragserfordernisse

Zum Abschluss oder zur Änderung eines Unternehmensvertrages ist bei einer AG oder KGaA jeweils ein Zustimmungsbeschluss der Hauptversammlung erforderlich. Die Beschlüsse bedürfen einer Mehrheit von mindestens $3/4$ des vertretenen Kapitals (§ 293 Abs. 1 u. 2 AktG).

Der Unternehmensvertrag bedarf der Schriftform (§ 293 Abs. 3 AktG) und ist durch den Vorstand in einem Bericht rechtlich und wirtschaftlich zu erläutern und zu begründen (§ 293 a AktG). Außerdem ist grundsätzlich eine Prüfung und ein Prüfungsbericht durch Vertragsprüfer (§§ 293 b ff. AktG) sowie die Offenlegung der entsprechenden Unterlagen (§§ 293 f u. g AktG) erforderlich.

Bei der GmbH setzt die zivilrechtliche Wirksamkeit einen notariell beurkundeten Zustimmungsbeschluss der Gesellschafterversammlung der beherrschten Gesellschaft, einen Zustimmungsbeschluss der Gesellschafterversammlung der herrschenden Gesellschaft und die Eintragung ins Handelsregister der beherrschten Gesellschafter voraus (BGH, BGHZ 105, 324; Abschn. 64 Abs. 1 KStR).

Ein Unternehmensvertrag endet durch Fristablauf, Aufhebung (§ 296 AktG) oder Kündigung (§ 297 AktG). Die Beendigung ist mit der Angabe des Beendigungsgrundes und des Beendigungszeitpunktes unverzüglich zur Eintragung ins Handelsregister anzumelden (§ 298 AktG).

III. Sicherungsbestimmungen

Bei Unternehmensverträgen besteht die Gefahr, dass das Vermögen der abhängigen Gesellschaft aufgrund der Vertragsvereinbarungen beeinträchtigt und ausgehöhlt wird. Um dies zu verhindern, enthält das Gesetz Bestimmungen zur Sicherung der abhängigen Gesellschaft und der Gläubiger. Der Sicherung dient bei Gewinnabführungsverträgen und bei Beherrschungsverträgen zum einen eine von § 150 Abs. 2 AktG abweichende Regelung für die Dotierung der gesetzlichen Rücklage (§ 300 AktG). Darüber hinaus begrenzt das Gesetz die Höhe der Gewinnabführung (§ 301 AktG) und schafft bei Beherrschungs- und Gewinnabführungsverträgen sowie bei Betriebspachtverträgen Verpflichtungen zur Übernahme entstehender Verluste (§ 302 AktG). Bei der Beendigung wird den Gläubigern unter bestimmten Voraussetzungen außerdem das Recht zugestanden, Sicherheitsleistung zu verlangen (§ 303 AktG).

Zum Schutze der außenstehenden Aktionäre sieht das Gesetz einen angemessenen Ausgleich durch eine wiederkehrende Geldleistung, eine sog. **Ausgleichszahlung,** vor (§ 304 AktG).

Ein Beherrschungs- oder Gewinnabführungsvertrag muss außer der Ausgleichsverpflichtung auch die Verpflichtung des herrschenden Unternehmens enthalten, die Aktien eines außenstehenden Aktionärs auf dessen Verlangen gegen eine angemessene Abfindung zu erwerben (§ 305 AktG).

(Montag)

85. Die Kontrollrechte des Kommanditisten

I. Grundlegung

Die mitgliedschaftlichen Rechte eines Gesellschafters sind nach Wiedemann in Mitverwaltungs-, Vermögens- und Kontrollrechte einzuteilen. Unter Kontrollrechten versteht man ganz allgemein Auskunfts- und Einsichtsrechte sowie das Recht auf eine Sonderprüfung.

Der Kommanditist ist nach den gesetzlichen Regelungen weitgehend von Mitverwaltungsrechten ausgeschlossen. Nach der dispositiven Regelung des § 164 HGB hat er keine Geschäftsführungsbefugnis und nach der zwingenden Regelung des § 170 HGB darf er die KG nicht (organschaftlich) vertreten. Allerdings stehen ihm nach § 166 HGB Kontrollrechte zu. Diese Kontrollrechte lassen sich in ordentliche und außerordentliche unterscheiden.

II. Die gesetzliche Regelung der Kontrollrechte in § 166 HGB

Die ordentlichen Kontrollrechte des Kommanditisten ergeben sich aus § 166 Abs. 1 HGB. Danach ist der Kommanditist berechtigt, eine Abschrift der Bilanz zu verlangen und die Richtigkeit unter Einsicht der Bücher und Papiere zu prüfen. Der Begriff Bilanz ist dabei nach Baumbach-Duden nicht eng auszulegen. Er umfasst auch die Gewinn-und-Verlust-Rechnung und die Steuerbilanz, nicht jedoch Zwischenberichte oder beispielsweise Prüfungsberichte des Finanzamtes. Im Gegensatz zum Kontrollrecht der von der Geschäftsführung ausgeschlossenen OHG-Gesellschafter hat der Kommanditist aber beispielsweise nicht das Recht, sich über die Angelegenheit der Gesellschaft persönlich zu unterrichten. Insbesondere ist sein Recht, Bücher und sonstige Geschäftsunterlagen der KG einzusehen, durch den Prüfungszweck begrenzt. Allerdings darf er bei der Überprüfung, soweit dies für den Prüfungszweck notwendig erscheint, alle Bücher und Schriften der Gesellschaft, auch geheime Unterlagen und den Schriftwechsel mit Zweigniederlassungen, einsehen. Er darf allerdings nur aus Anlass der Bilanzprüfung – also nicht dauernd und jederzeit – die Unterlagen einsehen. Eine Herausgabe von Büchern und Papieren kann er nicht fordern, sondern er muss in den Geschäftsräumen Einsicht nehmen.

Das Prüfungsrecht des Kommanditisten kann grundsätzlich nicht auf Dritte übertragen werden. Ausgenommen ist jedoch der Fall, dass triftige Gründe, wie z. B. Krankheit, den Kommanditisten an der Ausübung seiner Rechte hindern. Zulässig ist jedoch bei der Anwendung der dispositiven Vorschrift des § 166 Abs. 1 HGB die Hinzuziehung eines Sachverständigen.

Den Anspruch auf Abschrift der Bilanz unter Einsicht der Bücher und Papiere kann der Gesellschafter bei Anwendung der dispositiven gesetzlichen Regelung durch Klage geltend machen. Dabei richtet sich die Klage i. d. R. gegen die Gesellschaft. Das Gericht kann durch eine einstweilige Verfügung eine Regelung treffen.

Neben den dargestellten ordentlichen Kontrollrechten hat der Kommanditist auch außerordentliche Prüfungsrechte nach § 166 Abs. 3 HGB. Diese Rechte kommen nur zum Tragen, wenn das ordentliche Kontrollrecht nach § 166 Abs. 1 HGB oder das im Gesellschaftsvertrag eingeräumte Kontrollrecht nicht ausreicht, um die Belange des Kommanditisten zu wahren. Nach § 166 Abs. 3 HGB kann in einem solchen Falle vom Gericht in Verfahren der freiwilligen Gerichtsbarkeit die Mitteilung einer Bilanz oder sonstigen Aufklärung sowie die Vorlegung von Büchern und Geschäftspapieren jederzeit angeordnet werden. Voraussetzung hierfür ist, dass wichtige Gründe vorliegen. Als solche kommen beispielsweise Untreue oder der Verdacht einer nicht ordnungsgemäßen Geschäftsführung in Betracht. Die Überwachung des Kommanditisten ist Ausfluss seiner personenrechtlichen Mitgliedschaft – sie ist nicht übertragbar; er muss sie grundsätzlich persönlich ausüben.

III. Abweichende Gestaltungsmöglichkeiten im Gesellschaftsvertrag

Der Umfang und die Ausübung der Überwachungsrechte des Kommanditisten können gesellschaftsvertraglich gestaltet werden. Sie können sogar überflüssig werden, weil der Gesellschafter im Gesellschaftsvertrag – in Abänderung der dispositiven Regel des § 164 HGB – als alleiniger geschäftsführender Gesellschafter bestimmt wird. Sieht man von diesem Extremfall ab, so ergibt sich bei ordentlichen und außerordentlichen Kontrollrechten des Kommanditisten folgender Gestaltungsspielraum:

Wegen des dispositiven Charakters von § 166 Abs. 1 HGB kann das ordentliche Kontrollrecht, im Gegensatz zu dem außerordentlichen Kontrollrecht des § 166 Abs. 3 HGB, im Gesellschaftsvertrag eingeschränkt werden. Nach herrschender Meinung darf durch die Einschränkungen jedoch nicht der Kernbereich der Informations- und Kontrollrechte des Kommanditisten berührt werden. Daher können die Informationsrechte, die zur Geltendmachung unverzichtbarer Beteiligungsrechte erforderlich sind, nicht abbedungen werden. Es darf aber beispielsweise dahin gehend eingeschränkt werden, dass vom Kommanditisten nur ein Teil der Unterlagen eingesehen werden darf oder die Ausübung der Rechte nur durch einen gemeinsamen Vertreter erfolgt. Die Kontrollrechte können aber auch beliebig erweitert werden. Schließlich ist es möglich, die Kontrollrechte auf – von der Gesellschafterversammlung zu bestellende – Mitglieder eines Aufsichtsorganes zu übertragen. In praxi werden häufig sog. „Beiräte" als Aufsichtsorgane geschaffen.

Besonderheiten gilt es bei der Publikums-KG zu beachten. Der BGH gebraucht den Begriff Publikumsgesellschaft für solche Gesellschaften, die von Gründungsgesellschaftern ins Leben gerufen und darauf angelegt sind, zur Kapitalsammlung eine unbestimmte Vielzahl von Kommanditisten aufzunehmen, zu denen keinerlei persönliche oder sonstige Beziehungen bestehen. Bei solchen Gesellschaften wird regelmäßig wegen der Vielzahl von Kommanditisten ein Aufsichtsorgan – meist Beirat oder Aufsichtsrat genannt – geschaffen, dem die Kontrolle der Geschäftsführung übertragen wird. Nach dem BGH müssen dabei zwingend die Vertreter der Kommanditisten gegenüber den Vertretern der Initiatoren und Komplementäre die Mehrheit haben. Außerdem haben bei diesen Gesellschaften die Mitglieder von Aufsichtsorganen nicht nur das Recht, sondern – wie Aufsichtsratsmitglieder einer AG – auch die Pflicht zur Überwachung der Geschäftsführung. Nach jüngster Rechtsprechung des BGH haften sie hierfür sogar den Kommanditisten analog §§ 116, 93 AktG. Außerordentliche Kontrollrechte sind in geringerem Umfang vertraglich abänderbar. Das außerordentliche Prüfungsrecht des Kommanditisten lässt sich rechtswirksam erweitern, indem zusätzlich bei Vorliegen bestimmter Ereignisse (wie z. B. eines Verlustes in gewisser Höhe) ein außerordentliches Kontrollrecht eingeräumt wird. Zulässig ist auch beispielsweise die Vereinbarung eines Schiedsgerichtes. Aus § 166 Abs. 3 HGB wird man allerdings entnehmen dürfen, dass bei Verdacht einer Unredlichkeit der Geschäftsführung oder aus anderen wichtigen Gründen ein im Voraus nicht verzichtbares Recht bestehen soll, mithilfe des Gerichtes eine Bilanzmitteilung, Aufklärung oder Buchvorlage zu erreichen.

(Prof. Dr. Bischoff)

86. Behandlung von Gesellschafterdarlehen bei Kapitalgesellschaften in Krisenzeiten

I. Zivilrechtliche Grundlagen

Gesellschafterdarlehen, die einer Kapitalgesellschaft zu einem Zeitpunkt gegeben werden, in dem ihr Gesellschafter als ordentliche Kaufleute Eigenkapital zugeführt hätten (Krise der Gesellschaft), werden nach den Eigenkapitalersatzregeln wie Eigenkapital behandelt (§§ 32 a ff. GmbHG). Diese Beurteilung hat zur Folge, dass die GmbH einen Rückzahlungsanspruch hat, wenn das Darlehen getilgt oder Zinsen gezahlt werden (§§ 30, 31 GmbHG analog). Gleiches gilt für Gesellschafterdarlehen, die einer gesunden GmbH gewährt und bei Eintritt der Krise stehen gelassen wurden.

Diese Eigenkapitalersatzregeln gelten allerdings nicht, wenn ein nicht geschäftsführender Gesellschafter mit weniger als 10 v. H. am Stammkapital beteiligt ist oder wenn ein Darlehensgeber in der Krise Geschäftsanteile zum Zweck der Überwindung der Krise erhält (§ 32 a Abs. 3 GmbHG).

Grundsätzlich sind die Eigenkapitalersatzregeln auch für die Aktiengesellschaften maßgebend; allerdings werden hier die Grundsätze über die Behandlung kapitalersetzender Gesellschafterdarlehen nach der Rechtsprechung des BGH erst bei einem Aktienbesitz von mehr als 25 v. H. des Grundkapitals angewandt oder wenn bei einer geringeren Beteiligung weitere Umstände hinzutreten, die einen Einfluss auf die Unternehmensleitung sichern.

II. Rangrücktritt

Werden in der Krise des Unternehmens Verluste durch Gesellschafterdarlehen finanziert, so werden sie zwar nach § 32 a GmbHG wie Eigenkapital behandelt, sie sind jedoch insolvenzrechtlich im Überschuldungsstatus weiterhin als Fremdkapital anzusetzen. Der Insolvenzgrund der Überschuldung kann aber ggf. dadurch vermieden werden, dass die Gesellschafter entweder den Rangrücktritt erklären oder auf die Darlehen verzichten. Im Falle des Rangrücktritts erklären sich die Gläubiger bereit, im Rang hinter alle Gläubiger zurückzutreten und die Rückzahlung nur aus zukünftigen Gewinnen oder einem Liquidationsüberschuss zu verlangen (einfacher Rangrücktritt).

Handelsrechtlich und steuerrechtlich werden die mit Rangrücktritt belegten Darlehen weiterhin als Fremdkapital bilanziert. Dies gilt nach herrschender Meinung (z. B. IdW) auch für den qualifizierten Rangrücktritt, wenn die Forderung nur zugleich mit den Einlagerückgewährungsansprüchen der Mitgesellschafter getilgt werden darf. Die Forderung beim Gesellschafter bzw. die Verbindlichkeit der Gesellschaft ist jedoch nach Auffassung der Finanzverwaltung aufzulösen, wenn die Möglichkeit der Tilgung aus freiem Vermögen fehlt (BMF vom 18. 8. 2004 entgegen BFH IV R 13/04).

Werden Zinsen dem Gesellschafterverrechnungskonto gutgeschrieben, so sind sie grundsätzlich bei der Gesellschaft Betriebsausgaben. Da nach §§ 30, 31 GmbHG ein Auszahlungsverbot besteht, gelten sie beim Gesellschafter – auch dem beherrschenden – nicht als zugeflossen.

Beim bilanzierenden Gesellschafter verursacht die Erklärung des Rangrücktritts grundsätzlich eine Teilwertabschreibung auf die nicht mehr werthaltige Forderung.

III. Darlehensverzicht

1. Anteile werden im Betriebsvermögen gehalten

Handelsrechtlich führt der Darlehensverzicht bei der Kapitalgesellschaft grundsätzlich zu einem Ertrag und damit durch die Erhöhung des Eigenkapitals zu einem verbesserten Bilanzbild. Beim Gesellschafter ist der Darlehensverzicht Aufwand, soweit dieser nicht bereits durch eine Teilwertabschreibung berücksichtigt wurde.

Steuerrechtlich ist der Beschluss des Großen Senats des BFH vom 9. 6. 1997 zu beachten. Hiernach ist nur in Höhe des werthaltigen Teils der Forderung (Teilwert) bei der Gesellschaft eine verdeckte Einlage und korrespondierend beim Gesellschafter Anschaffungskosten anzunehmen. Hinsichtlich des nicht werthaltigen Teils, der in der Krise überwiegen dürfte, liegt bei der Gesellschaft steuerpflichtiger Ertrag und beim Gesellschafter Aufwand vor. Gegebenenfalls wird der Ertrag bei der Gesellschaft durch bestehende Verlustvorträge kompensiert.

Der Forderungsverzicht kann mit einer Besserungsabrede verbunden werden; danach steht der Verzicht unter der auflösenden Bedingung, dass bei einer Besserung der wirtschaftlichen Lage der Kapitalgesellschaft die Forderung wieder auflebt. Tritt der Besserungsfall ein und war der Darlehensverzicht zuvor steuerlich als Betriebseinnahme gebucht worden, so stellt die „Umwandlung" des Darlehens von Eigenkapital in Fremdkapital eine Betriebsausgabe dar; war jedoch der Darlehensverzicht als verdeckte Einlage behandelt, mindert der Besserungsfall das steuerliche Einlagenkonto (ehem. EK 04).

2. Wesentliche Beteiligung im Privatvermögen

Hält der Gesellschafter, der ein Gesellschafterdarlehen hingegeben hat, eine Beteiligung i. S. des § 17 EStG, so können die o. g. Grundsätze zur steuerlichen Behandlung beim Gesellschafter nicht uneingeschränkt übernommen werden. Der Bundesfinanzhof hat in verschiedenen Urteilen dargelegt, dass der Verzicht oder der Ausfall folgender Gesellschafterdarlehen durch das Gesellschaftsverhältnis begründet ist und in jedem Fall in Höhe des Nennwerts Anschaffungskosten auf die Beteiligung beim Gesellschafter vorliegen:

– in der Krise hingegebene Darlehen

– krisenbestimmtes Darlehen, wenn der Gesellschafter schon in einem frühen Zeitpunkt erklärt, dass er das Darlehen auch in der Krise stehen lassen werde

– Finanzplandarlehen, wenn das Darlehen von vornherein in die Finanzplanung der Gesellschaft in der Weise einbezogen ist, dass die zur Aufnahme der Geschäfte erforderliche Kapitalausstattung der Gesellschaft durch eine Kombination von Eigen- und Fremdfinanzierung erreicht werden soll.

Da diese Darlehen durch das Gesellschaftsverhältnis veranlasst sind, erhöht ihr Ausfall oder ihr Verzicht in Höhe des Nennwerts die Anschaffungskosten i. S. des § 17 EStG. Eine Veräußerung oder Liquidation der Beteiligung wirkt sich dann beim Gesellschafter steuermindernd aus (BMF-Schreiben vom 8. 6. 1999, BStBl 1999 I S. 545).

Eine andere Beurteilung der Darlehensgewährung gilt, wenn der Gesellschafter vor der Krise ein Darlehen gewährt und es während der Krise stehen lässt. In diesem Fall beurteilen sich die Anschaffungskosten nach dem gemeinen Wert des Darlehens.

Die Finanzverwaltung will diese Rechtsprechung allerdings nur anerkennen, wenn tatsächlich eigenkapitalersetzende Darlehen vorliegen. Gesellschafter, die nicht Geschäftsführer sind und mit weniger als 10 v. H. am Kapital einer GmbH beteiligt sind (§ 32 a Abs. 3 GmbHG), oder Aktionäre mit weniger als 25 v. H. sind z. B. von den Eigenkapitalersatzregeln nicht betroffen, sodass Anschaffungskosten lediglich in Höhe des gemeinen Werts des Darlehens vorliegen.   (Dr. Kieffer)

87. Kapitalbeschaffung nach Aktienrecht

I. Begriff der Kapitalbeschaffung

Der Begriff der Kapitalbeschaffung wird in der Literatur nicht einheitlich verwendet. Dennoch lassen sich im Wesentlichen zwei Begriffsbestimmungen herauskristallisieren:

1. Kapitalbeschaffung ist die Beschaffung von Nennkapital.
2. Kapitalbeschaffung ist die Beschaffung des auf der Passivseite der Bilanz ausgewiesenen Kapitals. (Dieser zweite Begriff umfasst also die Erhöhung des Nennkapitals, die Beschaffung von Fremdkapital und die Bildung offener Rücklagen.)

Folgt man den Überschriften des AktG, so wird unter Kapitalbeschaffung offensichtlich nur die Erhöhung des Nennkapitals in Form der Kapitalerhöhung gegen Einlagen, der bedingten Kapitalerhöhung, der genehmigten Kapitalerhöhung und der Kapitalerhöhung aus Gesellschaftsmitteln verstanden. In diesem Sinne wird der Begriff der Kapitalbeschaffung auch im Folgenden zugrunde gelegt.

II. Kapitalerhöhung gegen Einlagen (§§ 182–191 AktG)

Bei der Kapitalerhöhung gegen Einlagen wird der Gesellschaft durch die Ausgabe neuer Aktien zusätzliches Beteiligungskapital von außen zugeführt. Sie vollzieht sich in folgenden Schritten:

1. Beschluss der Hauptversammlung mit $3/4$-Mehrheit; sind mehrere Aktiengattungen vorhanden, so muss diese Mehrheit für jede Gattung getrennt erzielt werden.
2. Anmeldung des Beschlusses im Handelsregister.
3. Gewährung eines Bezugsrechts durch die Altaktionäre.

   Das Bezugsrecht dient der Vermeidung von Vermögensverlusten des Aktionärs durch Kapitalverwässerung, wenn der Ausgabekurs der jungen Aktien unter dem Kurswert der Altaktien liegt. Ferner wird hierdurch die Erhaltung der prozentualen Stimmrechtsanteile des Aktionärs gewährleistet. Meistens wird die Bezugsrechtsgewährung aus Vereinfachungsgründen durch Beschluss der Hauptversammlung formell ausgeschlossen und dem die Kapitalerhöhung durchzuführenden Bankenkonsortium die Pflicht auferlegt, den alten Aktionären Bezugsrechte anzubieten.
4. Zeichnung der Aktien durch eine schriftliche Erklärung (Zeichnungsschein), aus der der Tag des Erhöhungsbeschlusses, der Ausgabebetrag der Aktien und der Zeitpunkt, zu dem die Erhöhung verbindlich wird, hervorgehen müssen.
5. Anmeldung der Durchführung der Kapitalerhöhung beim Handelsregister durch den Vorstand und Vorsitzenden des Aufsichtsrats.

Mit der Eintragung in das Handelregister gilt das Kapital als erhöht.

Besonderheiten gelten bei Sacheinlagen. Hier müssen im Beschluss der Gegenstand, die Person, von der der Gegenstand erworben wird, und der Nennbetrag der Aktien, die für die Sacheinlage gewährt wurden, festgehalten werden. Außerdem ist eine Prüfung durch einen vom Gericht bestellten Prüfer vorzunehmen.

III. Bedingte Kapitalerhöhung (§§ 192–201 AktG)

Die bedingte Kapitalerhöhung ist eine Sonderform der Kapitalerhöhung gegen Einlagen. Sie dient der Grundkapitalerhöhung, wenn im Zeitpunkt der Beschlussfassung das Ausmaß der Kapitalerhöhung noch nicht bekannt ist. Die Kapitalerhöhung soll in folgenden Fällen vorgenommen werden:

1. Zur Gewährung von Umtausch- und Bezugsrechten an Gläubiger von Wandel-schuldverschreibungen.
2. Zur Vorbereitung von Fusionen.
3. Zur Gewährung von Bezugsrechten an Arbeitnehmer und Mitglieder der Geschäftsführung.

Der Nennbetrag des bedingten Kapitals darf die Hälfte des bisherigen Grund-kapitals nicht übersteigen; bei Gewährung von Bezugsrechten an Arbeitnehmer und Geschäftsführer darf der zehnte Teil des Grundkapitals nicht überschritten werden.

Über die bedingte Kapitalerhöhung ist mit $^3/_4$-Mehrheit in der Hauptversammlung zu beschließen. Im Beschluss müssen auch der Zweck der bedingten Kapital-erhöhung, der Kreis der Bezugsberechtigten und der Ausgabebetrag oder die Grundlagen, nach denen dieser Betrag errechnet wird, festgehalten werden. Der Beschluss ist zum Handelsregister anzumelden; danach dürfen die Bezugsaktien ausgegeben werden. Mit Ausgabe der Aktien gilt die Kapitalerhöhung als durch-geführt. Ebenso wie bei der Kapitalerhöhung gegen Einlagen kann die bedingte Kapitalerhöhung eine Vermögensminderung der Aktionäre durch Kapitalverwäs-serung nach sich ziehen. Daher sind den Aktionären bei der Ausgabe von Wandel-anleihen Bezugsrechte einzuräumen.

Für den Jahresabschluss ist von Bedeutung, dass das bedingte Kapital in der Bilanz beim gezeichneten Kapital zu vermerken ist (§ 152 Abs. 1 AktG). Außer-dem müssen die Aktien, die bei einer bedingten Kapitalerhöhung im Geschäfts-jahr bezogen wurden, im Anhang aufgeführt werden.

IV. Genehmigte Kapitalerhöhung (§§ 202–206 AktG)

Bei der genehmigten Kapitalerhöhung wird der Vorstand ermächtigt, innerhalb eines bestimmten Zeitraumes (maximal fünf Jahre) eine Kapitalerhöhung durch-zuführen. Hierbei darf der Nennbetrag des genehmigten Kapitals die Hälfte des Grundkapitals nicht übersteigen. Zu den weiteren Voraussetzungen kann im Wesentlichen auf die Kapitalerhöhung gegen Einlagen verwiesen werden.

V. Kapitalerhöhung aus Gesellschaftsmitteln (§§ 207–220 AktG)

Bei der Kapitalerhöhung aus Gesellschaftsmitteln werden Rücklagen, die als Kapi-tal- oder Gewinnrücklage ausgewiesen sind, in Nennkapital umgewandelt. Es wird somit kein Eigenkapital zugeführt, wohl ändert sich aber die Zusammen-setzung des Nennkapitals einerseits und der Rücklagen andererseits. Im Rahmen der nominellen Kapitalerhöhung erhalten die Aktionäre Zusatzaktien. Die Kapital-erhöhung ist im Wesentlichen an folgende Voraussetzungen gebunden:

1. Die Hauptversammlung muss die Kapitalerhöhung mit $^3/_4$-Mehrheit beschließen.
2. Der Beschluss ist beim Handelsregister anzumelden.
3. Die Rücklagen müssen in der letzten Jahresbilanz als Kapital- oder Gewinn-rücklagen ausgewiesen sein.
4. Die Gewinnrücklagen können voll, die Kapitalrücklage und die gesetzliche Rücklage, soweit sie 10 v. H. des Grundkapitals übersteigen, umgewandelt werden.

Die Kapitalerhöhung wird mit Eintragung des Beschlusses über die Erhöhung wirksam. Die neuen Aktien stehen den Aktionären im Verhältnis ihrer Anteile am bisherigen Grundkapital zu. Falls sie nach Aufforderung durch den Vorstand nicht abgeholt werden, erfolgt nach einem Jahr eine dreimalige Androhung und anschließend der Verkauf für Rechnung der Beteiligten.   (Dr. Kieffer)

88. Umwandlungen nach dem Umwandlungsgesetz

I. Ziel und Anwendungsbereich des Umwandlungsgesetzes

Nachdem das Umwandlungsrecht früher nur unzulänglich, unübersichtlich und unvollständig in fünf unterschiedlichen Gesetzen (Umwandlungsgesetz, Aktiengesetz, Kapitalerhöhungsgesetz, Genossenschaftsgesetz, Versicherungsaufsichtsgesetz) geregelt war, hat sich der Gesetzgeber mit dem Umwandlungsgesetz 1995 das **Ziel** gesetzt, die Umwandlungsmöglichkeiten insb. auch terminologisch zusammenzufassen, zu systematisieren und zu erweitern.

Der **Anwendungsbereich** des Gesetzes beschränkt sich auf Rechtsträger mit Sitz im Inland (§ 1 Abs. 1 UmwG). Auf grenzüberschreitende Umwandlungen ist das Umwandlungsgesetz daher grundsätzlich nicht anwendbar. Der Referentenentwurf zur Umsetzung der Vorgaben in der EU-Verschmelzungsrichtlinie zur Regelung grenzüberschreitender Verschmelzungen im UmwG liegt seit Februar 2006 vor und muss bis Dezember 2007 umgesetzt werden. Im Übrigen ist bislang lediglich die grenzüberschreitende Verschmelzung von Aktiengesellschaften zur SE in der SE-VO (ABL EG Nr. L 294, 1; L 168, 1) geregelt.

Nach § 1 Abs. 2 UmwG wird die **Umwandlung** durch das Umwandlungsgesetz oder anderes Bundes- oder Landesrecht **abschließend geregelt.** Damit entfällt die Möglichkeit, das Umwandlungsgesetz durch Analogie auf Rechtsträger zu übertragen, die der Gesetzgeber nicht ausdrücklich vorgesehen hat. Andererseits schließt § 1 Abs. 2 UmwG keine Umwandlungsmöglichkeiten aus, die das BGB oder das HGB, z. B. mit der Anwachsung nach § 738 BGB, § 142 HGB, bieten.

II. Umwandlungsformen

1. Verschmelzung (§§ 2 ff. UmwG)

Bei der Verschmelzung geht das Vermögen eines Rechtsträgers im Wege der Gesamtrechtsnachfolge unter Ausschluss der Liquidation und Auflösung des übertragenden Rechtsträgers auf einen anderen, übernehmenden Rechtsträger über. Dabei werden den Anteilsinhabern des übertragenden Rechtsträgers Mitgliedschaftsrechte des übernehmenden Rechtsträgers gewährt (§ 2 UmwG). Besteht der übernehmende Rechtsträger bereits, liegt eine Verschmelzung durch Aufnahme vor. Wird das Vermögen auf einen neuen Rechtsträger übertragen, liegt eine Verschmelzung durch Neugründung vor.

2. Spaltung (§§ 123 ff. UmwG)

Die Spaltung vollzieht sich im Wege der partiellen Gesamtrechtsnachfolge bzw. der Sonderrechtsnachfolge nach § 123 UmwG entweder als Aufspaltung, Abspaltung oder Ausgliederung.

Bei der **Aufspaltung** geht das gesamte Vermögen eines Rechtsträgers unter Auflösung ohne Abwicklung auf mindestens zwei andere bestehende (Aufspaltung durch Aufnahme) oder neu gegründete (Aufspaltung durch Neugründung) Rechtsträger über. Der bisherige Rechtsträger geht unter. Die Altgesellschafter werden an dem oder den übernehmenden Rechtsträger(n) beteiligt.

Bei der **Abspaltung** geht wie bei der Aufspaltung Vermögen auf bereits bestehende (Abspaltung zur Aufnahme) oder neu gegründete (Abspaltung zur Neugründung) Rechtsträger über. Im Gegensatz zur Aufspaltung geht der bisherige Rechtsträger jedoch nicht unter, sondern bleibt bestehen. Die Gesellschafter der übertragenden Gesellschaft erhalten Anteile an der übernehmenden Gesellschaft.

Auch bei der **Ausgliederung** wird Vermögen auf einen bestehenden oder neuen Rechtsträger übertragen. Die Anteile an der übernehmenden Gesellschaft gehen jedoch nicht auf die Gesellschafter der übertragenden Gesellschaft über, sondern gelangen unmittelbar in das Vermögen der übertragenden Gesellschaft.

3. Vermögensübertragung (§§ 174 ff. UmwG)

Bei der Vermögensübertragung überträgt ein Rechtsträger sein Vermögen wie bei der Verschmelzung und der Spaltung unter Auflösung und ohne Abwicklung auf einen oder mehrere andere Rechtsträger. Anders als bei der Verschmelzung und der Spaltung besteht die Gegenleistung jedoch nicht in der Gewährung von Gesellschaftsanteilen oder Mitgliedschaften. Abgesehen von der Form der Gegenleistung entspricht die Vermögensübertragung in der Form der **Vollübertragung** nach § 174 Abs. 1 UmwG der Verschmelzung durch Aufnahme, die Vermögensübertragung in der Form der **Teilübertragung** nach § 174 Abs. 2 UmwG den unterschiedlichen Spaltungsformen.

4. Formwechsel (§§ 190 ff. UmwG)

Anders als bei der Verschmelzung, der Spaltung und der Vermögensübertragung geht bei einem Formwechsel kein Vermögen über. Der Rechtsträger ändert lediglich seine Rechtsform, während seine rechtliche und wirtschaftliche Identität erhalten bleibt, was sich insb. an der grundsätzlichen Identität der Gesellschafter und der Wahrung des Vermögensbestandes zeigt.

III. Grundsätze des Umwandlungsverfahrens

Die Grundsätze des Umwandlungsverfahrens sind im Wesentlichen unter den Verschmelzungsvorschriften geregelt. Bei anderen Umwandlungsformen wird weitgehend auf diese Grundsätze verwiesen:

- Grundlage einer Verschmelzung, Spaltung oder Vermögensübertragung ist der Umwandlungsvertrag bzw. Umwandlungsplan (§§ 4 bis 7, 136, 176, 177 UmwG) mit inhaltlichen Mindestanforderungen (§§ 5 Abs. 1, 126 Abs. 1 und 194 UmwG).

- Die Leitungsorgane haben den Anteilseignern in einem Umwandlungsbericht die Grundlagen für die Umwandlungsentscheidung zu erläutern und die erforderlichen Informationen, insb. zur Veränderung der Beteiligungsverhältnisse und der Angemessenheit der Umtauschrelationen, zur Verfügung zu stellen.

- In Abhängigkeit von den beteiligten Rechtsträgern und bei qualifiziertem Mehrheitsverlangen ist eine Prüfung erforderlich und ein Prüfungsbericht zu erstellen (§§ 9 ff. UmwG).

- Umwandlungsvertrag und Umwandlungsplan werden nur dann wirksam, wenn die Anteilseigner der beteiligten Rechtsträger ihm durch Beschluss zugestimmt haben (§ 13 UmwG). In Abhängigkeit von der Rechtsform der an der Umwandlung beteiligten Rechtsträger sind den Anteilsinhabern zuvor die notwendigen Informationen zur Verfügung zu stellen. Der Umwandlungsbeschluss bedarf bei Personengesellschaften grundsätzlich der Zustimmung aller Gesellschafter, mindestens aber der Mehrheit von 3/4 der Stimmen der Gesellschafter. Bei der GmbH bedarf der Umwandlungsbeschluss einer Mehrheit von mindestens 3/4 der abgegebenen Stimmen, bei Aktiengesellschaften und Kommanditgesellschaften auf Aktien der Mehrheit von 3/4 des vertretenen Grundkapitals.

- Die Umwandlung ist zum Handelsregister anzumelden, wobei in Abhängigkeit von der Umwandlungsform und der Rechtsform der beteiligten Rechtsträger unterschiedliche Unterlagen beizufügen sind.

- Wirksam wird eine Umwandlung grundsätzlich mit der Eintragung im Handelsregister, wobei die Rechtsfolgen in Abhängigkeit von den einzelnen Umwandlungsformen unterschiedlich sind (§§ 20, 131, 202 UmwG). (Montag)

89. Mieterein- und Mieterumbauten im Steuerrecht

I. Begriffliche Abgrenzung

Häufig bauen selbständige Steuerpflichtige, die ihre gewerbliche oder berufliche Tätigkeit in gemieteten Räumen ausüben, Räumlichkeiten für ihren Verwendungszweck um. Lässt der Mieter Baumaßnahmen auf seine Rechnung durchführen, so liegen Mieterein- oder Mieterumbauten vor, es sei denn, es liegen Erhaltungsaufwendungen vor (z. B. Anstreichen und Tapezieren der Räume durch den Mieter).

II. Bilanzsteuerliche Behandlung

1. Überblick

Die Aufwendungen für Mietereinbauten sind Betriebsausgaben, wenn sie für gewerbliche oder berufliche Zwecke erfolgen. Durch die Maßnahme wird entweder ein materielles oder ein immaterielles Wirtschaftsgut geschaffen. Nur ein materielles Wirtschaftsgut, das auch dem Mieter zuzurechnen ist, ist aktivierungsfähig. Es ist über seine wirtschaftliche Nutzungsdauer abzuschreiben, sodass sich gewinnmindernd nur die jährliche AfA auswirkt.

2. Materielle Wirtschaftsgüter

Mieterein- oder Mieterumbauten sind dann materielle Wirtschaftsgüter, wenn es sich um Scheinbestandteile, Betriebsvorrichtungen oder um sonstige Mieterein- oder Mieterumbauten handelt.

Baut ein Mieter Sachen zu einem vorübergehenden Zweck in das Gebäude ein, so liegt ein **Scheinbestandteil** vor (§ 95 BGB). Der Mieter ist rechtlicher und wirtschaftlicher Eigentümer des Scheinbestandteils, wenn die folgenden Bedingungen kumulativ erfüllt sind: Die Nutzungsdauer des Einbaus muss länger als die voraussichtliche Mietdauer sein, bei Wiederausbau hat der Bestandteil einen beachtlichen Wiederverwendungswert und aus dem Zweck der Verbindung kann mit einer Entfernung der eingebauten Sachen gerechnet werden (vgl. BMF-Schreiben vom 15. 1. 1976, BStBl 1976 I S. 66). Baut ein Mieter z. B. eine der allgemeinen Temperaturregelung dienende Klimaanlage in Büroräume ein und ist im Mietvertrag bei Beendigung des Mietverhältnisses der Ausbau der Anlage vereinbart, so liegt unter den sonstigen Voraussetzungen ein Scheinbestandteil vor.

Handelt es sich bei dem Einbau um keinen Scheinbestandteil, so ist zunächst zu prüfen, ob eine **Betriebsvorrichtung,** also eine Vorrichtung, die zu einer Betriebsanlage gehört, vorliegt. Betriebsvorrichtungen sind selbständige Wirtschaftsgüter, auch wenn sie bürgerlich-rechtlich wesentliche Bestandteile des Gebäudes sind. Zur Abgrenzung der Betriebsvorrichtungen ist auf die Abgrenzungsrichtlinien (BStBl 1967 II S. 122, 127) hinzuweisen (vgl. R 7.1 Abs. 3 EStR). Würde z. B. die zuvor genannte Klimaanlage nicht der allgemeinen Temperaturregelung der Büroräume, sondern besonderen betrieblichen Zwecken dienen (z. B. in Tabak- oder Chemiefabriken), so läge eine Betriebsvorrichtung vor. Als weitere Beispiele sind Lastenaufzüge, Tresoranlagen sowie speziellen betrieblichen Zwecken dienende Be- und Entwässerungsanlagen zu nennen.

Liegt weder ein Scheinbestandteil noch eine Betriebsvorrichtung vor, so handelt es sich bei den Aufwendungen um Herstellungskosten für ein **materielles Wirtschaftsgut des Anlagevermögens,** wenn entweder der Mieter wirtschaftlicher Eigentümer dieser Baumaßnahme ist oder der Mieterein- oder Mieterumbau unmittelbar den besonderen betrieblichen oder beruflichen Zwecken des Mieters dient und mit dem Gebäude nicht in einem einheitlichen Nutzungs- und Funktionszusammenhang steht (BMF-Schreiben vom 15. 1. 1976, BStBl 1976 I S. 66). Der Mieter ist **wirtschaftlicher Eigentümer** des Einbaus, wenn er über ihn die tatsächliche Herrschaft ausübt, also den Eigentümer für die gewöhnliche Nutzungsdauer von der Einwirkung auf das Wirtschaftsgut ausschließen kann (§ 39 Abs. 2 AO). Diese Voraussetzungen sind gegeben, wenn die Einbauten während der voraussichtlichen Mietdauer technisch oder wirtschaftlich verbraucht werden oder der Mieter nach Ablauf der Mietdauer den gemeinen Wert des Einbaus ersetzt bekommt; verlegt z. B. der Mieter erstmals einen Teppichboden und beträgt die Mietdauer zehn Jahre, so wird der Teppichboden während der Mietdauer völlig verbraucht. Bei einem **sonstigen Mietereinbau,** der unmittelbar den besonderen betrieblichen oder beruflichen Zwecken des Mieters dient und der nicht in einem einheitlichen Nutzungs- und Funktionszusammenhang mit dem Gebäude steht, handelt es sich dem Rechtscharakter nach um ein Nutzungsrecht, also ein immaterielles Wirtschaftsgut, das wie ein materielles zu behandeln ist. Ein solcher Einbau liegt vor, wenn der Mieter vorhandene Zwischenwände entfernt, das Gebäude für seine gewerblichen Zwecke umgestaltet oder eine vorhandene Treppe durch eine Rolltreppe ersetzt. In diesen Fällen weisen die Einbauten eine unmittelbare sachliche Beziehung zum Betrieb auf; der daneben bestehende Zusammenhang mit dem Gebäude tritt dagegen zurück.

3. Immaterielle Wirtschaftsgüter

Aufwendungen für ein immaterielles Wirtschaftsgut liegen vergleichsweise selten vor. Ein immaterielles Wirtschaftsgut entsteht bei der Ausführung von Baumaßnahmen, die unabhängig von der vom Mieter vorgesehenen Nutzung hätten vorgenommen werden müssen. Baut z. B. der Mieter anstelle des Eigentümers eine Zentralheizung ein und wird er dabei nicht wirtschaftlicher Eigentümer, so ist eine unmittelbare Beziehung zum Betrieb des Mieters nicht gegeben; es handelt sich somit um Aufwendungen für ein selbst geschaffenes immaterielles Wirtschaftsgut. Werden die Aufwendungen allerdings mit der Miete verrechnet, so handelt es sich wirtschaftlich um vorausgezahlte Miete, für die ein entsprechender aktiver Rechnungsabgrenzungsposten zu bilden ist.

4. Absetzung für Abnutzung

Für die AfA-Methode (vgl. § 7 Abs. 2 EStG) ist es von Bedeutung, dass Scheinbestandteile und Betriebsvorrichtungen stets **bewegliche** Wirtschaftsgüter des Anlagevermögens sind. Sonstige Mieterein- und Mieterumbauten sind hingegen **unbewegliche** Wirtschaftsgüter. Die AfA auf sonstige Mietereinbauten, die wie materielle Wirtschaftsgüter zu behandeln sind, richtet sich grundsätzlich nach der betriebsgewöhnlichen Nutzungsdauer des Gebäudes (BFH-Urteil vom 15. 10. 1996, BStBl 1997 II S. 533). Die voraussichtlich kürzere Mietdauer kann jedoch als tatsächlich kürzere Nutzungsdauer gem. § 7 Abs. 4 Satz 2 EStG zu berücksichtigen sein.

Die Nutzungsdauer von Ladeneinbauten, Schaufensteranlagen und Gaststätteneinbauten, die als selbständige Gebäudeteile (R 4.2 Abs. 3 Nr. 3 EStR) zu qualifizieren sind, ist mit acht Jahren zu bemessen (BMF vom 15. 12. 2000, BStBl 2000 I S. 1533).

(Dr. Lenz)

90. Grundzüge der Besteuerung von Vereinen

I. Einführung

Ob und inwiefern Vereine (§ 21 f. BGB) besteuert werden, hängt im Wesentlichen von den Regelungen der Einzelsteuergesetze ab. Für Vereine, die steuerbegünstigte Zwecke verfolgen, sehen die Einzelsteuergesetze jedoch häufig eine Steuervergünstigung vor, deren Voraussetzungen und Umfang allgemein in der AO geregelt sind und von der Finanzverwaltung im BMF-Schreiben vom 10. 9. 2002 (BStBl 2002 I S. 867) näher erläutert werden. Im Wesentlichen gilt Folgendes:

II. Steuervergünstigungen für Vereine

1. Voraussetzungen: Ein Verein ist steuerbegünstigt, wenn er satzungsmäßig ausschließlich und unmittelbar gemeinnützige, mildtätige oder kirchliche Zwecke fördert (§ 51 AO) und diese Zwecke tatsächlich verfolgt (§§ 59, 63 AO). **Gemeinnützige Zwecke** verfolgt ein Verein dann, wenn die Allgemeinheit auf materiellem, sittlichem oder geistigem Gebiet selbstlos gefördert werden soll (§ 52 AO). **Mildtätige Zwecke** liegen vor, wenn bestimmte bedürftige Personen selbstlos unterstützt werden sollen (§ 53 AO). **Kirchliche Zwecke** liegen schließlich vor, wenn eine Religionsgemeinschaft in der Form einer Körperschaft des öffentlichen Rechts selbstlos gefördert werden soll (§ 54 AO). **Selbstlosigkeit** setzt unter anderem voraus, dass mit der Tätigkeit nicht in erster Linie eigenwirtschaftliche Zwecke verfolgt werden (§ 55 AO). **Ausschließlichkeit** ist gegeben, wenn eine Körperschaft nur ihre steuerbegünstigten satzungsmäßigen Zwecke verfolgt (§ 56 AO). **Unmittelbarkeit** liegt schließlich dann vor, wenn die Körperschaft die Zwecke selbst verwirklicht oder sich bestimmter Hilfspersonen bedient (§ 57 AO).

2. Umfang: Vom Umfang her erstreckt sich die Steuervergünstigung in den Einzelsteuergesetzen häufig nicht auf einen **wirtschaftlichen Geschäftsbetrieb.** Das führt grundsätzlich dazu, dass das Vermögen, die Einkünfte oder die Umsätze, die zu einem solchen Betrieb gehören, von den Vergünstigungen der betreffenden Vorschrift nicht erfasst werden. In diesen Fällen kommt die Steuervergünstigung gem. § 64 AO nur dann uneingeschränkt zur Anwendung, wenn der wirtschaftliche Geschäftsbetrieb als **Zweckbetrieb** anzusehen ist.

Ein wirtschaftlicher Geschäftsbetrieb (§ 14 AO) ist eine selbständige nachhaltige Tätigkeit, durch die Einnahmen oder sonstige wirtschaftliche Vorteile erzielt werden und die über den Rahmen einer Vermögensverwaltung hinausgeht. Gewinnerzielungsabsicht ist nicht erforderlich. Ein wirtschaftlicher Geschäftsbetrieb ist grundsätzlich nur dann ein Zweckbetrieb (§ 65 AO), wenn er in seiner Gesamteinrichtung dazu dient, die steuerbegünstigten, satzungsmäßigen Zwecke zu verwirklichen, wenn die Zwecke nur durch einen solchen Geschäftsbetrieb verwirklicht werden können und wenn der wirtschaftliche Geschäftsbetrieb zu anderen Unternehmen nicht über den unvermeidbaren Rahmen hinaus als Wettbewerber auftritt.

Liegt kein Zweckbetrieb vor, unterliegen die Besteuerungsgrundlagen eines Geschäftsbetriebs nicht der Körperschaftsteuer und der Gewerbesteuer, wenn die Einnahmen einschließlich Umsatzsteuer ab dem 1. 1. 2002 insgesamt nicht über 30.678 Euro im Jahr liegen (§ 64 Abs. 3 AO). Sportliche Veranstaltungen eines Sportvereins sind nach § 67 a AO stets ein Zweckbetrieb, wenn die Einnahmen einschließlich Umsatzsteuer ebenfalls nicht über 30.678 Euro im Jahr liegen.

III. Behandlung von Vereinen in den Einzelsteuergesetzen

Liegen die Einnahmen über den Grenzen des § 64 AO, gilt nach den Einzelsteuergesetzen im Wesentlichen Folgendes:

1. Körperschaftsteuer: Vereine sind nach § 1 Abs. 1 Nr. 4 oder 5 KStG körperschaftsteuerpflichtig. Verfolgt ein Verein steuerbegünstigte Zwecke, ist er gem. § 5 Abs. 1 Nr. 9 KStG steuerbefreit. Diese Befreiung gilt allerdings nicht, soweit ein wirtschaftlicher Geschäftsbetrieb unterhalten wird, der kein Zweckbetrieb ist.

Liegt kein Zweckbetrieb vor, ist das Einkommen eines wirtschaftlichen Geschäftsbetriebes ebenso wie das Einkommen eines nicht steuerbefreiten Vereins grundsätzlich nach den allgemeinen Regeln zu ermitteln. Mitgliederbeiträge werden bei der Einkommensermittlung nicht erfasst (§ 8 Abs. 5 KStG). Gegebenenfalls ist der Freibetrag von maximal 3.835 Euro nach § 24 KStG zu berücksichtigen.

Der Körperschaftsteuersatz beträgt grundsätzlich 25 vom Hundert (§ 23 Abs. 1 KStG).

2. Gewerbesteuer: Gemäß § 2 Abs. 3 GewStG gilt als gewerbliche Tätigkeit auch die Tätigkeit von Vereinen, soweit sie einen wirtschaftlichen Geschäftsbetrieb unterhalten. Verfolgt ein Verein steuerbegünstigte Zwecke, ist er jedoch nach § 3 Nr. 6 GewStG steuerbefreit, soweit er einen Zweckbetrieb betreibt. Kommt die Steuerbefreiung nicht zur Anwendung, ist bei der Ermittlung des Gewerbeertrages ein Freibetrag in Höhe von 3.835 Euro zu berücksichtigen (§ 11 Abs. 1 Satz 3 Nr. 2 GewStG).

3. Umsatzsteuer: Ist ein Verein Unternehmer (§ 2 Abs. 1 UStG), sind seine Umsätze im Rahmen des § 1 UStG umsatzsteuerbar. Die Unternehmereigenschaft liegt dabei auch dann vor, wenn der Verein seine Leistungen nur im Leistungsaustausch gegenüber Mitgliedern erbringt (§ 2 Abs. 1 UStG).

Eine besondere Steuerbefreiung für steuerbegünstigte Vereine gibt es nicht. Die Leistungen dieser Vereine unterliegen aber grundsätzlich dem ermäßigten Steuersatz (§ 12 Abs. 2 Nr. 8 UStG). Der ermäßigte Steuersatz kommt allerdings für die Leistungen nicht zur Anwendung, die im Rahmen eines wirtschaftlichen Geschäftsbetriebs ausgeführt werden, der kein Zweckbetrieb ist.

Bei Vereinen, die nicht verpflichtet sind, Bücher zu führen und aufgrund jährlicher Bestandsaufnahmen regelmäßig Abschlüsse zu machen, wird zur Berechnung der abziehbaren Vorsteuerbeträge ein Durchschnittssatz von 7 v. H. des steuerpflichtigen Umsatzes festgesetzt. Ein weiterer Vorsteuerabzug ist ausgeschlossen. Lag der steuerpflichtige Umsatz des Vorjahres über 30.678 Euro, kann der Durchschnittssatz nicht in Anspruch genommen werden (§ 23 a UStG).

4. Grundsteuer: Der Grundbesitz ist grundsätzlich auch bei einem Verein Gegenstand der Grundsteuer (§ 2 GrStG). Soweit der Grundbesitz steuerbegünstigten Vereinen zuzurechnen ist und von diesen steuerbegünstigt genutzt wird, ist er jedoch steuerbefreit (§ 3 Nr. 3 GrStG).

5. Erbschaft- und Schenkungsteuer: Vereine unterliegen grundsätzlich der persönlichen Erbschaft- und Schenkungsteuerpflicht (§ 2 Abs. 1 Nr. 1 d ErbStG). Zuwendungen von Todes wegen und Schenkungen an einen Verein sind daher steuerbar (§ 3 Abs. 1, § 7 Abs. 1 ErbStG). Ist der Verein steuerbegünstigt, sind die Zuwendungen jedoch steuerbefreit (§ 13 Abs. 1 Nr. 16 b ErbStG).

(Montag)

91. Investitionsrechnungen

I. Grundlegung

Unter Investitionen versteht man für längere Zeit beabsichtigte Bindungen finanzieller Mittel in materielle oder immaterielle Objekte. Die Vorteilhaftigkeit solcher Investitionen wird rechnerisch mithilfe der Investitionsrechnung analysiert. Investitionsrechnungen sind quantitative Verfahren zur Beurteilung der Fragen, ob die Investition in ein bestimmtes Objekt sinnvoll ist (absolute Vorteilhaftigkeit) und welches der verschiedenen möglichen Objekte am ökonomischsten ist (relative Vorteilhaftigkeit). In der betriebswirtschaftlichen Investitionstheorie wird heute eine Vielzahl von Verfahren diskutiert, die sich unterscheiden lassen in Verfahren für Einzelentscheidungen, Sequenzentscheidungen und Programmentscheidungen. Bei Verfahren für Einzelentscheidungen wird von der vereinfachenden Prämisse ausgegangen, dass nur eine einzelne Investition getätigt wird. Vernachlässigt werden beispielsweise finanzielle Restriktionen und die Frage der optimalen Nutzungsdauer. Will z. B. ein Winzer entscheiden, wie lange er seinen Wein lagern, oder ein Autofahrer, wie lange er seinen PKW nutzen sollte, so kann er dies nicht mithilfe eines Verfahrens für Einzelentscheidungen bestimmen. Zu diesem Zweck wurden die Verfahren für Sequenzentscheidungen konzipiert. Bei den Verfahren für Programmentscheidungen werden Interdependenzen von Investitionsentscheidungen und Finanzierungsmöglichkeiten sowie Absatz-, Produktions-, Beschäftigungs- und Einlagerungsgrenzen berücksichtigt. Die realitätsnähere Formulierung bedingt jedoch, dass diese Verfahren äußerst kompliziert zu handhaben sind und deshalb in praxi kaum Anwendung finden.

II. Darstellung einzelner Verfahren

Im Folgenden sollen exemplarisch einige Verfahren dargestellt werden. Der vorgegebene zeitliche Rahmen gebietet es dabei, die Ausführungen auf die am häufigsten angewandten Verfahrenstypen – nämlich die Verfahren für Einzelentscheidungen – zu beschränken.

1. Kalkulatorische (einperiodische) Verfahren für Einzelentscheidungen

Die kalkulatorischen oder einperiodischen Verfahren für Einzelentscheidungen sind die einfachsten Investitionsrechnungsarten. Sie basieren auf Größen, die aus dem Rechnungswesen gewonnen werden. Nach der Kostenvergleichsrechnung wird das Objekt als günstigstes angesehen, welches die geringsten Kosten pro Periode bei einer bestimmten vorgegebenen Leistung verursacht. Soll beispielsweise die relative Vorteilhaftigkeit verschiedener PKW bei einer Fahrleistung von 20.000 km im Jahr geprüft werden, so orientiert man sich an den Gesamtkosten oder Kosten pro km der einzelnen PKW, die man anhand von Tabellen schätzt. Unberücksichtigt bleibt hier jedoch, ob eine Investition überhaupt sinnvoll ist (absolute Vorteilhaftigkeit). Außerdem müssen sich die Leistungen zumindest ungefähr entsprechen. So wäre es wenig sinnvoll, die Jahreskosten eines kleinen Schwarzweiß-Tischkopierers mit einer Großkopieranlage mit Farbkopien zu vergleichen.

Bei der Gewinnvergleichsrechnung wird nicht mehr von der Prämisse gleicher Erlöse ausgegangen. Vielmehr werden die durch die Maschine erbrachten Leistungen einbezogen. Nach diesem Verfahren wird eine Investition immer dann als (absolut) vorteilhaft angesehen, wenn die von ihr bewirkten Leistungen ihre

Kosten übersteigen, d. h. wenn durch diese Investition ein kalkulatorischer Gewinn verursacht wird. Stehen mehrere Investitionsobjekte zur Auswahl, so ist nach diesem Verfahren dasjenige Objekt zu wählen, durch das der höchste Gewinn erzielt wird. Vernachlässigt wird, welcher Kapitaleinsatz für eine Investition notwendig ist. So ist nach diesem Verfahren beispielsweise die Investition in eine Maschine, deren Anschaffungskosten 1.000.000 Euro betragen und die jährlich 10.000 Euro anteiligen Gewinn verursacht, einer Investition in eine andere Maschine vorzuziehen, deren Anschaffungskosten 50.000 Euro betragen und mit der der Investor lediglich einen jährlichen Gewinn von 9.000 Euro erzielen kann.

Bei der Rentabilitätsvergleichsrechnung wird die Kapitalbindung berücksichtigt und die relative Vorteilhaftigkeit aus dem (Kapital-)Rentabilitätsgrad – auch Return on Investment (ROI) genannt – abgeleitet. Dieser Rentabilitätsgrad ergibt sich durch Division des Gewinns durch die durchschnittliche Kapitalbindung.

2. Finanzmathematische (mehrperiodische) Verfahren für Einzelentscheidungen

Die kalkulatorischen Verfahren gehen von der wenig realistischen Prämisse aus, dass es eine Periode gibt, die für die gesamte Nutzungsdauer als repräsentativ angesehen wird. Dabei wird meist von den Schätzungen der ersten Periode ausgegangen.

Diese Unzulänglichkeit wird bei mehrperiodischen Verfahren vermieden: Hier werden alle mit einem Investitionsobjekt verbundenen Zahlungsströme erfasst und damit der Betrachtungszeitraum auf die gesamte Nutzungsdauer des Investitionsobjektes ausgedehnt. Um eine Vergleichbarkeit der einzelnen – zu verschiedenen Zeitpunkten anfallenden – Werte der Zahlungsströme zu ermöglichen, werden die Zahlungen mithilfe der Zinseszinsrechnung auf einen bestimmten Zeitpunkt auf- und abgezinst.

Je nach Zielgröße unterscheidet man bei den finanzmathematischen Verfahren die Kapitalwert-, die Annuitäten- und die interne Zinsfußmethode. Beispielhaft soll die Kapitalwertmethode dargestellt werden. Der Kapitalwert einer Investition ist die Summe aller Ein- und Auszahlungen, die mit Zinsfuß i auf einen Bezugszeitpunkt abgezinst werden. Dieser Bezugszeitpunkt kann z. B. der Beginn der Investition sein. Nach der Kapitalwertmethode ist nun eine Investition (absolut) vorteilhaft, wenn der Kapitalwert größer als null ist. Unter mehreren Investitionsobjekten ist das mit dem höchsten Kapitalwert das (relativ) günstigste. Von zentraler Bedeutung ist bei diesem Verfahren die Wahl des Zinsfußes. Je nach Wahl des Zinsfußes können sich sehr unterschiedliche Aussagen sowohl zur absoluten als auch zur relativen Vorteilhaftigkeit ergeben. In praxi wird als Zinsfuß – je nach Anspruchsniveau des Investors – beispielsweise der landesübliche Soll- und Habenzins oder eine geschätzte Branchenrendite verwendet.

III. Probleme der Anwendung

Bei der Anwendung der Investitionsrechnung ergibt sich insbesondere das Problem, dass Investitionen regelmäßig bei unsicheren Erwartungen getätigt werden. Dies impliziert, dass auch rechnerisch exakt durchgeführte Investitionsrechnungen nur einen groben Anhaltspunkt für die tatsächliche Vorteilhaftigkeit von Investitionen darstellen können.

(Prof. Dr. Bischoff)

92. Die Steuerberatergebührenverordnung

I. Einleitung

Die Steuerberatergebührenverordnung (StBGebV) ist Teil des Standesgesetzes für Steuerberater. Nach ihr soll sich die Vergütung der Steuerberater, Steuerbevollmächtigten und Steuerberatungsgesellschaften bemessen. Mit dieser Gebührenordnung wurde für Berufsangehörige und Steuerberatungsgesellschaften eine verbindliche und praktikable Gebührenordnung geschaffen.

II. Anwendungsbereich und erstmalige Anwendung der StBGebV

§ 1 StBGebV schränkt die Anwendung dieser Verordnung auf die selbständig ausgeübte Berufstätigkeit von Steuerberatern, Steuerbevollmächtigten und Steuerberatungsgesellschaften ein. Sie gilt nicht für Tätigkeiten, die zwar mit dem Steuerberaterberuf vereinbar sind, nicht aber sein Berufsfeld prägen. Die StBGebV findet also z. B. nicht auf die Honorare für wirtschaftsberatende oder treuhänderische Tätigkeiten eines Steuerberaters Anwendung. Weiterhin gilt diese Verordnung nicht für Rechtsanwälte, Wirtschaftsprüfer, vereidigte Buchprüfer, Wirtschaftsprüfungs- und Buchprüfungsgesellschaften, obwohl sie gem. § 3 Nr. 1 StBerG zur unbeschränkten Hilfeleistung befugt sind. Für nach § 4 StBerG zur beschränkten Hilfeleistung in Steuersachen befugte Personen, Behörden und Vereinigungen, wie z. B. Notare, genossenschaftliche Prüfungsverbände und Lohnsteuerhilfevereine, findet die StBGebV ebenfalls keine Anwendung.

In praxi sind häufig Berufsträger mit Doppelqualifikation, wie zum Beispiel Wirtschaftsprüfer und Steuerberater, zu finden. Für sie findet die StBGebV nur Anwendung, wenn sie als Steuerberater, nicht jedoch wenn sie z. B. als Wirtschaftsprüfer oder Rechtsanwalt tätig werden. In der Literatur wird dabei überwiegend die Ansicht vertreten, dass es beispielsweise einem Wirtschaftsprüfer, der gleichzeitig Steuerberater ist, freisteht, ob er seine steuerberatende Tätigkeit als Wirtschaftsprüfer oder Steuerberater nach der StBGebV abrechnet.

III. Grundzüge der Gebührenberechnung

Die Gebührenverordnung enthält folgende zulässige Vergütungsarten:

– die Einzelvergütung nach §§ 21 bis 46 StBGebV
– die Pauschalvergütung nach § 14 StBGebV
– die höher vereinbarte Vergütung nach § 4 StBGebV

Die beiden wichtigsten Gebührenarten bei der Einzelvergütung sind die Zeit- und die Wertgebühr. Beide sind regelmäßig als Rahmengebühr konzipiert. Im Gesetz ist also i. d. R. eine Bandbreite vorgesehen, innerhalb der der Steuerberater die Gebühr im Einzelfall unter Berücksichtigung aller Umstände nach Ermessen bestimmen kann. So ist zum Beispiel bei der Zeitgebühr als Rahmen 19 bis 46 Euro pro angefangene halbe Stunde vorgesehen. Nach § 4 StBGebV kann auch eine höhere Gebühr mit dem Mandanten vereinbart werden. Eine Unterschreitung der durch StBGebV vorgegebenen Gebührensätze ist dagegen standeswidrig.

1. Wertgebühr

Der Regelfall für die Berechnung der Gebühren ist die so genannte Wertgebühr. Die Höhe der Gebühr ist dabei abhängig von den für die jeweilige Tätigkeit zur Anwendung kommenden Gegenstandswerten und Gebührentabellen sowie den vorgegebenen Gebührensätzen. Die Gebührenverordnung umfasst fünf Tabellen: A (Beratungstabelle), B (Abschlusstabelle), C (Buchführungstabelle), D (landwirtschaftliche Buchführung) und E (Rechtsbehelfstabelle).

Am Beispiel der Erstellung der Einkommensteuererklärung soll die Berechnung der Wertgebühr verdeutlicht werden. Nach § 24 Abs. 1 Nr. 1 StBGebV ermittelt sich der Gegenstandswert für die Einkommensteuererklärung ohne Ermittlung der einzelnen Einkünfte aus der Summe der positiven Einkünfte. Dabei ist ein Mindestwert von 6.000 Euro vorgesehen. Es ist die Tabelle A und ein Gebührensatz von $1/_{10}$ bis $6/_{10}$ anzuwenden. Bei einer Summe der positiven Einkünfte von 30.000 Euro würde sich somit ein Gebührenrahmen von 75,80 Euro ($1/_{10}$) bis 454,80 Euro ($6/_{10}$) ergeben.

Die Ermittlung der einzelnen Einkünfte ist gesondert nach den dafür geltenden Vorschriften zu berechnen: bei Überschusseinkünften nach § 27 StBGebV und bei Gewinneinkünften nach § 25 StBGebV.

2. Die Zeitgebühr

Die Zeitgebühr stellt einen Ausnahmefall dar, der nur in den ausdrücklich vorgesehenen Fällen angewendet werden darf. Die wichtigsten Fälle, die nach Zeitgebühr abgerechnet werden, sind:

– die Anfertigung einer Erklärung zur Feststellung der Einheitswerte für Grundbesitz,

– die Feststellung des verrechenbaren Verlustes gem. § 15 a EStG,

– Prüfung von Steuerbescheiden,

– die Teilnahme an Prüfungen,

– die Einrichtung von Buchführungen,

– Fälle, in denen keine genügenden Anhaltspunkte für die Schätzung des Gegenstandswertes vorliegen.

Es handelt sich hierbei überwiegend um Tätigkeiten, die einen sehr unterschiedlichen Zeitaufwand erfordern. Die Zeitgebühr beträgt 19 bis 46 Euro pro angefangene halbe Stunde. Benötigt beispielsweise ein Steuerberater zur Feststellung eines verrechenbaren Verlustes gem. § 15 a EStG 40 Minuten, so beträgt die Zeitgebühr zwischen 38 und 92 Euro.

3. Pauschalvergütung

Zur Erleichterung der Abrechnung kann statt einer Vielzahl von Einzelvergütungen auch eine Pauschalvergütung vereinbart werden. Allerdings darf es sich hierbei nicht um eine verdeckte Unterschreitung der durch die StBGebV vorgegebenen Gebührensätze handeln.

4. Auslagen

Neben den Gebühren hat der Steuerberater Anspruch auf Ersatz der Auslagen. Darunter fallen insbesondere Post- und Telekommunikationsdienstleistungen, Kosten für Geschäftsreisen und Auslagen für Kopien, die zur sachgerechten Bearbeitung geboten waren.

(Prof. Dr. Bischoff)

93. Steuerberatungsgesellschaften

I. Grundlegung

In § 3 StBerG sind enumerativ Personen und Personenvereinigungen aufgeführt, die zur unbegrenzten und geschäftsmäßigen Hilfeleistung in Steuersachen befugt sind. Hierunter fallen auch die Steuerberatungsgesellschaften. Eine Steuerberatungsgesellschaft ist eine freiwillige, auf einem schuldrechtlichen Vertrag beruhende Personenvereinigung, deren Sachziel in der geschäftsmäßigen Hilfeleistung in Steuersachen liegt und die von der zuständigen Steuerberaterkammer als Steuerberatungsgesellschaft anerkannt ist. Sie ist in den §§ 49 ff. StBerG und in den §§ 40 ff. DVStB geregelt.

II. Voraussetzungen für ihre Anerkennung

1. Persönliche Anforderungen an die geschäftsführenden Organe

Als Mitglieder des Vorstandes, der Geschäftsführung bzw. als geschäftsführende Gesellschafter kommen zunächst einmal Steuerberater in Betracht, von denen mindestens einer seinen Wohnsitz am Sitz der Gesellschaft haben muss. Neben Steuerberatern können noch zwei Gruppen von Personen den geschäftsführenden Organen angehören:

a) Steuerbevollmächtigte, Rechtsanwälte, vereidigte Buchprüfer und Wirtschaftsprüfer und

b) ausnahmsweise bei besonderer fachlicher und persönlicher Zuverlässigkeit aufgrund einer besonderen Genehmigung auch andere Personen.

Allerdings müssen in jedem Falle die Steuerberater mindestens 50 v. H. der Mitglieder des Vorstandes, der Geschäftsführung bzw. der geschäftsführenden Gesellschafter einer Steuerberatungsgesellschaft stellen. Dies impliziert, dass Steuerberatungsgesellschaften nur auf den ersten Blick dem Wesen des freien Berufes widersprechen, der grundsätzlich nur durch Einzelpersonen oder in Form einer Sozietät ausgeübt werden kann, da die steuerberatende Tätigkeit der Gesellschaft an die steuerberatende Tätigkeit von Berufsträgern gebunden ist.

2. Gesellschaftszweck

Die Gesellschaft darf nur Zwecke verfolgen, die mit dem Steuerberaterberuf vereinbar sind. Insbesondere darf sie kein gewerbliches Sachziel haben. Die in § 57 StBerG für Steuerberater und Steuerbevollmächtigte umrissenen Berufspflichten gelten gem. § 72 StBerG auch für Steuerberatungsgesellschaften. Ihre geschäftsführenden Organe müssen ihre Tätigkeit unabhängig, eigenverantwortlich, gewissenhaft und verschwiegen ausüben. Außerdem müssen sie – wie alle Berufsträger – auf berufswidrige Werbung verzichten.

3. Anforderungen an Gesellschafter

Nach § 50 a StBerG sind als Gesellschafter ausschließlich Steuerberater, Wirtschaftsprüfer, vereidigte Buchprüfer, Steuerbevollmächtigte, Rechtsanwälte und besonders befähigte Personen, deren Geschäftsführertätigkeit nach § 50 Abs. 3 StBerG genehmigt ist, zugelassen. Mit Wirkung vom 1. 7. 2000 wurde diese Aufzählung um Steuerberatungsgesellschaften erweitert, sodass nunmehr auch die Bildung mehrstöckiger Steuerberatungsgesellschaften gestattet ist.

Soweit die Steuerberatungsgesellschaften die Rechtsform einer AG oder KGaA haben, dürfen nur Namensaktien ausgegeben werden. Darüber hinaus muss bei allen Kapitalgesellschaften die Übertragung von Anteilen gem. § 50 Abs. 5 StBerG an die Zustimmung der Gesellschaft gebunden sein.

4. Bezeichnung Steuerberatungsgesellschaft

Gesellschaften, die als Steuerberatungsgesellschaften anerkannt wurden, müssen die Bezeichnung Steuerberatungsgesellschaft in die Firma oder den Namen aufnehmen. Für echte nach PartGG anerkannte Partnerschaften entfällt die Pflicht, zusätzlich die Berufsbezeichnungen aller in der Partnerschaft vertretenen Berufe in den Namen aufzunehmen.

III. Mögliche Rechtsformen von Steuerberatungsgesellschaften

Als mögliche Rechtsformen von Steuerberatungsgesellschaften sind Kapitalgesellschaften (AG, GmbH, KGaA), OHG, KG und seit 1995 Partnerschaftsgesellschaften vorgesehen. Allerdings kann die OHG oder KG als Rechtsform nur gewählt werden, soweit ein Handelsgewerbe betrieben wird. Dies kann z. B. bei treuhänderischer Tätigkeit gegeben sein.

IV. Das Anerkennungsverfahren

Der Antrag auf Anerkennung muss schriftlich bei der Steuerberaterkammer, in deren Kammerbezirk die Gesellschaft ihren Sitz hat, gestellt werden. Bis 30. 6. 2000 erfolgte die Anerkennung durch die oberste Landesbehörde. Es ist ein Gesellschaftsvertrag bzw. eine Satzung sowie Namen und Wohnsitz der Personen, die die Gesellschaft verantwortlich leiten, einzureichen. Die Gebühr beträgt 500 Euro. Bei Anerkennung wird von der Behörde eine Anerkennungsurkunde ausgestellt.

V. Abgrenzung der Steuerberatungsgesellschaft von anderen Gesellschaften

1. Abgrenzung zur Sozietät und „unechten" Partnerschaftsgesellschaft

Auch bei der Sozietät handelt es sich um einen freiwilligen, auf einem schuldrechtlichen Vertrag beruhenden Zusammenschluss, dessen Zweck – soweit es sich um in § 3 StBerG aufgeführte Personen handelt – zulässigerweise auf die geschäftsmäßige Hilfeleistung in Steuersachen gerichtet sein kann. Sie ist jedoch eine Gesellschaft bürgerlichen Rechts (§§ 705 ff. BGB), die nicht unter die möglichen Rechtsformen einer Steuerberatungsgesellschaft fällt und deshalb die Bezeichnung Steuerberatungsgesellschaft nicht führen darf. Gleiches gilt für die „unechte" Partnerschaft.

2. Abgrenzung zur Bürogemeinschaft

Bei der Bürogemeinschaft handelt es sich um eine bloße Innengesellschaft (Gesellschaft bürgerlichen Rechts). Ihr Sachziel kann deshalb niemals auf die geschäftsmäßige Hilfeleistung in Steuersachen gerichtet sein.

3. Abgrenzung zu Lohnsteuerhilfevereinen

Die Lohnsteuerhilfevereine sind zwar Körperschaften, die geschäftsmäßige Hilfe in Steuersachen leisten, sie sind jedoch hierbei sowohl im Personenkreis als auch im Umfang der Hilfeleistung beschränkt. Sie können ihre Mitglieder nur soweit beraten, als diese bestimmte Einkünfte beziehen. Dabei handelt es sich im Wesentlichen um Arbeitnehmer mit Einkünften aus nichtselbständiger Arbeit. Die Beratung darf durch Personen erfolgen, die mindestens drei Jahre im Lohnsteuerwesen hauptberuflich tätig waren oder zur geschäftsmäßigen Hilfeleistung befugt sind. (Prof. Dr. Bischoff)

94. Betriebswirtschaftliche Kennzahlen in der Arbeit des Steuerberaters

I. Aufgaben des Steuerberaters

Zu den Aufgaben des Steuerberaters gehört neben der Erstellung von Jahresabschlüssen und Steuererklärungen auch die betriebswirtschaftliche Beratung. Im Rahmen dieser Tätigkeiten können Kennzahlen die Arbeit des Steuerberaters unterstützen. So können z. B. geeignete Kennzahlen im Bericht zum Jahresabschluss den Mandanten auf mögliche negative Entwicklungen hinweisen. Insbesondere die betriebswirtschaftliche Beratung stützt sich auf Kennzahlen, z. B. zur Beurteilung des eigenen Unternehmens, beim Unternehmenserwerb und zur Vorbereitung von Kreditgesprächen.

Besondere Bedeutung erlangen Kennzahlenanalysen durch die Einführung von Ratingsystemen bei Banken. Unter dem Stichwort „Basel II" wird die Eigenkapitalunterlegung bei Kreditinstituten und somit auch die Zinshöhe von der Bonität des Kreditnehmers abhängig gemacht. Zur Beurteilung der Bonität setzen die Banken Ratingsysteme ein, bei denen Kennzahlen eine bedeutende Rolle spielen.

II. Kennzahlenanalysen

1. Erfolgswirtschaftliche Jahresabschlussanalyse

Durch die Erstellung erfolgswirtschaftlicher Kennzahlen soll die tatsächliche Ertragskraft der Unternehmen analysiert werden. Um den „Normalertrag" zu erhalten, wird der Jahresüberschuss zunächst in seine Komponenten operatives Ergebnis, Finanzergebnis, außerordentliches Ergebnis und Bewertungsergebnis zerlegt. Unregelmäßige Aufwendungen und Erträge sowie aufgedeckte und gelegte stille Reseren werden herausgefiltert und den einzelnen Komponenten zugeordnet. Hierdurch kann festgestellt werden, wie die einzelnen Erfolgskomponenten am Gesamtergebnis des Unternehmens beteiligt sind.

Zur Analyse der Ertragskraft werden anschließend die Erfolgsgrößen zu anderen Größen des Unternehmens in Relation gesetzt. So erhält man z. B.

– **Rendite-Kennziffern**, z. B. Eigenkapitalrentabilität (Gewinn/Eigenkapital), Gesamtkapitalrentabilität (Gewinn + Zins/Gesamtkapital), Umsatzrentabilität (Jahresüberschuss/Umsatz oder ordentlicher Betriebserfolg/Umsatz), sowie

– **Aktivitäts-Kennzahlen**, z. B. Umschlaghäufigkeit des Bestandes an Fertigerzeugnissen, durchschnittlicher Forderungsbestand.

2. Finanzwirtschaftliche Analyse

Die finanzwirtschaftliche Analyse hat das Ziel, Erkenntnisse über die aktuelle und strukturelle Liquidität und die Vermögens- und Kapitalstruktur zu erlangen.

Liquiditäts-Kennziffern erhält man, indem bestimmte Vermögenspositionen zu Kapitalpositionen in Relation gesetzt werden.

Zu unterscheiden sind die Kennziffern zur Beurteilung der kurzfristigen Liquidität und die Kennziffern zur Beurteilung der strukturellen Liquidität. Die Kennziffern zur Beurteilung der kurzfristigen Liquidität vergleichen die kurzfristigen Verbindlichkeiten mit den kurzfristig liquidierbaren Vermögensgegenständen. Je nach dem Grad der Liquidierbarkeit ergibt sich die Liquidität ersten Grades (Zahlungsmittel zu kurzfristigen Verbindlichkeiten), zweiten Grades (Zahlungsmittel plus

Forderungen zu kurzfristigen Verbindlichkeiten) und dritten Grades (Zahlungsmittel plus kurzfristige Forderungen plus Vorräte zu kurzfristigen Verbindlichkeiten).

Die Kennziffern über die strukturelle Liquidität geben an, inwiefern das langfristig
gebundene Vermögen durch langfristiges Kapital gedeckt ist. Als langfristiges
Kapital kommt das Eigenkapital oder das Eigenkapital und das langfristige Fremdkapital in Betracht. Das langfristig gebundene Vermögen umfasst das Anlagevermögen oder das Anlagevermögen plus langfristig gebundenes Umlaufvermögen.
Diese Kennziffern erlangen besondere Bedeutung im Rahmen der sog. horizontalen Finanzierungsregeln, wenn die Einhaltung bestimmter Zahlenverhältnisse
gefordert wird.

Kennzahlen über die Finanzstruktur setzen Posten der Passivseite miteinander in
Relation. Bekannt ist insbesondere der Verschuldungsgrad, der das Verhältnis
zwischen Eigen- und Fremdkapital angibt.

3. Cashflow-Analyse

Zur Beurteilung der Innenfinanzierung der Unternehmung wird in der Regel der
Cashflow herangezogen. Als zahlungsstromorientierte Größe zeigt er den Mittel-
zufluss aus dem Umsatzprozess. In der Regel wird er indirekt ermittelt, in dem
der Jahresüberschuss durch Aufwendungen und Erträge, die nicht zahlungswirk-
sam sind, korrigiert wird, wie z. B. Abschreibungen, Erhöhung und Verminderung
von Pensionsrückstellungen etc. Um Veränderungen im kurzfristigen Kapital zu
beurteilen, wird der Cashflow durch die Aufstellung einer Kapitalflussrechnung
ergänzt.

4. Kennzahlen-Systeme

In Kennzahlen-Systemen werden verschiedene Kennzahlen in Beziehung gesetzt.
Das bekannteste Kennzahlen-System bildet der Return on Investment (ROI).
Hier wird die Umsatzrendite für das betriebsnotwendige Vermögen (ordentlicher
Betriebserfolg/Umsatz) mit der Umschlaghäufigkeit (Umsatz/betriebsnotwendiges
Vermögen) multipliziert und gelangt so zur Rendite für das betriebsnotwendige
Vermögen. Die Besonderheit des ROI-Konzepts liegt darin, dass die Einfluss-
größen in einer Baumstruktur erfasst werden und miteinander verknüpft sind.
Hierdurch ist es möglich, die Größen jeweils zu isolieren, die den ROI beein-
flussen.

Die besondere Problematik der Kennzahlen liegt darin, dass sie sich an Größen
der Vergangenheit orientieren. Ein neuerer Ansatz, die Balance Score Card, versucht auch Zukunftsaspekte zu berücksichtigen. Hierbei werden neben Finanz-
kennzahlen auch sog. weiche Kennzahlen (z. B. Kundenzufriedenheit, Kreativität
von Mitarbeitern) berücksichtigt. Durch eine bewusste Auswahl von Kennzahlen
wird ein „Denkrahmen" erarbeitet, der die Gesamtstrategie des Unternehmens
abbildet.

III. Die Aussagefähigkeit von Kennzahlen

Kennzahlen stützen sich im Wesentlichen auf Daten des Jahresabschlusses. Ihre
Aussagefähigkeit kann somit durch die Orientierung an der Vergangenheit und
die Bilanzierungs- und Bewertungsregeln eingeschränkt sein. Da Außenstehende,
insbesondere Banken, jedoch den Kennzahlen vertrauen, ist es Aufgabe des
Steuerberaters, die Kennzahlen so aufzubereiten, dass sie ein möglichst klares Bild
von der Lage des Unternehmens vermitteln.

(Dr. Kieffer)

95. Die stille Gesellschaft im Steuerrecht

Eine stille Gesellschaft liegt nach den §§ 230 ff. HGB grundsätzlich dann vor, wenn eine Einlage in das Vermögen eines Handelsgewerbes geleistet wird und der Leistende, der stille Gesellschafter, dafür am Gewinn und Verlust des Handelsgewerbes beteiligt wird. Je nachdem wie dieses Gesellschaftsverhältnis im Einzelnen ausgestaltet ist, wird steuerrechtlich zwischen der typischen und der atypischen stillen Gesellschaft unterschieden. Bei der **typischen** stillen Gesellschaft geht das tatsächliche Verhältnis zwischen den Vertragsparteien im Wesentlichen nicht über den handelsrechtlichen Grundtypus hinaus und entspricht prinzipiell einer Kapitalbeteiligung mit gewinnabhängiger Verzinsung. Bei der **atypischen** stillen Gesellschaft liegt demgegenüber eine Mitunternehmerschaft vor, weil die tatsächliche Rechtsstellung des stillen Gesellschafters von dem Grundtypus der §§ 230 ff. HGB abweicht und der stille Gesellschafter Mitunternehmerinitiative und Mitunternehmerrisiko hat. Dies ist z. B. dann der Fall, wenn der stille Gesellschafter im Innenverhältnis so behandelt wird, als ob er Kommanditist wäre, und Anspruch auf eine Beteiligung an den realisierten stillen Reserven besteht.

I. Einkommensteuer

1. Für die einkommensteuerliche Behandlung der **atypischen** stillen Gesellschaft als Mitunternehmerschaft gelten grundsätzlich die allgemeinen Regeln des § 15 Abs. 1 Nr. 2 EStG. Im Außenverhältnis führt zwar nur der Geschäftsinhaber die Geschäfte. Im Innenverhältnis führt der Geschäftsinhaber die Geschäfte jedoch für alle Gesellschafter entsprechend der für sie geltenden Gemeinschaftsordnung, sodass sie allen Gesellschaftern gemeinschaftlich zuzuordnen sind. Die atypische stille Gesellschaft wird insoweit gewerblich tätig und ist daher nach der Rechtsprechung des BFH (Urteil vom 26. 11. 1996, BStBl 1998 II S. 328) wie eine Personenhandelsgesellschaft selbständiges Subjekt der Gewinnerzielung, Gewinnermittlung und Einkünftequalifikation.

Der atypisch stille Gesellschafter erzielt gewerbliche Einkünfte (§ 15 EStG). Verluste aus einer atypisch stillen Gesellschaft sind bei einer natürlichen Person im Rahmen des § 15 a EStG grundsätzlich abzugsfähig, während § 15 Abs. 4 Satz 6 EStG bei Kapitalgesellschaften zu Verrechnungsbeschränkungen führt.

Betrieblich genutzte Wirtschaftsgüter, die dem Inhaber des Handelsgeschäfts gehören, sind kein Sonderbetriebsvermögen. Sie entsprechen vielmehr dem Gesellschaftsvermögen einer Personengesellschaft mit Gesamthandseigentum.

Sonderbetriebsvermögen ergibt sich nur dann, wenn der Stille dem Inhaber des Handelsgeschäfts neben seiner Einlage weitere Wirtschaftsgüter zur Nutzung überlässt (sog. Sonderbetriebsvermögen I) oder wenn er andere Wirtschaftsgüter unmittelbar zur Förderung seiner Beteiligung einsetzt (sog. Sonderbetriebsvermögen II). In diesem Fall besteht das Betriebsvermögen der Mitunternehmerschaft aus dem Betriebsvermögen des Geschäftsinhabers und dem Sonderbetriebsvermögen des Stillen. Zum Sonderbetriebsvermögen gehören grundsätzlich auch die Anteile eines Gesellschafters der GmbH, der gleichzeitig als Stiller beteiligt ist.

Gewinne aus der Veräußerung der Einlage und von Wirtschaftsgütern des Sonderbetriebsvermögens werden als gewerbliche Veräußerungsgewinne im Rahmen der §§ 15, 16 EStG besteuert. Die entsprechenden Verluste sind als gewerbliche Veräußerungsverluste ausgleichsfähig.

2. Bei der **typischen** stillen Gesellschaft sind die Gewinnanteile des Stillen bei der Gewinnermittlung des Geschäftsinhabers grundsätzlich als Betriebsausgaben abzugsfähig. Liegt die stille Beteiligung nicht im Betriebsvermögen, gehören die

Gewinnanteile des Stillen zu den Einkünften aus Kapitalvermögen (§ 20 Abs. 1 Nr. 4 EStG). Es gilt das Zuflussprinzip.

Die Gewinnanteile des Stillen unterliegen der Kapitalertragsteuer (§ 43 Abs. 1 Nr. 3, § 43 a Abs. 1 Nr. 1 EStG). Da die Einkommensteuer bei beschränkt steuerpflichtigen Anteilseignern mit dem Kapitalertragsteuerabzug abgegolten ist (§ 50 Abs. 5 EStG), war die stille Beteiligung für nicht anrechnungsberechtigte Anteilseigner früher ein geeignetes Mittel, um die auch nach der Körperschaftsteuerreform bestehende Doppelbelastung ihrer Gewinnanteile zu vermeiden. Durch die Einführung des § 8 a KStG haben sich insoweit jedoch Einschränkungen ergeben.

Laufende Verluste aus einer typisch stillen Gesellschaft sind bei einer natürlichen Person grundsätzlich bis zur Höhe der Einlage als Werbungskosten abzugsfähig (BFH-Urt. vom 10. 11. 1987, BStBl 1988 II S. 186), wärend § 15 Abs. 4 Satz 6 EStG bei Kapitalgesellschaften zu Verrechnungsbeschränkungen führt. Für Verluste, die über die Einlage hinausgehen, gilt § 15 a EStG entsprechend (§ 20 Abs. 1 Nr. 4 Satz 2 EStG). Strittig ist, zu welchem Zeitpunkt der Verlust geltend zu machen ist. Diskutiert wird insoweit das Verlustjahr, das Jahr, in dem die Einlage aufgefüllt wird, oder das Jahr, in dem der Verlust von der Einlage abgebucht wird.

Der Verlust der Einlage durch Konkurs oder Liquidation ist als privater Vermögensverlust nicht abzugsfähig.

Gewinne aus der Veräußerung der Beteiligung oder von Wirtschaftsgütern, die dem Geschäftsinhaber schuldrechtlich überlassen werden, sind als private Veräußerungsgewinne nur im Rahmen der §§ 17, 23 EStG steuerbar. Eine über die Einlage hinausgehende Abfindung durch den Geschäftsinhaber gehört als Mehrerlös nach § 20 Abs. 2 Nr. 1 EStG zu den Einkünften aus Kapitalvermögen.

II. Gewerbesteuer

1. Bei der **typischen** stillen Gesellschaft ist der Inhaber des Handelsgeschäfts Steuerschuldner. Die Gewinnanteile unterliegen lediglich im Rahmen des § 8 Nr. 3 GewStG der Gewerbesteuer.

2. Eine Mitunternehmerschaft ist nach § 5 Abs. 1 Satz 3 GewStG zwar grundsätzlich subjektiv gewerbesteuerpflichtig. Der BFH geht jedoch bei der atypisch stillen Gesellschaft davon aus, dass allein der Inhaber des Handelsgeschäfts Schuldner der Gewerbesteuer ist. Objektiv gewerbesteuerpflichtig sind dagegen die Mitunternehmer als Gesellschaft, wobei die Abgrenzung des jeweiligen Gewerbebetriebs davon abhängt, ob der Stille am gesamten Handelsgeschäft oder an einzelnen Geschäftsbereichen beteiligt ist. Bezieht sich die atypisch stille Gesellschaft auf das gesamte Handelsgeschäft, ist selbst dann von einem einheitlichen Gewerbebetrieb auszugehen, wenn mehrere stille Beteiligungen bestehen. Der Freibetrag nach § 11 Abs. 1 Satz 3 Nr. 1 GewStG wird dann nur einmal gewährt. Demgegenüber bestehen dann mehrere Gewerbebetriebe, wenn die stille Beteiligung sich nur auf einzelne Geschäftsbereiche erstreckt. In diesem Fall ist der Gewerbeertrag jeweils gesondert unter mehrfacher Berücksichtigung des vollen Freibetrags zu ermitteln. Der Ergebnisausgleich ist dann jedoch auch nur auf den einzelnen Gewerbebetrieb beschränkt.

III. Grunderwerbsteuer

Wird die Vermögenseinlage eines stillen Gesellschafters durch Übertragung eines Grundstücks erbracht oder wird bei der Auseinandersetzung ein Grundstück übertragen, so fällt grundsätzlich Grunderwerbsteuer an. Da die stille Gesellschaft keine Gesamthandsgemeinschaft ist, sind die §§ 5, 6 GrEStG nicht anwendbar.

(Montag)

96. Unternehmungsgründung

I. Grundlagen

In Deutschland war in den 90er Jahren eine starke Gründungswelle zu beobachten. Besonders durch die Entwicklung am „Neuen Markt" in den Jahren 1998 bis 2000 rückten innovative Gründungen in das Interesse breiter Anlegerschichten und wurden Gegenstand von Börsenspekulationen. Der Zusammenbruch der Börsenkurse in der Folgezeit führte zu einer Ernüchterung. Während 1998–2000 traditionelle betriebswirtschaftliche Betrachtungen völlig vernachlässigt wurden und Innovationskraft und schnelles Wachstum Garanten für eine großzügige Ausstattung waren, sind heute i. d. R. nur noch Gründungen mit einem überschaubaren Finanzbedarf und schnell erreichbarem Break even finanzierbar.

Vielfacher Hintergrund für Gründungen sind gerade in letzter Zeit Notsituationen, z. B. drohende oder bestehende Arbeitslosigkeit.

II. Businessplanung – der erste Schritt

Für Finanziers ist es heute eine Selbstverständlichkeit, dass der Gründung eine detaillierte Vorbereitung vorausgehen muss, in die auch häufig Steuerberater einbezogen werden.

Eine vernünftige Gründungsplanung ist also der erste Schritt in die Selbständigkeit. Sie muss die notwendigen Investitionen, die Aufwendungen und Ausgaben sowie die erwarteten monatlichen Erlöse und Einnahmen berücksichtigen und in einer Plan-Gewinn-und-Verlust-Rechnung sowie in einer pagatorischen Planliquiditätsrechnung zusammenfassend darstellen. Die Planungsprämissen sollten auch für einen kundigen Dritten plausibel dokumentiert werden. Aus der Gründungsplanung sollte sich nicht nur die geplante Liquiditäts- und Gewinnentwicklung ergeben, sondern sie sollte auch den notwendigen Mindestumsatz für eine tragfähige Vollexistenz und Sensitivitätsanalysen beinhalten.

Die Planung kann zwar keine Erfolgsgarantie bieten, jedoch Schwächen des Gründungskonzeptes aufzeigen.

III. Gründungsfinanzierung

Zeigt die Planung, dass das Gründungsvorhaben Aussicht auf wirtschaftlichen Erfolg hat, so folgen Gespräche mit Kreditinstituten oder anderen Finanziers. Denn bei den meisten Gründungsplanungen übersteigt der Liquiditätsbedarf die Eigenmittel der Gründer bei weitem.

Für typische Gründer wurde eine Reihe von öffentlichen Finanzierungshilfen geschaffen. Dazu gehören vergünstigte Darlehen des Bundes und der Länder wie z. B. die Eigenkapitalhilfe und das Existenzgründungsprogramm. Von besonderer Bedeutung ist das Eigenkapitalhilfedarlehen, das unbesichert gewährt wird, mit einem Rangrücktritt verbunden ist und in den ersten Jahren zzt. zins- und tilgungsfrei ist. Daneben gibt es noch spezielle Bürgschaftsprogramme bei nicht ausreichenden Sicherheiten. Alle diese Programme für typische Existenzgründer sind jedoch an eine Vielzahl von Voraussetzungen gebunden, die im Einzelfall zu prüfen sind. Häufig ist Vergabevoraussetzung, dass vor Beantragung mit dem Gründungsvorhaben noch nicht begonnen wurde. Viele dieser Finanzierungsprogramme kommen nur für den Teil des Finanzbedarfs in Betracht, der durch Investitionen und Erstausstattung mit Waren bedingt ist. Dies impliziert, dass Finanzbedarf, der z. B. in der Vorfinanzierung halb fertiger Arbeiten, Kundenforderungen oder Anlaufverlusten begründet liegt, anderweitig finanziert werden muss.

Fast völlig zusammengebrochen ist die Finanzierung größerer Gründungsvorhaben durch Beteiligungskapital. Auch hierfür gibt es öffentliche Förderprogramme wie z. B. tbg, das die Risiken von Beteiligungsgesellschaften reduziert und durch sog. Co-Venture-Finanzierungen das Beteiligungskapital erhöht.

Bei all diesen Finanzierungshilfen darf nicht übersehen werden, dass öffentliche Programme nur für den Teil des Finanzbedarfs in Betracht kommen, der durch Investitionen und die Erstausstattung mit Waren bedingt ist. Finanzbedarf, der z. B. in der Vorfinanzierung halb fertiger Arbeiten, Kundenforderungen oder Anlaufverlusten begründet liegt, ist anderweitig zu finanzieren.

IV. Die Rechtsform des Unternehmensgründers

Als Rechtsform stehen Gründern neben Kapitalgesellschaften (GmbH, AG) bei Gründungen ohne Partner die Einzelunternehmen und bei Gründung eines Handelsgewerbes mit Partnern die Handelsgesellschaften OHG und KG, bei anderen partnerschaftlichen Gründungen die Gesellschaft bürgerlichen Rechts und bei Freiberuflern die Partnerschaft zur Verfügung.

Die Gründung von Einzelunternehmen und Personengesellschaften erfordert kein Mindestkapital und verursacht bei Gründung in der Regel weniger Kosten als Kapitalgesellschaften. Zudem bestehen bei diesen Rechtsformen die Möglichkeiten zur Verlustverrechnung mit positiven Einkünften früherer Jahre oder mit positiven Einkünften des Ehepartners des Gründers. Steuerreduzierungen können die Liquidität des Gründers gerade in der schwierigen Anfangsphase entlasten.

Entscheidet sich der Gründer für eine GmbH oder AG wegen der vermeintlichen Beschränkung der finanziellen Risiken, so wird diese regelmäßig dadurch unterlaufen, dass Kreditinstitute vom Gründer Bürgschaften fordern.

V. Meldepflichten bei der Gründung

Bei einer normalen gewerblichen Tätigkeit sind mit der Anmeldung beim Amt für Sicherheit und Ordnung automatisch die übrigen Formalia erfüllt: Anmeldung beim Finanzamt, bei der Berufsgenossenschaft, Anzeige der Betriebseröffnung bei der IHK. Im Einzelfall ist allerdings zu prüfen, ob für die geplante Gründung branchenspezifische oder berufsbedingte zusätzliche Formerfordernisse gegeben sind (beispielsweise genehmigungspflichtige Gewerbebetriebe).

Als Reaktion auf die Gewerbeanmeldung erhält der Gründer vom Finanzamt einen Betriebsfragebogen, in dem alle für die Finanzverwaltung und für die Festsetzung der Steuervorauszahlung notwendigen Angaben erfragt werden.

VI. Einrichtung des Rechnungswesens

Immer noch viele Gründer sehen im Rechnungswesen nur eine lästige Pflicht. Sie verkennen, dass das Rechnungswesen nicht nur eine von Handels- und Steuerrecht vorgeschriebene Notwendigkeit, sondern Grundlage jeder ergebnisorientierten Steuerung des jungen Unternehmens ist – also jedes operativen Controllings. Ein vernünftiges Rechnungswesen liefert dem Gründer sichere Informationen über Erlöse, Kosten, Rohgewinnspanne, Umsatzrentabilität und Liquidität seines Unternehmens. Diese Informationen sind in der Frühentwicklungsphase besonders wichtig, weil noch nicht auf Erfahrungswerte aus den Vorjahren zurückgegriffen werden kann. Selbst bei jungen börsennotierten Unternehmen wurde ein unzureichendes Rechnungswesen als häufigste Ursache für Fehlentwicklungen und Scheitern genannt. (Prof. Dr. Bischoff)

97. Die GmbH & Co. KG im Steuerrecht

Die unterschiedliche steuerliche Behandlung von Personen- und Kapitalgesellschaften hat zur Entstehung von Unternehmungsformen geführt, die die steuerlichen Vorteile der vom Gesetzgeber vorgegebenen Rechtsformen kombinieren und gleichzeitig ihre Nachteile vermeiden sollen. Die GmbH & Co. KG als eine dieser Unternehmungsformen ist eine Kommanditgesellschaft, bei der eine GmbH die Stellung des einzigen Komplementärs innehat. Die Gesellschafter der GmbH sind regelmäßig zugleich als Kommanditisten an der KG beteiligt.

Die Besteuerung der GmbH & Co. KG richtet sich grundsätzlich nach den Regeln, die bezogen auf die GmbH für Kapitalgesellschaften und bezogen auf die KG für Personengesellschaften gelten. Dabei sind allerdings im Wesentlichen die folgenden Besonderheiten zu berücksichtigen.

I. Einkommensteuer und Körperschaftsteuer

1. Steuerpflicht

Die GmbH & Co. KG unterliegt als Personengesellschaft nach herrschender Meinung weder der Einkommensteuer noch der Körperschaftsteuer. Steuerpflichtig sind grundsätzlich die Gesellschafter der KG, die ihre Einkünfte aus der KG entweder der Einkommensteuer oder der Körperschaftsteuer zu unterwerfen haben. Dass dieser Grundsatz uneingeschränkt gilt und auch die so genannte Publikums-GmbH & Co. KG nicht als nichtrechtsfähiger Verein i. S. des § 1 Abs. 1 Nr. 5 KStG und damit als Körperschaftsteuersubjekt anzusehen ist, hat der Große Senat des BFH in seinem Beschluss vom 25. 6. 1984 (BStBl 1984 II S. 751) ausdrücklich bestätigt.

2. Einkunftsart

Nach der Aufgabe der Geprägetheorie durch den Beschluss des Großen Senats (BStBl 1984 II S. 751) wurden die Grundsätze der früheren Rechtsprechung – mit verfassungsrechtlicher Billigung durch den BFH (BStBl 1986 II S. 811) – rückwirkend in § 15 Abs. 3 Nr. 2 EStG gesetzlich verankert. Die Tätigkeit einer GmbH & Co. KG, bei der ausschließlich Kapitalgesellschaften persönlich haftende Gesellschafter sind und bei der nur diese Kapitalgesellschaften oder Nichtgesellschafter zur Geschäftsführung befugt sind, gilt demnach auch dann als Gewerbebetrieb, wenn die Tätigkeit der Gesellschaft an sich nicht unter § 15 Abs. 1 Satz 1 Nr. 1 EStG fällt.

3. Geschäftsführergehälter

Tätigkeitsvergütungen, die ein Kommanditist der KG als Geschäftsführer der GmbH erhält, gehören nach Auffassung des BFH nicht zu den Einkünften aus nichtselbständiger Arbeit. Die Vergütungen gehören als Einnahmen aus der KG gem. § 15 Abs. 1 Nr. 2 EStG zu den Einkünften aus Gewerbebetrieb und erhöhen insoweit in der Gesamtbilanz der Mitunternehmerschaft den Gewinn.

4. Umfang des Betriebsvermögens

Die Anteile an der Komplementär-GmbH gehörten nach der früheren Rechtsprechung des BFH bei den Kommanditisten stets zum notwendigen Sonderbetriebsvermögen. Gewinnausschüttungen der GmbH begründeten daher keine Einkünfte aus Kapitalvermögen, sondern als Sonderbetriebseinnahmen nach § 15 Abs. 1

Satz 1 Nr. 2 EStG Einkünfte aus Gewerbebetrieb. Veräußerungsgewinne entstanden im Betriebsvermögen und waren daher zu versteuern, Veräußerungsverluste waren ausgleichsfähig.

Nach der geänderten Rechtsprechung des BFH (BStBl 1990 II S. 677; BStBl 1991 II S. 510) ist Sonderbetriebsvermögen aber grundsätzlich nur noch dann anzunehmen, wenn sich die GmbH auf die Geschäftsführung für die KG beschränkt oder ein daneben bestehender Gewerbebetrieb der GmbH von ganz untergeordneter Bedeutung ist.

Die Qualifikation des Vermögens als Gesellschaftsvermögen und die Qualifikation der Einkünfte aus der Verpachtung des Vermögens als Einkünfte einer gewerblich geprägten Personengesellschaft haben bei ganz oder teilweise gesellschafteridentischen Personengesellschaften Vorrang vor der Qualifikation des Vermögens als Sonderbetriebsvermögen und der Einkünfte aus der Verpachtung als Sonderbetriebseinkünfte der Gesellschaft bei der Gesellschaft, die die Leistung empfängt (BFH-Urteil vom 16. 6. 1994, BStBl 1996 II S. 82; Urteil vom 22. 11. 1994, BStBl 1996 II S. 93). Nach Auffassung der Finanzverwaltung gilt dies dann nicht, wenn die Überlassung der Wirtschaftsgüter durch die vermietende Personengesellschaft ausschließlich im Interesse eines, mehrerer oder aller Gesellschafter liegt. Dies soll dann der Fall sein, wenn zu Bedingungen vermietet wird, die unter fremden Dritten nicht üblich sind, oder eine eigene Leistungspflicht der Gesellschafter gegenüber der nutzenden Personengesellschaft besteht, zu deren Erfüllung sich die Gesellschafter der überlassenden Personengesellschaft bedienen (BMF, BStBl 1996 I S. 86).

5. Gewinnverteilung

Vereinbaren die Gesellschafter der GmbH als Kommanditisten der KG bei der Gewinnverteilung einen unangemessen niedrigen Gewinnanteil für die GmbH und einen unangemessen hohen Gewinnanteil für die Kommanditisten, liegt eine verdeckte Gewinnausschüttung der GmbH an die Kommanditisten vor. Es ist insoweit davon auszugehen, dass die GmbH im Rahmen der Gewinnverteilung der KG einen angemessenen Gewinnanteil erhält und diese Einnahmen an ihre Gesellschafter ausschüttet.

II. Gewerbesteuer

Gemäß § 2 Abs. 1 Satz 2 Gewerbesteuergesetz ist ein Gewerbebetrieb ein gewerbliches Unternehmen im Sinne des Einkommensteuergesetzes. Damit unterliegt eine GmbH & Co. KG nach den Geprägegrundsätzen des § 15 Abs. 3 Nr. 2 EStG auch dann der Gewerbesteuer, wenn die KG an sich keine gewerbliche Tätigkeit ausübt. Die Vergütung des Geschäftsführers der Komplementär-GmbH unterliegt der Gewerbeertragsteuer, wenn der Geschäftsführer zugleich Kommanditist der KG ist.

III. Umsatzsteuer

Umsatzsteuerlich stellt der BFH bei einer Komplementär-GmbH, die lediglich die Geschäfte der KG führt (BFH, BStBl 1980 II S. 622), die Unternehmereigenschaft nach § 2 Abs. 1 UStG infrage. Der BFH geht davon aus, dass die GmbH ihre Geschäftsführungstätigkeit gegenüber der KG nicht im Rahmen eines Leistungsaustauschs erbringt, und versagt ihr damit den Vorsteuerabzug.

(Montag)

98. Die Organschaft im Gewerbe- und Umsatzsteuerrecht

Das Steuerrecht orientiert sich bei der Abgrenzung der Steuerrechtssubjekte zwar grundsätzlich am Zivilrecht. Bei der Körperschaftsteuer, der Gewerbesteuer und der Umsatzsteuer berücksichtigt es mit dem Rechtsinstitut der Organschaft aber, dass zivilrechtlich selbständige Rechtssubjekte wirtschaftlich eine Einheit bilden können. Dabei gilt für die Gewerbesteuer und die Umsatzsteuer Folgendes:

I. Die Organschaft im Gewerbesteuerrecht

1. Voraussetzungen der gewerbesteuerlichen Organschaft

Gewerbesteuerliche Organschaft liegt gem. § 2 Abs. 2 Satz 2 GewStG vom Erhebungszeitraum 2002 an wie bei der Körperschaftsteuer dann vor, wenn eine Kapitalgesellschaft Organgesellschaft i. S. der §§ 14, 17 oder 18 des KStG ist. Organgesellschaft ist eine Kapitalgesellschaft insoweit grundsätzlich dann, wenn sie finanziell in das Unternehmen des Organträgers eingegliedert und durch einen Gewinnabführungsvertrag i. S. des § 291 Abs. 1 AktG verpflichtet ist, ihren ganzen Gewinn an den Organträger abzuführen. Die für die gewerbesteuerliche Organschaft notwendige finanzielle Eingliederung der Organgesellschaft liegt nach § 14 Abs. 1 Nr. 1 KStG grundsätzlich dann vor, wenn der Organträger vom Beginn des Wirtschaftsjahres an ununterbrochen so an der Organgesellschaft beteiligt ist, dass ihm die Mehrheit der Stimmrechte zusteht. Mittelbare Beteiligungen sind zu berücksichtigen, wenn die Beteiligung an jeder vermittelnden Gesellschaft die Mehrheit der Stimmrechte gewährt.

Die wirtschaftliche und organisatorische Eingliederung sind für eine gewerbesteuerliche Organschaft ab 2002 nicht mehr erforderlich. Erforderlich ist zusätzlich zur früheren Rechtslage vielmehr wie bei der Körperschaftsteuer ein Gewinnabführungsvertrag i. S. des § 291 Abs. 1 AktG. Die gewerbesteuerliche und körperschaftsteuerliche Organschaft stimmen daher nunmehr in ihren Voraussetzungen grundsätzlich überein und sind zwingend miteinander verknüpft.

2. Rechtsfolgen der gewerbesteuerlichen Organschaft

Liegt gewerbesteuerliche Organschaft vor, gilt die Organgesellschaft gem. § 2 Abs. 2 Satz 2 GewStG als Betriebsstätte des Organträgers. Diese Betriebsstättenfiktion bedeutet aber nicht, dass Organträger und Organgesellschaft als einheitliches Unternehmen anzusehen sind. Der Gewerbeertrag ist vielmehr grundsätzlich getrennt zu ermitteln und dem Organträger zur Berechnung des Steuermessbetrags zuzurechnen. Damit Doppelbelastungen vermieden werden, sind in Abschnitt 41 GewStR allerdings eine Reihe von Sonderregelungen vorgesehen.

Steuerschuldner für den Organkreis ist der Organträger. Gegen ihn ergeht der Gewerbesteuermessbescheid und der Gewerbesteuerbescheid, im Falle der Zerlegung nach § 28 GewStG auch der Zerlegungsbescheid, mit dem der Gewerbesteuermessbetrag auf alle Betriebsstättengemeinden zerlegt wird. Die Organgesellschaft kann gem. § 73 AO lediglich als Haftungsschuldner für die Gewerbesteuerschuld in Anspruch genommen werden.

3. Bedeutung

Die gewerbesteuerliche Organschaft verhindert Doppelbelastungen bei den Hinzurechnungsbeträgen. Sie schafft im Organkreis darüber hinaus aber vor allem die Möglichkeit, positive und negative Gewerbeerträge zu verrechnen, und führt insoweit zu einem zeitnahen Verlustausgleich.

II. Die Organschaft im Umsatzsteuerrecht

1. Voraussetzungen der umsatzsteuerlichen Organschaft

Im Umsatzsteuerrecht liegt Organschaft dann vor, wenn eine juristische Person nach dem Gesamtbild der tatsächlichen Verhältnisse finanziell, wirtschaftlich und organisatorisch in ein Unternehmen eingegliedert ist. Die umsatzsteuerliche Organschaft setzt demnach zwar keinen Ergebnisabführungsvertrag voraus. Sie erfordert jedoch zusätzlich zur finanziellen Eingliederung auch die wirtschaftliche und organisatorische Eingliederung.

Wirtschaftlich ist die Organschaft dann eingegliedert, wenn sie nach Art einer unselbständigen Betriebsabteilung in den Unternehmensaufbau des herrschenden Unternehmens eingegliedert ist und in dieser Funktion die gewerbliche Betätigung des herrschenden Unternehmens wirtschaftlich fördert und ergänzt.

Organisatorisch ist die Organgesellschaft eingegliedert, wenn der Wille des Organträgers tatsächlich in der Geschäftsführung der Organgesellschaft durchgeführt wird, wenn die Organgesellschaft dem Organträger durch einen Beherrschungsvertrag (§ 291 Abs. 1 AktG) unterstellt oder wenn sie gem. §§ 319 f. AktG eingegliedert ist.

2. Rechtsfolgen der umsatzsteuerlichen Organschaft

Liegt die finanzielle, wirtschaftliche und organisatorische Eingliederung vor, dann ist die Organgesellschaft gem. § 2 Abs. 2 Nr. 2 UStG nicht selbständig und damit umsatzsteuerlich nicht Unternehmer. Unternehmer ist vielmehr der Organträger, sodass die Umsätze, die die Organgesellschaft ausführt, ebenso wie die Vorsteuern, die der Organgesellschaft in Rechnung gestellt werden, ausschließlich beim Organträger umsatzsteuerlich zu erfassen sind. Lieferungen und sonstige Leistungen zwischen Organgesellschaften und Organträger sind als sog. Innenumsätze nicht umsatzsteuerbar.

3. Bedeutung

Mit dem Wegfall der kumulativen Umsatzsteuer hat die umsatzsteuerliche Organschaft erheblich an Bedeutung verloren. Materielle Vorteile ergeben sich im Wesentlichen nur noch dann, wenn innerhalb des Organkreises Leistungen an steuerbefreite Unternehmensbereiche erbracht werden, die ohne das Bestehen eines Organschaftsverhältnisses mit nichtabzugsfähigen Vorsteuern belastet wären. Da für den Organkreis nur eine einzige Umsatzsteuervoranmeldung und eine einzige Umsatzsteuererklärung abzugeben sind, reduziert die Organschaft auch den Verwaltungsaufwand. Es entstehen schließlich auch Zinsvorteile, wenn Vorsteuerüberhänge, die bei selbständigen Unternehmen erst mit zeitlicher Verzögerung erstattet werden, im Organkreis zeitnah verrechnet werden können.

(Montag)

99. Uni- und bilaterale Maßnahmen im deutschen Steuerrecht zur Vermeidung der internationalen Doppelbesteuerung

I. Grundlagen

Grenzüberschreitende Tätigkeiten können in mehr als einem Staat Besteuerungsfolgen auslösen. Da derartige Doppelbesteuerungen die internationale Wirtschaftstätigkeit behindern, muss im Hinblick auf eine Aufrechterhaltung der Wettbewerbsgleichheit das Besteuerungsrecht der beteiligten Staaten eingeschränkt werden. Dies geschieht auf nationaler Ebene durch unilaterale Maßnahmen, also durch den einseitigen Steuerverzicht eines Staates. Bilaterale Maßnahmen finden in völkerrechtlichen Verträgen, den sog. Doppelbesteuerungsabkommen (DBA), ihren Niederschlag.

II. Unilaterale Maßnahmen

1. Einkommensteuer

Unbeschränkt Einkommensteuerpflichtigen werden Steuerermäßigungen bei ausländischen Einkünften durch die Vorschrift des § 34 c EStG gewährt, die alternativ drei Entlastungsmethoden beinhaltet. Für welche Einkünfte die Ermäßigungen infrage kommen, bestimmt § 34 d EStG, in dem eine Abgrenzung der ausländischen Einkünfte erfolgt.

In § 34 c Abs. 1 EStG wird als praktisch bedeutsamste Methode die direkte Steueranrechnung vorgestellt. Danach können die ausländischen Steuern, die in dem Staat, aus dem die Einkünfte stammen, angefallen sind, auf die deutsche Steuer, die auf die Einkünfte aus diesem Staat entfällt, angerechnet werden. Voraussetzung ist, dass die ausländische Steuer der deutschen entspricht und tatsächlich festgesetzt und gezahlt wurde sowie keinem Ermäßigungsanspruch mehr unterliegt. Die Anrechnung ist mit einer Höchstbetragsbegrenzung für jeden einzelnen Staat versehen, sodass Überhänge von anrechenbaren Steuern nicht auf andere ausländische Einkünfte übertragen werden können. Ab VZ 2003 dürfen bei der Ermittlung der auf die ausländischen Einkünfte entfallenden deutschen Einkommensteuer nur noch die ausländischen Einkünfte berücksichtigt werden, die nach dem Recht des ausländischen Staates dort der Besteuerung unterliegen.

In § 34 c Abs. 2 EStG ist die Abzugsmethode normiert. Auf Antrag werden die anrechenbaren ausländischen Steuern nicht angerechnet, sondern bei der Ermittlung der Einkünfte abgezogen. Der Abzug ist günstiger, wenn keine deutsche Steuerbelastung entstehen würde, so z. B. bei Verlusten. Zudem gestattet § 34 c Abs. 3 EStG den Abzug nicht anrechenbarer Steuern, z. B. der Steuern, die nicht der deutschen Einkommensteuer entsprechen. Nach dem auf der Basis der Ermächtigungsvorschrift in § 34 c Abs. 5 EStG ergangenen Pauschalierungserlass (BStBl 1984 II S. 252) kann auf Antrag für bestimmte gewerbliche Einkünfte, die aus einem ausländischen Staat stammen, mit dem kein Doppelbesteuerungsabkommen besteht, die inländische Steuer mit einem Pauschsteuersatz von 25 v. H. abgegolten werden. Nach § 50 Abs. 6 EStG werden die Steueranrechnung und der Abzug auch für Gewinneinkünfte beschränkt Steuerpflichtiger gewährt.

2. Körperschaftsteuer

Im Bereich der Körperschaftsteuer bestehen grundsätzlich die gleichen Steuerermäßigungen wie bei der Einkommensteuer (§ 26 Abs. 1 und 6 KStG). Die Anrechnungs-, Abzugs- sowie die Pauschalierungsmethode ist somit z. B. bei

Zinsen, Lizenzgebühren oder sonstigen Leistungsvergütungen auch im Bereich der Körperschaftsteuer relevant. Bei Beteiligung an ausländischen Körperschaften findet jedoch – ebenso wie bei inländischen – die Freistellungsmethode Anwendung. Sowohl Dividenden als auch Gewinne aus der Veräußerung von Beteiligungen bleiben gem. § 8 b Abs. 1 bzw. Abs. 2 KStG bei der Ermittlung des Einkommens außer Ansatz. Die Freistellung umfasst bei ausländischen Dividenden und Beteiligungsveräußerungsgewinnen im wirtschaftlichen Ergebnis lediglich 95 v. H. der Dividenden, da 5 v. H. der Dividenden bzw. Veräußerungsgewinne als Betriebsausgaben gelten, die mit den Einnahmen in unmittelbarem wirtschaftlichem Zusammenhang stehen und damit vom Abzug ausgeschlossen sind. Die Freistellung gilt jedoch unabhängig von Mindestbeteiligungsquoten oder Tätigkeitsvoraussetzungen und umfasst somit auch Dividenden, die von niedrig besteuerten passiv tätigen Auslandsgesellschaften ausgeschüttet werden.

3. Gewerbesteuer

Im Bereich der Gewerbesteuer ist ausschließlich die Freistellungsmethode relevant (§ 9 Nr. 2, 3, 7 GewStG). Nach diesen Vorschriften gehören nicht zum Gewerbeertrag ausländische Betriebsstätteneinkünfte, Gewinnanteile von ausländischen Mitunternehmergemeinschaften sowie von aktiven ausländischen Tochtergesellschaften, an denen mindestens eine 10%ige Beteiligung besteht.

4. Erbschaftsteuer

Im Bereich der Erbschaftsteuer wird die Steueranrechnung (§ 21 ErbStG) gewährt. Dabei wird bei dem Erwerber die im ausländischen Staat auf Auslandsvermögen festgesetzte, der deutschen Erbschaftsteuer entsprechende Steuer auf die deutsche Erbschaftsteuer angerechnet. Die Steuer ist nur anrechenbar, wenn die deutsche Erbschaftsteuer für das Auslandsvermögen innerhalb von fünf Jahren seit dem Entstehen der ausländischen Erbschaftsteuer entstanden ist.

III. Bilaterale Maßnahmen

DBA werden durch Transformation gem. Art. 59 Abs. 2 GG innerstaatliches Recht, das Vorrang vor nationalem Steuerrecht hat. Die Steuerarten, auf die sich das Abkommen erstreckt, werden im Abkommen aufgeführt; die meisten der etwa 80 von Deutschland abgeschlossenen DBA erfassen die ESt, KSt und die GewSt. Daneben bestehen mit einigen Ländern gesonderte DBA im Bereich der Erbschaftsteuer und im Bereich der internationalen Luft- und Seefahrt. Gemeinsam ist allen DBA, dass sie das Besteuerungsrecht lediglich für die Steuergüter regeln, die aus den jeweiligen Vertragsstaaten stammen bzw. dort belegen sind. Die DBA bedienen sich ausschließlich der Freistellungs- und der Anrechnungsmethode. Im Regelfall wird im Abkommen eine Zuteilung der Steuerobjekte vorgenommen, d. h. das Besteuerungsrecht für bestimmte Einkünfte (Vermögensteile) wird einem Staat zugewiesen. Soweit sowohl der Quellen- als auch der Wohnsitzstaat das Besteuerungsrecht haben, wird im Abkommen bestimmt, in welcher Weise eine drohende Doppelbesteuerung vermieden wird. Bei den sich in Details regelmäßig unterscheidenden DBA findet meistens bei Zins-, Dividenden- und Lizenzeinkünften die Anrechnungsmethode, bei Betriebsstätteneinkünften und Einkünften die Freistellungsmethode Anwendung. Werden Einnahmen freigestellt, so dürfen nach § 3 c EStG damit in unmittelbarem wirtschaftlichem Zusammenhang stehende Betriebsausgaben/Werbungskosten nicht abgezogen werden. Die DBA sehen auch für Schachteldividenden i. d. R. die Freistellung vor, allerdings unter unterschiedlichen Voraussetzungen, insbesondere Tätigkeitsvoraussetzungen. Unter Geltung des § 8 b Abs. 1 KStG ab 2001 sind die DBA-Schachtelprivilegien nur noch in Ausnahmefällen von Bedeutung. (Dr. Lenz)

100. Die Hinzurechnungsbesteuerung im Außensteuerrecht

I. Die Voraussetzungen der Hinzurechnungsbesteuerung

Die in den §§ 7 bis 14 AStG normierte Hinzurechnungsbesteuerung wurde vom Gesetzgeber geschaffen, um dem Missbrauch von Basisgesellschaften in Steueroasenländern entgegenzuwirken. Die Hinzurechnungsbesteuerung greift ein, wenn unbeschränkt oder erweitert beschränkt Steuerpflichtige zu mehr als der Hälfte an einer ausländischen Gesellschaft, die weder ihren Sitz noch ihre Geschäftsleitung in Deutschland hat, beteiligt sind. Ob die ausländische Gesellschaft inlandsbeherrscht ist, wird durch Zusammenrechnung aller Beteiligungen von Inländern ermittelt. Bei Zwischengesellschaften mit Kapitalanlagecharakter (§ 7 Abs. 6 und Abs. 6 a AStG) gelten besondere Bestimmungen, die auch bei geringfügigen Beteiligungen bereits zur Hinzurechnung führen. Der Hinzurechnungsbesteuerung unterliegen nur Zwischeneinkünfte, also Einkünfte aus passiven Tätigkeiten. Passiv sind diejenigen Tätigkeiten, die nicht ausdrücklich in § 8 Abs. 1 AStG aufgeführt werden. Produktionstätigkeiten gelten immer, der Handel und gewerbliche Dienstleistungen in den meisten Fällen als aktiv. Vermietungs- und Verpachtungs- sowie Finanzierungstätigkeiten sind nur unter ganz bestimmten Voraussetzungen aktiv. Einkünfte aus Beteiligungen, nämlich Gewinnausschüttungen von Kapitalgesellschaften sowie Anteilsveräußerungsgewinne, die nicht auf passive Tätigkeiten mit Kapitalanlagecharakter entfallen, zählen gleichfalls zu den aktiven Einkünften. Als dritte Voraussetzung ist die Niedrigbesteuerung zu nennen: Nach § 8 Abs. 3 AStG gilt eine unter 25 v. H. liegende Ertragsteuerbelastung als niedrig. Zur Verwaltungsvereinfachung wird aufgrund einer in § 9 AStG verankerten Bagatellgrenze (weniger als 10 v. H. der Bruttoerträge, vorausgesetzt 62.000 Euro werden nicht überschritten) auf die Hinzurechnungsbesteuerung verzichtet, wenn Gesellschaften, die grundsätzlich aktiven Charakter haben, daneben absolut und relativ geringe passive Einkünfte erzielen (vgl. BFH-Urteil vom 30. 8. 1995, BStBl 1996 II S. 122). Bei ausländischen Betriebsstätteneinkünften, die ansonsten der Hinzurechnungsbesteuerung unterliegen würden (wenn die BS eine Gesellschaft wäre), wird ab VZ 2003 die Doppelbesteuerung durch Anrechnung, nicht mehr durch Freistellung vermieden (§ 20 Abs. 2 AStG).

II. Rechtsfolgen der Hinzurechnungsbesteuerung

Die inländischen Anteilseigner der Zwischengesellschaft werden mit dem Teil der Zwischeneinkünfte steuerpflichtig, der ihrem Anteil am Nennkapital entspricht. Dabei geht das Gesetz von der Fiktion aus, dass die Einkünfte der Gesellschaft den Inländern nach Abzug ausländischer Steuern wie eine Dividende zugeflossen sind. Für jedes Wirtschaftsjahr der ausländischen Gesellschaft werden die Zwischeneinkünfte gesondert ermittelt und in der auf das Ende des Wirtschaftsjahres folgenden logischen Sekunde dem Anteilseigner zugerechnet. Der Hinzurechnungsbetrag gehört grundsätzlich zu den Einkünften aus Kapitalvermögen; ein negativer Hinzurechnungsbetrag wird jedoch nicht hinzugerechnet. Auf den Hinzurechnungsbetrag ist weder das Halbeinkünfteverfahren noch die Dividendenfreistellung (§ 8 b Abs. 1 KStG) anzuwenden. Gehören die Anteile an der Zwischengesellschaft zu einem Betriebsvermögen, so unterliegt der Hinzurechnungsbetrag sowohl der Einkommen- bzw. Körperschaftsteuer als auch der Gewerbesteuer.

III. Ermittlung des Hinzurechnungsbetrags

Die Ermittlung des Hinzurechnungsbetrags ist nach Maßgabe der §§ 10 bis 14 AStG vorzunehmen. Ausgangsgröße sind die passiven Einkünfte nach Abzug der ausländischen Ertrag- und Vermögensteuern. Die Einkunftsermittlung hat unter Anwendung des deutschen Steuerrechts zu erfolgen.

Die Gewinnermittlung kann wahlweise mit einer Einnahmen-Überschuss-Rechnung oder durch Vermögensvergleich vorgenommen werden. Sie erstreckt sich ausschließlich auf den passiven Erwerb. Betriebsausgaben sind dabei grundsätzlich in dem Umfang abzugsfähig, in dem sie durch die passiven Tätigkeiten veranlasst sind. Verluste aus passiven Tätigkeiten können unter Anwendung des § 10 d EStG zurück- bzw. vorgetragen werden, sie können jedoch nicht mit anderen positiven Hinzurechnungsbeträgen ausgeglichen werden. Nach Aufhebung des § 10 Abs. 5 AStG a. F. entfällt ab VZ 2003 die entsprechende Anwendung der DBA-Bestimmungen (Schachtelprivileg) auf den Hinzurechnungsbetrag. DBA entfalten somit keine Schutzwirkungen mehr vor der Hinzurechnungsbesteuerung. Gemäß § 12 AStG werden auf Antrag des Steuerpflichtigen die ausländischen Steuern, die grundsätzlich den Hinzurechnungsbetrag mindern, auf die deutsche Einkommen- bzw. Körperschaftsteuer angerechnet, die auf den Hinzurechnungsbetrag entfällt. In diesem Fall ist der Hinzurechnungsbetrag um diese Steuern zu erhöhen. Da mit der Hinzurechnungsbesteuerung bereits die Einkünfte aus passiver Tätigkeit bei ihrer Entstehung und Thesaurierung auf der Ebene der Anteilseigner erfasst werden, ist es folgerichtig, dass Ausschüttungen von Zwischengesellschaften nicht nochmals besteuert werden. Bei Körperschaften wirkt die Dividendenfreistellung (§ 8 b Abs. 1 KStG), bei natürlichen Personen folgt die Steuerfreistellung aus § 3 Nr. 41 EStG.

IV. Besonderheiten bei Zwischeneinkünften mit Kapitalanlagecharakter

Ist eine Gesellschaft Zwischengesellschaft für ZEmKC, so erfolgt die Hinzurechnung, wenn ein unbeschränkt Steuerpflichtiger zu mindestens 1 v. H. an der Gesellschaft beteiligt ist und wenn die den ZEmKC zugrunde liegenden Bruttoerträge mehr als 10 v. H. der den gesamten ZE zugrunde liegenden Bruttoerträge betragen und die ZEmKC bei der Gesellschaft und bei dem Steuerpflichtigen 62.000 Euro übersteigen. Bezieht die Zwischengesellschaft ausschließlich oder fast ausschließlich Bruttoerträge, die zu ZEmKC führen, so kommt es auch schon bei einer Beteiligung von weniger als 1 v. H. zur Hinzurechnung (Ausnahme: Börsennotierung). Allerdings wird die Hinzurechnungsbesteuerung ausgeschlossen, wenn auf die Einkünfte der Zwischengesellschaft die steuerrechtlichen Vorschriften des Investmentsteuergesetzes anzuwenden sind (§ 7 Abs. 7 AStG).

ZEmKC sind ab VZ 2003 in § 7 Abs. 6 a AStG definiert und umfassen u. a. Einkünfte aus Forderungen, Wertpapieren, Beteiligungen (soweit diese nicht aktiv sind) oder ähnlichen Vermögenswerten, die nicht aktiven Tätigkeiten dienen. Anteilsveräußerungsgewinne, die ihre Ursache in der Thesaurierung von solchen ZEmKC haben, die der Besteuerung in den sieben vorangegangenen WJ unterlagen und nicht ausgeschüttet wurden, werden nach § 11 AStG vom Hinzurechnungsbetrag ausgenommen.

V. Nachgeschaltete Zwischengesellschaften

§ 14 AStG stellt sicher, dass die Hinzurechnungsbesteuerung auch dann Anwendung findet, wenn unbeschränkt Steuerpflichtige mittelbar über andere ausländische Gesellschaften an Zwischengesellschaften beteiligt sind. Die Hinzurechnungsbeträge aller nachgeschalteten Zwischengesellschaften werden sukzessive der ausländischen Gesellschaft hinzugerechnet und anschließend als Hinzurechnungsbetrag beim inländischen Anteilseigner besteuert (BFH-Urteil vom 20. 4. 1988, BStBl 1988 II S. 868).

(Dr. Lenz)

C. Themen zur Selbstausarbeitung

I. Einkommen- und Gewerbesteuer

1. Betriebsaufgabe und Betriebsveräußerung im Ertragsteuerrecht
2. Abgrenzung von Renten und dauernden Lasten im Einkommensteuerrecht
3. § 23 EStG
4. Beginn und Ende der unbeschränkten und der beschränkten Einkommensteuerpflicht
5. Ertragsteuerliche Behandlung von Zuschüssen und Zulagen bei verschiedenen Einkunftsarten
6. Die Besteuerung von Mitunternehmern
7. Ertragsteuerliche Behandlung von Geschenken
8. Nichtabzugsfähige Betriebsausgaben und ihre buchmäßige Behandlung
9. Vorgezogene Betriebsausgaben und Werbungskosten
10. Die Verpachtung eines Gewerbebetriebs aus einkommensteuerlicher und gewerbesteuerlicher Sicht
11. Grundzüge der Gewinnermittlung nach § 4 Abs. 3 EStG
12. Quellentheorie und Vermögenszuwachstheorie im geltenden Einkommensteuerrecht
13. Die Einkommensteuerveranlagung von Steuerpflichtigen mit Einkünften aus nichtselbständiger Tätigkeit
14. Die einkommensteuerliche Behandlung der Realteilung bei Personengesellschaften
15. Die Rentenbesteuerung im Einkommensteuerrecht
16. Der Ein- und Austritt von Gesellschaftern im Einkommensteuerrecht
17. Außergewöhnliche Belastungen im Einkommensteuerrecht
18. Sonderausgaben
19. Gesamtbetrag der Einkünfte, Einkommen, zu versteuernder Einkommensbetrag
20. Abgrenzung der freiberuflichen von der gewerblichen Tätigkeit
21. Die Einkommensteuerveranlagung der beschränkt Steuerpflichtigen
22. Die ertragsteuerliche Behandlung des Damnums im privaten Bereich
23. Liebhaberei im Einkommensteuerrecht
24. Steuerliche Probleme der umgekehrten Betriebsaufspaltung
25. Entschädigungen nach § 24 EStG
26. Entgelte für Dauerschulden im Gewerbesteuerrecht
27. Vergünstigungen für ältere Steuerpflichtige im Einkommensteuerrecht
28. Sonstige Einkünfte im Einkommensteuerrecht
29. Die Steuerermäßigung bei Einkünften aus Gewerbebetrieb (§ 35 EStG)
30. Die Ermittlung des Steuermessbetrages nach dem Gewerbeertrag
31. Einkünfte aus Kapitalvermögen
32. Ertragsteuerliche Behandlung eines ausscheidenden Gesellschafters
33. Anrechnung und Abzug von ausländischen Steuern bei der deutschen Einkommensteuer
34. Ertragsteuerliche Behandlung eines ruhenden Gewerbebetriebs

VII. Privatrecht

VIII. Querschnittsthemen und sonstige Themen

(Dr. Lenz)